读客® 这本史书真好看文库

轻松有趣,扎实有力

定客 文本生生件真较香文库

移防寺溢漏、北京实力

高阳版
李煜传

高阳 著

文汇出版社

目 录

第一章　相见欢　　　　　　001

第二章　玉连环　　　　　　039

第三章　病中人　　　　　　078

第四章　中下签　　　　　　109

第五章　夜宴图　　　　　　150

第六章　玉楼春　　　　　　186

第七章　风乍起　　　　　　235

第八章　汴梁行　　　　　　281

第九章　战江南　　　　　　316

第十章　润州宴　　　　　　352

第十一章　离别难　　　　　374

第一章　相见欢

"好了!"李煜挥一挥手说,"再紧要的事,都搁到明天再说。我要写一两首词,试一试新造的纸。"

"是!"汝南郡公徐辽、文安郡公徐游兄弟,以及清晖殿学士张洎,齐声答应着。他们都深知国主的性情,填词作诗是他的第一大事,而且构思的时候,穷搜冥想,独坐如痴,除了侍奉笔墨的内监宫女以外,不容外人在旁,所以虽觉得还有好些军国大计,亟待他裁决,亦不能不遵命退出澄心堂。

接着是砚务官李少微进谒。此人籍隶歙州,本来是个有名的砚工。李煜的父亲元宗李璟,性好翰墨,特地将李少微召入宫中,设一个砚务官的官职,专置其人。李煜接位,扩大了砚务官的职掌,造砚以外,并管上用的笔墨纸张。此刻要试的纸,就是李少微花了一年多的工夫,反复监工试造,千锤百炼,精益求精的成品。

一展开来,李煜便喝一声彩。纷光致致,滑如春冰。定睛细看,纹理细密,竟像茧子。

"官家!"李少微是用沿自五代的称呼,叫皇帝为"官家"。他矜持地说:"御手试摸纸看!"

李煜伸手一摸,便舍不得释手了。"厚、软、腻!"他精确地用这三个字来形容赞美,"比薛涛笺好得太多了。"

李少微越发矜持:"官家,试捏皱了纸看!"

李煜如言照试,将纸角捏成一团,然后松开。李少微随即弯腰上前,将捏皱了的那一角,用手一捋,抹了几下,纸上微显折痕,但纹理并未折断。

"好极了!"李煜十分高兴,"薛涛笺太脆,经不起这一捏!"

"原说官家是法眼。"

"可惜!"李煜微感不足,"纸幅太狭,不堪做诏命。"

"'宣麻'另有麻纸。"

麻纸共分两种,一黄一白——以黄麻和白麻,劈作细缕,做经纬嵌入纸中,细密坚实,纸幅阔大。用此"宣麻"任命将相,威仪昭然,可真显得隆重了。

"外观尽善尽美了无瑕疵,却不知道受墨不受墨?"

"待官家自己试!"李少微退后两步,躬身说道,"小臣在殿外伫待恩命。"

"试得好,自然有重赏。"李煜笑道,"在殿外等赏,可也太心急了吧!"

"小臣不敢!是想等官家试了纸,亲闻天语褒奖,好回去转述于出力臣工,同蒙恩荣。"

"这还罢了,我便当面试与你看。"

李煜略略沉吟,想起前一天黄昏在华林园开筵观舞的情景,随即提笔写下七个字:

晚妆初了明肌雪。

落笔之初,便知道真是好纸,因为感觉上笔锋流转自如,有心手相融之乐。写完细看，墨辉不滞不漫，恰到好处，越显得名匠李廷珪父子所造的墨，宝光隐隐，不同凡俗。

李煜只是笑，踌躇满志到极处，反倒无话。李少微当然了解他的心意，随即凑趣说道："小臣要乞赏，乞官家赐封嘉名。"

"你是说给纸题个名字？"李煜细想了一下，"纸太好了，反而无可形容，就以澄心堂为号吧！"

澄心堂是大政所出之地，整个江南最紧要的一处地方，用来作为纸的名号，足见贵重。李少微也非常得意，随即磕头谢恩。

"你的龙尾砚、吴伯玄的笔、李廷珪的墨，"李煜指着书案上的文具说，"如今加上澄心堂纸，真是文房四宝。来！"

他召来内监，传谕赏李少微及他所属的纸工，朱绢两百匹，白银一千两。

"晚妆初了明肌雪。"李煜轻声念完自语，"这应该是《玉楼春》的起句。对！正该用《玉楼春》！"

于是玉楼春色，如在眼前。楼是景阳楼，在台城建康宫北面的华林园内；楼前有口胭脂井，又名辱井，是陈后主与张丽华躲避隋军逃遁之处。不过两百年前的《霓裳羽衣曲》，都几乎失传，何况陈后主至今，事隔四百多年，谁还记得"商女不知亡国恨，隔江犹唱后庭花"的往事？

"人间能得几回闻"的《霓裳羽衣曲》，唱尽了唐玄宗在位前期的繁荣绮丽，但也唱来了惊天动地的"渔阳鼙鼓"。五代以来，兵革相寻，此象征开元盛世的太平法曲，久已失传。直到前年，才由李煜的爱妻——国后周氏，细按旧谱，妙造新声。

周后是已故司徒周宗的长女，小名娥皇，十九岁嫁给比她小一岁的李煜。她盛于容貌，更富于才艺，通书史，精刺绣，琴棋歌舞，无所不能，而公认周后的绝艺是琵琶。元宗亦好音律，将一具视作宝器的"烧槽琵琶"，特赐儿妇。就用这具可以媲美蔡邕的"焦尾琴"的琵琶，周后创作了许多新曲。而她最了不起的成就，终还是根据残谱，重现了盛唐遗音《霓裳羽衣曲》。

这是所谓大曲,也是舞曲。而轻歌曼舞,却由周后一手传授。昨天是为了欢迎一位嘉宾,周后特地在景阳楼前,传召宫娥,当筵起舞。李煜由"晚妆初罢,肌肤如雪"的妙龄少女想起,一面回忆当时的光景,一面低声吟哦:

晚妆初了明肌雪,
春殿嫔娥鱼贯列。
凤箫吹断水云间,
重按霓裳歌遍彻。

想到了吹箫的"嘉宾",李煜记不起筵前醉人的是酒还是人,只记得怕酒多了出丑,为宫女所笑,必须逃席了。

于是回忆逃席以后的情形,是一个人躲到了光昭殿前,陈后主所起的"三阁"之一的临春阁,月下凭栏,悄悄为遥度的歌声按拍。不道有善解人意的宫女,暗暗跟了来,临风飘下香屑,为他解醉。那番情味,倒比身在急管繁弦之中,更来得令人难忘。

于是,"换头"的后半阕《玉楼春》,他也有了:

临春谁更飘香屑,
醉拍阑干情味切。
归时休放烛花红,
待踏马蹄清夜月。

用吴伯玄的兔毫笔,在澄心堂纸上写了下来,李煜重看一遍,觉得语语写实,而自然空灵,相当得意,随即揣起诗笺,向门外走去。

侍候在廊上的内监裴谷,一见便即喊道:"备檐子。"

"檐子"就是椅轿,为贵人宫中代步之具。李煜觉得到瑶光殿不过一箭之路,而且艳阳之下穿越花径,正宜步行,便摇摇手说:"不要!"

沿着花圃中的小径,曲曲行来,经过一座白石平桥,便是一弯清流所回绕的瑶光殿东面。殿前殿后,一片寂静,只听得"嘣嘣"的轻响——是北窗下,宫女的银针,刺破白绫所发出来的声音。

李煜不由得便吟出旧句:"烂嚼红绒,笑向檀郎唾。"

刺绣的宫女,听得吟哦的声音,抬头一望,随即匆匆起身,赶了出来,微笑着行礼。

"国后呢?"

"只怕睡着了,待婢子去通报。"

"不必!"李煜摇着手说,"我看看去!"

周后的卧处在瑶光殿西室,门关着,但碧纱窗却撑起一半。李煜探头内望,周后正搂着四岁的小儿子仲宣在午睡。母子俩的脸上都似浮着笑容,睡得那么恬适香甜。他有天大的事,也不忍去惊醒,何况,也只不过是想找爱妻一起来欣赏这阕《玉楼春》而已。

他蹑手蹑足向阶下走去,远离窗前,才低声嘱咐宫女,千万不可惊动周后母子。然后,他绕殿而北,走完甬道,到了歧路口了。

他站住了脚沉吟,而脑际一浮起那位嘉宾的影子,心头便没有来由地升起一股无可言喻的兴奋喜悦。于是脚步不折往东,不折往西,自然而然地一直向北。

北面是瑶光殿的别院,一带碧瓦覆护的白粉墙,围着一座画堂。院门开在南面,但正屋却是坐西面东。每天旭日临临,将一座施朱髹金的画堂,闪耀出万道霞光,一片瑞霭,真个如元宗亲题、高挂在上的匾额中所说:"紫气东来"。

元宗好佛亦好道,当年以此处为养静悟道之处。而这时候这里却安置着一位与黄冠鹤氅全不相称的嘉宾:周后同父同母的胞妹。

两姊妹相差十四岁,周后今年二十九,她的这个名叫嘉敏的妹妹才十五。十年前周后初嫁,嘉敏曾经随母入宫来会过亲。五岁的小女孩,了无所忆，等于未曾来过。以后，周宗病殁，她跟着母亲回到扬州原籍，一直就不曾来过金陵。十年工夫，长得娉娉婷婷，几乎连周后都认不得自己的嫡亲妹子，更不用说做姊夫的李煜。

然而不过半天的盘桓，李煜对她即已异常熟悉，因为他从嘉敏身上找到了她姊姊所失去的东西——少女的清纯。李煜在周家初见娥皇时，正仿佛如今嘉敏的年岁，长发披肩，骨清神秀，望去令人想到曹子建笔下的洛水神仙。那时他刚从有才而无行的冯延巳学词，曾为娥皇写过一首《长相思》：

云一緺，玉一梭，淡淡衫儿薄薄罗，轻颦双黛螺。
秋风多，雨相和，帘外芭蕉三两窠，夜长人奈何？

娥皇的"云一緺"早就梳成宫妆高髻，如今正该移赠嘉敏——她那抛在枕畔的一弯黑亮的头发，真让李煜看得傻了。

忽然，门上碰出声响，倒让他吓一跳，定神细看，才知道误碰了名为"珠锁"的门饰。而这一碰，也惊醒了在画屏下、绣榻上面向里睡的嘉敏。

"姊夫！"嘉敏有些惊，也有些窘，一翻身用手撑坐着，首先就检点身上的衣衫，怕睡梦中有什么不雅的痕迹，落在姊夫眼中。

还好，一袭"天水碧"——淡绿色绣红白荷花的袖衫——衣纽扣得好好的，不算衣衫不整，仓促之间，也还可以见得君王。

"小妹！"李煜袭用娥皇对她的称呼，歉意地笑道，"扰了你的清梦！"

"本来也该起来了。"嘉敏踏下地来，定定神招呼，"姊夫请坐，失陪片刻。"

说完，她惊鸿避影似的，一闪身隐没在画屏后面，然后听得衣服窸窣。突然间，如一团彩云飞起——那件绣衫抛搭在画屏上，扬播出一阵非兰非麝的异香。

李煜的词兴又来了，脱口念道：

蓬莱院闭天台女,画堂昼寝人无语。

抛枕翠云光,绣衣闻异香。

"姊夫,"嘉敏在画屏后面问道,"你在念诗还是念词。"

"词。"

"词?"他听到她口中似乎念念有词,然后又听得她用欣快的声音说,"对了!是词。两句七个字,两句五个字,先用仄韵,后用平韵,不是《菩萨蛮》吗?"

"一点不错!"李煜很高兴,"小妹,原来你也懂词。"

"我哪里懂?刚才姊夫念的什么,我一个字都没有听出来。"

人随声现,嘉敏已换了玄色罗衫,白绸长裙,束一条红色丝绦,色彩夺目,吸住了李煜的视线,以至于使得他无暇去看宫女递上来的茶盅,只伸出手来,往一旁空抓。

嘉敏掩口一笑,接着微微瞪了宫女一眼,因为她也在为李煜的忘形而好笑。经过嘉敏眼色的警告,宫女才有庄重的神态,她谨慎地将茶盅递在李煜手里,说一声:"官家,请用茶!"

李煜喝口茶,定一定神,记起刚才中断的话头,接着往下说道:"小妹,我不相信你一个字都没有听出来。你骗我!"

"只听出四个字。"

"哪四个字?"

"画堂昼寝。"嘉敏紧接着问道,"姊夫,你刚才念的是旧作?"

这表示她没有想到他有出口成章的捷才。这倒也好,如果是即兴之作,那么"画堂昼寝"指的是谁,不问可知,而她亦就一定会要求自己再念一遍。虽然字面并无明显的绮语,但偷窥小妹昼寝,而且比作刘阮误入天台,说来到底是件有欠光明的事。这半阕《菩萨蛮》,能不能留稿,尚待考虑,自以掩藏为宜。

因此，他这样答："是，是，是旧作。这首词不好，我另有一首词给你看。"

于是，他的那一首《玉楼春》和名匠心血浇漉而成的澄心堂纸，嘉敏做了第一个鉴赏者。当然，她重视的是词。她一遍又一遍地吟读，长长的睫毛掩映着黑亮的眸子，不断地随着字句的换行而眨动，仿佛暗夜中的星星闪烁。在李煜的感觉中，是那么遥远，远得高不可攀，而又是这样接近，近得伸手可摘。

突然间，嘉敏一惊，惊得一阵抽搐。这使得李煜也受了惊，同时发现彼此吃惊的由来，他不安地缩回了不知不觉中伸到嘉敏肩上的手。

两个人都有些忸怩，不过，很快地都恢复了常态。

"小妹，"李煜问道，"这是写昨夜的光景，你觉得怎么样？"

嘉敏定定神答道："上半阕，我是身历其境。如今读了姊夫的词，舞步歌声，如在眼前。下半阕的情景，我就不知道了。"她抿嘴一笑，"我只知道姊夫逃席，原来是到'情味'深'切'的地方去了。"

慧黠的少女，总爱说这些隐约其辞的话，无须深辨。李煜只这样说："就词论词，你倒评一评看。"

"我哪里敢？不要说是姊夫写的，什么人的词，我也没有资格评啊！"

"不要这么客气，倒显得虚伪了。"

这是激将法。嘉敏不愿承受"虚伪"之名，自然中计，她很用心地想了一会儿，不客气地批评："结尾两句'归时休放烛花红，待踏马蹄清夜月'，想来姊夫当时有那番不愿辜负月色的意思，曾经这样吩咐过。可是，姊夫昨夜并未回宫，这两句词就没有着落。这且不去说它。换头'临春'的'春'字犯重了——"

"小妹，"李煜对自己的作品也是很认真的，不由得打断她的话说，"填词在字眼上犯重是常有的事。"

"不但字眼犯重，境界也犯重。临春阁与'春殿'，请问，何所区别？"

"这——对了！"李煜用指甲轻搔着头皮说，"是有些儿不妥。小妹，你看该换个什么字？"

"不如换作'临风'，这才显得下面那个'飘'字用得好。再说，高阁临风，用'风'字是暗写临春阁，与明写春殿，前后照应，似乎韵致要好一些些。"

"岂止好一些些？好得太多了！"李煜心悦诚服得有些激动了，"小妹，你真是我的一字师！"

"姊夫，"嘉敏欣慰得意之余，还忘不了回敬一句，"你客气得虚伪了！"

"肺腑之言！小妹，我很高兴。你竟是我的文字知己！真的，文字知己。"

看他是那样认真的样子，说这些话时，脸都涨红了，使劲地做着手势，似乎唯恐她不信他是肺腑之言似的，倒使得嘉敏困惑了：自己是真的对词有那么高的鉴赏力，还是只因为格外喜爱他的词，整个心灵贯注其中，领悟得深了，才能说得出这番道理来？

在李煜的炯炯清眸逼视之下，她无法去仔细分辨自己的感想，同时也无法承受他这种视线，只矜持地微笑低头，轻轻答了一句："姊夫，说得我太好了。"

"你原有那么好嘛！"李煜不自觉地又伸手过来，握住了她的手。

这回她不似刚才那样吃惊，只觉得心跳得厉害。他那只手温柔而有力，手心并不算很烫，但却烧炙得她喉头发干。于是，她试着去挣脱，而他却握得更紧了。

为了解除窘迫，她要找句话来说。一瞥之下，勾起多少年来的好奇心。"姊夫，"她很快地说，"我看看你！"

是这样一句话！李煜大为惊奇。他放开了手，微昂一昂头，做出一个不在乎人看的姿态。

她只看他一双眼睛，清澈而又蒙眬，如薄雾笼罩的寒潭。细细看去，右眼中有她的两个影子。"啊！"她高兴地惊呼，"到底让我弄清楚了，什么叫重瞳子！"

原来为此！李煜有着爽然若失之感。

"太史公说，大舜与楚霸王都是重瞳子。姊夫，"她含笑问道，"你佩服大舜，还是楚霸王？"她却又不等他开口，紧接着为他做了答复，"自然是'力拔山兮气盖世'的楚霸王！姊夫，你不会以成败论英雄吧？"

"虽不以成败论英雄，我还是佩服大舜。"

嘉敏有些失望，而且立即表现在脸上，却又要强作解人。"我懂了！"她说，"你想做一位圣君！"

"何敢望此？我另有佩服他的地方。"

"是什么？"

李煜是在跟他的小姨妹开玩笑，但对话交换到关键上，他却笑而不答。因为小姨到底是小姨，开玩笑得有分寸。

而嘉敏以为他是词穷而遁，越发得理不让人。"是什么？是什么？"她咄咄逼人地追问。

李煜依旧笑而不答，旋即想到，这样的态度可能会惹她不快，便装得真像词穷似的说："好了，小妹！我们不谈这个。"

"是不是？我就知道你说不出来。"

她那得意的笑容，使他有微微的反感，口一滑，到底把话漏出来了。"小妹，你的小名叫什么？"他问。

"姊姊没有跟你说过？"

其实说过，他有意否认："没有。"

"那么，姊夫，你猜！"

"你姊姊叫娥皇，你不就该叫女英吗？"

嘉敏顿时将脸一沉，再无言笑。李煜深以为悔，不敢再往下说，又略坐一坐，起身离去，抄近路回澄心堂去休息。

昼长人静，望着袅袅炉香，李煜的遐思又起，默念着那半阕《菩萨蛮》，舍不得弃去，便负手闲行，回忆着当时的情景，想将下半阕也作好了。

这首词的写法，在上半阕已定了格局——寓情于景，而当时眼中所见、耳中所闻、心中所想，已是艳景情浓，所以只须平铺直叙，便是一首好词。

这样定了主意，灵思泉涌，不过一盏茶的工夫，便有了腹稿。李煜兴致勃勃地取一张澄心堂纸，提笔写了下来：

蓬莱院闭天台女，画堂昼寝人无语。抛枕翠云光，绣衣闻异香。

潜来珠锁动，惊觉银屏梦。慢脸笑盈盈，相看无限情。

写完又看一遍，叹口气，念了一句李义山的诗："此情可待成追忆，只是当时已惘然！"接着，一歪身躺在锦榻上，也想在梦乡中做一番小游。

无奈他抛不开"翠云光""绣衣香"，盈盈笑脸，脉脉情眸。想起嘉敏侃侃谈词的情形，他突然心中一动：这首《菩萨蛮》到她眼前，不知做何想法？此情此景，身在局中的她，只怕一无所知，看了这首词，一定会惊异，会细想。这在她，不是昼长人静的此刻的一种绝好消遣？

这样想着，他一跃而起，在什锦榅子中，抽出一个小小的柬封，将那张词整整齐齐折好，封缄完固，然后提笔开了信面，只有六个字："嘉敏大家清玩。"背后封口之处，画上一个花押，是他的别号"钟隐"二字。

"裴谷！"他喊。

"裴谷在。"

"拿这个送到瑶光别院去。"李煜吩咐，"面交本人。"

"是！"裴谷接柬在手，看了一下问道，"请官家的示，可要等候回信。"

"不必！你只交代清楚就是了。"

裴谷刚进瑶光别院，就听得仿佛争执的声音，他不便再往里走，在庭前先站一站，细听动静。

他听出来是"胖婆婆"的声音。她是周家的"老人"——嘉敏的母亲是周宗的继配，于归周氏时，带来一个乳母，以后成了周后和嘉敏的保姆。她在周家的身份很特殊，又生得胖，所以都叫她"胖婆婆"。

胖婆婆今年七十岁了，而精神健旺得很。平时照料嘉敏，无微不至，但也管得最严。嘉敏若是犯了她的脾气，当面排揎，毫不客气。

这时候胖婆婆是在责备嘉敏对李煜无礼："家有家规，国有国法，临上船那天，夫人怎么交代的？"胖婆婆扯开嗓子嚷道，"不是说到了宫里，不比别处，要叫'官家'，私下的称呼要收起来！你娘的话，你哪里有一句记在心里？先是'姊夫、姊夫'的，到后来索性'你'啊'我'啊的！难道你自己不觉得刺耳？"

嘉敏惫懒地笑道："一点都不觉得，原本就是姊夫嘛，莫非倒叫妹夫？"

胖婆婆的气急败坏与嘉敏的毫不在乎相映成趣，尤其是小的逗着老的，更显得可笑，所以在瑶光别院执役的宫女都轻轻地笑了。

到底身份有别，而且是在宫中做客，胖婆婆有种顾忌，不便过分较真。她叹口无言的气，摇着头退了出去。

于是裴谷咳嗽一声，提醒看热闹的宫女，宫女问知来意，随即为他通报。嘉敏也知裴谷是李煜的心腹近侍，又听说信柬要面交，便想到其中可能有些不足为外人道的话，因而拆信的时候格外小心，不肯有一个字落入宫女眼中。

宫女们亦很知趣，都悄悄退了出去，但窗外却另有人窥伺，正是那胖婆婆。她不识字，而且料想嘉敏亦决不会将信中的话告诉她，但是她自信有一双锐利的眼，冷静旁观，可以看透一切。

这一切都显现在嘉敏的脸上。起先是惊异，然后是迷茫，最后手托着腮,双眼怔怔地望着窗外的青天白云,口角挂着笑容——是那种连她本人都不知道在笑的傻笑。

胖婆婆几十年阅世,看尽了千奇百怪的闺阁情态,见此光景,心便往下一沉,无声自语:"坏了!对姊夫着迷了!"想一想,还是要做煞风景的事,便悄悄绕道到前门,推门入户。

嘉敏一惊,抬眼看是胖婆婆,却放心了,欺她只字不识,有意不收桌上的词笺。

"可是官家有书信送来?"

"不是什么书信。"嘉敏泰然答道,"写了一首词给我看。你不懂!"

"文墨上的字,我原不懂。不过,我吃的盐只怕比你吃的饭还多,总也有些懂的事。"胖婆婆四周看了一下,用低沉清晰的声音说了一句,"你可别给你大姊找麻烦!"

"什么?"嘉敏十分困惑,"怎么会给大姊找麻烦?什么麻烦?"

看样子还是真的不懂,胖婆婆也困惑了,想来想去,总觉得是不说破的好。一说破,倒是提醒了她,反而会一个劲往那方面去想,结果是弄假成真。

如今该怎么办呢?胖婆婆在想,女孩子的心像快将到来的黄梅天气一样,阴晴不可捉摸,要时时猜她的心思去防范,是件很吃力的事。一劳永逸的办法,莫如将她隔离开来,小姨跟姊夫难得见面,彼此淡忘,就不会有什么麻烦了。

打定了主意,便悄悄找了她的外孙女儿来商量。她的外孙女小名阿蛮,是周后贴身的侍女。

"听说小娘子这两天常做噩梦。"阿蛮口中的"小娘子"是指嘉敏,"也许是别院的地方太大了,有点害怕。"

"那,"周后说道,"就让她搬到这里来住。"

"这不方便。官家跟小娘子都会觉得拘束。"阿蛮说道,"我倒有个主意,不知道行不行?"

"说来看!"

"圣尊后不是最喜爱小娘子?不如送了她去与圣尊后做伴,岂不是一举两得?"

圣尊后就是元宗的皇后,李煜的生母。李煜即位,她理应尊为太后,为了她的父亲叫钟泰章,要避"泰"字的音讳,所以改称"圣尊后"。这位老太后与嘉敏有缘,爱如己出。周后觉得阿蛮的主意真不坏,不过,她也不能擅作主张,首先要得李煜的同意,其次要看圣尊后的意思。

于是,这天晚上,周后有意谈起其事。李煜听说嘉敏常有噩梦,自不免关切,但是,要将嘉敏移居圣尊后宫中,他却不以为然。只不知为何,好像觉得不便提出异议似的,因而他只咿咿啊啊地,采取了不置可否的态度。

这不是什么很急的事,见李煜似乎不大关心,周后也就搁置下来。一连三天,不见动静,真所谓"皇帝不急,急煞太监",阿蛮却沉不住气了。

"国后,"她问,"想来回禀过圣尊后了?"

周后略想一想才知道她讲的是什么。"还没有!"她说,"慢慢儿再谈。"

夜长梦多。就这三天,李煜又到瑶光别院去了两次,只带一个小内侍,仿佛闲行看花似的,悄悄儿就溜了去。那正是发春困的季节,蜜蜂在百花之间穿绕,发出"嗡嗡"的声音,连猫狗都被催眠了,何况是宵来尽多乐事,夜夜三更始眠的宫眷?因此,这两次去,几乎没有一个人发觉——当然也有发觉的,只是些不相干的人,他们一见李煜示意噤声,自然唯命是从。

两次都是嘉敏的笑声惊动了胖婆婆,越是笑声响亮,越使她惴惴不安。因此,她催着阿蛮来讨个确实信息。

这件事应该找到机会顺便提一句,才能不着痕迹地隐然操纵。阿蛮到底年轻,识不透其中的道理,也没有那份才干,不免操之过急——其实只是脸色稍显失望,但已瞒不住周后的那双眼睛了。

"怎么?"周后问,"小娘子这两天又做了噩梦?"

做噩梦是假话,却不能不承认。"是的。"她硬着头皮点点头。

"做了些什么噩梦?"

这一问问得阿蛮张口结舌,无以为答,于是机关泄露了一半。

周后向左右看了一下,对其中一人说:"去拿茶来喝。看看闽中进的雀舌还有没有?"她又指着另一个说,"你去要些冰来。今年天气热得早,送冰的日子该提前了。"

烹茶得好些工夫,取冰的路也不近。将这两个宫女使开了,眼前只剩下阿蛮,她才问出一句要紧话来。

"是怎么回事?"她平静地说,"别藏在心里,说给我听!"

箭在弦上,不得不发了。措辞当然要婉转,阿蛮谨慎地说:"其实也不过是胖婆婆过虑了。只为官家午后多闲,有时到别院走走,小娘子到底只有十五岁,礼节上头,或者不周,倘或落了什么褒贬,将来回扬州的时节,在夫人面前不好交代。"

周后静静地听着,听一句,想一句,渐渐地理会得她的言外之意,然而却不肯相信有那样的事。

"你说礼节不周,是怎等的不周?"

"那是胖婆婆的话。"阿蛮首先做了声明,"譬如说,小娘子只是管官家叫姊夫。"

"官家呢?"周后问道,"为这个称呼不高兴?"

"倒没有。"阿蛮答说,"国后知道的,官家向来不计较这些细节。"

既是细节,就无关宏旨,然则胖婆婆又为何看得如此认真?周后不免奇怪了。

"你说,会落什么褒贬?"

"怕大家背后有闲话,说小娘子没有家教。"

"这倒也是!"周后点点头,"我知道了。"

阿蛮的这番说辞不坏,一句"知道了"便是会有行动的表示,原该适可而止,她却画蛇添足地多了一句:"国后知道就好!"

"咦！"周后那双凤眼一抬，显得相当威严，"还有什么我不知道的事吗？"

阿蛮悔得要死，恨不得揍自己一巴掌。而她越是那种涨红的脸、自恨失言的神气，越惹周后疑心。

"问你啊！"她的脸一扬，最后一个字的声音也是上扬的。

情急智生，还是只有说嘉敏疏于礼节，借为掩饰。"小娘子怕也真是让夫人宠惯了。"阿蛮极力想装出自然的笑容，"在官家面前，也是'你'啊'我'啊的！"

"还有呢？跟官家谈些什么？"

"谈官家的词。"

"官家呢？"

"也是谈词。"阿蛮又说，"官家送了好些帖、好些新造的纸去，小娘子这两天练字的兴致好得很！"

周后释然了。娇憨的小姨，遇见好脾气而喜翰墨的姊夫，教她作词写字，有什么好猜疑的？

细想一想，只有一层不可解：这些事应是日常闲谈的话题，却何以从未听"姊夫"和"小姨"提到过？

* * *

嘉敏终于移居到圣尊后宫中了。

圣尊后的寝殿，规制崇宏，是李煜在圣尊后五旬万寿那一年，特地建来祝寿的，题名就叫万寿殿，位置在瑶光别院之东。殿后有一座佛阁，盘磴而上，高有百尺，宫中就称作"百尺楼"，通体楠木，形制与色泽都古雅非凡。李煜最喜登临此处，西望长江，北挹鸡笼山与玄武湖的爽气，令人胸次一宽，但以圣尊后礼佛之地，不可亵慢，所以他总是抑制着自己的欲望，只在楼前瞻仰。

嘉敏也喜爱这座经常为青山白云所衬托的百尺楼，觉得只望一望它那挺拔的影子，便有可以倚靠信赖之感。一颗心自然而然地就会定下来。因此，当圣尊后让她自己挑选住处时，她毫不迟疑地选定了万寿殿后面的友竹轩。

友竹轩的北窗，正对着百尺楼，东面是一个花圃，培养着几百盆来自闽中的"建兰"，这就是轩名友竹的由来。

花圃的尽头是一带粉墙，墙上砌出各种形状的孔窍，有方胜、葫芦、如意、书套，高与人齐，便于眺望——望出去是一片池沼，曲曲红桥，连接着一座水榭。当然，粉墙上开着门，要想荡舟采莲，开门出去就是。

嘉敏对她的新居异常满意。静室五间，拿最东面一间做了卧室；次一间供起坐；西面两间原是打通了的，就做了书斋。

布置刚刚就绪，听得宫女传报："圣尊后来看周小娘子了！"

嘉敏急忙迎了出去，才发觉驾到的不止圣尊后，还有姊夫和大姊。他们俩正一左一右搀扶着满头白发、面目慈祥的圣尊后踏上台阶，后面随着一群手持巾栉、唾壶之类起居常用之物的宫女。她们看见春风满面的嘉敏，一齐都含笑注目，很明显地表露了欢迎的意思。

"真不敢当！"嘉敏闪在门旁，敛衽致敬，接着又叫一声，"官家、国后。"

"你还是叫大姊吧！"圣尊后说，"同胞姊妹，这样叫法，倒显得生分了。"

"是！"周后接口答应，然后向她妹妹嘱咐，"你就遵慈谕好了。"

"快起来！"圣尊后一面踏进门槛，一面说，"让我看看你的'闺房'。"

于是，嘉敏领路，从卧室看起。圣尊后看得很仔细，认为帐门旧了，要另换一个，镜子不够光亮，必得重磨，真像是拿嘉敏当作宠爱的小女儿，唯恐委屈了她似的。

看到书斋，便是李煜的话了："地方太大，陈设不够，显得空荡荡的，坐着都不舒服。我找个人替你重新布置。"接着便向左右的宫女说，"你们去看看，黄保仪在哪里？就说我找她。"

"保仪"是妃嫔的名号之一。黄保仪本名黄凤，世居汉水入长江之处的江夏地方，她的父亲叫黄守忠，是一员武将，不幸作战阵亡。于是黄凤流落湖湘，当时不过七岁。

以后元宗的将官边镐入长沙，发现黄凤虽幼，宛然是个美人胚子，而且秀外慧中，聪明异常，因而带回金陵，献入掖庭，做了为元宗添香的小侍儿。元宗善书法，是学羊欣一体，历年收藏的钟繇和王羲之的真迹，不下数百本之多，都交给黄凤掌管。

不想将门之女的黄凤，在这方面的天分特高，朝夕展玩名家真迹，手摹心追，居然亦成了一大书家，而且肚子里也装了千把卷书，虽不能撰制制诰文字，却工于尺牍，文笔清丽雅致，颇有可观。于是，元宗便将内府图书，亦交给黄凤管理。

李煜即位，立后之前，要选四位妃嫔，名号就叫"保仪"，黄凤是其中的首选。她的才貌与周后比较，各有所长，几乎无从轩轾，吃亏在是个自幼飘零的孤女，不宜正位中宫。而周后也知道黄保仪是个劲敌，不能让她得宠，所以利用皇后的职权，一直防止她跟李煜接近。可是这时候却无法公然阻止国主宣召黄保仪，只说圣尊后累了，该回前殿休息，附带将李煜也撺弄走了。

黄保仪很热心，亲自选取了一批名家书画和有来历的珍贵书籍，以及香炉、花瓶，指挥宫女悬挂陈设，稍不当意，就取下来重新布置，忙到日色偏西，方始就绪。嘉敏颇为不安，但也相当高兴，因为黄保仪胸有丘壑，不论是一瓶花、一把拂尘，都布置得十分妥帖，入眼便令人有恬适之感。

"保仪！"嘉敏盈盈下拜，"真感谢不尽。"

"不敢当，不敢当！"黄保仪拉住她的手说，"布置得不好，没有章法。国主见了，一定会责备我不用心，辜负委任。"

"不会的，绝不会！"嘉敏显得很有信心，"一定大大称赞。"

"不求有功，但求无过。"黄保仪平静地说，"做得再好，也有人会批评。"

"谁要批评这友竹轩的陈设不好,就是有目无珠。"

"不要这样说!如果有人批评我不好,你不必替我辩白,放在心里,我自然知道感激。"黄保仪说罢,告辞而去。

等送走了黄保仪,嘉敏心里在想,她的话很奇怪,倒像预知一定会有人批评她似的。那么,这个人是谁呢?

很快地她知道了,这个人就是她的姊姊。

"弄得这样杂乱无章!"周后摇着头说,"拿两间屋子打通,原就取其宽敞,让她左一个橱子,右一个橱子,分割碎了,好局促!"

嘉敏默然。她觉得那些多宝橱的趣味很好,随处流连,有余不尽,书斋又不是客厅,要那么宽敞干什么?

"天气热了。这屋里,东西塞得满满的,看着就心烦!"说着,周后的视线,不住左右探索,倒像立刻就要有什么行动的样子。

这下,嘉敏不能不防备了。"等天热了再说吧!"她说,"我刚搬来,就弄得大动干戈,怕圣尊后会厌烦。"

"也好!过几天再挪动。不必找她了,我替你出主意。"

"好的。"嘉敏顾而言他地说,"小乖乖呢?"

宫中上上下下都用"小乖乖"称周后的幼子仲宣。提到"小乖乖",周后百虑全消,总是有极好的兴致,来谈仲宣颖异天真的趣事。

在嘉敏看,四岁的仲宣,实在太嫌淘气了些,与"乖乖"之名根本不符。而周后却认为"这个孩子将来会很英武",她说:"不像他哥哥,太文弱,不能担当大事!"

周后对长子的不满,其实也就是对丈夫的不满,因为她的长子像父亲。嘉敏心想,将来国主的大位,或许会传幼而不传长。此念一动,旋生警惕,从来宫廷中的骨肉伦常之祸,往往起于继统之争,而无辜的人受到牵连,只为平时言行不谨,无形中表示了偏向,明哲保身,不闻不问为妙。

因此,她就不肯附和周后的看法,闲闲地又将话题扯了开去。她爱新却又念旧，提到瑶光别院的轩敞清静，周后记起阿蛮的话，便即问道："说你常做噩梦，倒是为了什么呀？"

嘉敏愕然。她有过各种稀奇古怪的梦，午夜醒来，追忆梦境，常会脸红心跳，自感羞惭，却从未做过噩梦。然则周后的话是从何而来的呢？

一定有人在搬弄是非！这样想着，她的脸色就不好看了。"是谁说的？"她问。

周后也觉得诧异，不过她比妹妹深沉，平静地说："这样看来，没有这回事。那一定是我听错了。"

"人家怎么说？"嘉敏很关心地问，"是不是说我讲梦话？"

这是"不打自招"。周后好奇心起，很想弄明白，她是讲了些什么梦话？因而诈她一诈："是啊！说你爱讲梦话。"

"我怎么说？"

"那要问你自己。"周后微笑着回答。

"我怎么会知道？说梦话，自己是听不见的，不然就不是梦话了。"

周后又笑了。这一次的笑，略有些窘，不过她也很富于机智，所以仍能保持从容："梦话你虽听不见，梦中遇见些什么，你总知道！"

这一下，又使得嘉敏的脸发烧了，倒像说中了隐私似的——梦中确有"隐私"：她梦见自己的名字改成了"女英"，在夹道彩仗迎奉之下，午门钟鼓大作声中，入宫做了贵妃。

这是多荒唐的梦！只怕就是在慈母怀中，都羞道其事。然而她此刻又警觉到，不能不做回答，想扯个谎搪塞，偏偏意乱如麻，急切间编不出一个梦，因而越发急得面红耳赤。

"我知道了。"做姊姊的有些忍俊不禁，"春天也快过去了。"

这是说她在做春梦，当然，她不会想到那春梦中会出现澄心堂的主人。

"乱梦倾倒，没有什么好谈的。天快黑了，"嘉敏借故掩饰，"我唤人来点灯！"说着，她迅即转身站起。

就在这时候，圣尊后打发宫女来请嘉敏去尝今年初见的长江鲥鱼。侍膳也是周后的本分，姊妹俩一起来到前殿，陪着圣尊后进餐闲谈，直到起更时分，方始各散。

不知是择席还是心中隐隐然有什么丢不开的事，这一夜的嘉敏辗转反侧，直到曙色初现，方能入梦。睡得正酣时，忽然惊醒，只听得声声在叫："官家！官家！"声音很细很尖，与众不同，细辨时才知是挂在廊上的那架白鹦鹉在作怪。

"小东西，絮聒得人烦。"是李煜的声音，接着，脚步声远了。

嘉敏自然不会再睡。一起身便有宫女告诉她，官家来过了，听说她尚未醒来，表示不必唤醒，又问宫女，嘉敏是不是喜爱友竹轩，平时何时起身。

"你们怎么回奏官家的？"

"自然是说小娘子喜爱这里，平时起身甚早，今天想必是刚搬来，还不曾惯，夜来睡得不甚安稳，所以失了时。"

"说得不错。"嘉敏很满意，"官家还说些什么？"

"还问起黄保仪，说与小娘子可合得来？我们回奏：'很合得来的。'此外又说：'开出门去，就是东池，小娘子很可以去划划船，散散心。'"

嘉敏心中一动，口虽不言，暗地里却打好了主意。梳妆既毕，她又到前殿去盘桓，陪圣尊后吃过午饭，看老人家神思困倦，是该休息了，便起身告辞。她先到花圃看了兰花，然后便说："我们划划船去。"

于是向万寿殿的总管要了钥匙，打开便门。艳阳之下一片明亮的水光立即扑到眼下，使嘉敏想到了家乡，脱口说道："扬州也有这么一个湖，比这里大，可没有这里精致。"

"要夏天才真好！好大的荷叶，就像一把绿伞，小船躲在荷叶下面，暑气全消，真正是人间仙境。"

嘉敏听这宫女言语雅致而有情趣，大生好感，便笑着问道："你叫什么名字？我竟忘了。"

"我叫雨秋。"她一面扶嘉敏上船，一面答道，"风雨的雨，春秋的秋。"

"名字跟你的人，跟你的话，一样的雅。不过，太萧瑟了。"

"是！"雨秋微笑着说，"我自己也觉得有点无病呻吟的味道，小娘子替我改一改嘛！"

"好！我好好送你一个名字。"

"谢谢小娘子。"雨秋笑嘻嘻地答说。

于是嘉敏便替她想名字。两个字的事，偏偏思虑不能凝注，刚能专心，又忽然像是有什么令人牵肠挂肚的东西，将她的视线拉了开去。

这是怎么回事？她对自己发恨，索性闭上眼专心一致地思索。想起来了，自己还是惦念着李煜，朦胧意念中，以为他劝她到东池来划划船、散散心，是一种约会的暗示，所以不断地张望的，便是李煜的踪影。

了解了自己心神不定的缘由，也就有了很好的打算。"我们到水榭上看看去。"她对雨秋说。

不仅看看，实在是坐下来不想走了。好在水榭中有人照看，经常备着好茶和精致的点心，江南称为"茶食"，供国主后妃巡幸的不时之需，此时正好用来消闲等待。

等的自然是李煜。凭栏眺望，了无动静，而九曲红桥上却气喘吁吁地来了个胖婆婆。从嘉敏搬到友竹轩以后，她原以为可以放心了，哪知这天午后竟不见踪影，赶到前殿探问，说是圣尊后午睡以前，就已辞去，再到瑶光殿，也是扑了个空。胖婆婆这一急非同小可，却又不便逢人就问，只好顺着路一处一处去找，直到发现通东池的门开着，才想起可能是在水榭中流连。果然，猜得不错。

"教我好找！"一见面她少不得埋怨，"就到这里来逛，先回来说一声，也不碍事啊！"

"你也是，有福不会享！"嘉敏也数落她，"自己给自己找罪受，难道还怕我迷了路，找不回去不成？"

"还真是——"胖婆婆本想说，"还真是怕你迷了路，误闯到澄心堂！"但到底把话硬噎住了。

"歇歇吧！"嘉敏看她累得气喘不止，也觉得老大不忍，亲手扶她坐下，拿自己的茶递了给她。

"好，真该歇歇！找着你我就放心了。"

这样的话最惹她反感，不止于觉得受了束缚，而且也因为胖婆婆总是拿她当不懂事的小孩看待。如果不是有宫女在旁边，她一定会跟她吵，此刻只有在暗底下赌气，心里在说：总有一回教你找不到我，让你急个半死！

嘉敏这样想着便懒得再理她，眼望着粼粼的水面，默念着冯延巳的词句："风乍起，吹皱一池春水。"自觉心湖中的波澜，犹过于眼中所见。

李煜心中也有波澜，他当然不会像他小姨那样，识不透自己的心情，因此他心中的波澜又过于嘉敏。

每一想到嘉敏，总会同时想到爱妻，于是歉疚之心与爱慕之思交织，有着作茧自缚似的恐惧。但是见着嘉敏的面，很奇怪地，那种恐惧的感觉，却又并不存在。

这天早晨原有个倾谈的机会：周后陪着圣尊后在百尺楼上做一月一度照例的检点，由佛龛看到长明灯，总有一上午的逗留，他很可以跟嘉敏从容盘桓。不想时机不巧，不忍扰她的好梦。临走时留下那句话，原本无意，哪知裴谷来报，她倒真的到东池荡舟了。倘或做个无心邂逅，一船共载，四外隔绝，很可以谈得深些，却偏偏又分不开身！

既然不能做自己想做的事，那就索性抛开了她，好好处理几件棘手的事，倒也是排遣之道。

为了排遣怅惘的情怀，李煜决定找几件麻烦的事来做。首先想到的就是行使铁钱这件悬案。

在即位之初，铸过一批铜钱，工精料足，铸得极好，名为"唐国通宝"。但至今不过三年工夫，市面上已尽是盗铸的私钱。制钱一千用铜三斤十二两，每一文钱合六分重；私钱一千只重一斤多，不过制钱的三分之一，轻如鹅毛，摆在水面上都不会沉的。

这一来物价自然大涨。群臣集议，吏部侍郎韩熙载主张改用铁钱。李煜也同意了，就派韩熙载监造。"钱样"出来，相当漂亮。唐朝最漂亮的制钱是玄宗的"开元通宝"，铁钱的制式大小，跟它完全相同。连钱上的文字亦都是用的"开元通宝"，只是改为篆字，出于与韩熙载齐名的礼部侍郎徐铉的手笔。

但是，钱虽漂亮，到底是铁的。铁比铜贱，在老百姓心目中，它的价值先就打了折扣。而且铁的来源比铜多得多，私铸更为方便。因此，大臣中颇有人反对其事。李煜一时委决不下，将那枚轮廓深阔、黝黑光亮的铁钱置在澄心堂，倒像一样小摆设似的，已经有个把月了。

现在，他决定要得出一个结果：用或不用。谈这件悬案，当然要召韩熙载，问问他对反对的意见有何辩解。

"臣不须辩解，只请官家自看。臣昧死渎奏，请官家暂忘万乘之尊，只当是个百姓，是喜欢用哪一个钱？"

说着，韩熙载将牙笏往颈后衣领中一插，在袖子里掏摸了一会儿，平伸双手，一只掌上是一枚沉甸甸的铁钱，另一只掌上是一枚轻飘飘的"沙壳子"。

李煜左看右看，终于敛手笑道："我喜欢没用！钱者泉也，要大家喜欢，才能流通。"

"那，"韩熙载将手掌伸向徐辽、徐游兄弟，"请两位郡公选择。"

"钱当然是铁钱好。无奈积习难破，从来都说'铜钱、铜钱'，提到铁钱，诧为怪事。"徐游又说，"有人说，铁钱一出，私铸更盛；又有人说，铁是要烂的。"

"这就是'欲加之罪'了！"韩熙载抢着说，"铁器搁在那里不用，才会朽烂，流通的铁钱哪里会烂？果然烂了，照换新钱就是。"

"这倒是实话。"李煜说道，"我所顾虑的，亦就是怕私铸之风更盛。"

"私铸罪重，律有明文，临之以严刑峻法，自可抑制。臣以为律法宜增一款，用私钱者与私铸者同罪。如此则私钱不能流通，私铸不仅无利可图，反消折了本钱，还有什么人去做此傻事？"

李煜点点头，转脸问徐辽："你看怎么样？"

"只怕百姓误蹈法网。"

"这话是怎么说？"

"如果百姓分辨不出是制钱，还是私钱，就会误蹈法网。"

"是何言欤？"韩熙载抗声相争，"公家铸制钱，选取精铁，征召名匠，特开大炉鼓铸，所出的制钱，大小、厚薄、轻重，画一不二，入眼即知。私钱安能比得了制钱？"

这番话理既直，气更壮，徐氏兄弟无可辩驳，只说得一句："都请官家裁度。"

"细民好恶，往往视豪门大族为转移。臣愿官家下一道敕令，文武百官，首为之倡。臣不敏，应领官俸，请官家敕下户部，尽数折发新钱。"

"对！称新钱，不称铁钱。"李煜考虑了一下，决定用折中之道，"不妨新旧掺和并用。每十钱，以新六、旧四，配搭行使。"

"折中至当。"徐氏兄弟同声颂赞，"臣等不胜钦服之至。"

一个月悬而不决的一件大事，片言而解，李煜亦感欣然。接下来谈第二件棘手的事。

这件事也牵涉到韩熙载。他奉命"知贡举"考试进士，一共取了九个人。发榜以后，落第的士子，大发怨言。这本是科举常有的事，不足为奇，可是韩熙载有个政敌，却唆使这班落第的士子联名上书，攻击韩熙载徇情营私，说九名新科进士中，有五个跟他的交往密切，特别指出舒雅其人，说他与韩熙载一同狎妓，关系不同寻常。

韩熙载的风流放诞，是早就出了名的，而且帷薄不修，老而愈甚，家伎四十余人，妍媸不一，却无不有入幕之宾。当然，这是韩熙载所默许的。他跟最亲密的亲友说："我是故意以此自污，避免入相。"意思是，长江北岸有赵家天子窥伺，南唐的宰相不容易做，"明哲保身"为妙。

这些最亲密的朋友中，就有一个舒雅。韩熙载视他为"忘年交"，老少二人，曾经扮作乞儿，到妓院行乞，以为笑乐。这是连李煜都知道的荒谬行径。

因此，落第士子对韩熙载的攻击，很容易为李煜所接受。特派徐铉为舒雅等五人复试。哪知这五名新进士，由舒雅领头，竟申述理由，拒绝参加复试。金榜早已高贴宫门，人人都知他们是新科进士，倘或贸然下诏，取消他们的资格，又怕引起非议，影响民心，因而成了僵局。

李煜对这件事，自然深感不快。后来还是韩熙载从中疏导，想出一个为国主圆面子的办法：重新下诏，御殿命题亲试，舒雅等五人方始应命。复试这天，李煜亲自巡视，显得颇为郑重。可是又有人进言，认为此举有损国威，大非所宜。

此辈的说法是，诏令复试而竟拒绝，便是抗命。抗命应该下狱治罪，今反加以御试的荣宠，无异助长士子的刁风。为了正纲纪、肃根本起见，一误不可再误，复试以后，一律黜落。

李煜认为这话颇有见地。他本心一向忠厚，做事一向寡断，但有时却会冲动，不计一切后果。在这件事上便是如此：五本卷子，一律为他用朱笔加上"红勒帛"——一条红杠子从头画到底，发榜竟是空前绝后的一片空白。

这才是一误再误，顿时招来无数非议。士林中且有闹风潮的模样，因而接连有人上奏，希望国主为了挽回民心士气，有所补救。这些奏章，李煜无法处置，搁置已久，这时候决心要做一个了断。

开口提到此事，韩熙载立即起身说道："臣奉职无状，惭惶无地，请容臣先告退。"

"不，不！"李煜做了个手势，示意他坐下，"事情到了这个地步，不能再有浮言了。大家有好办法，尽管说，我无不依从。"

"臣处嫌疑之地，不便建言。"韩熙载看着徐氏兄弟说，"两位郡公，该为国主分忧才是。"

"请官家特降勒令，仍旧复了他们的进士，如何？"

徐游不以他堂兄的意见为然，"果尔如此，则是一误再误又三误。"他说，"总要归于不误才好。"

怎样才是不误？徐游却又说不出办法来。李煜仍旧只有向韩熙载问计，他叫着他的字说："叔言，士林之中，你是前辈，他们都听你的话。你不妨打听一下，要怎么样处置，他们才不会再闹？"

"是！"韩熙载答说，"臣尽力去疏导。"

再下来还有几件大事商议，每一件都有难处，谈到日色偏西，方始告一段落。李煜觉得十分苦恼，也十分困惑，古往今来，为什么有那么多人想做帝王？做帝王的乐趣到底在哪里？

在瑶光殿的寝宫中，与周后闲话时，他说了他的这番感想，希望爱妻能给他一个解答。

但是，周后却根本不能了解他的心境，只当是国务过劳所发的牢骚，因而也就决不会给他任何解答，只顾言他地跟他谈家常。

"今天扬州有专人来，带来我母亲的信。"周后慢条斯理地说，"我母亲只惦念小妹，也关心她的婚事，我想问问官家，新科进士中可有出色的人物？"

提到新科进士，李煜报以苦笑。"九个人刷下去五个，那四个都是有妻室的。"他想了想说，"刷下去的那五个人之中，有个姓樊的，生得很不错，英气勃勃，像很有出息的样子。无奈——"他叹口气懒得再说下去了。

"这姓樊的是哪里人？"

"记不起来了。"李煜答道，"仿佛过江来的。"

"官家何不着人去打听打听？"

李煜当时允诺，事后却忘记了。而周后却颇在意，因为她为妹妹的终身着想，另有一套看法：第一，李煜的眼界很高，多少朝士看不中，却想到落第的举子中有这样一个英气勃勃的青年，不言可知，必有过人之处；其次，世家子弟，袭父祖的余荫，浮浅嚣张的居多，而且将来一定姬妾连房，捻醋争宠，有的气受，倒不如选取一个有出息的读书人士，感恩图报，必为闺中不叛之臣。至于官家选中的人，将来必然多方提拔，富贵不愁，即令眼前是个寒士，又有何妨？

因为是这样很周全的打算，所以周后急着想知道此人的人品家世。李煜听她催问，方始记起这件事，立刻将那亲试黜落的五本卷子调了来，灯下检点，才知道这姓樊的叫樊若水，江南池州人氏。再看他的试卷，文字异常出色，心中不免自愧，身为国主，却有意抑屈真才，实在无以自解。

就为了这份歉疚之心，李煜生出补过之想，便命裴谷派一个内监，渡江去访查樊若水。

"你告诉派去的人，要暗中查访，想法子见这姓樊的一面，看看他的志向。"李煜又说，"家世如何，更要打听清楚。此事不急，但要访查真确。"

所派的内监姓苏。苏内监曾经几次派过江去公干，自然知道那些取巧省事的门径。他一到池州，先去拜访县官吴仲举，假传诏旨，说国主命他来传谕，秘密访查樊若水的家世，而且要吴仲举为他设法安排，跟樊若水见上一面。

这种任务不难。吴仲举随即交代了下去，第二日便有了回音。

"樊若水本籍长安。他的父亲叫樊潜，做过本州的石埭县令，罢官以后，宦囊萧索，无力举家北归，流寓在江南，便占了池州的籍贯。"

"这样说来，倒是清官之后！"苏内监问道，"想必境况很窘？"

"是的。樊若水清贫自守，是个有骨气的寒士。"

"那么，怎的能见一见他？"苏内监又说，"官家交代，事要隐秘，所以跟姓樊的见面，要装作无意间撞着才好。"

"只要他在池州，安排见面不难。不巧的是，他三日前出门去了，哪一天回来，尚不可知。内相是先请回金陵复命，还是等一等再说？"

"我等。"苏内监说，"官家交代，此事不急，但要访查真确。我尽等不妨。"

于是苏内监在池州住了下来，每天由公家供应酒食，闲下来各处逛逛。一连半个月，樊若水犹未归来，吴仲举不免有些着急，因为供养苏内监的都是民脂民膏，吴仲举是个好官，当然要替百姓心疼。

为此吴仲举几乎每天派人到樊家探问，但总是不得要领。最后一次得到的答复是，樊若水在采石矶一带钓鱼，说不定沿江而下，直到京口金山寺去访高僧，不知哪一天才得回家。

归来无期，空等无益，吴仲举苦苦相劝，才得将苏内监打发离境，算是松了一口气。可是他小事精明，大处却忽略了：樊若水何以忽发雅兴，远到采石矶去垂钓，而且一去多日，不见归返？他只要多想一想，就知道其中必有缘由。

这个缘由，还是起于樊若水进士复试的无端被黜。

他是个功名心切，而又褊狭不能容物之人。复试发了一张空榜，大以为恨，逢人就发牢骚，而且严苛地批评时政，说是国将不国，终难自保。

言者无意，听者有心。有个和尚，年纪很轻，而辩才无碍，先随他的师父法眼禅师，出入禁中，深为李煜所欣赏，说他是"一佛出世"。后来法眼禅师圆寂，就命他主持清凉寺，尊称为"小长老"。

而这个"小长老"，实在是宋朝派来的间谍，他的主要任务是，利用佛法蛊惑江南。鼓动李煜，大起佛寺，广聚僧徒，每日由官府设斋供养，食有不尽，一齐倾弃。明日再具新斋，谓之"折倒"。有心人识得此是"败征"，却还未想到小长老是有意引用《华严经》上所描写的"佛门富贵"倾害李煜，虚耗国力，松懈斗志。

这小长老平日亦喜结交文士，见樊若水心怀不满，便趁势劝他立功北归。立功之道，就是到采石矶一带去"垂钓"。

垂钓是假，测量江面宽狭是真。长江天堑，而金陵上下游有两处险要之地，一是京口，二是采石。其地在当涂西北二十五里，距金陵八十五里。采石矶突出江中，是天生的一个好渡口，相传秦始皇东巡会稽，经丹阳，至钱塘,就在这里渡江。其后从东晋开发江东以来,北方用兵,每每从采石趋金陵,是个江防的重镇。可是李煜自以为江面辽阔,天险无须设防,因而樊若水得以毫无阻禁地在那里畅所欲为。

他的测量方法很笨,但也很聪明。用一只小船,带一卷丝绳,先到南岸,将丝绳在巨石上系住,然后鼓舟向北,将绳子放了出去,直到北岸,在绳子上做了记号,回来用尺细量,便知从南到北是距离几何了。

当然,一次不够精确,但一而再,再而三地反复测量,毕竟得到了确实的结果。等他回到池州,苏内监已走了几天,听家人说是国主遣内监来传唤,以为事机或已败露,吓得连夜往北逃走,直投开封,去见宋朝皇帝。

在李煜,却是做梦也想不到,覆国祸机,已在此刻潜滋暗长。他甚至亦不太重视苏内监的报告,也就是不甚关心樊若水的一切——他几乎从来不曾想到过,作为一位一国之主,言出法随,凡有任何作为,应该尽可能贯彻到底,维持威信。而他总是凭一时的好恶爱憎,想到就做,做过丢开,何况派遣苏内监去查访樊若水的一切原出于周后的督促,只要有了结果,不问这结果如何,在他算是有了交代,就可置诸脑后了。

* * *

序入初夏,在宫中来说,第一件大事便是四月初八"浴佛"。

早十来天,清凉寺的住持小长老,便进宫恭请慈驾,届期临幸,供佛斋僧。圣尊后自是欣然许诺。周后向来亦是信佛最虔,更因为幼子最近常有病痛,不是发烧,便是拉稀,宣召了好些太医诊治,始终好一阵、坏一阵,焦急之下,禀明圣尊后,决定趁浴佛节这个好日子,祈福许愿。她们事先斋戒,并派内监在清凉寺禅房,特辟净室,老少两后,驻驾宿山,预备连烧三天"头香"。

到了四月初七一早,自台城到石头山这从东到西的九里路上,香车宝马,翠羽明珰。虽不似唐明皇携着杨氏姊妹临幸华清池那样,一路堕钗遗鸟,随处皆是艳迹,但那番十里锦绣、半天氤氲的繁华景象,亦已经使得夹道相看的百姓如醉如痴了。

在这万千如花美眷中,独独少一个嘉敏。因为她小病初愈,太医切切叮嘱,必须避风,所以这罕见的灵山盛会,唯她向隅。好在她不似她姊姊那样佞佛,除了感觉寂寞以外,并不以不能随圣尊后一起礼佛为憾。

就是寂寞也容易排遣。来自澄心堂的清词丽句,最宜灯前月下,独自吟味。画堂人悄,无声无影,而在她的心目中,却有声音,也有形象——李煜,只要她想到,他就会清清楚楚地出现在她的耳际眼下。

又是珠锁潜动,惊觉银屏。嘉敏从脚步声中,分辨出是李煜已经进了友竹轩。她想装睡,倒要看看他做些什么,却又怕他因为不忍扰人午梦,来而复去。

就这难以委决之时,忽然喉头作痒,咳出声来。这一下便想装睡也装不成了。而李煜也因为自觉形迹似乎有欠光明,便抢先发声。"小妹!"他问,"可好些了?"

"噢,"她一翻身坐了起来,从容下地,笑着问道,"姊夫什么时候回来的?"

"上午就回来了。"他细看了看她的脸色,"精神似乎还不错。"

"本来就没有什么病,太医一定要我避风。拗不过他,只好听他的。"嘉敏接着肃然相问,"圣尊后安好?"

"兴致很好。美中不足的,就是你没有在她老人家身边。"

"是啊!我也很不安。"嘉敏的心思又活动了,想起清凉寺供佛斋僧,大开法会,梵音高唱,铙钹齐鸣的一番热闹,一时颇为向往,便提出要求,"明天姊夫上山,我跟了去。"

"还是静养吧!山上风大,受了凉不妥。"

"我完全好了,一点也不发烧了!不相信,姊夫你试一试。"

嘉敏毫无机心,根本不曾想到彼此之间该设"男女之大防",牵着李煜的手去试测她额头的烧度。李煜内心虽有些微不安,但也很快地消失了,全神贯注在自己的右手上,一按到她的光滑的额头,不由得便想起"冰肌玉骨"四个字,舍不得将手再拿下来。

"如何?"

明明已经试测确实,李煜却不即回答,故意一摸自己的额,再次将手抚按在她眉际,做个比较的样子。然后,他一本正经地答道:"烧倒是退了,不过总以小心为宜。"他又说,"明天我也不一定上山。这两天事多,也烦。"说着,微微叹口气,脸上有抑郁之色。

这倒不完全是做作,李煜确有不怡之事。每逢令节,总有这样抑郁:只为以小事大,委屈多端,逢年过节,必得向宋朝进贡。如今端午将到,兼以开封大内新建文明殿落成,必须上表申贺,同时进奉一笔数量很可观的金银。金银在李煜是身外之物,宫中积聚甚多,不必向百姓征敛,只是身为国主,上表称臣,心有未甘而无可奈何,那种难宣的抑郁,最不易排遣。

嘉敏对时事不大关心,因而就不易了解李煜的心境,但是他眼中所出现的阴暗愁郁之色,却使她隐隐心痛。"姊夫!"她问,"你有什么难以解消的心事?这样子不快活!"

李煜本想诉一诉隐衷,可是话到口边,发现嘉敏那种由于关切而起的惶恐忧愁,便觉大为怜痛,也深有警惕。何苦让她为自己烦心?柔弱如此,不是能替自己分忧的人,即使能够,自己又何忍让她蹙眉?

因而他尽力鼓舞自己,硬抛掉心事,做出眉目舒展的样子笑道:"日子过得好好的,有什么难解的心事?你不要瞎猜。"

"那么,"嘉敏将信将疑地,"是我看错了。"

"你看到了什么?看我的脸色不高兴是不是?不是的!我没有什么不高兴。"

"真的?"嘉敏张大了眼,偏着头问,仿佛喜出望外似的。

这种稚气的表情,纯真专注,为李煜带来了极深的感受,这也是他在他妻子那里未能得到的。周后爱她的幼子,爱她的名位,但对于夫婿的爱,真而不纯，深而不专。而只有嘉敏，使李煜确确实实感觉到，她心目中唯一关切的只是"姊夫"。

为了安慰她，他必须让她真正相信他没有什么难解的心事，日子过得很快活。于是他看一看窗外的艳阳，踌躇着问："你真的可以不必避风了？"

"早就不必了。何况，也没有什么风。"

"对！这样日丽风和的天气，出去走走也不碍？"

"好啊！"嘉敏高兴地笑道，"就这会出去逛逛！是不是上山？"

"不！"李煜手指东池，"我们到水榭去坐坐。你多带些衣服。"

"是！"她驯顺地答应着。

"你那个宫女叫什么名字？"

宫女很多，但眼前只有一个，这一个已成了嘉敏的心腹，名叫羽秋。

"她本来叫雨秋，风雨的雨，我嫌它太萧瑟了，改成羽毛的羽。姊夫，你看这个名字能用不能用？"

"怎么不能用？改得太好了。"李煜转脸吩咐，"羽秋，你告诉跟我来的人，我要用那只画舫，让他们马上预备，再要精致食盒伺候。"

"遵旨！"羽秋答应着退了出去。

"你该多穿些衣服！"李煜又说，"画舫好久未用了，从船坞中拖出来，也得些工夫，你尽可以从容。我上你书房里看看去。"

于是嘉敏亲自引导着到书斋，看李煜抽了本书，坐定下来细看，方始悄悄退出。回到卧房，羽秋已在守候，脸色显得沉重。

"怎么了？"嘉敏问道，"有什么事？"

"还不是胖婆婆？"羽秋低声答说，"官家一来，我就找人拖着她去打'马吊'，绊住她的身子。不想裴谷从窗外经过，让她发觉了，她便要离桌来看小娘子。同桌的说她一家大赢，不放她走，此刻只在吵着要散场。等她一来，必不放小娘子出去；就放了，也一定寸步不离地跟着。"

这一说，将嘉敏的一团高兴扫了个干干净净。她颓然倒在椅子上，好久作不得声。

"我们有个计较，索性调虎离山，将她打发得远远的。"

"噢，"嘉敏马上又振作了，"是何计较？快说！"

"刚才官家不是说，圣尊后只为小娘子不在身边，觉得美中不足。倒不如写个请安帖子，让胖婆婆赍了去。"

"好！这一计妙得紧。"嘉敏化忧为喜，思路活泼，又想到了一个绝好借口，"我家不正捎了蜜饯来？正好进奉圣尊后供佛尝新。"

"这就越发调遣得胖婆婆动了。我去料理进奉的物件，小娘子便写起帖子来。"

嘉敏毫不怠慢，提笔在手，略略构思，很快地写成一个请安帖子，连同扬州新到、家制的一大盒玫瑰松仁蜜枣，都叫羽秋拿了，亲自到胖婆婆那里去交代。

"官家见谕，圣尊后只是惦着我，老人家这等垂爱，真正感激不尽。我要避风，不能赶上山去服侍，只有你替我去一趟！"嘉敏亲手将请安帖子交给胖婆婆，"帖子收好了！见了圣尊后，说我已经好了，千万不必垂念。这盒蜜饯不中吃，不过总比外面的东西洁净，佛前也可以供得。"

"这会儿就去？"

"自然是这会儿去。坐车去！不过你得快了，太阳下山以前赶到最好。"

"那——今天就赶不回来了。"

"这要什么紧？你也沾圣尊后的光，半夜里烧个现成的头香，求菩萨保佑你添个白胖孙子！"

这句话是有把握能碰到胖婆婆的心坎上的。只见她喜滋滋地站起身来，"马吊"赢了一大把筹码也不要了，走到床后换上簇新的一身出客的衣服。嘉敏和羽秋特意起哄，替她插钗戴花，闹着笑着，将她撺弄了出去；开了通东池的便门，眼看她上了预先要了来在等着的车子，沿着围墙，疾驰而去，方始回到友竹轩。

这一来嘉敏自己就没有妆饰的工夫了。好在她淡妆浓抹，无不相宜，轻匀脂粉，加上一件绿袖绣襦，就可以出门了。

也就是刚刚料理完毕，裴谷来报，画舫已经准备妥当，李煜便亲自来迎嘉敏上船。一见之下，大感惊异，因为嘉敏仿佛换了个人，眉宇之间，蕴含着无限喜悦，似乎踌躇满志，有了极称心的境遇。

"小妹，你的兴致好得很啊！"

"是的。今天让我无拘无束玩一玩。"

"好！"李煜欣然答道，"只要你说得出玩的方法，我一定让你如愿。"

"我要饮酒，我要看花，我要吟诗！"嘉敏挥着绣襦的袖子，大声地说，"凡是骚人墨客的雅事，我都要做到。"

"我奉陪。走吧！"

于是相偕出室，在宫女内监簇拥之下，上了画舫。舱中相当宽敞，当中一张紫檀玉石的圆桌，一半陈设酒肴茶果，另一半摆着笔墨纸砚。几案上高低错落地置放着十来瓶花，都是香味特浓的栀子、玉兰、蔷薇之类。

"饮酒、看花、吟诗都有了。"李煜吩咐，"开船吧！"

一篙轻点，画舫缓缓向池中行去。后面还跟着两条船，分载随从，在画舫上供使唤的，只是羽秋和两名梳抓髻的小宫女。就是羽秋，亦是不奉呼唤不进舱，而且是尽量避得远，好让李煜和嘉敏无所顾忌地谈笑。

"寻春须是先春早，看花莫待花枝老！"李煜微喟着说，"满眼新绿，我们来得已经晚了！"

"有新绿可看，还应感谢天公。"嘉敏答说，"今年的节气晚，不然，这时候已是'绿叶成荫子满枝'了！"

她引用这句诗，毫不牵强，而言者无意，听者有心。李煜心头，无端一震，不由得就浮起一个疑问：嘉敏是不是知道"绿叶成荫子满枝"这句诗的故事？

故事出于唐朝的杜牧。史传上说："牧尝往湖州，目成一女子，年方十余岁，约以十年后，吾来守郡，当纳之。比至，已十四年，前女子从人，两抱雏矣！因赋诗自伤云。"所赋的诗，题目叫作《叹花》，是一首七绝:"自恨寻芳到已迟,昔年曾见未开时。如今风摆花狼藉,绿叶成荫子满枝。"李煜在想,如果她知道这句诗的由来而竟引用,那就有了极可玩味的弦外之音了。

这不便问,一问不但忒嫌唐突,也忒嫌煞风景;不问呢,却又心痒痒地不好过。就在他一个人这样暗中嘀咕时,嘉敏忍不住又开口了。

"姊夫,你在想什么?"她问,"可是有什么感触,在构思作词?"

"感触倒有,不过不是构思作词。"

"那么想的是什么呢?"

那一泓秋水似的凝注的眼神,使得李煜想到了他那首《菩萨蛮》的结句"相看无限情"。这句话虽浅,但除了这样平叙直道以外,实在想不出更好的形容。

也就是她这双"相看无限情"的眼,锐利地割破了他心中的藩篱。于是定定神答道:"我在想你的终身大事。"

这句话太突兀了!嘉敏顿时双颊飞红,而惊多于羞,脱口说道:"怎的无缘无故想起这个?"

"哪会无缘无故?是你大姊关心你——"

接着,李煜细诉了经过。他的语气很平静,是谈正事只用理智,不杂感情的样子,不过视线却始终没有离开嘉敏。

嘉敏的脸上也很平静,倒像漠不关心似的,最后听到樊若水不知去向,苏内监徒劳跋涉,却有释然的轻松表情。

"大姊也真是!多管闲事。"

"怎么说是管闲事?男大当婚,女大当嫁,做姊姊的人,何能不管?"

嘉敏摇摇头,欲语又止。终于只是看了他一眼,将头扭了过去,幽思溶入水天遥处,无可捉摸。

"怎么不说话?"李煜笑道,"仿佛在生谁的气。"

"谁的气也不生,只恨我自己。"

"恨你自己?小妹,"李煜情不自禁地抚着她的肩,"是何恨事?能不能告诉我。"

嘉敏不作声，也没有任何希望他将手移开的迹象，好久，她带些恨声地说："谁都能告诉，就是不能跟你说！"

李煜心头又一震。"就是不能跟我说？"他问，"为什么？"

"为什么？"嘉敏慢慢转过脸来，斜睨着，"你不是明知故问吧？"

话越说越玄，也越说越惊人。李煜在她那炯炯双眸逼视之下，自己能抓得住的感想，只有一个：谁再当她是个不懂事的少女，谁就是不懂事！

而嘉敏却又显露了少女的本性，仿佛自觉语言和态度都太过分而感到不好意思似的，赧然一笑，低下头去，拈弄着衣带。

视线一移转，李煜顿时有种如释重负之感，定定神，理一理乱麻一般愁喜难分的思绪，悄悄说道："小妹，我实在得跟你好好谈一谈。"

她抬起眼来，矜持地答了一个字："请！"

"这里不是深谈的地方。"

她没有作声，但抿着的嘴唇，不断翕动。他看得出来，是欲有所言，而存着什么顾虑的样子。

"说实话，你指我'明知故问'，我不受！"

"我觉得我没有说错。"

"也许你没有说错，而是我粗心大意，应该知道的，竟忽略了。"

话说得很婉转，使嘉敏深为感动。即令还有怨怼，她也不忍再出口了。

"小妹，说真的，为什么你能告诉别人的话，不能告诉我？又为什么责我'明知故问'？我应该知道的是些什么？请你告诉我。如果是我错了，我一定承认。"

口称"说真的"，其实倒真的有些明知故问。经过这片刻的折冲，他就是先前莫名其妙，这时候半猜半想，也可以大致了解，她对自己的终身大事是持有怎样的一个看法。

然而，嘉敏却相信他这几句话出自真心。她想了一下，用他的话来回答他："这里不是深谈的地方。"

"那么，"李煜遥遥望着百尺楼，"我们另外找个地方去谈。佛阁上如何？那里上下隔绝，你说我听，话不传六耳。"

"不！"嘉敏摇摇头，"那是何等庄严清静之地，我们在那里谈些不相干的话，岂不亵渎了菩萨？"

"那么，你说呢？到哪里去细谈？"

哪里都不合适，她只好拒绝："改天再说吧！"

话虽如此，她脸上的表情却明明白白地显示，希望有此密晤。李煜踌躇了好一会儿，终于下了决心："这样，我来另做安排。"他问，"羽秋是不是可以信赖？"

嘉敏很快地答说："可以。"

"那么，我让裴谷跟羽秋联络好不好？"

嘉敏考虑了半天，到底抿着嘴唇，深深地点了点头。

第二章　玉连环

梧桐新月，清寂良宵，李煜在院子里已徘徊了半个更次了。

"裴谷！"他到底忍不住要问了，"你到底跟羽秋是怎么联络的？"

"联络得很切实，约定二更时分来。"

"不就快二更了吗？"

"是！"裴谷声色不动地答说，"快到了！"

"你有把握？"

裴谷有十足把握，因为从万寿殿到澄心堂，一路有他秘密派遣的小内侍，随时驰报动静，他知道嘉敏带着羽秋已在途中了。只为行踪极秘，不便使用宫灯，仅在花径林间，借着掩映云间的星月微光，摸索而来，自然就走得慢了些。

不过这情形不便也不必细说，裴谷只这样劝道："官家请进去暂歇，只怕一盏茶不曾喝完，人已经到了。"

"也罢！"李煜回身上阶，踌躇了一下，往西面走去。

西面绕过回廊，尽头处有一道垂花门。进门自成格局，一片密密的竹林中藏着五楹精舍，题名"梦蝶斋"，最宜夏日午睡，也是澄心堂这个区域中最隐秘的一处所在。

他选中了这里与嘉敏"深谈",就为的是取其隐秘。这里好久没有来住了,虽然傍晚时分,经裴谷派人仔细收拾过,帷帐垫席,完全换新,然而隐隐仍有一股陈腐的气息。李煜一踏进去就闻到了。

"怎么不焚香?"他向随侍在侧的小内侍闻喜说,"取那座瑞龙鼎来。"

"早就侍候在这里了。"闻喜笑嘻嘻地回答。

瑞龙鼎是座玉香炉——整块和阗羊脂玉,雕成一座高可近尺的鼎,盖子是一条鳞甲飞动的盘龙。玉质既佳,雕镂更精,是李煜心爱的一件器玩。闻喜料知这晚上有用得着它的时候,早就从书斋中,小心翼翼地移放在这梦蝶斋了。

如此善伺人意,着实可喜。李煜暂时抛却久候芳踪之苦,兴致勃勃地亲自在铜盘中调拌香屑,用回文篆字的铜格子压出花纹,然后取火点燃,将铜盘移置入鼎,合上鼎盖。只见两缕袅袅青烟,从盘龙的鼻孔中升起,氤氲馥郁,令人心荡。

就这时候,窗外人影闪动。闻喜抢步上前,打起帘子,有灯照处,一头黑发。嘉敏只以背影示人,不肯回脸。

"闻喜!"裴谷轻声喝道,"出来!"

闻喜将丝绳往钩子上一搭,让帘子半卷着,退了出去。接着,窗外闪过三条影子,消失于竹林之中。李煜可以猜想得到,另外一条人影是羽秋。

于是,他走到门外,亲手扶嘉敏进门,顺手放下了帘子,将她的身子扳了过来。

四目相视,彼此无语,李煜看她的脸色苍白,不由得一惊,去拉她的手,又是一惊。"小妹,"他急急问说,"你的手好凉!"

"我怕。"

原来如此!李煜放心了。"你不要怕!"他说,"没有人知道。来,你坐这里来。"

他扶着她坐在锦榻上，握着她的手，轻轻地抚弄着，就像抚慰一头受了惊的小猫那样。

慢慢地，嘉敏恢复了常态，脸色依然白里透红，眼神仍似一泓寒泉，而双手也温润如玉了。

"你看，我一双鞋！"

李煜低头望去，她的那双用金丝缕盘出云头花纹，制作极其精美的新鞋，沾满了泥迹苔痕。可以想象得到，这一路潜行而来，不是件轻松的事。

"只怕露水已经渗透了！湿鞋穿着不舒服吧？"

"嗯，"嘉敏点点头，"有一点。"

"那怎么办呢？"李煜想了一下说，"这里只有我的鞋，你将就着用一用。"

说着，他亲自去找了一双便鞋来，摆在脚踏上。嘉敏褪去了湿鞋，只见白绫袜子也是湿的。

"索性连袜子都脱了吧！"

嘉敏迟疑了一下，果然剥下一双绫袜。她的动作极其迅速，那双白得异样的脚，不容他看第二眼，便已缩入裙幅之中，然后她盘腿坐在榻上，显得神闲气定，十分恬适。

于是李煜将闻喜烹好在那里的武夷茶，倒了一盏给她，悄悄说道："此刻你可以谈了吧？为何恨你自己，又为什么对什么人都可以说，唯独不能告诉我？"

"因为告诉你没有用。"嘉敏借喝茶遮眼，又加了一句，"反害你为难。"

"害我为难？是什么事，我会为难？"

"你想呢？"

"我想，"李煜很吃力地说，"除非是牵涉到你姊姊的事。"

"是不是！我说你明知故问，一点都没有错。"

李煜是隐约其词的试探，如今算是证实了。娥皇、女英的故事是自己说过的，但不过一时戏言，当初本未存非分之想，不道居然有此逾分之福！在喜出望外的同时，他不免有着突兀之感，因而只站在她面前发愣，什么话都没有。

"我恨我自己，生不逢辰，也生错了人家。"嘉敏低声自语似的说，"如果不是生在周家，我没有烦恼；如果我生在大姊前面，我——"

突然间，声音中止了。戛然而止，就像用一把快刀硬生生截断了一样。李煜定睛看时，眼中人泪如雨下，喉间抽噎有声了。

"别哭！"他一把抱住她，"我知道你的心，等我来想办法，一定要弥补你的恨事。"

这夜相偎相依，相怜相爱，缱绻到天色微明，嘉敏方始由羽秋搀扶，裴谷护送，悄悄地回到友竹轩。

嘉敏醒醒睡睡，一整天如在梦寐之中，这神魂颠倒的样子，落在羽秋眼中，大为不安。直到圣尊后回宫，嘉敏盛装迎接，依旧礼节无误，言语如常，她方始松了一口气。

"小娘子，我真担心，担心会露马脚。"

"什么事露马脚？"嘉敏看着镜中的羽秋问道，"露了什么马脚？"

手握着嘉敏的一把又黑又软的头发，正用牙篦在仔细梳理的羽秋，却从镜子中避开了脸。她怕自己好笑的样子，落入嘉敏眼中，显得轻佻不敬——其实令人好笑！她在想，不管是大家闺秀，还是蓬门碧玉，只要一为情丝牵缠，就会痴迷得连自己在做些什么都不知道。若是率直指穿，还只怕羞了她，未免无趣。

嘉敏哪里会知道羽秋的为难？见她不答，便又追问。这一下，逼得羽秋只好实说了。

"我看小娘子从'那里'回来以后，仿佛恍恍惚惚的，怕会惹人猜疑。"

"那里"是指何处，她自然明白。想起昏灯罗帐，娇喘细细的那番光景，嘉敏羞得夹耳根发烧。偷窥镜中，幸好羽秋是低着头，不曾注意自己的窘态，她心里才比较自在些。

"噢，"她矜持着，尽力将声音放得平静，"我自己倒不觉得，是怎么个恍惚？"

"无非心不在焉的神气。"羽秋也还以平静的声音，"常时一个人无缘无故发笑，或者望着半空里发愣。"

这一下，她那刚消退的红辉又染上双颊。想到这魂不守舍的样子，看在宫女眼里，少不得私底下三三两两在谈论，她顿觉满心惶恐，坐不安宁了。

"真是这样吗？"她顾不得害羞，转脸去问羽秋，"大家都在笑我吧？"

看到她的脸色，羽秋不能不安慰她，"只有我才看得出来，"她说，"没有人知道小娘子的心事。"

"真的？"

"自然是真的！我何敢撒谎？"

嘉敏长长地舒了一口气。"羽秋，好姊姊！"她心甘情愿地用这样的称呼，"只有你知道我的心事。"

"小娘子，折杀我了！不要那样叫，只叫我羽秋。"

"私底下叫叫不要紧。说真的，胖婆婆老背晦了，我只拿你当自己人。你要替我多出些主意才好。"

羽秋默然。她在宫中也好几年了，深知周后的性情：美而多才的黄保仪；明慧可人，善于琵琶的流珠；喜簪异花，常有蝴蝶绕髻而飞的秋水；娇小纤丽，始创缠足，能在数尺方圆的木制金莲上回旋作舞的窅娘。只看这些色艺冠绝一时的后宫嫔御，都为周后千方百计地抑制着，不让国主有亲近她们的机会，就可以知道，她能不能容忍自己的胞妹去分她的宠，实在大成疑问。

"羽秋，"嘉敏用商量的口气说，"你能不能替我去送一封信？"

"是送给裴谷？"

送给裴谷当然就是送给李煜。羽秋深怀戒心，怕为周后发觉，是件不得了的事，因而低声相劝："小娘子，动到笔墨便落了个痕迹。我看，还是免了吧？"

　　嘉敏也知这样做法甚为不安，无奈刻骨相思须有个寄托，那一片痴情在九曲柔肠中千回百折，想到头来，只有老实央告："那么，好姊姊，怎的想个法子，让我再跟他见一面。"

　　这比传书更担干系，也更棘手。然而羽秋却说不出拒绝的话，因为那一声"好姊姊"仿佛有千钧之力，压得她非唯命是从不可。

　　"等我看看情形。"她很吃力地答说，"办得成、办不成，可没有把握。"

　　"谢谢你！"嘉敏笑得很妩媚，"一定办得成的。"

　　于是羽秋退下来默默打算，想来想去，终无善策。因为这与浴佛节那天的情形，大不相同了，不但第一道关胖婆婆、第二道关周后，都难闯得过去，而且扈从的宫眷都已随驾返宫，耳目众多，真有步步荆棘之势。总而言之，嘉敏想重到梦蝶斋，几乎是一件不可想象的事。

　　盘算最后，只有一条路可以去碰一碰：去跟裴谷商议。

　　羽秋要跟裴谷见面，就是件不容易的事。因为胖婆婆有意要隔离嘉敏与李煜，不论是进圣尊后宫里请安，或者到瑶光殿去闲话，胖婆婆都要先派人打听，趁李煜不在的时候，方准嘉敏前往。这一来，羽秋便难见到裴谷了。

　　当然，下决心要见裴谷，是没有见不着的道理的。羽秋知道李煜每天总在日出时分到万岁殿来为母后问安，便起个早，做完了自己该做的事。她在花圃中用竹剪剪下许多开得正好的兰花，取个粉定窑的大冰盘盛了，捧到圣尊后宫中去助妆，见机行事，私下跟裴谷见着了面。

　　难得一晤，只能匆匆数语。

　　"忙不得！"裴谷这样答说，"官家已经有话，打算搬到瑶光别院去避暑。到那时候一切都方便了。"

　　瑶光别院不是避暑之地，这当然是个托词，作用是跟友竹轩的距离近了,一切比较"方便"。羽秋觉得这个消息,足慰嘉敏的相思,算是有了一个结果,可以复得命了。可是嘉敏却有画饼充饥之感,她幽幽地叹口气,只好耐心等着。

梦蝶斋之会,终于有人在传说了。流言自何而来,不得而知。有人说是闻喜口舌不谨;又有人说,有个宫女在梦蝶斋捡得一个豆蔻盒子,不是内家形制,访查下来,才知道属于嘉敏所有,因而泄露了春光。

见宫女们窃窃私议,周后自不免起疑,要问个明白。

宫女们都是一样的性格,饱食终日,无所事事,最喜在私下谈论是非。但如真的追问,却都识得事情轻重,宁愿接受一时的责罚,不肯吐露一言半语。周后虽问不出什么,而疑团未释,又找了阿蛮来问。

"她们那鬼鬼祟祟的样子,想来你也看见了?必是有什么事瞒着我!你应该知道。"

阿蛮当然知道。只以此事关系出入太大,她连在胖婆婆面前都不敢提起,更莫说周后。不过她比别的宫女聪明,不愿硬生生抵赖,且先虚晃一枪,聊为搪塞。

"是啊!"她说,"我也在奇怪,不知道大家在议论些什么?等我去打听明白了,来回禀国后。"

"好!你去打听打听。我等你的回话。"周后加了一句告诫,"可不许你帮着她们瞒我。"

"我不敢!"

不敢也无法,其势非瞒不可。阿蛮倒是沉着能顾大局的,她心里在想,风流罪过已是铁案如山,然而是这样的男女两造,这重公案从哪里去追究?如今唯一的上策,便是设法让他们到此为止,风风雨雨的流言,自然而然就会消失。

这自然要跟胖婆婆去商议,可是也不宜揭露前因。一个人静静地盘算了一会儿,想好一套说辞,才去看她的外祖母。

"姥姥！"她悄悄问胖婆婆，"你可知道，官家要搬到瑶光别院来了？"

"我也刚听说。"胖婆婆答道，"说是搬来避暑。瑶光别院倒宽敞，不过树木不多，看来并不是避暑的好地方。我又听说，澄心堂后面有个竹园，叫什么梦蝶斋，那才是最宜夏天住的好地方。"

"姥姥也知道梦蝶斋？"

胖婆婆到底见多识广，这话入耳，立刻便发觉有弦外之音。"怎么？"她问，"梦蝶斋有什么花样不成？"

"没有什么，我们不去管它了，只谈瑶光别院。"阿蛮放低了声音，"这可离得很近了，几步路就走了过来。"

"我知道。我也要搬地方了，由后面搬到前面。"

这前后方向是以友竹轩为根据而言，若就万寿殿来说，是由前面搬到后面。不用说，胖婆婆已经起了防范之心，搬到后面，是守住友竹轩的出路，进一步监视嘉敏的行动。

"对了！姥姥，你要多劳点神。"

"我到底年纪大了，逞不得能。万一出了什么笑话，我哪还有脸回扬州。阿蛮，"胖婆婆看一看周围，将声音放得极低，"你得便跟国后说一说，还是让我们早早回扬州吧！"

"我知道了。"

* * *

嘉敏未回扬州，李煜却很快地搬到了瑶光别院，兴致勃勃地亲自指挥内监宫女，陈设器玩图书。

当然，周后也要来照料检点。而使她高兴的是，李煜特为在朝东的一面，替她留下三间屋子。"这里虽以晨曦初上的时候最好，然而空旷高爽，夜来玩月，也很不坏。"他情意殷殷地说，"你也别让我太寂寞，有兴就来陪陪我。夜太深了，懒得回到前面，也有你自己的屋子可住。"

这番话十分动听，于是周后也帮忙了，亲自带着阿蛮到内府库房去查看，选取了好些家具摆设，又制了全新的床帐衾褥，将她的那间卧室布置得焕然一新，洋溢着无限的喜气。

整整忙了五六天，方始就绪。正逢宜于迁移的黄道吉日，李煜便由澄心堂搬了过来。宫中不愁没有行乐的闲暇，只怕找不着题目。国主移居，自然是个应该庆贺的好题目，所以早由裴谷做了安排，预备下精致的筵宴，请圣尊后来尽一日之欢。

其实，这个题目之外，另有文章。公开的安排之外，另有私下的安排——是裴谷与羽秋间的事。特为请了圣尊后来，无非是为嘉敏与李煜得有见面的机会。

果然，圣尊后一早就派人来召嘉敏。嘉敏陪她午膳之后，做伴同到瑶光别院。

"这里我还真少来！"圣尊后对周后姊妹说，"当年先帝好静，在这里读道书，不喜欢大家打扰。五年工夫我只来过七八回，好些地方我都记不得了。"

"娘倒去看看。陈设布置，改得大不相同，只怕娘更记不得当时的光景。"

"这里就数东面那几间屋子最好，如今是谁住？"

听得这一问，周后得意地扬起了脸，但回答的声音却是矜持的："官家一定要留给我。"

"噢，我看看去。"

进卧室一看，四壁糊着簇新的绛色缎子，再看到北面硕大无朋的一张七宝镶嵌的象牙床上，铺陈得花团锦簇，圣尊后笑了。

"倒像洞房！"

大家都笑了，只有阿蛮不笑。她觉得圣尊后的这句笑话，不是一个好兆。

画堂中烧着儿臂般粗的蜡烛,红色的光辉,照耀着酡颜,看不出周后已颇有酒意。

嘉敏没有喝多少酒,因为她在圣尊后那一桌陪侍,不免拘束。而侍宴的妃嫔,捧酒为圣尊后"上寿",要尽礼数,不敢放肆,使得嘉敏更缺乏喝酒的机会。

酒过数巡,一队碧衣宫女,在红氍毹上翩翩起舞。周后的兴致越发好了,让宫女捧着金壶玉杯,来到正中桌前,亲自为圣尊后劝酒。

虽是尊卑有别,遇到这样的情形,也须有一番酬答。圣尊后受了儿妇的敬酒,还答一杯,然后她又命嘉敏敬姊姊的酒。周后虽善饮,但因为先前喝得多了,再有这三满杯酒下肚,顿时见了颜色,起身时竟站立不住,若非宫女扶持,晃荡着的身子,定会倒了下去。

"散了吧!"圣尊后说,"时候不早了,我也有些倦了。"

李煜兴犹未央,只是老母之命,不敢违拗。歇歌罢宴,他亲自送圣尊后回宫。周后犹待强自支持着,想陪到万寿殿,却为圣尊后极力拦阻,要亲眼看周后回到她所说的"洞房"休息,方始起身离去。

由瑶光别院到万寿殿,不过一箭之路,圣尊后愿意步月而归。于是两行宫灯前导,嘉敏搀扶着她,缓缓行去。李煜跟在后面,正处下风。环佩轻响,脂香微度,盯着可望而不可即的嘉敏的背影,他真个沉醉在骀荡的东风中了。

回到友竹轩,已过三更。嘉敏懒懒地不想动,不是疲乏,是一种酒阑人散的寂寞凄凉以外,无可言喻的怅惘空虚使然。

闺中幽怨,羽秋深知。每逢嘉敏像这样怏怏无言之时,羽秋总是想些消遣来为她打发难挨的辰光。但是,这晚上她竟视而不见似的任令嘉敏在妆台边支颐独坐,自己忙着检点火烛,查察门户,直待院落沉沉,人声寂寂,方回到嘉敏身边。

"替我卸妆吧。"嘉敏有气无力地说。

羽秋点点头，不作声，唤粗使的侍女香儿提来一铜铫子热水，然后说道："香儿，你们都睡去！仔细，关好了门，别让白胡子的狐仙闯到你们屋里！"

香儿吓得脸都白了。嘉敏微觉不满："何苦又吓她？"她安慰着香儿："去睡吧，别怕！你们不去惹狐仙，狐仙不会捉弄你们。"

"对了，"羽秋接口，"只关起门来睡大觉，外面若有什么响动，只当没有这回事！千万别好奇偷看，那最犯狐仙的忌。"

"我知道。"香儿重重点头，说话的声音都有些发抖了，"我只蒙上被子睡我的觉。"

等香儿一走，羽秋立刻掩口笑了。嘉敏便问："你笑什么？"

"我笑我自己捣鬼。"羽秋将脂粉盒子都打开，绞了一把手巾递给嘉敏，"重新匀一匀脸吧！"

"干什么？"

羽秋向窗外看了一下，低声答道："官家要来。"

嘉敏惊异不止。"怪不得！"她笑了，"你那样子吓香儿。"

羽秋笑笑不答，为她重新整妆更衣，然后收拾收拾妆台，悄悄退了出去。

嘉敏一个人坐在那里，心中七上八下，很不自在，却又不敢呼唤羽秋，怕惊醒了别的宫女。正当彷徨难耐之时，窗外一点红灯，裴谷引着李煜，悄无声息地出现了。

嘉敏有着如梦似幻的感觉。多少天朝思暮想，打点着无数的话，渴待倾诉，而此时只字不能出，只站起身来，怔怔地望着一步一步走近的李煜。

李煜是一脸明朗愉悦的笑容，远远就伸出了双手。那一双红润的手，仿佛别有魔力，像块磁铁似的，吸起了嘉敏的双手，彼此濡染着对方的温暖，从手心暖到心头。

"我，我好想你！"嘉敏的声音，低得几乎只有自己才听得见。

而李煜还是能听得清清楚楚，并且这正也是他想说的话，不过他的回答是欣快的："现在不又在一起了吗？"

这是安慰的语气，却反勾起了嘉敏的心事。几许艰难，得此一会儿，而用朝朝暮暮、无尽的相思之苦来换取这提心吊胆的片刻欢娱，且不说值不值得，怕的是长此以往，会教人发疯！

这样想着，嘉敏便不自觉地松开了双手，迅即回身，坐向原处，低着头，背着脸。塞腹撑胸的委屈怨恨，忍不住流泻在两行清泪之中。

李煜有些手足无措。不是出于意外的惊惶，只是久已担心着会出现，而不知如何应付的情况，终于不可避免地出现，而自己仍然不知如何应付。

实在也不是不知如何应付，只是事未临头，畏难不敢细想。此时逼得非应付不可，李煜便只好硬撇开一切浮思绮念，认真考虑彼此的处境，希望有一句切实的话能安慰嘉敏。

彼此的处境很难，难在要顾全她们姊妹的感情。从这一点来说，李煜有种很奇怪的感觉，觉得自己不妨置身事外。而也就是这样的一种奇怪的感觉，使他不以为眼前的窘境是无法应付的了。

"小妹，"他低沉而清晰的声音说，"我知道你的委屈。不过我敢向你说一句：我决不负你！"

光是"我知道你的委屈"这句话，就让嘉敏觉得好过得多，然而如何决不相负呢？她强自抑制着自己的抽噎，侧着耳朵，全神贯注地等着他的下文。

"我不能昧着良心，说我心里只有你，没有你姊姊。我说过，我的德业不敢望大舜，可是我衷心所望、梦寐以求的是，我有大舜的室家之福。你姊姊小名娥皇，就注定了我跟你有这段因缘。你今年才十五，你姊姊快三十了，三春好景，将来都是你得意的日子！小妹，你听我一句话，眼前你要谅解你姊姊的苦衷，让她一步！"

前面的话，都是嘉敏听得入耳的，只有最后一句，不免反感："我怎么让她？"她的幽恨迸发，声音提高了，"莫非我逼她了？我哪里敢！不明不白地落入这般田地，倒像犯下什么弥天大罪似的，到底是为了什么？"

"你不要气急。"李煜坐到她身边，"万方有罪，罪在朕躬。"

这句话并不能使嘉敏满意，可是他的那双轻抚在她身上的手，足以弥补一切。在她的感觉中，那双手温柔得出奇，小心翼翼地从发际摸到肩头，慢慢往下滑落，一直到腰间。这是爱抚，但亦像把玩稀世奇珍，唯恐手脚太重，碰坏了那里似的，让她有着一种可以清楚感觉到的尊敬与珍惜。于是她激动的情绪平伏了。拿他的话从头回想一遍，才发觉自己刚才心浮气躁，没有能了解他话中的深意。如果说他是一架天平，那么这架天平的两头，虽在眼前还显得低昂不等，可是他已经明白地表示出来了，砝码将会加到自己这一头，总有一天会由彼此相平，而胜过另一头。

"开到荼蘼花事了"，二十九岁的姊姊，快将进入迟暮的境况了。而自己呢，诚如他所比拟的"三春好景"，姹紫嫣红，日丽风和，灿烂得意的日子，正待开始。

这样想着，她不但消失了怨怼，而且恻恻地为她姊姊悲伤："好，我听你的话。"她不由自主地，"我让她一步。"

李煜愉悦地笑了。"你到底想明白了。本来嘛，"他说，"以你的灵心慧质，岂有见不到此的？"

"用不着恭维我！"嘉敏答说，"你自己该有个打算。"

"我打算过了。操之过急，反会偾事。小妹，我只希望你为我做一件事，你肯不肯？"

"还不知道是什么事，也不知道我做得到做不到？"

"你一定做得到，而且一定会做得很好。"李煜停了一下说，"你常到前面去走走。"

前面就是万寿殿。他的意思是希望她多乞取圣尊后的欢心，将来用"懿旨"迎娶她入宫，国后就无话可说了。

嘉敏懂是懂了，而且心里亦已决定，照他的话去做。不过她在口头却不愿做何承诺。沉默是微带着抗议反对的表示。因为她要让他知道，假借这份力量才能获得在宫中的位号,在她看来是委屈的。

"怎么?"李煜有些察觉到了,"你不愿意?"

"我不知道。"她故意这样回答,"走着看。"

"是的。一步一步走,你有的是工夫,不用着急。"

这又提醒了嘉敏,自己才十五岁!吐蕊含苞,来日方长,急些什么。

匆匆一会儿,又成隔绝。胖婆婆的监视似乎更严了。但是,她可以禁阻她与瑶光别院往来的踪迹,却不能塞断她与李煜书札往来,暗递相思的通路。

这条通路当然是胖婆婆所不知道的。这得归功于羽秋的安排,与裴谷买通了一名花匠作为青鸟使,每天来换花时,总有一封密札,悄悄放在花瓶后面。

这些密札中,或者是一首词,或者是谈些琐事、叙一番感触,或者是几句问候的话。其实也没有什么浓得化不开的情调在内。可是,倘有一天未曾接到这样的密札,她就会茶饭无心,忽忽若有所失。

当然,一张纸、几行字解消不得相思之苦,其间曾安排过两次约会,却都误了佳期。第一次是因为周后住在瑶光别院,李煜被绊住了身子。第二次约定嘉敏前去相会,不想半夜里风雨大作,胖婆婆特意起身探视,好意留在她卧室中陪伴。须臾雨散云收,清光大来,正好践约,无奈床前地铺上有个胖婆婆在,怕她一觉醒来,发现是张空床,到底不敢造次。

这一夜辗转反侧的嘉敏,为胖婆婆的鼾声搅得六神不安,气苦万状,觉得不如没有这样一个约会,反倒没有烦恼。

* * *

向晚时分,花匠又送了花来。等他一走,嘉敏如所预期地在花瓶底下取到了一封信,拆开来看,是一首《捣练子》:

云鬟乱，晚妆残。带恨眉儿远岫攒。斜托香腮春笋懒，为谁和泪倚阑干？

　　另外有两行注："知卿近日光景如此！怜痛无已。咫尺蓬山，可望而不可即，尤觉怅惘不甘。此日三更月下，画堂南畔，犹冀云中有仙驭下降也。"

　　看完这一词一注，嘉敏心头又酸又甜又热的，不知是好过还是难受。她现在才知道，自己的一言一动，无不在李煜关切之中。那首词正写的是她前一天黄昏的感触，想娘想李煜，没有人可以吐露一句知心话，也没有人可以给她一句切切实实的安慰之词，只觉得孤零零的凄凉万状，"为谁和泪倚阑干"，连她自己都不分明了。

　　不想独自吞声的幽恨，他居然亦会知道！这自然是下了深心，暗中安排了人在留心的结果。嘉敏突然感到一阵无可言喻的痛快。而想到"此日三更月下，画堂南畔，犹冀云中有仙驭下降"这几句话，心中更有着一股胀满充实的感觉，挤迫得她连呼吸都困难了。

　　好不容易才能抑制兴奋，嘉敏便悄悄找了羽秋来商议。"他，"她说，"约我三更天到瑶光别院去。"

　　"噢，"羽秋问道，"怎么去法？"

　　"我不知道。不过，他一定会在外面等我。"

　　"恐怕出不去。"羽秋在发愁，"天气又热又闷，胖婆婆怕待在屋子里，往往三更天还坐在院子里。门户又都是她每天晚上亲自下了锁的，只有一道角门好走，可又非得从她窗外经过不可。"

　　"那——"嘉敏沉吟了好一会儿，突然眼睛一亮，神情是又惊又喜，仿佛很好玩而又有些害怕似的，"我一个人悄悄儿溜了去！一点点路，一下就走到了。"

　　"如果遇见了人呢？"

"我只说天气热，睡不着，出来散散心。"嘉敏又说，"你不必跟我去，你们只装全不知道，就没有干系了。"

"婢子有什么干系，不关轻重，只想回护得小娘子周全。"

"谢谢你，好姊姊！"嘉敏握着她的手说，"正要你能脱却干系，置身事外，才好回护我。我打定了主意了，一个人去，见机而作。你在这里替我看着些。"

只要她能明白，如果出了麻烦，不能一起卷入旋涡的道理，羽秋便不必再多说什么了。她密密地为嘉敏通消息、打接应，约定裴谷：至月到中天时，在瑶光别院南面的角门上迎接。

到得起更时分，嘉敏早早关了房门，看来像已睡下——其实只是熄了灯在黑头里坐。她一会儿担心胖婆婆深宵不睡，害自己脱不得身，一会儿又想着见了李煜该说些什么，一颗心七上八下，只是静不来。好不容易听得更鼓的声音，仿佛觉得已过了长长的一年，而细细听去，只挨得一个更次。

二更一过，人声渐寂。嘉敏悄悄摸到妆台边，没有光亮，不敢施朱敷粉，只摸着一瓷罐的百花香露，用手指蘸着，涂抹在项下耳后。然后她又摸索着换上深色的衫裙、全新的白绫袜子和一双红绅缕金的绣鞋，坐在床沿上等候羽秋来通知。

又是一段度日如年的光阴，而且提心吊胆，不能有什么响动。嘉敏不由得心中遥问："你可想象得到，我为你受这样的罪？"这样转着念头，立刻发觉眼眶发热，委屈而落泪。但她又实时发觉，哭红了的眼眶，有损顾盼之间，秋波流转之美，到底将眼泪忍了回去。

总算床后的小门有了推动的声音。"是羽秋？"她低低地问。

"嗯。"羽秋轻声哼了一下，走到床前说道，"胖婆婆刚睡下，还得等一会儿。好在时候也还早！"

三更将到，犹说为时尚早？嘉敏唯有暗暗苦笑，拉了她一把，示意她并排坐下。

"不行！"羽秋说道，"我得去把小门上的锁拿下来。锁就挂在搭襻上，倘有人顺手拿它锁上，可就糟了。"

"那，"嘉敏握着她的手叮嘱，"快去快回！"

羽秋倒听话，真的很快地回到她的身边。"我想起来了，要走就得这会儿走。"她说，"一打三更，照例巡夜，不要碰上了，很不合适。"

"是啊！"嘉敏问，"胖婆婆呢？"

"没有听见她打鼾的声音，也不知道她睡熟了没有？"片刻沉默以后，羽秋用极有决断的声音说，"顾不得那许多了！只要自家小心，她不会发觉。"

"好！我就走！"

嘉敏一站起来便有声音。因为这双金缕鞋钉着一枚小金铃，一步一响，虽然声音不大，亦很不妥当。

"得换一双鞋。"

"别换了！哪双鞋都是木头的后跟，行动就免不了有响声。只有一个办法，"羽秋的声音，丝毫不带开玩笑的意味，"将鞋子提在手里，等出了门再穿。"

嘉敏真的照她的话做了，手里提着金缕鞋，喉头提着怦怦在跳的心，一步一步地经过胖婆婆卧房窗下，下了台阶。

一步惊似一步地终于出了那道小门，再不怕胖婆婆会发觉，嘉敏有着无比的轻快之感，霎时间记起许多古人脱困的故事，心里在想，伍子胥过昭关、孟尝君出函谷、汉高祖平城夺围，他们当时的心情，必与自己在此刻体验到的一样。

一个念头未曾转完，她脚下突然一滑。大惊之下，她却在心里对自己说：无论如何不可以摔倒！就是这执拗的一念，使她不知从何处生出胆量与气力，硬拿滑出去的脚收住。而另一只脚可又站立不稳，双脚交替着，跟跟跄跄冲出去好几步，才得抱住紫藤花架的一根柱子，气喘得动弹不得了。

惊定思惊，嘉敏才觉得刚才那一滑是如何可怕。如果这一下滑倒，即令不至于摔成重伤，也一定疼得出眼泪，或许扭伤了足踝，非有人扶持，不能起身。如果问起摔倒的原因，何以为答？深宵潜行，以袜着地，是为了什么？更无话可以解释。那一来话柄流传，再没有脸见人了。

想到这里，嘉敏惊出一身冷汗，同时也有些意兴阑珊，不想践约了。但一个人坐在露椅上思量了半天，总觉得这样艰难一会儿，如果半途而废，未免太对不起自己。于是等心情稍稍平静，决定还是赴约。她捡起那双被抛在一边的金缕鞋，穿着妥当，起身往东而去。

放眼一看，嘉敏才发觉不知道什么时候起雾了。雾中的月色昏黄，树木朦胧，只有火红的榴花，照眼独明。也就凭着这几树榴花的指引，她能避开正路，穿越林间的曲径，悄悄到达瑶光别院。

走近角门，裴谷闪了出来，他没有出声，只躬身站在门边。等嘉敏一踏进去，门也随即关上了。

"在那边！"裴谷的手一指。

嘉敏定定神向前望去，雾中一条影子正迎面而来。李煜穿的一袭白夹衫，虽在雾中，仍可以看出他潇洒丰神。嘉敏痴痴地望着，大口大口地喘气，脚软软的，疲倦得只想倒下来。

"到底又见面了。"李煜也舒了一口气，"我在院子里徘徊到现在，总有两个更次了吧！"

嘉敏未作声。她不知道先说哪句话好，只回头望了一下——如果没有裴谷在旁边看着，她就要倒在他身上了。

"来！"李煜扶着她的右臂说，"我备有你爱吃的东西。"

嘉敏依然不作声，让他搀扶着——而其实是抱持着，因为她已将整个身子依偎在他胸前，脚虽点地，并未用力，不过着地拖行而已。

上得画堂，灯光璀璨，李煜这才发现她显得有些狼狈。"怎么了？"他指着她的裙幅问，"破了一块！"

"不知道哪里刮破的，"嘉敏答道，"差点摔得起不来。"

"怎么？"李煜大惊，将她从头看到脚，"摔疼了没有？我看看，有没有伤？"

手伸过去,不过刚刚触及嘉敏的肘弯,她忽然畏缩地笑了起来。李煜先不明究竟,想一想才省悟,那一部位有个"麻穴",一碰上了,又酸又麻,滋味很不好受。

因此,他的歉意更深了。"真是!"他说,"偏偏又让你吃苦。"

"今天活该是我吃苦的日子。不过,"嘉敏也想开了,很豁达地说,"总算不曾丢丑。"

"这是怎么说?"李煜见此光景,料知她并没有摔伤,心情轻松,语言也从容了,"到里面来,细细告诉我。"

于是,他扶着她进了周后在瑶光别院的卧室。锦衾绣榻,依然如新,粉青瓷瓶中一丛晚香玉,由于烛火的蒸熏,香味浓深令人心荡。嘉敏进门坐下,首先就甩脱了鞋子,抬起脚就烛火细看,绿的是苔痕,黑的是泥土,脏得自己都看不下去了。

何故如此?好像难解,其实很容易明白。深闺弱质,是这样深夜艰难地独赴密幻。李煜既感动,又惭愧,而且还有些心疼。因此,他觉得他必须"服侍"她一番,才能心安。

于是他为她剥去白绫袜子。还好,泥土没有渗透,依旧是一双雪白的脚——他握在手里就舍不得放下了。

"快放手!"她好笑地说,"也不嫌脏。"

"我是怕你受凉。"李煜答说,"这双袜子穿不得了,我找一双你姊姊的给你穿。"

"你不要瞎费心,听我说!脏袜子当然不要了,可不能丢在这里。找张纸替我包起来,回头带回去。"

"到底女孩儿家细心。"说着,李煜轻轻拍了两下手掌。

靠里的一扇小门,"呀"地而启,走出来一双宫女。嘉敏认得其中的一个,却羞于招呼,将头扭了过去。

"找一双新袜子!"李煜在吩咐,"脏袜子包起来!"

"是。"宫女又说,"酒食备在小阁子里。"

"好。"

"官家可还要什么？"

"什么都不要了。你们也不必在这里侍候，只告诉裴谷别走远了。"

宫女答应着，取来一双周后的新绫袜，另加一双便鞋，很知趣地不跟嘉敏搭话，只拿鞋袜放在她身边，随即向李煜道过晚安，双双退了出去。

"好了，"李煜轻快地说，"这里只剩下我们两个人了。"

嘉敏不作声，穿袜着鞋走下地，拿玉钗拔下来，衔在嘴里，然后抖散了头发，又伸手到后面去挽髻。衣袖褪落，露出两截藕样圆润的手臂；头是低着，双眼却斜着往上瞟，视线不离李煜。这副纯任自然，丝毫不加掩饰做作的神态，将他看得傻了。

看得久了，嘉敏当然会发觉。这种只有在闺中密友之前可以出现的懒散随便的姿态，不宜让他看到，即令已有肌肤之亲，亦得保持自己的一分娇贵矜持。

于是，她立刻背转身去，走向暗处，逃避李煜的视线。而他却紧随不舍，等她挽好发髻，刚把手放下，他已从后面抱住了她。嘉敏也同时发觉项后有一张灼热的嘴唇在亲吻。

她闭着眼静静地听自己的心跳，静静地体味被拥抱得透不过气来的那种兴奋而恬适的感觉，静静辨别男子身上有怎样的一种独特的气味。

好久，她发觉胸前有物蠕动——他的右手不安分了。她有些说不出的忸怩，而幸好是背着光，他看不见她的脸。可是无所抗拒，仿佛对自己说不过去似的；而要有所抗拒，却又不忍亦不愿。

因此，她只轻轻地说："好了，够了。放手！"

"不！"他的回答很简单，但很坚决，而且另一只手也在不安分了。

"好吧！"她叹口气说，"出来一趟不容易，随便你吧！"

这是公然许他恣意轻薄。李煜反倒住了手，将她的身子转过来，面对凝视着。然后，他又一把抱紧了她，脸贴着脸，左右摇晃着，轻声在她耳边说道："能两个人化作一个人多好？"

"在我，"嘉敏是同样轻柔的声音，"觉得已经就是一个人了。"

这是何等情深义重的想法！李煜想起白居易的诗，随即直抒所感："看起来'七月七日长生殿，夜半无人私语时'，说什么'在天愿作比翼鸟，在地愿为连理枝'，心中还有尔我之感，不如我们合二为一，才真是生生世世，永不分离。"

提到他家明皇的往事，嘉敏心中一动，突生不祥之感。她很讨厌自己的这种感觉，便乱以他语。"对了，"她说，"你的寿辰不是快到了吗？"

李煜的生日正是七夕。"也还早。"他兴致勃勃地说，"你倒想想看，到时候我们怎么好好玩一天？"

嘉敏默然，国主的寿诞，自然有好些庆贺的繁文缛节。可是以自己的身份，除了随班拜祝以外，哪里会有单独相处，双双寻乐的可能？

她觉得他问的话，近乎多余，也像是空头人情，因而便有反感。"那时候，"她说，"我大概已回扬州了。"

"怎么？"李煜急急问道，"你不在这里歇夏？"

"这是什么地方？凤阁龙楼，岂是我这种平民女子住得的地方？"

原来又勾起了她的心事！李煜有些不安，左思右想，找到了一句比较合适的话。"你可信得过我的心？"他问。

这意思很明白，如果相信他不会负心，便得体谅他的难处，给他足够的时间，为自己安排正式迎娶入宫之计。

事到如今，不信也得信了，何况本无不信之理。嘉敏很聪明地想到，怨责之词固不宜有，逼得太紧，让他觉得难以亲近而渐渐疏远，更是莫大的危险。只有以深情相结，丝丝缕缕地将他的一颗心缚得紧紧地，才是自己唯一可采的上策。

这样想着，便纵体投怀，双手抱住他的身子，将脸紧偎在他胸前，颤声说道："我怎么不信？我把我的什么都给你了。你爱怎么就怎么！胖婆婆就像个牢头禁子，拿我看得死死的，出来一趟可真不容易！"

她不但声音发颤,身子也在发抖。是深夜天凉使然,还是过于兴奋的缘故?李煜无法分辨,只是同样地抱紧了她,脸儿相偎,鬓发相磨,不知道怎么样才能将他的所有的怜爱,丝毫无缺地贯注到她心里。

在李煜,这是平生所度的最短的一夜,可也是最长的一夜!夜来的一切,在脑中萦回盘旋,无时或忘。这一个白天,等于是昨夜的延长。

他照例到万寿殿去定省,他也照例在澄心堂接见了大臣,可是别人说些什么,他自己又说了些什么?了无记忆。他所能记忆的,只是嘉敏所说的每一个字。

望见照眼的榴花,便想到夜来的轻雾,雾中的纤影;看到宫娘的舞屐,便想到嘉敏的金缕鞋,鞋上的苔痕泥迹。耳目所及,触类连想,无一不是昨夜的人和事。这样镇日痴迷,使他沉醉,但也使他痛苦,觉得非有所发泄,不能使自己的心定下来。

于是,他从无数美妙绮丽的片段回想中,理出来一条完整的思绪。写景、写时、写地、写事、写人、写情,无所不包,却只得四十四个字的《菩萨蛮》:

> 花明月暗飞轻雾,今宵好向郎边去。划袜步香阶,手提金缕鞋。
> 画堂南畔见,一向偎人颤。奴为出来难,教君恣意怜。

写完,算是了却一件大事。搁笔思量,是不是要拿这首词送给嘉敏?

这样想着,李煜脑中浮起嘉敏依偎在怀,任令自己恣意爱抚的情景,又像品尝醇醪般,不尽飘飘然之快。同时有着一种片刻不可抑制的欲望,要看一看嘉敏。

于是他随手拿起那张词笺,往怀中一塞,传语裴谷,要到万寿殿陪侍圣尊后晚膳。而暗底下的打算是,到了那里假借圣尊后的名义,召嘉敏侍膳,便有当面暗递这张词笺的机会了。

一切都很顺利：跟嘉敏见着了面，彼此心照，尽力装得没事人似的。然后当圣尊后不注意时，他向嘉敏从容说道："我作了一首词，你带回去慢慢看！"

探手入怀，他愣住了——再也搜索不到那张词笺。奇怪！他苦苦思索：明明记得带出来的，会到哪里去了呢？

词笺是在周后手里。她跟李煜失去词笺是一样的心情：惊疑困惑。

拾得这张词笺的瑶光殿宫女并不识字，但却识得这种厚实滑腻、仿佛敷了一层粉似的好纸，属于国主所专用，因而不敢造次，特地拿它送给阿蛮去处理。

阿蛮入眼便知词中的本事——写得再明白都没有了，是偷情幽会的实录。宫中有位号的嫔御，虽为周后防制得很严，但果然国主宣召当夕，尽可公然来去，何用如此脱下金缕鞋，做贼似的潜行？这不问可知"今宵好向郎边去"的是谁，而且就在昨夜，昨夜有雾。

这可是纸里包不住火的事！费思量的是，先禀知周后，还是先告知姥姥？阿蛮反复考虑利害关系，觉得不但不应该先告诉胖婆婆，而且最好瞒着她。因为怕她年纪大了，如果听说嘉敏做出这等不知轻重的丑事来，气恼忧急之下，会激出一场大病。

就是回禀周后，措辞和神态，也得加意谨慎。"国后，"她说，"官家做了一首词。未必有那样的事，却不可不防。"

"噢，我看看！"接到手里一看，神色陡变，声音也不同了，"是哪里来的？"

"地上捡到的。"阿蛮答道，"幸亏不曾让不相干的人捡着，不然，流传出去，可是很不妥。"

"这指的是谁？莫非——"周后竟不忍言了。

"国后不必再问！"阿蛮用平静而有决断的声音说，"只看'划袜步香阶'和'出来难'这两句，就可以知道我姥姥的苦心。她也可怜，求国后瞒着她吧！不然，一条老命不保。"

胖婆婆是周后的乳母，周后自然深知她的性情，不能不顺从阿蛮的要求。其实，阿蛮另有作用——借瞒着胖婆婆为名，就好把这件事压了下来，遮盖了大家的面子。

周后半晌作声不得，心头像倒翻了一个没有糖的五味瓶，酸咸苦辣，不辨是何难以消受的滋味。而在此之外，犹有些微希冀：怕阿蛮太武断，词中所写，别有其人。

于是她说："你把友竹轩的宫女去叫一个来，等我亲自问一问。"

"国后，"阿蛮跪了下来，"我就受责罚，也不能不说。这件事关碍着圣尊后的心情、国主的圣德、宫中规纪、国后姊妹的感情，一张扬开来，举国视听所系，非比等闲。请国后当机独断！"

"哼，'姊妹的感情'！"周后深深吸了口气，强抑着悲痛问道，"你说我要当机独断，该怎么处置？"

"什么话都不用说，只说扬州有信来，夫人想念，将小娘子送了回去。"

"也好！"周后深深点头，"就传我的话，通知他们备船。"

胖婆婆倒信以为真，真以为周夫人想念嘉敏。这一离金陵，自己的千斤重担可以交卸了，因而不辞劳累，欣然收拾行李。而嘉敏却如晴天一个霹雳，震惊之外，还有满腹的疑虑。

事情发生得太突兀了！最使嘉敏怀疑的是，并无家书，亦没有扬州来的专人。虽然周后有解释，说是有位官员——也是她家的世交——公干扬州，曾去探望她母亲，特为带来的口信。可就算这话实在，想来也不过母亲在闲谈之中，随口应对的一句话。果然思念爱女，渴望相见，又何不遣人来接？因此，她不能不疑心这是一种"驱逐"她回扬州的借口，只不知这个主意出自何人！

满腹心事，唯有向羽秋密语。羽秋当然比嘉敏看得更透彻，而且她从瑶光殿的宫女口中，得知有国主失落词笺一事，料想是白纸黑字上泄露了机关起的风波。然而真相却不便向嘉敏说破——不然就变成毁谤国后，万一事发，是场大祸。

这一来，嘉敏所能听到的，便只是些劝慰的话，虽然恳切，却不中听。她也很机警，听出羽秋的语气是有所避讳，越发疑心，终于将她一直横亘在心头，始终不消、迟疑着不愿说出口的一句话吐出来了："我怕是官家的授意！男人的心变得快。"

羽秋大感意外，而且相当惊骇——不知她怎会有这样想法。"不是！绝不是！"她斩钉截铁地说，"国主决不会始乱终弃。"

"何以见得他不会？"

"何以见得他会？"

一句反问，将嘉敏问住了。想想也不至于。灯前枕畔，几许温存，几许誓言，就算薄幸，也不是那样容易忘得掉、抛得开的。

于是她的心思又热了，也更苦恼了。"那，"她很吃力地说，"总得有他一句切实的话才好！莫非我就这么不明不白、委委屈屈地回家？回家，这悬着心的日子又怎么过？"

羽秋点点头，脸色异常凝重，好半天才一字一句地说："要想在上船之前再单独见面，是一定办不到的了。我想，官家必也是跟小娘子一样难过，应该会有一张半张字来。如果没有，小娘子亲笔写封信，我一定想法子面递官家。"

这使得嘉敏略略宽慰了些。于是暂抛眼前，想到回家以后，多少心事，待向慈母诉说；而要说又实在羞于出口，最好能有一个人为自己代言。

眼前不就是最适当的一个人？她心中一喜，毫不思考地说："羽秋，你陪我回扬州！"

羽秋一愣，想了一会儿，摇摇头说："这不好。"

"我也知道你在宫里是有职司的，身不由己。不过不要紧，这归我来想办法。"

"不是。我的意思是,在这里可以替小娘子打听打听消息。"

不错,总得有个"自己人"留在这里。嘉敏改正了她原来的想法:"你只陪我走一趟,玩些日子再回来。"她央求着说,"好姊姊,我一个人怕回去。"

羽秋细细体味着她的话,终于想懂了她的意思,慨然允许:"是!我陪小娘子走一趟。"

羽秋猜中了一半,李煜没有信来,却派裴谷悄悄送来一个锦盒。盒中是一串三个锁在一起的玉连环。

灯下把玩,嘉敏爱不释手——光是从玉连环本身来看,便是一样稀世奇珍。

这套连环自然是用一块玉雕琢而成,但颜色不同,中间一个是洁白温润的羊脂玉,左右环套着的两个,却是苍翠欲流的碧玉。是天生有那么一块绿白相间的美材,遇着眼光卓越的良工,因色制宜,细心下刀,才成就了这么一件妙造自然的珍玩。

不过,宫内奇珍异宝,比这两色三套连环更名贵、更好玩的还很多。不选取更名贵的,或者更好的相赐,而独独以此物赠别,莫非有什么用意在内?

只要能想得到这个疑问,便不难体会到李煜的用意。如果说,中间白玉一环是他自况,那么绾合着的两个碧玉环,自然是比作她们姊妹。照此看来,这个玉连环也就等于是他表示决不相负的信物。

转念到此,嘉敏越觉得这件珍玩的贵重,爱不忍释地把玩了好久,才用吴棉一层一层裹好,密密收藏在首饰箱内。

周后激动而抑郁的心情,渐渐平服了。她觉得阿蛮说的不错:姊妹总是姊妹,别让外人看出来姊妹之间有意见。因此,在嘉敏临行之前几天,她显得格外亲热,每天总有一半的辰光在友竹轩盘桓,不是为她检点回乡分赠亲属的土仪,便是絮絮叮咛旅途的饮食起居,应该如何当心。在外人看来,真个姊妹情深,依依难舍。

只有嘉敏和羽秋别有领会,周后这样子做,除了遮人耳目以外,还有监视姊夫与小姨,不得单独相会的作用在内。也因此,嘉敏越发感到需要一个可共心腹的帮手,早悄悄为羽秋安排好了扬州之行。

"大姊,"她向周后说,"我想让羽秋给我做个伴,一起回扬州。"

"噢!"周后颇有突兀之感,一时无法做任何肯定的答复。

嘉敏不需要她有任何答复,只不过告知她有这一回事而已。"我已经当面求了圣尊后。"她说,"老人家许了我了。"

周后听得这话,颇为不悦。宫中"当家"的是国后,何况是这样一件小事,何必还要惊动圣尊后?如今要打消此事,当然不可能,就可能也不必,反显得自己小气,因而很勉强地点点头:"既然圣尊后许了你了,我没有话说。"

事后想想,周后觉得不妥,将阿蛮找来密谈计议,认为羽秋此去,会帮着嘉敏说话。倘或慈母不谅,有所责备,那时再来道破真相,于事无补。于是她针锋相对地,加派了一个人去抵制羽秋。

"你一个人回去,我总不放心。胖婆婆照顾不到,羽秋又从没有出过远门,我想派阿蛮送你去。一面照应你,一面也照料她姥姥。"

嘉敏自然没有拒绝的道理,相反地,表示非常欢迎——她早就听羽秋说过,阿蛮之于大姊,就像羽秋之于自己,因而存着戒心,不敢过分接近。如今她远离金陵,孤立无援,正是一个可乘之机,大可好好下一番功夫,将她收为己用。

于是,嘉敏的心境又开朗了些。拜别圣尊后,居然能潇潇洒洒地出宫。

等到车出宫门,回头望去,送行的竟无一个亲人,嘉敏才觉得满怀凄凉。不过就这几天的情事来说,在她十五年锦衣玉食、扶抱提携的岁月中,已经历了极大的波澜,通过了极大的磨炼,所以她能够强自抑制,将眼泪往肚子中流。"他们是金枝玉叶,体制上没有出宫来相送的道理。"她唯有这样不断在心中自语,自己为自己找譬解的理由。

沿大江东去,官船在第三天就转入隋炀帝所开的邗沟。一路榆柳夹道,风景宜人,凭窗闲眺,令人忘倦,扬州不知不觉地在望了。

嘉敏的心境,却是"近乡情更怯"。金陵已远,思绪缥缈,虽是不多日以前的往事,已有如烟云、如梦幻的感觉。但来时身已非去时身,有个阿蛮在,即令想瞒母亲也瞒不住。不管以后的结果如何,就眼前来说,大乖礼法,怎还有脸去见堂上?

她的心事瞒不住羽秋。羽秋悄悄相问,嘉敏自然坦率以道,同时向她问计。

"我探过阿蛮的口风,她像是有些装糊涂,支支吾吾的,不知道打着什么主意。"羽秋又说,"照我看,与其让她先说,不如自己先说。"

"怎么说法呢?"嘉敏懊恼,"怎么说都不合适。"

"只要说得含蓄些,夫人自然明白。"羽秋放低了声音说,"如今唯一的关键是在国后。我猜,阿蛮一定奉了密命,有极关紧要的话,向夫人禀告。"

"那、那是些什么紧要的话。"

"自然是关联着小娘子终身的话。"羽秋的神色显得极沉重,"我有两句话,不知道该说不该说?"

"你说!我拿你当姊姊,还有什么不能说的?"

"就是嫡亲姊妹,也有不能说的话,反倒是像我这样的外人,可以实说。小娘子,女人生来就是会妒忌的,尤其是二女共事一夫。娥皇、女英的故事,照我看,亦不过独钻附会而已。"

话像是扯开去了。彼此所谈的是要探索阿蛮所奉的密命是什么,与羽秋所说的女人善妒,仿佛毫不相干。但细想一想,才知不然。羽秋的话,正是在推测密命的内容——阿蛮可能奉了国后之命,来密禀周夫人,反对嘉敏入宫。

意会到此，嘉敏不觉愤然。"要反对，也反对不了的。"她说，"第一有圣尊后，第二有国主。"

"不错。但是，小娘子，你别忘了，夫人或者会听从国后的意思。"

"我母亲不会偏心的，而况——"

"而况更宠爱小娘子是不是？"羽秋的声音越发冷静了，"依我看，唯其夫人宠爱小娘子，反会舍不得你进宫。"

这话是可以理解的。一进了宫，母女暌隔，不能随时见面。何况周家已有一个女儿当了国后，富贵荣耀，无以复加，用不着再希冀第二个女儿得承恩宠。

"小娘子，宫中的规矩严，行动不自由。依我来说，不贪图这个位号也罢！"

"这是怎么说？"嘉敏不但困扰，而且颇为着慌，"你必是看出来什么，我决不能再进宫！好姊姊，你老实告诉我，不要有一个字的隐瞒。"

羽秋颇为失悔，自己是太鲁莽了！想想也难怪，正当她情热如火的时候，何能平心静气地接受老实话？如今是造成了很难解释的误会，要怎么样才能使她了解，进宫并不见得是难事，可是进宫受封，并不见得是好事？

这解释很难，她的思路已经偏了。从正面去讲道理，越扭越拧，或者走一走偏锋，反倒有纠正的希望。

羽秋也读过《战国策》之类的古书，对于游辩之士如何逞其口舌、耸动听闻，亦略有所知，这时凝神思索了一会儿，针对嘉敏争强好胜的性格，想得了一套激她的话。

"我是替小娘子委屈！一母所生的同胞姊妹，论容貌、论才情，妹妹哪一点输给姊姊？为什么姊姊做国后，妹妹就该当妃子？"

话说得紧凑有力，一字一句都打入嘉敏的心坎，嘉敏越想越不是滋味，终于流下了眼泪。"莫非，"她着急地问，"莫非我就此罢手不成？"

羽秋默然，而眼中透露的回答是一句反问：不罢手又待如何？

"羽秋，"嘉敏怔怔看了她好一会儿，方始问道，"你是不是也奉了国后的密命？"

"我？"羽秋愕然，"我何曾奉了国后什么密命？小娘子，我不明白你的意思。"

"既然如此，你何以帮国后说话？"

羽秋哑然失笑，觉得嘉敏真是异想天开，竟疑心自己暗中受了国后的收买，来做说客。不过想想也难怪，人到情痴，患得患失之心特重，就难免有这种怪想法。她是钻牛角尖了，唯有等她自悟，不宜多做辩解，否则她会越钻越深。

"小娘子，我一切都是为你打算。俗语道得好，'当局者迷，旁观者清'。小娘子，你自己细想去。"

说完，羽秋悄悄退了出去。她踏进后舱，就吓一跳，只见阿蛮倚着船窗，似笑非笑瞅着自己，神情诡秘——显然地，中舱的对话，她都听到了。而且她此刻的神态很明显地表示出来，她并不想掩饰她曾做了"听壁脚"的不光明举动。

"羽秋，"阿蛮低声说道，"受了冤枉了吧？"

话中带着些幸灾乐祸的嘲笑意味，羽秋不免反感，冷冷地答道："不与你相干。"

"是的，不与我相干。可是与你又什么相干？我们都是局外人，犯不着卷入旋涡。我跟你的心思一样，只望她们姊妹和好，平静无事。"

语气和话中的意思，都显得很和平、很理智。羽秋的反感和戒心都消除了，虽未开口，但也未走，有那种不妨谈谈的意味。

这一来，羽秋觉得必须好好想一想了。本来各为其主，彼此较量，在暗中钩心斗角的形势，似乎已不存在。就周家姊妹来说，到底同气连枝，不应该有什么难以消解的深仇大恨；而况就算有仇恨，也不过潜滋暗长，绝没有到公然破脸的程度，正该及早解消。

她很清楚，保全周家姊妹亲情的关键，就握在她跟阿蛮手里。只要阿蛮肯开诚布公，和衷共济地商量着办，一场骨肉之间的冲突，必可避免。但是，阿蛮是不是也像自己这样，能从顾全大局这一点上去着想？她还不能无疑。因为就从眼前看，偷听了他人的秘密，而竟能摆出不以为意的姿态，那么，此人的深沉，也就可想而知了。

为此，她不知道自己该采取什么态度。想是想争取阿蛮的合作，却又怕自己受骗，说了实话，会陷嘉敏于不利。她觉得无论如何，先要将阿蛮是否跟自己一样有诚意这一点，摸清楚了，再做道理。

于是羽秋深深地看了阿蛮一眼。她那双眼中，有着与自己同样的戒备的神色，这使羽秋更生警惕，慢吞吞地问道："阿蛮，你今年多大？"

"我还有两年就可以出宫了。"

这是说，她今年二十三岁——宫女照定制，年满二十五岁，择配出宫。阿蛮这样回答，是想羽秋知道，她在宫中的日子不会太长。但是羽秋却不关心这一点，她问她年纪的用意，是要明了阿蛮与嘉敏曾经相处过几年，测出她们感情如何。

因而她第二句话，便问："那么，你几岁进的宫？"

"你不知道？我是国后的'陪嫁'。"

"我不知道。"羽秋平静地说，"你陪嫁的时候，小娘子还小得很。"

"你是说，我跟小娘子不太熟是不是？你错了，周家是我旧主，周家每一个人的祸福，我都是关心的。"

这正是羽秋所期待她表露的诚恳。虽然祸福二字听来刺耳，但她语气中的诚恳却相当明显。羽秋便进一步率直探问："那么，我们打开天窗说亮话。阿蛮，你这趟来，是为了什么？是不是周后有话，要你代禀老夫人？"

"你不是明知故问？"阿蛮笑道，"说实话，我此来是专为对付你的。"

羽秋一惊，旋即释然，报以同样轻松的笑容："那很好。我们私下先讲和。"

于是这一夜，两人联床共话，直到天明，望见了绿杨城郭，谈话方始结束。

＊　＊　＊

嘉敏这一趟回扬州，也就仿佛做官的衣锦还乡那样，颇受亲友的欢迎和重视，登门探望的女眷，络绎不绝。周夫人喜欢热闹，殷勤接待，兴致极好。客人们告辞时，每一位都带回了一份丰腆的仪物，她自亦是皆大欢喜。唯有嘉敏在旅途劳顿之外，还有心事，所以不时流露出意兴阑珊的模样。

嘉敏一行白天忙着应酬亲友，到晚来便都聚集在周夫人起坐之处，由嘉敏细说探亲的情形，胖婆婆大谈宫中的富丽繁华。丫头、仆妇、小厮都站在走廊上听，深宵不倦。

当然，周夫人私下要找胖婆婆探问，嘉敏在宫中有没有失仪之处。还有，最要紧的事，作为姊姊的周后，可曾提起过嘉敏的婚事？

"怎么没有提过？"胖婆婆答说，"有个姓樊的，池州人，进士复试不知怎么落第了。不过，官家很赏识这个人，说他一表人才，特为派了人到池州去访查，打算为阿敏做媒。哪知道姓樊的走得不知去向了。"

"噢，"周夫人问道，"既然官家赏识这姓樊的，为什么又不取中他成进士？"

"这我就闹不清了。"

"那，姓樊的就不去谈他。此外呢？"

"此外就没有再提过。"

这就使得周夫人不解了。金陵多贵人，豪族大家的俊秀子弟甚多，何以国主就不关心小姨，国后亦不关心胞妹，竟不肯为她的终身，多尽一分心力？

"我想另外总提过吧？"周夫人说，"十五岁也不小了，她姊姊一定会替她留意。或者阿敏眼界太高，私下问过她，看她挑剔得太厉害，就暂且搁在那里，慢慢物色。"

"这也兴许有的。"

"一定有这样的情形，不过你不知道而已。等我来问阿蛮。"

胖婆婆不以为她不知道的事，阿蛮会知道。再说，阿蛮知道有这样的事，一定也会来告诉她。因而她提议周夫人，与其问阿蛮，不如直接问嘉敏。

这个建议有道理，周夫人决定听从。当天晚上，就亲自到嘉敏的卧室中，借故遣走了侍女，悄悄地探问其事。

话从"姓樊的"谈起。周夫人刚提得一句，嘉敏立即抢过话来说，而那答话是做母亲的万想不到的。

"我不嫁！"

这三个字就像斩钉截铁的那样坚硬决绝，加上她那凛然的神色，使得周夫人不但吃惊，而且困惑异常，愣在那里，好半天说不出话来。

这一下，将避在屏风后面的羽秋急坏了。嘉敏这种态度，大成疑问，如果往下追究，便会底蕴尽露，完全破坏了她与阿蛮秘密取得的成议，会招来极大的麻烦。

可是，她此时无能为力。甚至咳嗽一声，做一个暗号，示意嘉敏莫再失言都不能，因为那一来便是欲盖弥彰。

无可为计，无可为力，羽秋唯有屏息静听，期待着嘉敏能够善于掩饰，或者周夫人当她戏言，付之一笑。

所希望于周夫人的是妄想，她岂有不追问之理？"男大当婚，女大当嫁。"她声音中仿佛很生气似的，"你哪里来的怪念头，说什么不嫁？倒讲个道理我听听。"

"没有我看得上眼的，不如不嫁。"

"你是说，那姓樊的配不上你？"

"谁知道那姓樊的是个什么酸秀才？"

不是指姓樊的，便是不讲理了！周夫人冷笑着说："我只当你看不上姓樊的，那犹有可说；倘以为天下之大，竟没有一个能中你眼的，我却不信。"

嘉敏默然——这沉默在羽秋是能理解的，她不明说，她看得上眼的只有一个人，就是她自己的姊夫。

周夫人哪里会猜得到她的心思？"你说啊！"她催问着，"大概你跟你姊姊也是这样子说话不讲理，所以人家气得懒得管你的事了。"

"我不要她管！"嘉敏多少天所受的委屈，一下子迸发，喊嚷的声音又高又尖，"她也管不了！"

与女儿的态度恰好成对比，做母亲的却沉着得出奇。只见她坐在一旁，双手相交，搁在桌上，静静地看着嘉敏。好久，她用那种一点不带感情的声音问道："怎么回事？你跟你姊姊生了什么意见？"

"我哪知道？哪知道她对我存着什么心眼？"

"越说越奇了！"周夫人站起身来，"问你大概也问不出什么来，等我找阿蛮来问。"

周夫人走得三五步，嘉敏突然上前拉住，但却只喊得一声："娘！"便怔怔地望着，欲语不语。

"莫非，莫非有什么——"周夫人将"难言之隐"这四个字咽了回去，改口说道，"跟我还有什么不能说的话？"

"娘！"嘉敏吃力地答道："我给你看样东西。"

于是周夫人在原处坐下，等嘉敏亲自开了箱子，取出一个锦盒，双手捧到面前。她揭开盒盖一看，不免有些失望。

"我当是什么稀奇古怪的东西，不过一个玉连环！"周夫人说，"你也很开过眼界，不至于拿它当绝世的宝贝吧？"

"东西原没有什么了不起！"嘉敏的声音低得几乎只有自己听得见，"是官家给的。"

周夫人听出意思来了，她顾视盒中，也看出意思来了。"官家给的！"她问，"他怎么说？"

"什么话都没有，就只叫人送了这个连环给我。"

"噢！"周夫人两指拈起玉连环，细细鉴赏了一会儿又问，"那么，你自己总明白其中的用意啰？"

嘉敏默然——这一次的沉默，周夫人完全能够理解。她将玉连环放了回去，盖上盒盖，对着灯光不住眨眼。这是遇到了极大的困扰，与绝大的为难的神气。

"在我们周家，再没有比这个更大的事了！我得好好想一想。"周夫人抬眼喊道，"阿敏！"

周夫人喊女儿的声音，异常柔和，眼中所流露的慈爱的光辉，连局外旁观的羽秋都深为感动。在这慈爱音容笼罩下的嘉敏，消除了一切的烦躁和抑郁，伏身在母亲膝下，满足而恬适地仰望着，亲热地喊一声："娘！"

"阿敏，我问你，你相信不相信我？"

"当然相信。"嘉敏很快地答说，"我不相信娘，还相信谁？"

"你相信我什么？"

"什么都相信。"

周夫人满意地笑了，但笑容随又收敛，平静地问道："你相信娘的见识比你高，做的事一定不会错？"

嘉敏有极短片刻的迟疑，然后重重地答一个字："是！"

"那好！你把这个玉连环交给我，你最好忘掉它！不要自寻烦恼。"周夫人又说，"你不是说要替我绣一部《心经》吗？我在等着呢！"

嘉敏许过愿心，明年母亲五十岁生日，要绣一部《般若波罗蜜多心经》作为寿礼。那是一个月以后的事，动手还早。不过，她体会慈母的深意，是希望她借此消遣长夏，心有寄托，就不会去自寻烦恼——心底的烦恼，岂是一针一线穿刺得破的？只为不愿让慈母劳心，因而装得兴致勃勃地，在北窗下安排绣具，终日埋头，将全副精神放在细针细缕上面。

这在羽秋看来是件很费解的事，她真不明白嘉敏怎能这样静得下心来刺绣。当然，困惑之外，更多的是欣慰。她非常佩服周夫人齐家有道，看来会演变得很严重的一场感情纠纷，居然能如此轻易地消弭无形。她在想，那一串玉连环，已整个儿道破了三方面的关系，以后如何安排，有智珠在握的周夫人在，又何须局外人费心？

既然如此，没有再留在扬州的必要。找个机会，她向嘉敏从容提起，是该回金陵的时候了。

一听她这么说，嘉敏顿现凄惶之色。"羽秋，"她哀怨地说，"你不能撇下我一个人在这里！"

"小娘子这话奇了！"羽秋笑道，"是在自己家里，怎说是一个人？何况，老夫人这等慈祥，凡事有老人家做主，小娘子绝不会受委屈。"

"不！有些事我娘还不知道，不知道哪一天会问起。没有你替我出主意，壮我的胆，我一个人怎么办？"

平心静气想一想，羽秋不能不承认她说的是实话。"划袜步香阶，手提金缕鞋"的那一重公案，如今还瞒着周夫人。一旦事发，嘉敏的处境很尴尬，不能没有一个人替她分忧。

"好吧！我就再住些日子。"

住不到一个月，正当流金铄石的二伏炎暑，金陵派了专差到周家来接阿蛮回宫。

当然，另外有信给周夫人。信是宫内女官出面所写，相当简略，只说周后召唤阿蛮，特派专差迎取，希望周夫人放她动身。

这就不但周夫人，连阿蛮都深感突兀，而周夫人则在突兀之外，还颇为不快。"这是怎么回事？"她向阿蛮说，"你原是周家的'家生子'，虽说陪嫁入宫，到底跟羽秋不同。回家来多住些日子也不要紧，莫非我就不放你回宫了？"

听得这话，阿蛮大吃一惊，不想周夫人竟有此误会，以为是她不愿在旧主家中多住，在金陵临行之前就安排好的，到时候假托周后之命，专差迎取，便好脱身而去。这是哪里说起？

因为心中有无限的委屈，阿蛮的神态显得很激动，她双膝跪倒发誓："老夫人，我不知道专差是怎么来的，我如果有半点忘恩负义的心思，天打雷劈，叫我死在老夫人面前。"

周夫人是极明达的人，察言辨色，知道冤枉了阿蛮，倒觉得老大过意不去，便亲手扶起她来，讪讪地笑道："我不过随便一句话，你何苦这样子认真？"

"也难怪老夫人误会，连我都在纳闷。"为明心迹，阿蛮坚决地主张，"请老夫人当面问一问专差，到底是怎么回事？何以国后自己不写家信，要由女官出面？又是为了什么，非要接我回去不可？"

她的疑问，也正是周夫人心中的疑问，因而她便将专差召到厅上，就照阿蛮的话相问。一问令人吃惊："国后违和，病了好几天了！"专差答说。

"什么病？怎么起的？"

"听说是由中暑而起，什么病就不知道了。"

"病得不能动笔吗？"

"那就不十分清楚了。"专差慢吞吞地说，"只听说圣尊后为了国后的病，天天到佛阁子里去烧香。"

这是乞祷上苍垂怜、佛菩萨保佑，看来病得不轻！周夫人母女至情，几乎流下泪来，挥挥手说："好吧！你请先下去休息，回头再商量。"

这没有可商量的，情况已经很明显：周后的病势甚重，恐将不起，而阿蛮是她的心腹，自有许多后事要交代。专差召回的缘故，如此而已！

"怎会一下子有这样的变化。"周夫人流着泪说，"我的方寸都乱了，阿蛮你赶快回去吧，我派人跟你去，看看到底是怎么回事。你千万给我详详细细写封信，好让我放心。"

"是！"阿蛮也是惊疑满腹，隐隐然觉得专差说的不是实话，只怕宫廷中起了什么意料不到的剧变，也急于想赶回去看个究竟，因而说道，"船太慢了！我想坐车走，明天一早就走。"

于是即刻准备车马，打点土仪贡礼，同时派了一名老管家同行，既以护送，亦是坐候消息。

巨家大族，诸事方便。到了黄昏时分，行李都已捆载齐全，竟可星夜上路。

虽然心急如焚，周夫人到底还不忍让阿蛮的行色仓皇到如此，而且临走以前，也还有些话，必须交代，因而特地吩咐，备下一席盛馔，要为阿蛮饯行。

"想来居上座是阿蛮决不肯的，可也不准推三阻四，讲什么名分。"周夫人指着方桌东首向阿蛮说，"你替我乖乖坐在这里！"

所指的座位是次席。阿蛮便赔笑问道："小娘子呢？"

"不必管她。"周夫人含含糊糊地答说。

"那么，"阿蛮指着另一副杯箸，"这又是谁的？"

"我顺便请一请羽秋，她倒真是我们家的客。不过今天是替你饯行，只好委屈她作陪了。"

阿蛮十分机警，见有羽秋而无嘉敏，心想，这正应着俗语所说的"会无好会，宴无好宴"了。看此光景，主母必有须避着爱女方便于开口的话要问，应该让羽秋有所警觉。

转念到此，阿蛮自告奋勇，去邀羽秋来入席。两人走至僻处，悄悄说知究竟，相约将嘉敏与李煜的幽期密约隐瞒到底。若是提到玉连环上头，由阿蛮相机应付，羽秋看她眼色行事。

果然，阿蛮有先见之明。"官家送过小娘子一副玉连环。"周夫人问羽秋，"想来你见过？"

"回老夫人的话，"羽秋慢吞吞地说，眼角斜扫，只见阿蛮的那支"金步摇"在左右晃动，便即会意，接下来答道，"我竟不知道有这回事！"

"小娘子也不曾跟你说过？"

"从未说过。"羽秋硬着头皮撒谎。

这就使得周夫人真的要郑重考虑了。看样子是姊夫与小姨之间，暗中授受的"私情表记"。其中原委，只有私下向嘉敏盘问，才能知道。不过，眼前有一句可以问。

"国后可知道这件事？"是问阿蛮。

"从没有听见提起过。"

这话让周夫人吃惊,但亦并非意外。知女莫若母,如果娥皇竟能容许李煜送小姨这样一件礼物,反倒是件不可解的事了。

于是周夫人不肯再提这件事了,怕言多必失,惹起猜测,关系不浅。而阿蛮和羽秋却隐隐有不安之感,觉得这位老夫人太深沉了,深沉得令人害怕。

第三章　病中人

第二天晨光熹微中，阿蛮辞别周夫人、嘉敏与胖婆婆，就在府前上车，直奔金陵。一到宫中，先不向瑶光殿报到，径自去找裴谷——这是在扬州启程的前夕，与羽秋话别时，商量出来的结果，认为周后病得蹊跷，而得病之因，怕只有裴谷才会知道。

裴谷对阿蛮是存着戒心的。因为就在阿蛮到扬州的这段日子中，那首"花明月暗飞轻雾"的《菩萨蛮》流传宫禁内外，传说纷纭，真相渐出，大家都知道瑶光别院与友竹轩之间的蜂媒蝶使，一个是裴谷，一个是羽秋。而阿蛮是周后的心腹，裴谷当然要防着她来意不善，先就存下"逢人只说三分话，未可全抛一片心"的念头。

因此，当她问起周后的病因时，他不即开口，先将她从头看到底，然后答非所问地说道："大妹子！你看你，一朵花似的人，弄得这么狼狈！先去歇息，我们回头再谈。"他又问了一句，"你见过了国后没有？"

"还没有。事情没有弄清楚，我不敢去见她。"阿蛮已看出他的心意，不容他闪避，开门见山地说，"后家都在诧异，国后这场病来得奇怪。羽秋叫我一到先来找你，问明白了，我再去见国后。"

这让裴谷也诧异了。"羽秋跟你说了些什么？"他问。

羽秋是有保留的，阿蛮对于姊夫与小姨如何秘密往来，并不深知，只是这一点不能明告裴谷，便含含糊糊地答说："你别管！你只答我的话。"

裴谷对她的话，将信将疑，反问一句："你要明白些什么？"

"国后的病，说是中暑而起？"

"是的。"

"没有别的缘故？"

"别的什么缘故？"

这种假装糊涂的语气，反倒证实了她的猜测不错。阿蛮一路为风尘烈日所侵，困顿不堪，没有耐心跟他细磨，便沉下脸来说道："我劝你最好放明白些！我是来料理麻烦，不是来找麻烦的。羽秋跟我走在一条路上了，都想保全大局，你如果唯恐天下不乱，也随你！"

神色凛然，话风如刀，裴谷虽一向知道阿蛮能干，却不道是如此厉害，也是如此爽脆！心中的感想是既畏且敬，算是领教了。

"大妹子！"裴谷将舌头一伸，赔着笑说，"你这句'唯恐天下不乱'，可没有谁吃得消！你说保全大局，我可实在看不出来，大局是怎么坏了？这且不去说它，你问国后的病因，我只说两个字，你就明白了，是心病。"

"心病！"阿蛮追问，"心病由来已非一日，为什么突然发作？"

"为了圣尊后一句话。"

"什么话？"

"我也是听来的，不敢胡说。反正中间夹了一个人在那里，这个人是圣尊后很宠爱的，那句话就关乎着那个人的终身，以至于勾起了国后的心病。"裴谷顿了一下，问道，"大妹子，我的话说得够明白了吧？"

这确是说得够明白了。阿蛮虽不知道李煜的打算——即是设法由圣尊后降一道懿旨，迎娶嘉敏入宫，赐以位号——但圣尊后最宠爱的人是嘉敏，而所谈又有关此人的终身，那么是怎么一回事，亦就可以想象而知了。

"怪不得说圣尊后天天上佛阁子烧香,求菩萨保佑国后。原来是她老人家一句话惹出来的祸——"

"不然!"裴谷打断她的话说,"圣尊后并不知道国后的心事。"

原来圣尊后并不知道周后不愿嘉敏入宫!既然如此,也就不会知道周后得病,因她的一句话而起。然则当圣尊后提及此事之时,周后是怎么个表示呢?

这话无须再请教裴谷,回到瑶光殿一问便知。于是,她站起身说:"多谢指点,我该看国后去了。"

"慢着!"裴谷急忙问道,"你说你跟羽秋走上了一条路,倒是条什么路?说给我听听。"

她与羽秋取得的协议:决不做任何可能使嘉敏入宫的事。而这是违反圣尊后与李煜的心意的,倘或裴谷搬弄是非,可能构成妄行干预宫闱的罪名,杀身有余,所以阿蛮不肯说实话。

然而,这又少不得裴谷的合作,同时她对自己说过的话也要有个交代,因而不能不答。想了一下,只有用冠冕堂皇的措辞:"封妃封嫔是件大事,我们何敢乱出什么主意?只不过从眼前的情势看,多一事不如少一事。宫闱静肃,上下之福。"

裴谷一面听,一面点头。"说得不错!说得不错!我也跟你们走一条路子。"他很清楚地说,"静以观变。"

"多一事不如少一事"与"静以观变",在态度上是有些不同的。阿蛮觉得他的想法比较聪明,然而她不忍去设想,宫中将会有怎样的变化。

"你总算回来了!"周后的声音微弱,但语气中充满了欣慰,"我好想你噢!"

阿蛮心酸酸地哭,但这对病人是最不相宜的,所以强忍着眼泪,硬挤出笑容。"一时中暑,不要紧的!"她说,"国后如天之福,十天半个月就可以康复了。"

"哪有那么容易的事。病来如山倒，病去如抽丝，只有今天才觉得好些。你们扶我坐起来，我听听扬州的情形。"

于是扶起周后，倚床而坐。阿蛮先为她拭脸梳发，略整容光，周后自觉精神好得多，居然腹中微饥，想进些食物了。

照御医的叮嘱，只能喝些米汤，周后未餍所欲，便由宫女去问过御医，为她添补了半碗藕粉，一面进食，一面听阿蛮谈她娘家的情形。食罢，额上微微见汗，越觉得神清气爽。谁都看得出来，就这顷刻之间，病势已大有起色了。

于是阿蛮向她的同伴们使个眼色，她们个个会意，都悄悄退了出去，好容她与周后密谈。

"这里的丑事，你跟老夫人禀报了没有？"周后开门见山地问。

"没有。"阿蛮紧接着说，"我跟羽秋商量了好几次，还是不说的好。"

"你怎么跟她去商量？"周后有不悦之意。

"羽秋其实不坏，很识大体。"阿蛮答说，"国后付托我的大事，我哪敢疏忽？想了又想，看了又看，总觉得先要拿羽秋收服了，办事才会顺手。哪知道羽秋跟我也是一样的心思，所以很容易地走在一条路上了。"

"你们是什么一样的心思？"

"她也不赞成小娘子进宫来。"阿蛮答说，"已经劝过小娘子了，说宫中的日子太拘束，不必贪图这份荣耀。她那张嘴很能干，心思也灵活，日久天长，一定能劝得小娘子死了这条心。为此，我们觉得多一事不如少一事，不禀告老夫人是上策。"

"老夫人是怎么个意思呢？"

周夫人的心意，深不可测，但为了宽病人的心，阿蛮不能不撒谎。"老夫人关心小娘子的婚事，"她说，"可又舍不得小娘子远离膝下。"

周后不作声，眉目却渐渐地舒展了。"一等我能起床，第一要办的就是这件大事。"她说，"你先替我留意着，看就在扬州一带，有名望的人家可有什么出色的子弟。"

"是！"

"这件事要快！"周后叮嘱，"你见了圣尊后，说话要留神。我这场病，唉！"她摇摇头不愿多说，"真叫家家有本难念的经。"

退下来找同伴去打听，阿蛮才知道周后的这场病是有苦难言，内郁适逢外感，交迫而成——不知道是圣尊后自己的意思，还是出于李煜的要求，她已经向周后透露口风了，想将嘉敏接进宫来"待年"，等满了十七岁，封为妃子。

周后岂能说个不字？为了仰体慈怀，而且要表现姊妹深情，反装得很高兴。不过，她说嘉敏刚回扬州便又接了来，恐伤亲心，最好让嘉敏在母亲膝下，多盘桓些日子，早则秋末冬初，晚则来年春天，再派专差去迎接。

圣尊后欣然许诺，大赞周后贤德。为此，她听说周后中暑病倒，在亲临看视之余，常到百尺楼上去烧香，为贤德儿妇祷求菩萨默佑。她做梦也不会想到周后真正的病因是什么。

然而，周后的这场由中暑触发而转为暑温——来势相当凶险的重症——终于日见好转，阿蛮觉得可以告慰周夫人了。

李家父子雅好翰墨，所以宫女亦多知书识字，阿蛮腹中的墨水虽不如羽秋来得多，但写给周夫人的信，平铺直叙，并不为难，为难的是另一封信。

这封信是写给羽秋的。为了信中要谈的事，是宫中，也是整个江南的第一等机密，她不能不格外慎重，觉得使用隐语最好——表面上谈一件不相干的事，其实字里行间，另有唯独羽秋才能会意的文章。这样，就算这封信落在外人手里，也不要紧了。

想是想得很好，无奈要找一件能影射周家姊妹的情形，又能表达她的看法的事，却是苦思冥想毫无着落，她不能不放弃这个念头。

给羽秋的信却是非写不可的。写完了传周后之命，召老管家入宫，亲手将两封信郑重交付，密密叮嘱："这封信，我不开信面，你记住了就是。私底下交给羽秋，千万不可教第二个人看见。"

"我知道了。"

"更不可失落。"阿蛮神色凛然地说,"不然,会闯大祸,你我的性命都会不保。"

这一说,老管家疑虑大起。"姑娘,"他问,"是什么不能让外人知道的大事?你不要害了周家!"

"如果你当心些,照我的话做到,是救了周家。不然,就是害了周家。"

老管家无法再问,唯有听她的话,格外小心。当下领了盘缠,携着宫中颁赐后家的礼物,仍由陆路回到扬州。

一到便请见主母,呈上书信。周夫人拆信看完,虽觉欣慰,却也不免失望,因为阿蛮的信太简略了,只知道周后病势日轻,早占勿药。但到底是场什么病,因何而起,以及周后的心境如何,信中只字未提。

"你见着国后了没有?"周夫人问。

"不曾传见。"老管家答说,"不过病确是好得多了。"

"你怎么知道?"

"宫里的人都这么说。"

"阿蛮还说了些什么?"

还有些话是不能告诉周夫人的。老管家只能编些不相干的话敷衍着,等退了下来,却好遇见羽秋,便使个眼色,示意有事跟她私下谈。

于是羽秋便先溜了出去,在僻静之处等着老管家,收到了阿蛮的密札,一个人躲到后房去看信。看到一半,听得嘉敏的声音,急忙将信笺往竹席下一塞,迎了出去。

"老管家回来了,你知道不知道?"

"我知道。"

"我奇怪。阿蛮的信,为什么不写得详细些?莫非,还有许多不便写的事?"嘉敏昐咐,"你倒找老管家去问问宫中的情形。"

羽秋答应着,回自己屋里转了一下,随即欣然而去——她的欣喜与老管家见面无关，是借此机会可以将才看到一半，疑问重重、心痒痒得不好过的那封信看完。

看完了信，疑问尽消。阿蛮的信写得详尽明白，完全可以了解她的心意。然而了解并不等于同意，羽秋认为情势已有了很大的变化，圣尊后既有迎取嘉敏入宫的"待年"的明示，要想如阿蛮所说的，用拖延的手段去打消，怕是件办不到的事。

然而办到了又如何呢？姊姊是国后，妹妹是妃子，名分上无论如何不能比肩并论。即令有圣尊后宠爱，国主回护，而国后到底是后宫之主，要跟任何一位妃嫔为难，都是轻而易举的事。

这样转着念头，又回到她一贯所持的想法上面：嘉敏入宫非福。同时也就不能不同意阿蛮的第一个要求，必须瞒着这个消息。阿蛮的第二个要求，希望她能够相机进言，劝嘉敏死了入宫的那条心，也劝周夫人早早物色高门大族的佳子弟，为嘉敏择配，在羽秋便觉得可听可不听了。

打定了主意，羽秋依照阿蛮的嘱咐，将信烧毁，然后虚应故事地去看了看老管家，为嘉敏转述了一些不相干的宫禁琐闻，并开始认真考虑秋凉赋归，因为她觉得已没有再留在周家的必要了。

"不，羽秋！"嘉敏凄惶而固执地，"你不能抛下我一个人回去。我不能没有你！"

话一出口，嘉敏自己也发觉了，这样说法近乎怠懒，不是挽留她的好办法，因而改口说道："你陪我过了年再走，好不好？"

感于情义，羽秋实在无法说个"不"字，终于默默地答应下来了。

* * *

十月初，传来一连串令人惊愕不安的消息。

第一个消息是，四岁的小王子仲宣夭折了。有正式的诏书，仲宣由宣城公追封为岐王，谥号是"怀献"，证实确已去世。而死因极其意外：有一天仲宣在瑶光殿新设的佛堂中游戏，哪知高挂在上的一盏大琉璃灯爬上去一只大狸猫。而琉璃灯又不曾挂得牢靠，一下子掉下地来，砰然大响，将仲宣吓得大哭，仲宣就此受惊，几天工夫就夭逝了。

仲宣是神童，三岁就能只字不遗地背完《孝经》，音乐中有不合律的，往往亦能指出来。周后爱如性命，而如今竟以这样的意外摧折，自然痛不欲生。

于是，第二个坏消息跟着传来：周后复又病倒在床，而且病势比夏天更见沉重。

周家当然惊扰不安，可是周夫人却相当沉着，虽然整天难见笑脸，却并未垂泪，只是经常独坐沉思，不知在想些什么。

不久，周后病重的消息传遍了扬州，周家的宗亲关切异常，因为她一身的安危系一族的荣枯。周家这几年成了皇亲国戚，地方官另眼看待，欠粮欠税，不敢催索；与人发生诉讼，不论是原告或被告，上得堂去，先占三分便宜。这都是看在周后的面子上。但"人在人情在"，周后一旦化去，则冰山既倒，何所倚恃？

为此，周家的族长特地去看周夫人，坦率表示，这是宗族的一件大事，无论如何该尽心尽力，使周后早日康复。接着，族长便举荐了两位名医，跟周夫人商量，是用怎样的一种方式，能让这两位名医得以入宫侍疾。

荐医一事，周夫人亦想到过，但考虑下来，觉得此举似乎鲁莽。国后违和，自有御医尽心会诊，未曾有诏征医而贸然举荐，御医先就不高兴。倘或暗中较劲，只待举荐的医生来诊脉处方而眼前采取敷衍的手段，岂非耽误了病人？

经过这样一解释，周家族长亦觉得不妥，自动撤销了建议。不过，他认为后家应该表达深切关怀之意，或者派人去问安，或者进奉药物。这不但是体制所必需，而且对周后来说，亦是一种安慰。

"说得是！"周夫人欣然接纳，"我想两样都要，也要派人，也要进药。族长，你老看，应该进些什么药？"

"自然是清补之品，霍山石斛、于潜野百合都是江南的名物。"

"只怕采办费时。"

"分头采办也费不了多少工夫。"族长说道，"这件事就交给我了，尽半个月之内去采办，办到几样是几样。夫人以为如何？"

"是！都听族长主持。这费用方面——"

"这不必夫人费心。"族长抢着说道，"自然是由祭田收入项下开支，作为合族对国后的敬礼。"

"合族的大事，我没有意见，就请族长费心了。"周夫人又说，"至于派人，我想，只有让阿敏去走一趟。"

"是，是！"族长深以为然，"至亲探病，理所当然。请夫人交代阿敏，在国后尊前，代达合族虔祝康复的心意。"

"是！一定会转达。"

等族长一走，周夫人立即吩咐，为嘉敏备办舟车，收拾行李。胖婆婆听得这话，大为紧张，帮着嘉敏打点行装以外，自己也忙着检点箱笼，预备再度担负起护送的重任。

"你年纪大了！"周夫人这样对她说，"我不放心你，也不忍让你再吃一趟辛苦。而且秋风已起，你的气喘毛病到了复发的时候，还是在家的好。"

胖婆婆愕然。"那、那派谁护送呢？"她问。

"路上有管家照料；到了宫里，有羽秋，又有阿蛮在，很可以放心！"

胖婆婆默然无语，而心里却有浓重不安和悔恨。不安的是嘉敏此去，形迹如果不检点，会闹出很大的麻烦来；而悔恨亦正在此，初回扬州时，便该将姊夫与小姨间亲热得稍嫌过分的情形和盘托出。那时不提，此刻就不便再提，而不说明原委，周夫人不会知道嘉敏必得有人看管着。仅有阿蛮，未必能看得住她；而羽秋是她的羽翼，更只会坏事，不会规人于正。胖婆婆悔恨徒然，唯有私下嘱咐嘉敏，务必谨言慎行，不要给周家"丢脸"。

"丢什么脸？"嘉敏颇为不悦，"什么话到你嘴里就难听了。真正老背晦！"

"好！好！我背晦！"胖婆婆气得说话都不利落了，"但愿你风风光光回来。"

"当然会风风光光回来，你看着好了！"

动身的前一天，嘉敏由胖婆婆陪伴着，到亲长家去辞行。这在周夫人是久已期待着的一个机会，她早就想跟羽秋做一次深谈了，只为有嘉敏在，直到此日，才得其便。

"羽秋，"周夫人执着她的手说，"我跟你虽是初次相见，说实话，从你第一天到扬州，我心里就喜欢你，常在想，我有你这样一个女儿就好了！不知道你的意思怎么样？"

这是周夫人愿认她为义女的暗示，羽秋真有些受宠若惊了。不过，她的心思很快，立即想到，平日从无表示，而当嘉敏临行之际，有这样的口风，可能便是一种"贿赂"。这份"贿赂"不轻，周夫人必有所欲。如果是自己所不能胜任的，而贸然接受了这份"贿赂"，岂不搞成彼此难堪的僵局？因此，她敛容答道："多蒙夫人垂爱，实在不敢当。"

"只要你知道我的心就是了。"周夫人也很机警，一听话风不妙，不再勉强，"这一次阿敏上金陵，我要重重托你，多多照应。"

"是！"羽秋答说，"夫人就不叮嘱，我也不敢不尽心的。"

"我知道你心思灵巧，又持重识大体。所以我叫胖婆子不必去，有你，我放心得很！"

这表示是将原要托付胖婆婆的监护重任，改托了她。这使得羽秋又生警惕，有些答应不下去了。

"羽秋，"周夫人注意到她的神色，进一步重托，"我这小女儿不懂事，你此去就当她是你的妹妹。应该劝她的，你要老实告诉她，不必顾忌；该为她做主的，你就代我为她做主。"

这责任太重。但羽秋同时有感激知遇之感，便觉得不宜轻易诿避。她脸色凝重地想了一下，问道："夫人这话，我有些不明白，什么事该为小娘子做主？"

"我先给你看样东西。"

周夫人亲自打开箱子，取出一个盒子来。虽未打开，羽秋已知道盒中所藏何物。

果然，打开来一看，正是那副晶莹玲珑的玉连环。羽秋只静静地注视着，等待周夫人发话。

"你想来见过此物？"

"是！"羽秋的答语是早就想好了的，"见小娘子取出来玩赏过。"

"你总也知道它的来历？"

"不知道！"羽秋故意问说，"不是府上的家传之宝？"

"不是！是官家所赐。就是我小女儿这次在金陵，官家赏赐的。"

"喔！小娘子不曾跟我说起。"

"她不好意思跟你说。官家特意赏赐此物的用意，尽在不言之中。羽秋，你聪明过人，应该解得其中的意思。"

"夫人太夸奖我了。"羽秋笑道，"我一时还想不透。不过——"

"怎么？你说！"

"我怕说出来让夫人见笑，我是瞎猜。"羽秋慢吞吞地说，"这三套的玉环还不足为奇，奇在一个白玉环，套着两个翡翠环，只怕其中有个说法。"

"是不是，我说你聪明！"周夫人说到这里，突然站起身来，走到门口，探头出去，左右张望了一下，看清楚了没有人在，方始转身关门，回到原处说道，"这两个翡翠环，都是我的女儿。"

这样的说法，听来不通，而意思是可以明白的，羽秋觉得不便也不必再装糊涂。她略想一想答道："原来官家是想学大舜，拿小娘子也迎娶入宫。这玉连环便是定情的信物？"

周夫人颜色大变，双眼睁得好大地问："定情？"

这一下，羽秋才知道说溜了嘴，失言了！"定情"二字岂是随便可以出口的？幸而她沉着机警，做了个说错了话的惭愧表情。"我说错了一个字，"她不好意思地笑着，"是定聘。"

听这样解释，周夫人的脸色方始恢复正常。"对了，是定聘的信物。"她点点头说，"羽秋，我把我的想法告诉你：周家出一位国后，尽够了，不必再出一位妃子，不过，国后是周家的！你懂我的意思吗？"

这话就很深了，羽秋凝神想了一下，终于了解，同时由衷地佩服周夫人的深沉与精明。

"我想，你一定懂。我要拜托你的就是这一点。倘或国后不讳，你要帮我再争一位国后回来。羽秋，"周夫人抢着说道，"你不要推辞！我知道你怕责任重，可是我相信你。万一不成功，我决不怪你。皇天在上，我不说一个字的假话。"

"夫人！"羽秋庄容答道，"我尽力，我一定尽全力。"

中秋刚过，正是江南一年之中最宜人的季候，天青云白，橘绿枫丹。溯江而上，一路有着观玩不尽的好风景。然而，嘉敏凭窗闲眺，眼中所见与心中所见的，却全不相同。

心中所见的幻影，有回忆也有想象。但能想象画堂南畔，小别重逢，有多少轻怜蜜爱，喁喁细语，却不能想象病榻存问，姊妹之间是如何难堪的情状。

这个念头不断萦绕在她心头，始终不能求得解答。实在闷不过了，只好问出口来："羽秋，你看我这一趟到金陵，是应该高兴呢，还是应该伤心？"

羽秋不但无以为答，且有啼笑皆非之感，暗暗叹口气：问得出这样天真的话来，哪像能母仪天下的人？

嘉敏却又说了："我的话，恐怕不够清楚。我是说，我的态度应该怎么样？总不能见了什么人都是伤心的样子吧？"

"可也不能见了什么人都是高兴的样子。"

这话带着些抢白的意味，而嘉敏却不以为忤，反觉得启示甚深。她认为羽秋是在告诉她，只有跟一个人，而且是在私下相处时，才能表示高兴。除此之外，都应该显出因为关怀姊姊的病势而忧心忡忡的神情。

"我懂了。"她的声音欣快，"我知道我何以自处了！"

这种充满了自信的语气，在羽秋来说，是一种安慰。从接受了周夫人的付托，她一直觉得双肩沉重，有不胜负荷之感——主要的忧虑是怕嘉敏太不解事，变成扶不起的刘阿斗。因而羽秋一直在盘算，怎么找个机会，好好跟她谈一谈。看起来，此刻就是机会。

但是，谈些什么？怎么谈法？却仍费思量。她知道周夫人的打算，是连嘉敏都不知道的。本来事在未定之天，一切要看机遇，唯有凭一心妙用，见机而作，无法预定步骤，强使未来的情况，必须适合自己这方面的希望。这一来，就以不让嘉敏知道为宜。不然，她心里搁着那样一件大事，患得患失，无法出以娴静自然的姿态，先就输了一着了。

这样想着，羽秋愈生警惕，决不可在言语中透露周夫人的打算。不过，自己的使命，却不妨稍为说些给她听。"小娘子，"她用很恳切、很负责的声音说，"临走之前，老夫人嘱咐我，务必格外照料小娘子。我说，照料是我分内之责，却不知什么叫'格外'。老夫人告诉我说：除了饮食起居以外，要我劝小娘子两件事：第一，言语举止，总要稳重，让人家知道我们周家的家教好；第二，待人接物，总要宽厚体恤，那才是有福气的样子。当时我斗胆答应了下来，小娘子要成全我。"

"成全！怎么成全你？"

"请小娘子听从老夫人的嘱咐，让我将来好有交代。"

"是这个！"嘉敏毫不考虑笑道，"我一定能让你有交代！"

羽秋觉得肩头轻松了些。心里在想，嘉敏如果能够谨言慎行，给人一个端庄贤淑的印象，而又能宽厚体恤，广博人缘，大事就可望成功，自己对周夫人也就真的可以交代了。

　　　　　　＊　＊　＊

　　船到金陵，裴谷亲自来接。嘉敏入宫仍旧住在友竹轩，略略安置了行装，第一件事是朝见圣尊后。

　　圣尊后也在病中，虽能起床，却不出宫。因为稍为劳累，或者冒风感寒，就会气喘不止。加以心境拂逆，精神亦大不如前，见到嘉敏，感伤多于喜悦，叹息不止。

　　"唉！不过半年不见，出了多少想不到的事。你大姊的病都快复原了，忽然又反复。仲宣是她的命根子，偏偏就拿她的命根子夺了去。真不知是前世造下的什么孽，连菩萨都难庇佑。"圣尊后略停了一下问道，"你娘身子好？"

　　"多谢圣尊后惦着。"嘉敏站起身，恭恭敬敬地答道，"托圣尊后的福，倒还健旺，只是为了大姊的病，这一阵子急得睡不着。"

　　"天可怜见，让你大姊快好吧！不然不知道要拖累多少人！"

　　"一时的年灾月晦。请圣尊后也不必太着急，不然大姊心里不安。"

　　"是啊！为此，大家劝我不要去看你大姊，就因为她一向孝顺，看见我这样子，没的倒替她添了病。"

　　说到这里，圣尊后的气喘病又发作了。宫女们替她抹胸捶背，取药拿水，乱过一阵，扶入寝宫，嘉敏也就悄悄退了出去。

　　回到友竹轩，只见阿蛮在那里等着，嘉敏行过了礼，顾不得叙路上的景况，便即问道："国后可好些了？我看看她去。"

　　"好些了！"阿蛮慢条斯理地答说，"此刻刚服了药睡下。小娘子先请更衣休息。"

　　"好！你别走。等我换了衣服再细谈。"

　　就这时，阿蛮已背着嘉敏向羽秋递了一个眼色。因此羽秋将嘉敏送入卧室，趁她更衣的当儿，悄悄溜了出来，随着阿蛮到了僻静的角落去密谈。

"是谁的主意？"阿蛮一开口便是埋怨的语气，"将小娘子送了来干什么？"

羽秋心想，一到便有麻烦，得好好应付。因此，虽对她的态度有反感，仍旧很沉着地回答："周家合族都说，应该派人来探病，还有一批清补的药，随后贡进来。这也是人情之常，有什么不妥？"

"太不妥了！"阿蛮黯然答道，"国后的病是心病，从小王子一死，精神竟有些错乱了，见不得不顺眼的东西、不顺眼的人。"

"她们到底是姊妹——"

"唯其是姊妹，心病更厉害。"阿蛮抢着说，"别人不知道，你应该知道。"

"是的。"羽秋不能不承认，"那么，你说怎么办呢？"

"只有瞒着国后，不让她们姊妹见面。"

"这……"羽秋想了好一会儿，没有善策，"小娘子面前怎么说法？同胞姊妹，不容相见，换了你，心里会怎么想？"

"所以说，不来最好。"

"已经来了，莫非让她马上回去？"羽秋的声音渐渐高了。

"轻点，轻点！"阿蛮急忙警告，"既来之，则安之，我们来商量一个办法。"

阿蛮是想好一个主意来的，此时不过要求羽秋如计而行。主要的是要使嘉敏相信，周后见不得亲人；一见亲人，情绪激动，不能自已，最是大忌。因此，圣尊后至今不曾到瑶光殿去探病，连国主亦绝少跟周后见面。如果让周后知道嘉敏已到，必然会想起娘家，思念慈母，于病体无益有害。

不见周后的面，嘉敏当然不能释怀，所以安排她到瑶光殿去探视一次是必不可少的。但只能在周后熟睡的时候，遥遥一望。

"路远迢迢地赶了来，探望亲人的病，就这么话都不能说一句！"羽秋问道，"换了你可能甘心？"

"羽秋，你好傻！"阿蛮平静地答说，"我们都是局外人，何苦动感情替局内人去设想。我们有过约定，合力维持大局，请你不要忘记。"

羽秋无话可说——她心里明白，如今又变成各为其主了。但如周后大限已到，终将一病不起，阿蛮亦会见风使帆，另打主意。那时很需要她的助力，不如此刻先卖个人情给她，为将来留个余地。

于是羽秋说道："阿蛮，我们的约定，我自然没有忘记。不过大局是不是靠我们两个人的力量就能够维持得住，实在大成疑问。谁叫我们俩好呢？你怎么说，我怎么做就是。"

"照我的话没有错。"阿蛮欣慰而自信，"错了你问我。"

"如果你错了，就该我来拿主意了！那时候你怎么说？"

"自然听你的。"

"好！"羽秋也是欣慰而自信地，"一言为定！"

"怎么？"嘉敏怫然不悦，"阿蛮怎么就悄悄走了？我不是让她等一会儿，等我换了衣服有话要问她吗？"

"是的！是我叫她走的。国后又在闹了，非她去，不然不能让国后安静下来。"

"闹？"嘉敏愕然，"闹什么？"

羽秋略作沉默，是一副黯然的表情，然后叹口气说："唉！我刚才听阿蛮说了才知道，国后的病很麻烦。她为小王子忧伤过度，精神有些错乱，竟像是心疾。见不得孩子，见不得猫，尤其见不得亲人，见了就一定发作。病是发作一回重一回，唯有多多静养，才有逐渐康复之望。"

"那，"嘉敏不安地问，"见了我，不也要发病吗？"

"是！"羽秋轻轻地答说，"阿蛮刚才跟我商量的就是这件事。真正为难！"

嘉敏知道她们所感到为难的是什么了，默然半晌，无可奈何地说了句："这样说，一时竟不能见面？"

"去看一看总不要紧。就别让国后知道，免得触动心境。"羽秋紧接着说,"等我再跟阿蛮去接头,看什么时候国后睡了,让她赶紧来通知,我陪小娘子到瑶光殿去一趟。"

嘉敏无奈,唯有默默听从。但就是这聊胜于无地看一眼,一时也还不能,等到傍晚没有消息,也没有人来探望,只有圣尊后送来的食物,大盘大碗,摆满一桌,嘉敏看着就饱了。

"多少吃一点。"羽秋劝她,"这不比在家,半夜里饿了,要汤要水很费事。"

"一点都吃不下。"嘉敏有着无可言喻的凄凉与委屈,"这算是什么?大老远跑了来,冰清鬼冷,没个人理。什么皇亲国戚?小户人家投亲访友,也还有些人情味!"说着便掉下泪来。

"这一次与上一次不同。"羽秋取块绫帕为她拭泪,"千万忍耐,人家不是有意冷落至亲。"

嘉敏的牢骚是因为一个人而发,默然半晌,到底忍不住问了出来:"官家呢?知道不知道我来了?"

"想必知道。"

既然如此,就再有一问:为何一无表示?这句话已到口边,到底又咽了回去。

羽秋当然猜得到她的心思,却不愿对她做何譬解,以当安慰。因为她觉得事在未定之天,情缘牵惹,形迹不谨,都该极力避免,所以提到这上头,以装糊涂为妙。

"裴谷呢?"嘉敏旁敲侧击地问,"只照了个面,就再不见他的影子了。"

"小娘子是有话要跟她说?"

"没有。"嘉敏言不由衷地回答。

于是羽秋又不作声了。她认为这话无须答复,裴谷有裴谷的职司,无缘无故到友竹轩来干什么?

"羽秋,"嘉敏突然问道,"我该不该写封信,让老管家带回去?"

"当然要的。"

"信该怎么写？"

这句话将羽秋问住了，细细想去，这封信很难着笔。照顾而叙，一定会让周夫人忧虑，如说到了尚未能见着周后，更不成话。

"我看暂时不写吧！根本无话可说。"

"老管家明后天就原船回去了，如果没有一封信带回，他怎么在老夫人面前交代？信还是要写的，好歹编几句吧！"

"你来编，我来写。"

于是羽秋在书斋中点上了灯，铺排纸笔，让嘉敏坐下来听她的意思编写。其中最费酙斟的是谈周后的病，只说思念爱子，忧虑过度，因而成疾，向来病去如抽丝，好得慢些，请堂上不必惦念。

信写到一半，阿蛮来了，来通知周后已经熟睡，如果嘉敏要去探望，正是时候。这一来，自是收拾未完之信，匆匆跟着阿蛮而去。

一进瑶光殿便闻见浓郁的药味。殿庭中灯火悄然，人来人往，但为怕惊醒周后，都蹑手蹑足的，如幢幢鬼影。见此光景，嘉敏的一颗心，不由自主地悬了起来。等进入寝殿，阿蛮摇手示意，不让她走近床前，揭起一重罗帐，再揭起一重纱帐，容她遥望。

定睛凝视之下，嘉敏不由心头发酸，眼眶发热。这哪里是平日所见的大姊！面黄如蜡，发枯如草。身子虽看不见，但一床紫罗夹被只微微穿起，就可以想见她消瘦到什么样子了。

突然，喉头发痒，失声一号，嘉敏赶紧捂住了自己的嘴。同时，羽秋已挽着她的臂，半拖半拽地将她很快地扶到外边。

而屋中的周后已惊醒了，但听她有气无力地在问："什么声音啊？"

"没有什么？"是阿蛮在回答，"值夜的人睡着了，在发魇！"

"什么时候了？"

"三更天。"

"不早了，你们都去睡吧！"

在窗外屏息静听的嘉敏，只觉得窗内传出来的语声，迷离虚幻，不像是听惯了大姊的声音，不由得挣一挣身子。而羽秋却拉得很紧，并且不由分说地推着她就走。

"羽秋！"嘉敏小声央求，"让我进去！"

"不！"羽秋只答得一个字。很轻，但硬得像铁一样。

"你没有听见我大姊的声音，好好的，神志清楚得很嘛！"

"见了亲人就不清楚了。希望她一天好过一天，就别见她的面，见面替她添病。"

这句话很管用。嘉敏除了悲痛以外，再无一句话可说，由羽秋扶着，一脚高、一脚低走回友竹轩，颓然倒在床上，只觉得内心有难以言宣的悲苦抑郁，眼眶一热，泪如泉涌，再也无法抑制了。

羽秋这回不劝她了。只要她不哭出声来，流泪可以让她心里好过些，尽不妨听其自然。

果然，眼泪中泻出了心中的苦水，嘉敏的心境渐渐平伏了。自己起床坐到镜子前面，从羽秋手中接过一块热毛巾，擦一擦脸问道："我大姊到底是什么病呢？总有个病名吧！夏天生的是'暑温'，现在呢？"

"听说是因为受惊经闭而起，是血分上的毛病。"羽秋答说，"我也问过阿蛮他们，谁都说不上来。女人血分上的毛病，最麻烦，最难治。"

"你能不能找张脉案来让我看看？"

"那一定可以，只怕看不懂。"

"我只要知道，大姊的病到底有没有危险？"

"这还用说？当然是险症。"羽秋换了副很郑重的脸色，"小娘子，你可千万不能着急忧郁，倘或自己不加保重，也闹个病痛，那可是件不得了的事。"

"怎么呢？"嘉敏觉得她有些言过其实，忍不住问说，"我自然不愿意生病，但如真的有了病，也不见得是件不得了的事。你的话，我倒不懂了。"

"生病也要看时候、看地方。小病生得不是时候、不是地方，就是件不得了的事。"

"你的话，听起来像有些道理。"嘉敏想了一会儿，歉然地摇摇头，"可是，我还是想不明白。"

"再也明白不过的事。小娘子倒想，第一，宫内许多不如意的事，够烦人的了，偏偏又添一个病人，时候赶得太不好！第二，在这里病了，自然是请御医来看，他们有他们的一套规矩，轮着班来，不能想请谁就请谁。运气好来了个医道高明的，可又没有人跟他打交道。'望、闻、问、切'四个字，首先'问'字上头就欠缺——"

"这话不对。"嘉敏打断她的话，"你不能替我说吗？"

"是！我当然要说，不过人微言轻，听不听全在人家。倘或在家，老夫人说了，医生自然字字记在心里，'问'也问得格外仔细。在这里，御医可就没有那份耐心来听来问了。"

"话倒也说得不错。"嘉敏霍然惊觉，"我可真不能在这里害病！让御医耽误了，小病变成大病，大病就会送命。"

"正是这话！小娘子到底明白了。"羽秋又说，"只要心境开朗，起居小心，百病不侵。"

"心境是开朗不了的。"嘉敏叹口气说，"唉！我也真不知道怎么好了，不该来这趟的——不来呢，惦念得慌，来了反更憋得慌。"

"不要去多想了。上床看看书，吃点茶食消消闲。等倦了，拿书一丢去寻个好梦，最舒服不过。"

说着羽秋装了一果盘的杏干、桃脯之类的茶食，又杂抽了几本唐人的诗集，一起都安置在她床前。只待她上了床，便好去寻相好的姊妹，细叙别后光阴时，不道裴谷来了，指名相访。

羽秋心知他此来所谈，必与嘉敏有关，防着有些话是必须隐瞒的，所以有意将裴谷引得远远的，在回廊尽头站着交谈。可是嘉敏已经发觉，她掀开窗帘，目不转睛地注视着，苦于只字不闻，只能在心头纳闷。

等裴谷离去，羽秋回转，她推开房门先迎了出去，喊住羽秋问道："裴谷来干什么？"

裴谷来传宣旨意：明日上午，国主邀嘉敏相晤。羽秋心想，这话要实说了，她一定魂牵梦萦，整夜不得安宁，以瞒着她为妙。

于是她随口编了个谎："裴谷来问老管家什么时候回扬州，好打点官家颁赐的仪物，让他带回去。"

"噢！"嘉敏有些失望，随手带了一本李商隐的诗集，悄然上床。

朦胧中，嘉敏被唤醒，夜来噩梦连连，余悸犹在，所以骤闻呼唤，惊出一身冷汗，一挺身坐了起来，急急问道："国后怎么样了？"

羽秋一愣，旋即省悟。"国后没事！"她平静地说。

"小娘子请起身吧！我有好消息。"

"好消息？说吧！"

"官家请小娘子会面，只怕快着人来召请了。"

听这一说，嘉敏很着急，因为晨妆费事，光是梳头，就得好些时候，匀脸讲究细致，心急不得；倘或妆饰未就，已来宣召，岂不误事？

"你看你，"她不由得埋怨，"怎么不早叫醒我？"

羽秋倒是好意，因为看她睡得沉酣，不忍断了她的好梦，但此时无暇分辩，要紧的是能让她保持从容沉着的心情。

于是她说："时候也不算晚。按部就班，一定来得及，只别乱！就稍为晚到一会儿，也不要紧。官家莫非还为此生气？"

最后一句话很中听。嘉敏的心思立刻改变了，不但不急，反而有意慢条斯理，存心打算晚到，倒要看看等人的是如何焦急。

果然，如羽秋所估计的，嘉敏按部就班地洗脸梳头，插戴完毕，正在换衣服的当儿，裴谷来召请了，说官家在瑶光别院等候相见。

"你先回去！"嘉敏隔着帘子发话，"就说我知道了。"

羽秋很诧异，不知她这样回答，是何用意。裴谷也听出话锋不妙，随即答说："官家面谕，命我陪小娘子一起去。备得有檐子在这里。"

"好吧！"嘉敏矜持地答说，"你就等着吧！"

这一下，羽秋知道了她的用意。这样做法，可以抬高身份，也不算错，只是宫廷体制，官家威严所关，决不可过分，因而轻声说道："略坐一坐，就走吧！让官家久等，到底也不好。"

嘉敏点点头，起立之先，又照一照镜子问说："似乎不该用胭脂？"

羽秋明知她轻染双颊，因为胭脂用得恰到好处而得意，才有这样其词若憾的一问，却不便点穿，笑笑答道："就是这样不浓不淡最好！"

"羽秋！"嘉敏突然收敛笑意，轻声问道，"见了官家，我脸上该是什么样子？"

这话也只有羽秋才懂："当然不能愁容满面，可也不宜有笑容。就像小娘子胭脂一样，不浓不淡最好。"

"对！我懂了。"

于是出帘上檐子，裴谷前导，羽秋后随，缓缓向瑶光别院行去。一箭之地，在嘉敏一个念头还未转完，檐子已经停下来了。

掀开窗帘，一眼便看到李煜，他是如此逼近，使得嘉敏有措手不及的窘迫之感。唯有退后一步，低头唤一声："官家！"接着，便待下跪行礼。

"羽秋！"李煜很快地说，"你扶住小娘子，不必行礼了。"

"是！"羽秋扶着嘉敏说，"应该到里面再行礼。"这是暗示嘉敏，从容应付。

嘉敏省会得她的意思，便索性随她摆布，扶入殿中，按照觐见国主的仪节，行了大礼，一切都随羽秋的暗示行事。

等她站起身来，李煜正待吩咐为嘉敏设座时，裴谷疾趋两步，躬身说道："启奏官家，西屋已伺候下了。"

"好！就在西屋坐。"

瑶光别院的画堂，坐西朝东，所以西屋实在就是后厅。不知是有意还是无心，一桌酒果就设在嘉敏当时住过的后厅北轩。"潜来珠锁动，惊觉银屏梦"的往事，似乎是那么遥远，却又如此清晰，嘉敏说不出自己的感觉是怅惘还是亲切。

"小妹！"

为这一声所惊，她定定神环视眼前，方始发觉屋中只有她跟李煜两个人，久别重逢，不免有由陌生的感觉而来的羞涩。可是，在他那种柔和得如烟笼寒水般的眼光抚慰之下，那一分羞涩，也就很快地消逝了。

"我没有想到你会来！"李煜紧接着说，"你来得正好。"

"怎么？"嘉敏直觉地问。

"你想，我这几个月以来的遭遇！真正无复生趣。听说你来了，就好比在穷阴凝寒的千仞谷底，突然发现阳光。你不知道我心里的感激！"

感激的是嘉敏。她真不能相信自己对他有着如此深重的作用，此行在他会受到这样大的鼓舞。也许他只是说得好，但就是假话，也不是随意能编得出来的。光是他用心编这两句假话的情意，便令人感激不尽了。

"不要伤心，千万不要伤心！一切都会变好的。"

听得他的慰劝，嘉敏才发觉自己的双眼已经润湿。"我没有哭！"她背转身去，用手背拭去泪水，想到有句话，正好在这无意中避开了正面的时候说，"请你也千万珍摄！上有圣尊后，下有黎民百姓，一身系国之重，决不能让大家失望。"

"是的，我听你的劝。"李煜停了一下说，"小妹，你回过脸来，让我看看你！"

她回身容他细看，自然而然也抬眼平视——李煜又瘦又黑，失去了平日俊朗的神采，但一双眼内，正从抑郁中透出喜悦的光芒。对她来说，这是心痛之中唯一的安慰。

"你憔悴得多了！"

"你也瘦了些。"李煜问道，"你母亲可好？"

由此开始才叙家常，叙旅途的景况，然后李煜谈仲宣如何夭折，周后如何惊痛成疾。

"可恼庸医！"他恨恨地说，"至今说不出一个究竟。说什么你姊姊的病，叫作'郁症'。脉案中都是些教人不懂的话，'阳失阴恋，络中空隙，阳化内风，鼓动不息，日就消烁'。不知说些什么！"

嘉敏亦听不懂他所背诵的脉案，只问："该当怎么治法呢？"

"治这种病，非药石所能奏效，贵乎摒绝忧烦，开怀颐养。"李煜深深叹息，"唉！你姊姊就是心胸不开朗，所以难！"

这话与所谓"心疾"的说法，大致相符。嘉敏对周后的病，到此时才算有了一个大致的了解。可是对那句"心胸不开朗"，她却不知道他话中有话。她唯一感到困惑，也可以说委屈的，仍然是她为什么不能走近病榻，跟周后说话？

"他们说，大姊的病，是因为仲宣夭折，忧伤太过而起，精神有些错乱，见不得亲人，一见病就会重。所以，昨晚，我只是远远望了一眼，可怜！瘦得不成样子了！姊夫，"她很吃力地问，"连你也不能去看她吗？"

这是编出来骗嘉敏的话，李煜也知道，他是听裴谷所说。其实骗嘉敏的这套话，就是裴谷与阿蛮商量出来的。周后致疾之由，李煜也是最近才知道——起因于圣尊后宣示要迎嘉敏入宫，而加重于爱子的摧折。她本来就有气血不调的毛病，经此郁悒之事的连番打击，越发血气错乱，经脉不行，酿成几于不治的重症。

他很清楚地记得裴谷的话："国后如今见不得的有两个人，一个是岐王的保姆，一个是后家的小娘子。一见勾起心事，病就越发不得好了。"追封岐王的仲宣的保姆，照看不周，是个祸首，拿她来跟嘉敏相提并论，唐突太过，使他很不高兴。可是他不能不承认裴谷的说法绝非无稽之谈，因而也就不能不勉强同意他所提出来的，将嘉敏与周后隔离的办法。

既然如此，这时候他就不能不帮着圆谎，而内心对嘉敏有无比的歉疚，便含含糊糊地答说："我很少去看她，让她静养。"

"静养！"嘉敏怔怔地望着铺在砖地上的猩红"地衣"，好久才自语似的说，"早知如此，我不该来的！"

"这是怎么说？"李煜的声音中，失望多于疑惑，"你就只为看你姊姊一个人？"

嘉敏发觉自己失言了。无论如何有圣尊后在，专为问安，亦当不辞跋涉，何以说是"不该来"？而况扪心自问，此行原非只为探病，然则那样的说法，岂不是当面撒谎，显得太矫情了？

"原来你心目中只有你姊姊——"

"姊夫，"嘉敏抢着说，"不是这话！我本来就要替圣尊后来请安的。"

"这才是！不枉圣尊后对你的爱护。"李煜又说，"除圣尊后以外呢？"

这明明是在问：莫非全不念我？嘉敏了解他的意思，苦于不便承认，有意这样回答："还有黄保仪。"

"还有呢？"

"还有？"嘉敏看着他那咄咄逼人的眼色，鼓起勇气答道，"还有个隐于钟山的词客。"

李煜笑了。那亲切而潇洒的笑容，在嘉敏并不陌生，可是与记忆中比较，微有不同，唇角下垂，笑中有愁苦之容，使得嘉敏隐隐心痛。

"姊夫，你真的要保重。"她忽然想到，"不要呕心沥血去作词！那是最耗心血、最伤精神的事——'语不惊人死不休'，那句诗真害人。"

李煜又笑了。这是无话可说，而又不能不有所表示的表示。谈到词中甘苦，他觉得她毕竟还隔着一层——她只能解得词意，却不解词中的好言语，有时无须苦吟，自然会奔来心头腕底。

嘉敏也看出他这一笑，仿佛有着无可与言的意味，便即问道："怎么？我说得不对？"

"哪里？"李煜急忙分辩，"你说的是好话，怎么不对？从今以后，我倒要听你的劝，作词只是寄情遣兴，犯不着太认真。"

这是泛泛的安慰敷衍。嘉敏有些不高兴，看了他一眼，将头扭了过去，望着别处，神情显得很落寞。

在沉默中，她隐隐听得"嗒、嗒、嗒"的一声又一声，忽高忽低而极沉着、极有韵律的声音，骤听不解，细听才知究竟。正要动问，李煜却先开口了："你听见没有？是宫女在东池捣练。"

"听见了！"每到秋天，江南水乡，处处可以听见贫家妇女在河边用木棒槌捣练绸、除去杂质的声音，嘉敏所奇怪的是，宫中居然亦有这样的情形。但细想一想，也就不足为奇：宫女既可自己染丝，创出"天水碧"的新色，自然亦可以自己捣练，千锤百炼成柔软洁白的好熟绢。

正在这样想着，李煜说道："我念首词你听！"接着，他用清朗的声音，慢慢念道：

> 深院静，小庭空，断续寒砧断续风。
> 无奈夜长人不寐，数声和月到帘栊。

这首词，浑成自然。嘉敏一个字一个字听得很清楚，眼前就仿佛看到李煜深夜不寐，辗转反侧，听西风断续传送捣练的砧杵之声，烦躁而无奈的情状。不言愁而愁自见，嘉敏又为他隐隐心痛了。

"这是为什么？"他问，"小妹，你总该知道。"

是为什么"夜长人不寐"？当然是念远。唐人诗中，多用万家砧杵之声示怀念征人之意。如今兵革不兴，江南亦无派在边塞的戍卒，那么这"断续寒砧断续风"中所引起的念远之情，自然是在扬州了。

意会到此，她只报以深情的一瞥。李煜当然亦不必再做追问，拉着她走到陈设着酒果的圆桌前，扶她坐下，斟酒相劝。

"这算是为你洗尘！"

就这一句话，又引起嘉敏许多感触。她回想春天第一次来探亲，大姊喜不自胜，处处抬举，特为设盛宴接风，传召教坊，杂陈百戏，自中午直到深夜方罢,都说"宫中好久没有这么热闹过了,是沽后家小娘子的光,才得如此尽欢"。以今视昔,当时的风光,恍如一梦。嘉敏借袖障面,将那一杯酒和泪吞了下去。

为了不愿让李煜看到她的泪痕,她装着酒呛了嗓子,转过脸去,假咳两声。等李煜递过一块罗巾来,她顺手先拭去泪痕,然后才回脸相看,强笑着一声:"这酒真冲!"

"是新酒。"李煜答说,"今年的官酒做得不好。唉!"

这也奇了!嘉敏问道:"官酒做得不好,又何用叹气?"

"你不懂!"

"原是不懂。懂了我就不会问这傻话了。"

话中有怨怼之意,李煜不免歉然。"不是我不肯告诉你,只为这不是什么可以高兴的事。"他低声下气地说,"公家卖酒,虽不是一本万利,却是官库一笔大收入。百官俸禄,半从官酒中来,酒做得不好,沽的人就少了,官库收入当然也少了,所以叹气。"

"原来如此!我竟不知道小民买醉,关乎百官俸禄。"

"你们长在深闺,娇生惯养,哪里知道民生疾苦、稼穑艰难?"

这让嘉敏不服气,因为在她听来,话中有笑她幼稚无识之意。她自以为对世务经济亦非一窍不通,倒要道一番见解出来,让他知道自己不是懵懂无知的人。

"说官酒不好,沽的人就少了,这话我却不信。酒瘾来时,不管酒好酒坏,总要喝够了量才罢。官酒不好,不过背地里挨骂而已。"

"挨骂还少得了?'皇帝背后骂昏君',最好不闻不问。"李煜接下来又说,"少沽不是少饮,只饮的不是官酒。"

"莫非是私酿?"

"当然。"

"私酿犯法,不会依法处治吗?"

"唉!"李煜叹口气,无奈地说,"我又不忍。"

见此神态，不知怎么让嘉敏激动了。"姊夫，项羽也是重瞳子！"她冷冷地说，"你倒像他！"

李煜愕然。"我何敢望西楚霸王？"他看一看自己身上说，"我怎么样也看不出自己有一点西楚霸王的味道。"

"有的。"嘉敏便念一段韩信批评项羽的话，"'项王见人，恭敬慈爱，言语呕呕。人有疾病，涕泣分食饮。至使人有功，当封爵者，印刓敝，忍不能予。此所谓妇人之仁也！'"

李煜有些窘，但并无不快，大笑说道："好熟的《史记》！小妹，我为你在澄心堂设一个位置，你看如何？"

"那可不敢奉诏。澄心堂是平章军国大事的地方，哪有我插足的余地。"嘉敏略停一下，凛凛然地加一句，"君无戏言！"

这话在李煜听来刺心。因为他自知对她是有亏欠的，弥补这份亏欠只有一个办法：实现自己的诺言，迎娶她入宫，册封为妃。他疑心她所说的"君无戏言"，即是在提醒他要记住自己说过的话。

于是他想告诉她，圣尊后已经有过这样的表示，无奈是她的同胞姊姊阳奉而阴违，甚至为此致疾。如今病成这般模样，自然不便再提。

话已到了口边，李煜蓦地里省悟，大为不妥。他听裴谷说过，圣尊后愿迎娶嘉敏入宫的意思，当事的本人并不知道，此时揭破，周家亲姊妹就永难和好了。而况，嘉敏或许会追问一句："万寿殿的慈谕，到底算不算数？"又将何词以对？

因此，他觉得话以说得笼统些为妙。"你说得不错，君无戏言。"他这样回答，"我说过的话，会记在心上。你放心好了！"

嘉敏将他这两句话，细细体味了一会儿，心里热辣辣地又怎么样也静不下来了。她觉得这样勉强坐着，不但是一大苦事，而且神思不专，应对之间会说错话，十分不妥。

于是她趁势答道："姊夫叫我放心，我自然放心。今天还没有给圣尊后去请安，只怕会着人来召唤，我该回去了。"

嘉敏回到友竹轩，第一件事便是关紧房门，将李煜所说的话告诉羽秋。当然，接下来是征询她的意见。

"官家劝你放心，你就放心好了。"羽秋慢吞吞地答说，"一个人的一生，在前世就注定了的，谁也不能强求。逆来顺受，听其自然最好。"

"你倒是说的什么呀？"嘉敏嗔怪她说，"婆婆妈妈，倒像七老八十的口气。"

羽秋笑笑说道："那叫我说什么呢？我又没有那么大的法术，能让国后跟圣尊后一下子都康复。宫里平平安安、高高兴兴的，才是办喜事的时候。"

嘉敏默然。她听懂了羽秋的话，老少两后，特别是国后的病，一日不好，就一日不能议封妃嫔。这样想着，对她大姊又关切异常了。

"明天，"她似乎下定决心，"明天我还要到瑶光殿去看看。"

一听这话，羽秋吓一跳，但如公然阻拦，反会引起她的疑心，越发坚持己见，因而改换了一个说法。"小娘子果真巴望国后早日痊愈，不如上佛阁去烧烧香。"她说，"光到瑶光殿去看看，无济于事。"

嘉敏与她姊姊不同，不甚佞佛。但此是无计之计，不妨一试，便禀明了圣尊后，带着羽秋上百尺楼去烧香。未曾礼佛，先做远眺。凭栏向扬州方向望去，不由得便想起杜牧的诗，轻声念道："青山隐隐水迢迢，秋尽江南草未凋！"

这首杜牧怀念扬州友人的绝句，她只念了半首，因为想到后面两句"二十四桥明月夜，玉人何处教吹箫"，如果在这庄严佛地中念出声来，便太亵慢不敬了。

口中无声，心底有思。嘉敏思量的是风流杜牧在扬州的那些诗篇，因而勾起浓重的乡思，便随口问道："羽秋，你觉得扬州如何？"

"好地方！自古繁华之地。"

"我倒看不出，也许是看不到。"嘉敏答说，"'春风十里扬州路，卷上珠帘总不如。'我就不知道是何光景，只觉得扬州处处亲切。不像在这里，孤零零的，心里老是发慌。"

"小娘子是想家了。"

"是有那么一点。上次没有。"嘉敏转脸问说，"羽秋，这是什么道理？"

"大概，大概是秋天的缘故吧！"

"也许是。"嘉敏叹口气，"秋天，唉！哪年秋天，都比今年好过。"

"境由心造。"羽秋相劝，"莫想秋天的萧瑟，只想秋天的高爽，心里就好过些了。"

"对！"嘉敏想了好一会儿，深深点头，"对！凡事朝好处去想，就不会有那么多烦恼。我们进去吧！"

于是绕过回廊，由正门进入佛堂。入眼是一尊高手所塑的观音大士的立像，手拈杨枝，恬然下视。嘉敏不由得双手合十，默默垂眼，心里在想，应该祷告些什么？

等伺候佛堂的老婆子，燃爇了线香，递到手中，她已打好祷词的腹稿。嘉敏上香下跪，轻声念道："广陵信女周嘉敏，虔求大士慈悲。一愿圣尊后康强，国后早占勿药；二愿合家大小平安；三愿得如所愿。"她的声音更低了，"信女私心所愿，必蒙菩萨洞鉴，垂怜默佑！"说罢，伏身在地，毕恭毕敬地拜了几拜。

拜完起身，又前后左右瞻视了佛堂，抬头看到那盏长明灯，不由得深深注视。

"瑶光殿的那间佛堂，我不曾见过。"她问那老婆子，"怎的长明灯会掉下地来，想是不曾安牢？菩萨也不保佑？"

"阿弥陀佛，罪过、罪过！"那老婆子合拢了手，诚惶诚恐地说，"小娘子休这等说，当心菩萨嗔怪！小王子与国后原是前世一劫，莫看今世做了母子，其实是来讨债的。国后一条命不曾讨了去，全亏平日信佛虔诚，不然就是子克母，不会母克子。如今不过吃了惊吓，有些病痛，算不得什么。可怜，国后想不开，有朝一日想开了，看小王子不过镜花水月，原该转眼成空，那病也就好了。"

"你的话倒也有些意思。"嘉敏感慨，"人，就是这个情分上不容易想开。'欲除烦恼须无我'，善哉，善哉！"

那老婆子能言善道，装了一肚子因果报应的故事，随便讲了几个，就让嘉敏听得入了迷，直到近午时分方始下楼。临行时少不得有所赏赐，而且邀她得空到友竹轩坐，闲谈破闷。

到吃过午饭，嘉敏照例小睡片刻，醒来时，但见淡淡的秋阳，已上西墙。独坐无聊，嘉敏望着袅袅茶烟，心思飘飘荡荡，又有无所着落之苦。东思西想，想起羽秋的话，与自己许了羽秋的话：凡事只往好处去想。顿时有了计较。

"我们看看黄保仪去。"她站起身来，高高兴兴地说，"乐趣原是要自己去觅的。"

羽秋当然凑她的兴。好在周后卧病已久，宫中的规矩，松弛了许多。本来无事不准乱走，此时自由往来，在所不禁，说走就走，无须通知掖庭总管。

黄保仪与嘉敏投缘，接待得很殷勤。嘉敏在她那里看画吃螃蟹，玩到二更已过，方始归来，自觉是这一次入宫以来，心境最开朗的一天。

从此，嘉敏知道如何打发日子了，不是陪圣尊后闲坐，便是到各宫去访相熟的妃嫔。只为圣尊后与周后违和，不敢弄箫吹笙，但就是娓娓清谈，亦足以使她暂抛忧烦了。

第四章　中下签

走得熟了，就不必一定有羽秋同行。有时羽秋不得闲，随便哪个宫女都可以陪伴，反正只要有人使唤就行了。

这天到黄保仪宫中，嘉敏连个跟随的人都没有。原带了一个宫女小鸾，行至中途，嘉敏记起许了黄保仪的，要拿自己的窗课给她看，却忘了携带，因而命小鸾回友竹轩去取。她自己一个人便踏着花径上的黄叶，慢慢地走了去。

那里的路径，她已经非常熟悉了，知道进北面侧门，穿过宫女闲坐待命的那间板屋，再进一道垂花门，就是黄保仪寝室的后院。这比从正门进去要近得多，便毫不考虑地取了快捷方式。

一过回廊，嘉敏听得有人在谈话，而入耳的第一句话就不能不让她止步。"周家小娘子倒住得下去！"有人在说，"换了我，早就回扬州了。"

听得这话，嘉敏既惊且愧。"怎么？"她在心中自问，"做了什么不自爱、不知趣的事，惹人厌恶？"

想是这样想，一时却不暇深思，因为另一人开口了："为什么？人家来探望至亲骨肉，至少要等国后病势有了转机，才能回去。"

"既是探望至亲骨肉，何以到现在都不能见面？她根本不该来的！"

"这是怎么说？"

"我听说国后讨厌她这个妹妹，来了是自讨没趣！"

听到这里，嘉敏心如刀绞，忽然觉得天旋地转似的，身子摇摇欲倒，可是毕竟挣扎着扶墙站住，要听她们再说些什么。

"说话别那么刻薄！"这个宫女的口吻，带着点教训的意味，"做姊姊的，凭什么讨厌亲妹妹？"

"对了！你问得好！"另外一个仿佛振振有词似的，"你以为国后不知道姊夫与小姨明来暗去——"

语声突然中止，但有闷着吭气的声音。嘉敏很谨慎地张望了一下，才明究竟——年长的宫女将年幼的那个的嘴掩住了。

"你要作死啊！"年长的呵斥，"说话这么不知道轻重，还大呼小叫的！"

"我说的是实话。"年幼的不服，小声咕哝着，"谁不知道半夜里打光脚板溜出去的那个笑话？"

"笑话是笑话，正经是正经。你以为做姊姊的妒忌妹妹？那叫胡猜！你有什么证据？"

"你是说，做姊姊的就绝不会妒忌妹妹？可又有什么证据？"

"自然有。也许你那天不在万寿殿，不知道，我可亲眼得见。圣尊后说：'把你妹妹也接进宫来吧！你是国后，又是姊姊，她自然听你的话。'这是做婆婆的体谅儿媳妇，国主三宫六院，另外封一位妃子，倘或得了宠，国后心里不舒服，自己妹妹就没话可说了。所以当时国后满面堆笑，还给圣尊后磕头谢了恩，圣尊后也不住夸赞国后贤德。这些情形，不知道有多少人亲眼看见。莫非是我编出来的？"

竟有这话！嘉敏大为诧异。听她言之凿凿，没有不信之理，而欲待相信，又有疑问——她的疑问，年幼的那个为她说出来了。

"我没有说你编谎。可是，我倒问你，既然如此，怎么又不到扬州去接人呢?"

"原说是秋凉以后派人去接,国后一病,这件事自然就搁下来了。"

"那么我再问你,国后是怎么得的病?"

"不是中暑吗? 刚好一点,偏又遇上小王子惊风,夺了她的心肝宝贝,病势才沉重到这地步。"年长的那个紧接着说,"好了! 我们不必再抬杠了。你看着吧,等国后病好了,对她妹妹是怎么个情形,你就知道你胡猜得多么可笑了!"

说完,便有脚步移动的声音。嘉敏生怕让她们撞见了,大家都觉得不好意思,赶紧往后转身,悄没声息地退出侧门。迎面一阵西风,让她打了一个寒噤,而脸上反觉得火辣辣地发烫。嘉敏自知神色有异,不宜跟黄保仪见面,便循原路走回友竹轩。

"小娘子!"

嘉敏又吓得一哆嗦,抬眼看时,才知是小鸾,手里拿着她的诗稿,正蹙眉凝视。

"小娘子,你怎么了? 哪里不舒服?"

"没有啊!"嘉敏摸着自己的脸,强自保持平静,"你看出什么来了?"

"脸红得像火,走路一溜歪斜的,倒像喝醉了酒。"

"是吗?"嘉敏一时找不出掩饰的话,只好硬赖,"我自己倒不觉得。"

"那么,"小鸾问道,"是回去,还是仍旧到黄保仪那里?"

"回去吧!"嘉敏答说,"我想起来有封要紧的家信要写。"

回到友竹轩,她携着诗稿自回卧室。小鸾却疑虑莫释,悄悄将刚才所见的情形,告诉了羽秋。羽秋也觉得确实可疑,最明显、也最难解释的是,嘉敏既然到了黄保仪那里,何以又匆匆而回? 莫非真的有封要紧家信要写?

掩进去一看,何曾写信? 是坐在妆台前面,对镜垂泪——在羽秋面前,嘉敏就无须掩饰了,转过脸来,泪汪汪地发怨言:"羽秋,你骗得我好苦!"

"怎么了？"羽秋一惊，但出以沉着，平静地问道，"我怎么骗小娘子了？"

"圣尊后曾有话，要接我进宫，你怎么不告诉我？"

"噢，是这个!"羽秋答说，"我也是到了这里才听人说的。只为第一，不知真假，不敢瞎说；第二，就算有这话，国后违和，一时也不能办这件喜事。告诉了小娘子，没的牵肠挂肚，反而难受。"

"谁牵肠挂肚来着？"嘉敏涨红了脸说，"我也不稀罕做妃做嫔！"

羽秋知道自己的话太率直，变成失言，也知道她的话无非脸皮太薄的违心之论，当不得真。当了真与她分辩，把话说死了，将来便难转圜，所以默然不答。

嘉敏也自知出言不诚，当然不会再提此事，便问到最紧要的关节上头："有人说我大姊不愿我进宫，也不愿见我的面。这话离奇得紧！可是我倒不能不相信，不然你们为什么总是挡在中间，不让我去看我大姊的病？"

"没有这话！"羽秋直觉地否认，"国后是什么亲人都不能见，所以圣尊后这等关切国后，都不去看她。"

"官家呢？"

"官家——"羽秋略一迟疑，然后答说，"也难得一见。"

"难得一见，总也见了。夫妇能见，姊妹就不可见？我就不相信世界上有这种大乖常情的事。羽秋，"嘉敏站起身来，挺着腰，扬着脸，表现出从未有过的决断，"你跟阿蛮去说，我要见国后！如果不让我见，就证实了真有其事。我也不必再待在这里了，收拾行李回扬州！"

事态严重，羽秋暗暗心惊，而眼前唯有抚慰。"也不知在哪里听人嚼舌头！"她恨恨地说了这一句，做出很负责的姿态，"好，我与阿蛮去说。可是，小娘子也别误信人言，自己先就气急。本来没事，有了，反倒生出误会，那可是太不聪明了。"

嘉敏接受了她的忠告，点点头说："我不气急！我没有成见，我也不相信我大姊会对我有成见。"

羽秋心中雪亮，嘉敏对此事的态度，比她自己所说的更为坚决。倘或不如所愿，证实了国后对胞妹有着不可解的成见，那时不会是蝶被买舟，败兴而回，羞愤交攻之下，可能会激得她走上绝路。

这后果太可怕了！羽秋想起周夫人的付托，不由得眼冒金星，背流冷汗，毫不考虑地去找到阿蛮，细诉其事。

"这得找裴谷来商议！"阿蛮懔然答说。

裴谷倒还沉着，静静听完，久久不语。这一来更显得情势严重。羽秋与阿蛮面面相觑，都将嘴闭得紧紧的，屏息等待，还希冀着裴谷有什么"绝计"想出来。

"这可是没有办法的事了！唯有奏请圣裁。"

"你是说，请官家的示？"阿蛮问说。

"是的，只有官家能拿这个大主意。"

"我看无用，"阿蛮摇摇头，"官家也拿不出主意。"

羽秋却赞成裴谷的想法。"就听裴大哥的话吧！"她劝阿蛮，"官家真的拿不出主意，大家再来商量。"

"既然你们俩都认为可以这样做，我也不反对。不过，裴大哥，"阿蛮极郑重地说，"你可千万把话说清楚。见了面会出什么事，得前前后后，细想一想。出了乱子，可是什么人都难挽救得了！"

这话听在羽秋耳中，觉得不是味道。说好大家同走一条路，理当和衷共济，而阿蛮却似乎仍是只为周后设想。既然如此，各为其主，自己也该有番表白。

于是她说："裴大哥，阿蛮的话不错，你可千万把话说清楚了！不让见面会出什么事？得前前后后，细想一想。出了乱子可是神仙难救。"

裴谷听她这针锋相对的说法，不由得笑出声来，但这一笑随即转为苦笑。"好了，好了，两位大妹子！"他说，"这是什么时候？你们还斗气卖弄利口！"

"不是我斗气。实在是关系不浅！"

"我也是这个意思。关系不浅！"阿蛮学着羽秋的话说，"国后病势刚刚有点转机，万万生不得气！那一气说不定就得气死！"

"我这面还不是性命出入的事！"羽秋立即接口，"那面就算受了气，御医细心诊治总还有希望。我这面又羞又恼，不知道什么时候一个想不开，半夜里拿条绳子上了吊，真叫防不胜防！"

她越想越怕，说话不由得气急："裴大哥，话我先说在前面，阿蛮是证人，万一出了这样的事，我可担不起责任。"

"不会有那样事！"裴谷安慰她说，"我一定小心安排，让谁都过得去。"

"但愿如此！"阿蛮了解到羽秋的苦衷，觉得难怪她焦急，倒有些同情了。"好妹子！"她说，"我们都是为顾全大局，自己先别生意见。"

"我话说得太急，你也别生气。"

"这才是！"裴谷表示欣慰，"原该彼此体谅，有事好好商量着办，才能替主分忧。你们都先不用着急，等我奏明官家，看是如何说法，再做道理。"

说完，裴谷就先走了。羽秋却还留在阿蛮那里，她内心的感觉是"意犹未尽"，总想跟阿蛮再说些什么。但在这混沌暧昧，一切都无从把握的局势中，说话真个很难。措辞过于含蓄，容易引起误会；说得太实在了，可能就变成授人以柄，应了"多言贾祸"这句古训。

阿蛮的心思也约略相似。她一直萦绕在心头的一个疑问是：嘉敏此行真正的目的是什么？探病呢，还是医她自己的相思病？这话想问，却不知如何问法，就跟羽秋想说什么而不知说什么好一样。

终于还是羽秋打破了沉默。"阿蛮，"她用一种聊闲天的语气说，"有件事我想不通。你家三代在周家，周家大大小小，都应该是你关怀的，何以心目之中，独独只有周后？"

这句话问得很厉害。阿蛮愣住了，好久，才不安地说："你不会以为我是势利吧?"

此是反问,一样也很厉害。不过羽秋比较容易回答:"不!我从没想到过'势利'这两个字,我倒觉得你痴心得很。"

"你又何尝不是?"阿蛮叹口气说,"唉!我们都一样,只为他人打算。"

羽秋觉得她承认了自己的看法,彼此的心就拉近了,话也好说了。"阿蛮,"她很谨慎地试探,"既然如此,你也该为自己打算打算。"

"没有什么好打算的。"阿蛮摇摇头,"过两年我就可以出去了。那时候会怎么样?此刻亦无从想起。"

"不然!出得宫去,无非配亲。你这门亲事的好坏,要看谁与你做主。"

听此一说,阿蛮将两眼睁得很大,显然是很重视她的话:"我懂你的意思,如果是国后与我做主,就可以找一家好人家——"

"不是什么找一家好人家,是抓一把好人家来拣!国后为你主婚,你想谁不来巴结?"

"这话也是!"

"所以你此刻心心念念,只望国后康复,实在也是为你自己打算。可是,万一——"羽秋突然顿住,停一下又问,"你懂了吧?"

阿蛮当然懂。她是说万一国后崩逝,又将如何?不过懂是懂,却无以为答。她抑郁地说道:"我亦不知道怎么样才好,事情到了那地步,还有什么好说的?"

"你是钻到牛角尖里去了!"羽秋望着阿蛮只眨眼,好半天才说了句,"你就认定了只有这位国后才能替你主婚吗?"说完,她掉头就走。

"羽秋,羽秋!你怎么话没有说完就走了呢?"阿蛮急急追上去,将她拉住,"你刚才说的话,再说一遍我听!"

"我说什么来着?我什么都没有说。"羽秋匆匆四顾,然后用手指一指她的心。

阿蛮矍然而惊，急急四面张望，四周虽有宫女内侍行过，但并未发现有人窥伺，方始放心。她定定神再细想羽秋的话，不免惭愧，宫中都说瑶光殿的阿蛮能干，她亦自以为才具不让须眉，如今看起来，像这等大事，要论眼光、魄力、心思，须逊羽秋一筹。

于是她说："你不必这样子先做预备将来抵赖的退步。我姓杨，我们家是'四知堂杨'。你放心好了，你的话天知、地知、你知、我知，再不能有别人知道。如果你不信，我可以起誓。"

如此输诚，羽秋感动而欣慰，但此时却还不到深入细谈的时候，处大事、应剧变，要从容。等阿蛮午夜梦回，在枕上通前彻后去想过，那时候再做商量，才有稳稳当当的做法筹划出来。

因此，她报以愉悦的一笑。"这一下，我们才真的走到一条路上去了。"她说，"这原是急不得的事，你先多想想，我也还没有想透彻。找一天大家都闲的日子，我跟你到东池水榭上去好好商量。"

"好！"阿蛮又问，"你看这个意思，要不要透露给裴谷？"

"如果有什么变化，当然少不得拿他拉紧了。不过，此刻还是先不要提的好。"

"说得是！将来如果要拉裴谷在一起，他一定也乐意的。因为我此刻由你的话，想起他的一句话，觉得很有意思。"

"是怎样的一句话？"

"他说'静以观变！'"

"对！"羽秋大为赞赏，"这句话说得太好了。你我只记住这四个字，遇到任何大事，脚步就都不会乱了。"

果不其然，如阿蛮所估量的，"官家拿不出什么主意"，只是紧锁双眉，彷徨踯躅，仿佛根本没有看到鹄候回音的裴谷似的。

裴谷站得脚都酸了，可是他不肯悄悄退出去，也不愿催问一句。因为他最了解李煜的优柔寡断的性情，一退了出去，就难望能获得确实的回话；若是催问一句，所得的答复，必是"让我想一想"。这一想亦就不知道什么时候才能想好。唯有这样无形中的催逼，才能迫得他不能不做决定。

好久，好久，李煜才站定了脚。"这件事，我本来就觉得难以交代。"他说，"不让他们亲姊妹见面，情理上似乎说不过去。"

"是！"裴谷平静地答应着。

"你看应该怎么办？"

裴谷没有自己的意见，唯官家之意是从，因而这样答说："照情理说，应该让周家小娘子见一见国后。"

李煜又不作声了，沉吟久之，说一声："你下去吧！"

"是！"裴谷亦无多语。

这便是领受了决定了。帝皇做何决定，是不需要明白宣示的，只照他的意向去办就不错。而李煜的意向，就在他跟裴谷交换的问答中，已可窥知——他是不忍让嘉敏失望。至于姊妹见面以后，周后的感触如何，经过那么久的考虑，他自己充分了解。当然，他绝不是不顾一切后果，更不是故意要刺激周后，而是觉得不能不冒这个险。他所希望的是，周后的心疾不如御医所说之甚。姊妹相见，纵不能期望她执手欢然，但亦不至于白眼相加。

为了做到李煜的这个希望，自须先做一番细心的安排。裴谷第一件要做的事是说服阿蛮。"姊妹到底是姊妹，何况，人亦总有见面之情。"他说，"只要时候挑得好，见一见亦不妨。"

"怎么叫时候挑得好？"阿蛮问道，"你说，该挑什么时候？"

"这还用问？譬如有人有'被头风'，一早起来跟他说话，准碰钉子。像那种时候，就得避免。"裴谷笑道，"有人说你也有'被头风'，必是前一天晚上胡思乱想，没有睡好，以至于肝火旺了。大妹子，你倒是在想什么呀？"

"啐！"阿蛮红着脸嗔道，"谁在那里嚼舌头？到了你们嘴里就没有好话！少教我骂你。"

"跟你闹着玩的，别生气！我知道你事情多心烦，肝火旺是免不了。"

裴谷收敛笑容，正色说道，"这是官家的意思，我们只有尽力去办，你看怎么样呢？"

阿蛮仔细想了一会儿说："国后这两天，看样子是好多了。如果这一天胃口还不错，睡得又香，醒过来的时候，心境就很平和。如果照你的话，就只有那个时候见面，比较合适。"

"对！就是那个时候好！"

"到时候怎么样？通知羽秋？"

"是的，直接通知羽秋好了。"

这一天很快地到来了，就在第三天午后。阿蛮派人到友竹轩，请嘉敏即刻到瑶光殿等机会。

见面以后，嘉敏应该持何态度，事先是已经谈好了的。所以羽秋得到通知，一面伺候嘉敏上妆，一面有几句话嘱咐。

"国后到底是病人，又是心病，说话也许颠三倒四，甚至有什么不中听的话。小娘子可得忍耐！"

"我知道。"她说，"我还能跟病人一般见识？"

"这就是了！"羽秋又说，"脸上总要带点关切的样子——"

"那是一定的。"嘉敏抢着说，"我能不关切吗？"

"小娘子知道就好了。总而言之，小娘子只记着，国后有心疾，不管怎么样，都不必认真！"

"这——"嘉敏有些疑惑，"你说，见了面会怎么样？"

这是只可自己领会反省的事，如果要让羽秋细说，不但会使她无以自容，就是说的人也会觉得难堪——羽秋所断断续续听到的话，实在不像出自国后之口。她骂妹妹"丢周家的脸"，又恨父亲早死，嘉敏"没有家教"，竟是连堂上慈母都在怨恨之列了。这些话只要说一句，就能引出嘉敏倾江倒海的眼泪！

然而，如今却要将她推入可能当面受辱的位置了！一念及此，羽秋不寒而栗,更忘了应该答话,也就更使得嘉敏惊疑。

"到底怎么回事?"

"小娘子绝顶聪明的人,不问也罢!"

"我何能不问?"嘉敏一下子冲破了多少天来混沌郁塞的思路,侃侃然地说,"我也可以猜想得到,不就是为了我们回扬州的时候,在船上所谈的事吗?你说'就是嫡亲姊妹,也有不能说的话',我一直不肯相信,到现在也仍旧这样。究竟是你说得对,还是我的想法不错,今天可以分晓了。如果你说对了,我不会跟病人认真!"

"这才是!"羽秋极其欣慰,"小娘子毕竟想通了!我亦但愿我的话说得不对。"

"这一切都看今天!"嘉敏照一照镜子,"行了!又不是去做客,不妨马虎些。"

探病原不宜浓妆艳抹,但嘉敏即令淡扫蛾眉,亦自别有一番令人越看越心醉的天然风韵。羽秋心里在想,亦难怪国后对她怀着极大的戒心,论颜色真能压倒群芳,一旦备位后宫,"三千宠爱在一身"是必然之事。

在更衣的时候,嘉敏忽又问道:"羽秋,上次我们在船上深谈,有句话你说到我心坎里,总该记得?"

"话很多,我记不得是哪一句。"

"你说你替我委屈!"

羽秋记起来了,自己当时是这样说的:"我是替小娘子委屈!一母所生的同胞姊妹,论容貌、论才情,妹妹哪一点输给姊姊?为什么姊姊做国后,妹妹就该当妃子?"而照如今的情形看,如连妃子都当不成,岂不是更加委屈?

"你记起来了吧?"

"记起来了!"羽秋突然增强了信心,"只要小娘子如刚才所说的,自己克制、忍耐、冷静,机会来了就能抓得住,就不会受委屈了!"

嘉敏看了她一眼,慢慢回转身去,从窗口遥望着百尺楼,神态沉静,尽脱稚气，看来像变过一个人了。

到了瑶光殿，阿蛮守在院子里，迎上来一面替嘉敏行礼，一面却与羽秋目语。

羽秋不但报以一切妥帖的眼色，而且微微领首，这下阿蛮放心了。"请进去吧！"她说，"国后又有些倦了，刚刚躺下。"

"噢，好！"嘉敏深深吸了口气，跟着她进入周后的卧室。

掀帷一看，罗帐深垂，而且微微闻得鼾声。嘉敏不由得踌躇，正想张口喊时，发觉衣襟牵扯，回头看时，羽秋轻声说道："国后睡熟了！"

病人最难得的，就是能够熟睡，所以探病万无唤醒病人之理。嘉敏所踌躇的，亦正是觉得出声不妥，所以听羽秋这样一说，立即放手作罢，退出病房。

病房在瑶光殿的西室，东室是周后的起坐之处，阿蛮请嘉敏在那里休息。"小娘子请宽坐！"她说，"国后这几日爱睡，常时说着话就慢慢拿眼睛闭上了，御医说这是心静神安的好征兆。我再看看去，如果醒了，就请小娘子过去，不然，便是枉自劳驾了。"

"你不必跟我说客气话！"嘉敏从容答说，"我在这里坐一会儿。你干你的正经去，别管我。"

于是阿蛮退了出去。羽秋因为不是在自己的地方，得守宫中的规矩，只在廊下侍候。屋中的嘉敏，独坐无聊，少不得东看看、西摸摸。紫檀多宝架上的摆设，一摸一手灰；壁上所悬先帝御赐，周后珍爱的烧槽琵琶的蜀锦套子，接缝之处，竟已绽线。这些情形看在她眼里，心中有着说不出的凄凉，轻声自语："物犹如此！人何以堪？"

嘉敏一面感叹，一面走向窗前，想开窗透口气，一吐心中的抑郁。窗下就是书桌，只见玉尺下压着一张纸，拿起来一看，是一笔遒劲如寒松霜竹，名为"金错刀"的行书。入眼便知是李煜的手笔，写的却不是词，而是一首五律：

永念难消释，孤怀痛自嗟！
雨深秋寂寞，愁引病增加。
咽绝风前思，昏蒙眼上花。
空王应念我，穷子正迷家。

后面还有几行小字的题跋："天夺我宣儿，其母又有二竖之厄，此心欲碎而恐重伤后心，不敢言也。数日来默坐饮泣，几无复生人之趣，为诗写志，聊当长号。"

看到这里，嘉敏的心头酸楚，双眼也昏蒙生花，仿佛看到形容枯槁的李煜，就坐在对面的那长椅子上，不断拭泪。

"小娘子！"

这突如其来的一声，将嘉敏吓一跳。定睛看时，是阿蛮和羽秋，双双站在进门之处。

"怎么伤心了？"阿蛮问。

"没有什么！"嘉敏很快地擦干了眼泪，"国后醒了？"

"是！请过去吧。"

"到那里，可别掉眼泪！"羽秋提醒她说。

"我知道。"

其实这样略带些悲戚之容，也正是探病应有的神态，羽秋便不再多叮咛，陪着她到西室。阿蛮挂起重帷，银钩碰击，铿然作响。周后从病榻上回过脸来，嘉敏的视线接个正着，清清楚楚地看出来，病人的脸色如黄梅天气，一下子变得阴沉可怕了。

"你！"周后的声音急促，夹杂着喘息，"你怎么在这里？"

"我来了好几天了。"

"你怎么来的？谁叫你来的？"

一句急于一句，一声高于一声！那种出于震怒的喷责，顿时使得嘉敏血脉贲张。阿蛮和羽秋相顾失色，不约而同地悄悄伸手去拉嘉敏的衣服提醒她必须克制。

嘉敏的眼泪将夺眶而出，一只脚已提了起来，便待重重一跺，掩面而啼，只为阿蛮和羽秋的双双示警，强自将满怀愤怒，硬压了下去。然而，愤怒可制，委屈难忍，而在周后面凝寒霜的凌逼之下，其势亦不能不为自己辩解。所以她大口大口地喘了一阵气，终于还是挤了两句话出来。

"娘叫我来的！"她尽力将声音放得平静，而掩不住悻悻之意，"到了这里，我才知道我不该来的！"

周后喉间"咕"的一声，双眼上插，脸色发白，随即翻个身，面朝里床，不愿再理嘉敏了。

见此光景，谁都知道，再多说一句，多逗留片刻，皆是不智之事。羽秋伸手挽着嘉敏的左臂，严肃地以目示意，提醒她从从容容地退出。费踌躇的是阿蛮，她不知道自己该做些什么，是慰劝周后，还是安抚嘉敏？

就这手足无措的片刻，嘉敏已出了西室，时机上不容她多做考虑，唯有乘嘉敏未离瑶光殿之前，先去敷衍一番，然后来全力应付周后。

于是，她踏着轻捷的步子，追到廊上，疾趋到嘉敏身边，轻轻说道："小娘子！千不念、万不念，念在国后有病。"

嘉敏的心境倒反而开朗了。因为这多天以来所积的抑郁牢骚，在那两句话中发泄净尽，隐隐然有着一种报复的快意，所以很豁达地答道："没有什么！国后有病，又是我大姊，我还能跟她认真吗？"

"这就是了！羽秋，你好好伺候小娘子回友竹轩，回头我去看你。"说完，阿蛮站住了脚，等嘉敏略略走远了，方始回身，急急赶往西室。

走到门口，与一名叫作鸣凤的宫女撞个满怀。彼此相扶，定睛细看，但见鸣凤满脸惊惶。阿蛮不由得便感到背上发冷。

"不好了！阿蛮姊姊！国后的样子吓死人！"鸣凤张口结舌地说。

阿蛮不暇细问，一把推开她，奔向病榻。未见其人，先闻其声，喉头"呼噜、呼噜"地上痰，掀开帐子一看，国后直挺挺地躺着，白眼上望，四肢僵直，而且微微抽搐——是正在生死边缘挣扎的样子。

"赶快！"阿蛮大声说道，"召御医！"

于是顷刻之间，国后昏厥的消息传遍了瑶光殿内外。首先赶到的自然是御医，他撩起官袍的下摆，奔到殿上，已经气喘如牛。这样心粗手颤，无法诊脉，必得先歇一歇。而周后的形势，经此耽搁，越显危殆，偏偏有医而一时不能发挥作用，将个阿蛮急得搓着手团团转不知如何是好。

就这当儿，裴谷也赶到了。一见是他，阿蛮略略放了些心，因为无论如何是有了一个可以商量大事、分担责任的人，便急急迎上前去问道："你想来知道了！情形险得很，御医还不能进去请脉。真正'急惊风遇着慢郎中'，急死了人！"

"你别急！急也无用。"裴谷比较沉着，他也懂些医道，知道昏厥该如何急救，"赶快预备红炭、酸醋！"

说完，他丢开阿蛮，踏入殿中。御医经过这片刻休息，心已经静了下来，正好与裴谷一起，由鸣凤引导，进西室为周后诊视。

此时御医已顾不到礼节，入室便奔床前，一伸手先去掀周后的眼帘，看瞳仁散未，然后单腿跪下，捧起周后的右手切脉。三指在"寸关尺"上一按，立刻便有惊忧之色。

"怎么样？"裴谷问说。

御医不答，回身看到宫女捧进来一盆炽热的红炭，摇手说道："不用。快取温水来！"

"不是气闭住了吗？"裴谷问。

御医知他问这句话的用意，卒然中恶，一时气闭，用酸醋浇在红炭上，那一股炽烈的酸热之气，冲入病人鼻孔，可以通关开窍，气血复行。而周后的昏厥，却不宜用这样的方法，不过此时无暇细说，只答一句："不光是气闭，这时候要扶住元气。"

说着，他开药箱，取出一丸大如龙眼，金衣包裹的药丸，用手擘碎了，指示阿蛮和鸣凤，扶起周后。他亲自动手，用银筷撬开牙关，将药和着温水灌了下去。然后又取一服药粉，用吹管吹入周后鼻孔中。只见周后一阵抖颤，口张目动，终于悠悠醒转。

病榻前面的人，不约而同地舒了口气，只有御医不敢丝毫怠忽。"取唾盂来！"他大声吩咐。

床头边就有个金盂壶，阿蛮一伸手取到，接在周后口边，只见她连咳带吐，吐满了一唾壶，继之以两行眼泪——这是好征兆，表示她的神志完全清楚了。

"请你垫高枕头，扶国后躺下。"御医对阿蛮说，"不要紧了！"

这是有意说给周后听的安慰之词。到了外面，御医跟裴谷又另是一套话。

"险得很！"他用低沉的声音说，"棘手之至！"

"怎么呢？不是厥证吗？"

"厥证有好几种，脉动而身静，气闭于外，血气不乱，谓之'尸厥'，通其阳则。国后这一厥，脉气太不好，是'大厥'。"

裴谷只知道病来如中暗箭，猝然发作，晕倒不省人事，即是厥证，又名"卒中"，却不知厥证还有"尸厥"与"大厥"之分。一时不暇细问病理，只问安危："要紧不要紧？"

"怎么不要紧？"御医答说，"如今虽已苏醒，未脱险境，而且——"他摇摇头，不愿说下去了。

裴谷估量情势，须有对策，便又问道："大夫，三日之内，可有不测之事？请下断语。因为冬至'南郊'祭天，官家正在斋戒。如果三日之内，可保无虞，便等大典过后再奏，省得这时候搅乱了官家。"

"很难说！我看，须将脉案、药方，先送入斋宫。官家祭天时，虔诚默祷，或许上苍垂怜，保佑国后，得能化险为夷，亦未可知。"

说完，御医拈毫在手，聚精会神地诊断病情，斟酌下药。裴谷等他写完脉案，先取了来看，写的是："病起于情怀失旷，肝胆郁勃，阳气直上无制，而又忧思伤脾，无以奉心化血，遂致心神失养，怔忡不寐，神明错乱。今骤遇拂逆，厥而脉乱，气血并走于上，如天地之郁，则沙飞水涌，莫之可当，谓之大厥。谨按脉象：根蒂空虚，三阳并羸，措手实难。而为臣子者，不敢以不敏辞，勉拟一方，犹冀天佑。"

看到最后这几句，裴谷大惊失色。这写得再清楚都没有了，病已不治！照行医的例规，说到"敬谢不敏"，是连方子都不肯再开了，只为是国后，才"勉拟一方"，其实毫无把握，无非尽人事以听天命而已。

"大夫，"裴谷觉得还须问一句，"果真救不得了？"

"脉案上已说得很明白。"

"你看还有多少日子？"

"冬至不出年外。"

这意思是说，就能拖延，日子亦总有限。于是裴谷便不去注意药方了，心中所盘算的是周后身后之事。等御医将君臣佐使、细心参酌的八味药开好，逐一标明分量，重新再看一遍，然后递过来时，他却接而不看，反将脉案交回御医。

"大夫，"他说，"这上头有句话，拜托费心，要改一改。"

"哪句话？"

"喏！就是这'骤遇拂逆'四个字。"

"这、这怎么能改？'骤遇拂逆'是此番'大厥'之由，一句极要紧的话。"

"请问大夫，有这句话跟没有这句话，与国后的病势可有关系？"

"脉案不是药方——"

"这就是了！"裴谷抢着说，"多一味药，少一味药有出入；脉案上多一句话、少一句话，其实无关紧要，何不删去？"

御医有些困惑，深深看了他一眼说："裴内相，你说个道理我听。你有道理，我遵命。"

这御医的性子耿直，是裴谷所深知的。看样子不说明缘故，他不会肯迁就，但这个缘故却又万不能说。他已经在替嘉敏入宫铺路了——这"骤遇拂逆"四个字，指的是姊妹相见。果然周后不治，谈起致命之由，或许会有人说:"周后是让她胞妹活活气死的!"这样的批评,会妨害嘉敏的前程。而民间巷议,可以不理,倘有大臣反对嘉敏入宫,据此四字,作为罪状,就很难设法辩解,所以裴谷决意要去掉这种大不利于嘉敏的字样。

他这番盘算,除却阿蛮和羽秋,不可跟任何人透露,因而此时在御医咄咄相逼之下,颇感窘急。谁知一急倒急出一个计较,心想"君子可欺以其方",话说得冠冕堂皇些,不愁他不就范。

"我本来不想说,既然大夫一定要问,我就实说,我也是尽臣子之道。"裴谷略停一下问道,"这'骤遇拂逆'可是指的国后突然见了她不愿见的亲人?"

"正是此意。"

"大夫据实而言,原本不错。但如有人探究这四个字意何所指,我们为臣子的,可又怎么说?说国后不愿见胞妹,一见竟成'拂逆'?莫非国后的天性,竟是如此凉薄?"

"啊,啊!"御医却真是君子,被欺以其方,惶恐万分,"倒是我失言了。这四个字实在有伤懿德。我改!我改!"

"改也不要改了。索性删去,倒也干净。"

"见教极是!"御医前倨而后恭,"谨遵台命!"说着,坐下来提笔伸纸,将脉案删除四字,重新抄过一遍,复阅无误,捧交裴谷。

"大夫!"裴谷蹙着眉说,"禁中剧变,国家不幸。我辈须为尊者讳,方是顾全大局的人臣事主之道。"

"是!应有所讳。"

"那就多费心吧!请赶快伺候汤药。"

于是御医持着药方去配药,裴谷将脉案揣在怀中,去见掖庭总管。

掖庭总管姓何,是先朝老人,年逾七十,精力早衰。总领掖庭,不过挂个虚衔,大权都落在裴谷手中,独断独行,本不须向何总管商量。但此时情形不同,国后倘或崩逝,无论如何是件大事,一切应变的措施,有何总管同意,万一出了纰漏便有推托的余地,所以要去看他一看。表面尊崇,其实不怀好意。

而何总管却有些受宠若惊了。"裴老谷，你怎得闲来看我？"他满面堆笑地说，"来！来！我得了一饼福建的'雀舌'，一直舍不得享用，今天正好请请你！"

"不敢当！我平日没什么孝敬老人家，如何反来叨扰。"裴谷取出那张脉案，"再说，今天也不是享用好茶的时候。总管，你且先过目。"

看完脉案，何总管也着慌了。"裴老谷，"他愁眉苦脸地说，"若是出了'大事'，你看我这精神，如何对付得下来？少不得要仰仗大力。"

"要动手的事，自然我来。不过，主意要你拿。"

"我哪里拿得出主意？请你不必客气，你怎么说怎么好，你的主意就是我的主意。"

裴谷就是要讨他这句话，他点点头说："水大漫不过桥去，总要先跟你老商量过。如今且谈正事，圣尊后那里怎么样？我看先要瞒着。不然，急得添了病，越发不得了。"

"说得是！圣尊后听不得坏消息。"

"小公爷须有人养育。我看托付给他姨母最好。"

"小公爷的姨母是谁啊？"

"不就是住在友竹轩的，后家的小娘子吗？"

"啊！啊！"何总管不好意思地笑道，"我真是老糊涂了！"

糊涂得想不通的，还不止此——"小公爷"是指周后的长子，封为"清源郡公"的仲寓，从周后病后，一直是由黄保仪监督抚育，照料他的生活。要说"养育"，原本有人，何须特为提出来，当作一件待办之事？而况黄保仪极其尽责，仲寓无病无痛，平平安安，更何须改弦更张，送到友竹轩去养育？

话虽如此，何总管却不求甚解，依旧持着欣然同意，表示信任之专的态度。裴谷所求既遂，更不怠慢，随即转往友竹轩去看羽秋。

羽秋正在六神无主的当儿。对于嘉敏的瑶光殿之行，她原就防着会搞得不甚痛快，却没有想到会出这么一个大乱子。倘或周后由此剧变，以致不起，追论责任，嘉敏成了罪魁祸首，那一来，什么打算都不用谈了！

因此，她异常关切瑶光殿的情形，不断派人去打听消息。消息传来，周后已经苏醒，眼前虽保无事，日后却又不知如何。欲待去访阿蛮细谈究竟，亦知她正忙得不可开交，此去多半徒劳。想要暂且抛开不想，偏偏到处都在谈论周后的病情，听得心烦，不知哪里是耳根清净之地。

就这时候，听说裴谷来了，这一喜非同小可，急急迎了出来，极亲热地喊一声："裴大哥！"然后问道，"国后怎么样了？"

"这里不便细谈。"

羽秋刚要回答，窗内嘉敏问道："羽秋，你在跟什么人说话？"

"裴谷！"裴谷自己报名，弯着身极恭敬地说，"小娘子请宽心！不必着急，更不必着恼。"

他那神态和语气的谦恭，都是以前所不曾有过的。不独身受者的嘉敏有异样的感觉，在羽秋更有妙悟，一直动荡不定的一颗心，顿时觉得宁帖了。

这时的裴谷，已经奉召入殿，她也接踵而入，侍立在嘉敏旁边，一起听裴谷报告周后的病情。裴谷重病轻报，纯粹是为了安慰嘉敏，等退出来与羽秋密谈时，又是一样说法。

"国后只是拖日子了。"裴谷学着御医的口吻说，"冬至不出年外。一旦出了大事，如何应变？大妹子，你是怎么个看法？"

在羽秋的感觉中，刚才裴谷已俨然以未来的国后视嘉敏，既然如此，说话何须顾忌？不过，她很谨慎，知道当此紧要关头，必须多方面为嘉敏取得助力，而语言中最忌惹人反感，所以还是仔细考虑过了，方始答话。

"我不懂什么！当然一切都要看裴大哥的。"羽秋又说，"我原是官里的人，虽然官家派了我来侍奉周小娘子，说起来还是该听裴大哥的分派。"

这几句话说得裴谷心中熨帖异常。"大妹子，你果然听我的话，少不得将来有你称心如意的日子。"他停了一下说，"不过，我的一番苦心，周小娘子也该知道。"

"早就知道了！何待你此刻来说？"

"噢！"裴谷很注意地问，"是怎样知道的？"

"一半是听我说的，一半是她自己看出来的。"

"嗯，嗯！"裴谷又问，"她可有什么话提到我？"

"有的。"羽秋只拣好听的说，"她说你忠心能干，着实是个了不起的人才。她只恨不便过问政务，在官家面前还说不上话，不然，一定保荐你，请官家重用。"

"果然不负我一番苦心！在官家面前说得上话的日子，也不远了。大妹子，你看我的手段——"

于是裴谷夸功：第一，是将脉案中"骤遇拂逆"的字样消除；第二，将小公爷由黄保仪宫中移到友竹轩。就这两件事，裴谷自认为已替嘉敏铺好了正位中宫一条大路。

"裴大哥，我真要佩服你！到底比我们女流之辈来得强。"羽秋心诚悦服地说，"这一切，我回头就跟小娘子说，不能没你的大功。"

"不必，不必！"裴谷乱摇着双手，"办这等大事，全在心照不宣，反正只要你知道就好。眼前最要紧的一件事是，等我将小公爷送了来，你须帮着小娘子全力对付。小公爷越是片刻离不开他这位姨母，大事越容易成功。你可懂我的意思？"

"懂，懂！"

"我想你这么聪明的人，一定也懂。好了，我不能再耽搁了！"

等他站起身，羽秋又唤住他问："裴大哥！你刚才跟我说的这些话，跟阿蛮可曾说过？"

"还没有说，不过一定也要告诉她。做这件大事，万万少不得她。"

"说得是！"羽秋完全放心了。

就在裴谷的这句话中，里应外合，拥立嘉敏为后的形势，便已确定了。羽秋的满怀郁闷，一扫而空，代之而起的，却是患得患失、时喜时忧的心情。但不管怎么样，总有了可以措手着力之处，比起既不知消息如何，又不知可做些什么,坐困在愁城中的光景,强过万倍。

因此,当她送走了裴谷,出现在嘉敏面前时,神情便大不相同了。她眉目舒展,步履轻快,在华灯映照之下,脸上的喜气竟似春色,一时使得嘉敏惊异不止。

"怎么啦?羽秋!你看你,倒像是有人给你说媒,快做新娘子的神气。"

"是吗?"羽秋摸着脸笑,"做新娘子的,只怕不是我!"

"是谁啊?"

嘉敏声音有点冷,因而使羽秋有所警惕。这是件无大不大的大事,决不可出以轻佻的态度。

于是敛容答道:"是一句戏言,小娘子休当真。"

"我也知道你是开玩笑。"嘉敏问道,"到底你是什么事高兴?"

"我高兴的是,万一有变,我大致可以不负老夫人的付托!"

"噢,"嘉敏越发注意,"我母亲托付你什么?"

"这——"羽秋庄容答道:"我请小娘子暂且莫问,只求小娘子鉴我的忠心。"

"你的忠心是我早就知道了的,何待你说?"

"我的意思是,小娘子既知我的忠心,就会谅解我有此时不便细说的苦衷。但望小娘子相信我!"

嘉敏不作声,只将她的话反复考虑着,终于突破思路上的障蔽而有所意会,随即心头一震。

"你不要白费心思!那、那是不可能的。"

这话让羽秋大吃一惊。"何以见得?"她急急地问。

"我——"嘉敏忸怩而吃力地说,"我自己都觉得不大像!"

羽秋松了一口气,也有些好笑,但亦因此而获得启示。"关键就在这里!"她说,"小娘子一定要做得像!事到如此,除非不出大事,一出,小娘子势成骑虎,只怕由不得自己。所以说来说去,不如及早准备,到时候就做得像了。"

"这要用心学！"嘉敏将头昂了起来，"你教我？"

"不敢说教！只能拿我所见过的，跟小娘子说一说。"

"好吧！你说，我听听，要怎么样才做得像？"

在没有做一个像样子的国后以前，嘉敏先要学做一个好姨母。

这倒不难。因为她自己只有十五岁，童心犹在，视七岁的仲寓只如弟弟，教他识字念诗，在她本身便觉得是一种极好的消遣。这一来，没有严厉的督责，没有望之令人生畏的"道貌"，有的是不厌其详的讲解，亲切的勉励和时时会有的笑声，自然就会使仲寓觉得她是一个好姨母。

赤子之心，最纯真不过。七岁的仲寓哪里会知道母亲与姨母之间，有着扭拧，难分难解？就在第二天一早，循例由保姆领着到瑶光殿去定省时，仲寓高高兴兴地说："阿姨好！我一直要跟阿姨住。"

"阿姨？"周后诧异地问阿蛮，"我听错了吧？"

阿蛮不作声。这就不但答复了周后，而且表示有难以解释的苦衷。于是周后的脸色变了，气恼以外，似乎还有着为左右所出卖的伤心的表情。

可是她并未即刻发作，直到仲寓由保姆带走，方始命所有的宫女退出，只留下阿蛮有话说。

"那是谁的主意！"她的声音严厉，毫不掩饰她对阿蛮的不满，"黄保仪不至于不愿意带孩子吧？"

"与黄保仪无关。"阿蛮因为仲寓不在眼前，撒谎不怕当场被拆穿，便从容答道，"小公爷偶尔到友竹轩去玩，玩到高兴了，不肯再走，便随他住在那里。回头我关照羽秋，将小公爷骗回黄保仪那里就是了。"

这样一解释，周后倒觉得错怪了阿蛮，同时也觉得遭遇了一个难题。为孩子着想，既然仲寓愿意住在友竹轩，则嘉敏以姨母照料外甥，一定比黄保仪来得尽心，岂非适得其所？但仲寓与姨母投缘，却又成了羁绊嘉敏的一条绳子，也是自己要撵她回扬州的一重阻力。

想来想去又想到从厥而复苏以后，一直盘踞心中不去一个念头：嘉敏此来的真意何在？最使她忘不了的是嘉敏回答她的那句话："娘叫我来的！"由此又触发了她一直想求得解答而不得其便的一大疑问，此时正好要阿蛮说个明白。

"阿蛮，"她说，"打你从扬州回来以后，一直没有好好跟我谈过我交付你的事，你到底拿我的话说清楚了没有？如果说清楚了，老夫人怎又会叫阿敏来看我？这里头一定出了差错。你说呢！"

阿蛮很用心地听完，也很用心地回答："这都是意外，事情原已办妥了的。我跟羽秋商量，已劝得小娘子死了那条心，永绝金陵之路。既然如此，为了不教老夫人伤心，为了仰体国后保全姊妹感情的至意，也为了怕激出意外的缘故，所以国后的意思，就不必转禀老夫人了。"

她的话没有完，周后就气急了。"阿蛮，阿蛮！"她喘息着说，"你误了我的大事！不管你怎么说，人总归是来了！如果不是你自作主张瞒着老夫人，老夫人决不会叫她再来的！"

"是我的错！"阿蛮委委屈屈地说，"可是，我又哪里想得到国后会有这场病？"

"唉！"周后长叹一声，转面向里，枕头上很快地湿了一片。

"国后千万宽心！"阿蛮劝她，"大事原不曾误，国后自己莫误了大事！"

周后仍然不答，也仍然不肯回面。阿蛮不辨她心中是何感觉，有些失望，有些伤心，也有些气愤。她也知道这句话说得太重了些，但不能不提这样的一个忠告。从古以来，善妒之后，往往落得个悲惨的下场，先害人、后害己，甚至害了国家。而周后之妒，及于骨肉，结果却只害了自己，真是最傻不过的事！

她希望周后能接纳她的忠告，放宽胸怀，去忧祛病。即令嘉敏进入后宫，位列妃嫔，而且深得爱宠，但是，国主不能不尊重她的地位，嘉敏更不敢有任何越礼的行为，国后仍然是一个有权威的国后！

"大事未误"，唯有她这样不纳谏劝，抵死不悟以胞妹为情敌的妒念之非，才是"自误大事"。二十年主仆的情分，阿蛮觉得自己的这句话，不能不说，却不能多说。因为话已说到头了，多说一句，反会减弱了原来那句话的力量。

阿蛮悄然站立了有一盏茶的工夫，一而再、再而三地确定了不可能得到任何回答时，方始叹一口无声的气，离开了病榻。

* * *

冬日的黄昏，西风劲急，气象萧索。阿蛮忽然有"天地不仁，以万物为刍狗"的悲愤，不自觉地临风零涕了。

"哭什么？"

这突如其来的一声，吓住了阿蛮的眼泪。回身看时，是羽秋在她面前。

"为什么？哭得这样子伤心？"

阿蛮不答她的话，一面拭一拭眼泪，一面环视周围。四周空庭寂寂、落木萧萧、暮霭沉沉，仿佛捉得出鬼来似的，心里便没有什么顾忌了。

"你来干什么？"

"想看看国后，也看看你！"

阿蛮定睛打量了她一番。"你倒像是无忧无虑，一点心事都没有！"她带着些羡慕的语气，"比我的运气好。"

"什么你我？你不就是我，我不就是你？"

这两句话，使得阿蛮的心头温暖了。"我倒没有想到，"她执着羽秋的手说，"你待我这样子地好。"

"我们本来应该好的嘛！我们俩无冤无仇，为什么不应该好？从前是各人帮一个人，现在是一起帮一个人。也不是帮一个人，是帮一家人，这家人家，你能不帮吗？"

指的是周家。阿蛮三世旧主，休戚相关，一想到这上面，憬然有悟，庄容答道:"羽秋,我不如你!你看得比我深,比我远。我应该惭愧!"

"话不是这么说。在周家,我到底是局外人,旁观者清。"羽秋接下来说,"如果就周家来说,你没有什么好伤心的。这话是吗?"

这一问,也是提醒,提醒她撇开从小相伴的周后,就旧主家的全局去考虑。

冲破内心的蔽境,阿蛮便很容易地看清了全盘情势,点点头自语似的说:"就算周家丧了一位国后,有人递补,依然无损。"

"到底想通了,"羽秋欣快地说,"你的话,跟周老夫人的话一样。"

"老夫人怎么说?"

"她,"羽秋考虑了一下,决定说实话,"老夫人私下对我说:'周家出一位国后,尽够了!不必再出一位妃子。不过,国后是周家的。'"

阿蛮震动了,有着大梦初醒,爽然若有所失、若有所得的迷离茫惑之感。"原来老夫人是这样一个打算!"她悔恨而怨怼地说,"羽秋,你为什么早不跟我说?早跟我说了,就是国后的一服不死之药!"

这话骤听费解,细想却是情理中事。周后疑忌的就是她妹妹,若有老母做主,只要她在国后之位,就决不会放嘉敏入宫。这正是对症发药的一服定心丸,周后的心疾,可以霍然而愈。可惜,虽有灵药,置而未用。

在阿蛮来说是痛惜,而羽秋的想法却不同,她所感到的只是歉疚。"我也是此刻才想到,老夫人的话,对国后的病有用。真的!我是此刻才想到。"她迟疑了一会儿,终于将那句不愿说的话说出口,"此刻跟国后去说,似乎也不晚!"

"晚了!没有用了!"阿蛮十分懊丧,但忽然将脸一扬,似乎使劲甩开了心底的烦恼,用一种断然不顾一切的口吻说,"算了!过去的过去了!只为周家打算吧!"

到这时,羽秋才能确定,阿蛮是整个儿倒向嘉敏这边了。于是,她问:"你今天晚上能不能睡在我那里?我要给你看一样物事。"

"是啥?"

"官家赐予那位'主儿'的,"羽秋伸小指一比,意指嘉敏,"一个三套玉连环,有意思得很!"

"噢!是什么时候所赐?"

"上次回扬州之前。"

"那,"阿蛮问道,"'手提金缕鞋'之后?"

"对了!"

"这样说,是定情的物信?"

"我看,不止于此!"羽秋凑到阿蛮耳边说道,"我们要把它看作立后的诏书。"

阿蛮又一次震动了,将双眼睁得好大地看着羽秋。

"怎么样?你当我是在说梦话?"

"不是。"阿蛮问说,"老裴知道这回事不?"

"就是他经手送来的。"

于是阿蛮想起裴谷在周后昏厥以后,所采取的两项举动,至此方始完全了解其中的深意。形势迫人,莫可自主,唯有死心塌地朝着这条路上走了!

"既然如此,诸事要格外谨慎。今晚上我不能睡在你那里,不然引人起疑,背后瞎猜瞎说,会误了大事!"

"说得是!不过,我们总得要细细致致谈个妥当才好!"

"明天找个机会谈。"刚说了这一句,阿蛮忽然想到,"有个地方最好不过。我每天为国后上百尺楼去烧香,那里等闲不得有人去,明天一早,你在那里等我。"

"这倒是个好地方,那么高的楼,上不巴天,下不着地,要计议什么,再不能有人听见。就一件不好,伺候佛堂的老婆子喜欢管闲事,喜欢唠叨,须避开她。"

"不要紧!那老婆子最贪,我吃得住她。明天我拿她支使开就是。"

"那好,"羽秋问道,"什么时候?"

"越早越好。我每天五鼓时分,上第一炉香。"

"那不太早了些？那时候你能拿那老婆子支使到哪里去？"

"这还会没有办法？"阿蛮想了一下说，"你就别管了！反正你明天一早到百尺楼来，别忘了拿官家所赐的那个三套玉连环带来我瞻仰瞻仰。"

言罢分手，羽秋回到友竹轩，嘉敏正在看仲寓吃晚饭。只为零嘴吃得太多，仲寓手扶着箸子，只是发愁。保姆在旁边又哄又骗又威胁，费了好大的劲，仲寓只扒了两口饭，便拿箸子搁下了，用求援的眼色看着嘉敏。

"好吧！不想吃就算了。"

得她这一句话，仲寓立刻绽开了笑容，从椅子上一跳而下。保姆便白了他一眼，轻轻喝道："没规矩！"

这一声喝掉了仲寓的笑靥，嘉敏颇不以为然。"孩子也别管得太紧了！束缚天机。"她又和颜悦色地对仲寓说，"去玩一会儿来温课。别走远了！刚吃过饭，别跑别跳！"

她说一句，仲寓应一句，驯顺异常。保姆的脸色却不大好看，因为她觉得嘉敏不该干预她的职司，更不该当着孩子说她管得太紧了，伤她的威信。

羽秋很机警，一把拉着保姆往外走，没话找话，敷衍了好一会儿，说嘉敏常夸赞她忠心尽职，等国后病好以后，一定会将她辛苦照料仲寓的功劳，据实奏陈，必有极厚的赏赐。

"不过，周小娘子，年纪到底轻些，又因为当你是自己人，话说得比较直，你不要介意！"

"哎呀！你这是什么话？周小娘子是什么身份？就话说得重些，我还能记恨吗？那是决不会有的事。"

"你明白最好！"羽秋又说，"周小娘子待人最宽厚不过。你跟她处长了，自然知道。"

"不必处长，也可以知道。你不就是现成的一个样儿。"保姆答说，"你本来是宫里的，自从跟了周小娘子，大家都在说：'羽秋倒像周小娘子从家里带来的人。'若非她待人宽厚，你也不能这样子一心向着她。你说是不是呢？"

"对了！你看得很透彻。"羽秋沉吟了一下，生怕言多必失，便笼笼统统说一句，"总而言之，你待她一分，她会报答三分。"

经过这一番抚慰，羽秋料想她不至于再对嘉敏记恨，但如希望她死心塌地，人前人后，到处说嘉敏对仲寓如何慈爱、如何视如己出，还得好好笼络。笼络人心，消除嘉敏入居中宫的障碍，是当今要做的第一件大事。如何着手，都待第二天一早，与阿蛮细细策划。

百尺楼头侍候佛堂的老婆子，在前一天便为阿蛮调遣出宫了。她假传国后之命，派这老婆子到净德尼院去查点人数。净德尼院的比丘尼，都是年长宫女，或者蹉跎了青春，或者看破了红尘，或者为了报恩，或者为了忏悔，凡是自愿削发皈依佛门的，周后无不允许，而且特加优礼，供养无缺。阿蛮告诉那老婆子说：天时将近严冬，国后垂念净德院的女尼，打算致送棉衣，人各一套。过去类此举动，常有虚冒浮报情事，所以这一次特为派她去逐一查点，务必求得确数，限期第二天中午复命。须连夜赶去，方能如期毕事。

于是那老婆子交了百尺楼的钥匙，自去公干。第二天五更未到，阿蛮就已到了百尺楼上。楼上自然还有执役的杂差，但身份低微，不奉呼唤，不准进入佛堂周围。因此，佛堂静悄悄地只有她一个人爇香供佛。

她代周后礼佛，已不知多少次了，每次都有祷告，但这天却不知该祷告些什么。如说祈求菩萨默佑，药石有灵，让周后早日康复，可是祷告以后，随即便要谈周后的身后之事，这样的祷告，不独是违心之言，而且明明欺骗菩萨，是莫大的罪过。

因此，三支清香虽已供奉在香炉中，人却立在蒲团面前踌躇，要等想好了祷词，方始行礼。

忽然，身后有声。回头看时，但见纤纤一影，从身材上去猜想，必是羽秋。等走近了，长明灯映照之下，阿蛮大吃一惊，失声喊道："是小娘子！"

"是我，"嘉敏静静地答说，"羽秋陪我来的，她在廊上。"

"噢，"阿蛮困惑万分，急切间只能抓句话来敷衍，"小娘子这么早！"

"我来拜佛，也来看你！"嘉敏很仔细地看了她一眼，"我来了一会儿了！你怎的只上香，不磕头？"

这一问使阿蛮穷于应答。她定一定神想，说实话也不碍，便即答道："我在思量，该向菩萨求些什么？"

"对了！我猜想你也是为此为难，菩萨不可欺！待我来祷告，如何？"

"是！应该小娘子先行礼！"说着，阿蛮闪开两步，垂手肃立在一旁。

于是嘉敏亲手在烛火上蒸了香，高举过顶，然后交给阿蛮。等她在香炉中插好，方始整一整衣袖与裙幅，跪倒在蒲团上，一面下拜，一面念念有词地祷告。

声音很低，屏声息气的阿蛮，起先听不清她说些什么，到后来便隐约可辨了。

细细听去，却又不似祷词，只是细诉衷曲。她说她与国后虽是一母所生的嫡亲姊妹，而年龄相差十四岁之多，姊姊入宫时，她方五岁。以后虽然随母会亲，到过禁中，但儿时光景，已不甚了了。直到今年初夏，姊妹才算是真正见面，却想不到竟以自己的行迹不谨，惹起姊姊的猜忌，酿成心疾，推原论始，都是自己的罪过，可是毕竟是无心之失。

这段话是忏悔，自道"行迹不谨"，见得她敬佛不欺的诚心。阿蛮相当感动，越发凝神屏息，侧耳倾听，一个字都不肯错过。

"菩萨在上，弟子一瓣心香，虔求两事。"她听嘉敏说道，"第一，请菩萨施大法力，赐心药治国后心疾。弟子如今不知何以自处，望菩萨慈悲指点迷津。第二，国主曾赐弟子三套玉连环一副，其间深意，尽在菩萨洞鉴之中。娥皇、女英的佳话，若能重见于今日，求菩萨在签中明示。果然良缘无分，弟子必遵菩萨指示，回乡侍母，丫角终老。待老母百年之后，长斋供佛，忏悔宿业。"说罢至至诚诚地磕下头去。

这一来，阿蛮尽知嘉敏的心事，心中更为感动，觉得她情甘退让，本心实在忠厚之至。怕的是菩萨虽有大法力，却无疗妒之药可以治周后的心疾；想娥皇女英的佳话，重见于今日，到头来终究成为虚愿。

正在这样想着,嘉敏已站起身来。"阿蛮!"她说,"请你将签筒递给我!"

阿蛮陡然醒悟,她这支签求不得!求得好还则罢了,如果签词不吉,"回乡侍母,丫角终老。待老母百年之后,长斋供佛,忏悔宿业",不就遁入空门做了尼姑,从此断送一生?

"小娘子改日来求吧!"

"为什么?"

"伺候佛堂的老婆子,奉国后之命,到净德尼院公干去了。没有钥匙,取不来签条,求了也是白求。"

"没有这话!喏,"嘉敏向东壁一指,"签条不都挂在那里?"

撒谎拆穿,阿蛮再无话说,她迟疑了一会儿,心生一计,便依言将签筒递了过去。嘉敏接在手里,先当胸顶礼,然后拿签筒摇了几下,往上一耸,掉出一支签来,阿蛮手快,一下就在地上捡到,随即向东壁急步而去。

她的一计是,不管那是一支什么签,反正走到东壁之下,见是"上上"签条,便取了来交与嘉敏。哪知嘉敏一步不舍地跟了过来,伸手说道:"我看,是第几签?"

这下,阿蛮真是技穷了,只能照实行事。求到的是第十八签,阿蛮见到签条横端"中下"二字,心头便是一沉。

嘉敏却很沉着,接过签条看了一下,便塞在袖中,踏着从容的步伐向外而去。

"小娘子,"阿蛮在她身后问道,"签上说些什么?"

"我还不曾细看。"

一出佛堂,回廊四面,霜风劲急,嘉敏不由得打了个寒噤。羽秋正急步迎了上来,搓一搓手说:"外面太冷。小娘子进佛堂去吧!我已经唤人回去取衣服了。"

"不要紧!"嘉敏从袖中取出签条,"等我先看签。"

那签条制作得极其讲究,用上好笺纸刷成绿色,依照字数多寡,打成格子，选取精于六法的书手，正楷缮写，上端钤一方朱印："百尺楼灵签。"签词更为名贵，出于李煜亲制，或用诗，或用词；或用《楚辞》，或用《南华》；或则集句，或则自撰。词意迷离惝恍，非慧心人不能索解。

这第十八签是一首七律，嘉敏迎着晨曦刚看得一句，立刻双泪交流。左右的羽秋和阿蛮大惊失色。

"怎的？"羽秋急躁地问。

阿蛮伸头过去一望，明白了嘉敏何以流泪。那首诗的第一句便是"自剪芭蕉写佛经"，恰恰道破了她失意以后的归宿。

于是，她拉一拉羽秋的衣服，示意她只看莫问——看签词全文是：

  自剪芭蕉写佛经，金莲无复印中庭。
  清风朗月长相忆，玉管朱弦可要听？
  多病不任衣更薄，宿妆犹在酒初醒。
  来年违别成何事？卧看牵牛织女星。

"真正是灵签！"嘉敏噙着眼泪说。

羽秋不知她有那一番祷告，不明究竟便不能赞一词，阿蛮则惊异困惑多于一切。竟有那么巧的事，心思遁入空门，偏偏就抽中了这一签，什么"自剪芭蕉写佛经"，真正活龙活现！

"罢，罢！"嘉敏突然昂起头来，朝阳影里，一张艳如春花的脸上，神色间是一种绝望的豁达，"羽秋，我们回去吧！"

"是！"羽秋用征询的眼光看着阿蛮。

"我也陪小娘子回去。"

"也好！"嘉敏转脸问道，"你刚才听见我的祷告了？"

"稍微听到些。"

"那，你就应该知道这支签真灵。"嘉敏停了一下又说，"当着菩萨在上，我不敢打诳语；我信佛的心，不如我姊姊虔诚！从今以后，我可是真正死心塌地,做一个佛门弟子了!"

阿蛮和羽秋的心,都往下一沉。也都想到,此时如做慰劝,说什么年纪轻轻,何必做出家之想,必不能入嘉敏之耳。反倒越说越拧,不如暂且不言,慢慢见机行事,设法挽救。

"你们都来吧!我讲给你们听,这支签是如何灵法。"

"我的心事,也不必瞒你们。这支签说的就是我日后的归宿。第一句容易懂,不必再讲;第二句'金莲无复印中庭',金莲是窅娘创出来的典故,现在外面有'步步金莲'的说法,金莲是指女人的足,所谓'无复印中庭',就是说我从此闭门不出,青灯黄卷,了此一生。"

只讲到这里,嘉敏便停住了,仿佛是因为遥想青灯黄卷、形单影只的凄凉岁月,连自己都不忍再说下去,而其实是由于"清风朗月长相忆",只可意会,羞于开口。她在想:既然尘缘情断,清风朗月之夜,还不免梦魂飞越,心绕澄心堂中,那又何苦出家?如果阿蛮和羽秋以此相问,似乎无话可答。

她想得大致不错。阿蛮和羽秋正是同样的心思,打算找漏洞驳倒她,让她自己知道"百尺楼灵签"并不灵。因此在嘉敏感到困扰、形于神色时,她们已悄悄交换眼色,取得默契,由阿蛮开口质疑。

"小娘子,'清风朗月长相忆'是容易懂的,'玉管朱弦可要听'怎么讲?莫非吃斋念经的人,还有吹弹歌舞那一套?"

"你误会了!这是菩萨在教训我,只为玉管朱弦,经历了宫中的繁华绮丽,以至于今日之下,清风朗月,徒然相忆。其间因果,历历分明,真如俗语所说,早知今日,何必当初?佛家教人'慎毋造因',那里面的精微奥妙,一时与你们也说不明白。总而言之,菩萨问这一句,便是当头棒喝。好似小孩不听教训,贪玩走得远了,迷失路途,急得要哭,菩萨为大人寻了回来,喝问一句:以后你还敢胡行乱走不敢?是一样的道理。"

"是了!小娘子辩得有理。"阿蛮又问,"可是下面那两句呢?'多病不任衣更薄'且不谈,怎么叫'宿妆犹在酒初醒'?又妆扮又喝酒,哪有这样的出家人?"

"这我还没有参详出来。"嘉敏老实答道,"禅机微妙,原在可解不可解之间。不过最后两句是极明白的,你倒想想牵牛织女的典故,再想想那是什么日子?"

这一说,将阿蛮和羽秋都愣住了。七月初七,牵牛织女,鹊桥相会,而那天是国主的生日。"卧看牵牛织女星",不就是触景生情,眼中所见的是迢迢银汉,心中所想的是宫中如何为国主上寿?

"真有这样子灵吗?"一直不曾开口的羽秋,有些情急的模样,"我就不相信!"

"罪过!"嘉敏双手合十,告诫她说,"心动神知。你千万不能说这样没轻没重的话了!"

羽秋见她一改常态,有似做作的神情,越起反感,大声抢白:"那要我说什么?已经有一位犯心疾了,可禁不住第二位再犯!"

这在羽秋是失礼,可是嘉敏却不以为忤,平静地答说:"你的意思是,说我庸人自扰,会钻到牛角尖里?不会的!我很看得开。"

"那好!"阿蛮接口,"请小娘子暂且将这件事抛开。纵然会有那么一回事,可是老夫人的百年还早得很,此刻又何必去想它?"

"这倒是很实在的话。我依你就是。"嘉敏转脸向羽秋说,"今天起得太早,我有些儿倦了,想歇一歇。"

等羽秋和阿蛮退出,嘉敏掩上房门,焚香独坐,重新细参签词。

费解的是诗中的第三联。平心静气地去想,"宿妆犹在酒初醒"这一句,确成疑问。阿蛮所说"又妆饰又喝酒,算什么出家人?"这话不能说她没有道理。

反复吟哦,发觉"来年违别成何事",亦有疑义。此时别去,来年七夕相忆,才是"来年",但慈母康强,承欢膝下,明年此际,一定还不到"自剪芭蕉写佛经"的时候。这签词中所预示的境况,应该是在十几二十年以后。然则，既有"来年违别"的字样，可知将来还有相见的机会，而且不说数年，只不过"来年"便时常"相忆"，更可知相见的时候甚多。

身在空门，情缘未断，每每相见，而清静禅房中不摒金粉与金尊，这是怎么样的一种生涯。嘉敏苦苦思索，想起一个故事，不由得惊出一身冷汗。

这个故事，她曾听她母亲说过，语焉不详，上次入宫，结识了黄保仪，才备知始末。当时由于这个故事神秘非凡，听得十分出神，所以至今回忆，黄保仪所谈的一切细枝末节，都还能记得。

故事中关联着三个人：元宗、元宗的生母宋太后，还有一个"耿先生"。

"耿先生"是个女道士。

她是将门之女，生来国色，能诗善画。据说，不知是何因缘，她曾得异人传授，精通法术，能点铁成金，也能拘禁鬼魅，任意驱遣。以后就做了女道士，自称为"天自在山人"。

元宗即位后，"天自在山人"经人举荐入宫。元宗佞佛好道，将她安置在别院，称之为"耿先生"。这位耿先生绮年玉貌，虽着道服，不废绫罗，一双春笋样的手，养得极长的指甲，长得使她的那双手无法运用，所以饮食起居，无一样不是宫女代劳。她又不喜走路，行动都要人抱持，宫中提起"耿先生"，都说她是个"怪人"。

可是元宗却很欣赏这个怪人，因为她论事常有独特的见解，而且言辞畅顺风趣，元宗觉得跟她相处可以忘倦。当然，她也为元宗试过她的法术。相传有一天大雪，元宗相访，围炉小饮，耿先生一时兴起，叫人用金盆贮雪压紧，她持一把刀，取一团雪，削成银锭的形状，随手丢入炭炉中。不到一顿饭的时候，夹起雪团，一个个通体红炽，等置在砖地上冷却，竟化成烂然银锭，而削雪的刀痕犹在。

过从既密，耿先生得承雨露，而且有孕。她对左右表示："我的儿子，非比寻常。出世时，定有异征。"问她是何异征，就不作声了。

据说怀胎将到足月之际，有一夜大风大雨，雷电绕室，耿先生亦就在此时临盆。而第二天风收雨止，竟失去了婴儿。

元宗失惊相问，耿先生回答他说："在雷电中生了一个儿子，已为天上神灵收了去了。"

怪事还不止此！不多久，忽然发现宋太后失踪，深居禁宫的老太后无缘无故地找不到了，这不能不说是旷古奇闻。在元宗，失去了儿子，不过付之叹息，失去了老母却不能不着急。可是搜遍宫中，连东池水底都找过，却无踪迹，而就在这时候，耿先生亦失其所在。

这一来宫中的疑云更深。老太后与耿先生的同时失踪，是巧合，还是有关联？如果有关联，是耿先生将老太后"拐"走了，还是度化她去修仙成道？倘无关联，那么耿先生又到哪里去了？这一连串的谜，引起无数不同的猜测，而谜仍旧是谜。

大约一个月以后，谜底有揭破希望了。有人说，宋太后可能在宝华宫中。

宝华宫是个有名的道观，在金陵东南五十里的方山上。元宗得报，遣"太弟"齐王景达，到方山奉迎。一到宝华宫，齐王骇异失色，宋太后居然与一群道士在笑谈酣饮！

于是，太后还宫，一群道士被捕。他们当然不会得到老太后的庇护，为元宗秘密处决。而太后却似有了心疾，问她如何到了方山，茫然不知所答。是不是耿先生干的好事？始终是个谜。

这桩逸闻，宫中当时讳莫如深，历年既久，除掉黄保仪这种掌管禁中秘籍的人，能道其详以外，已很少人知有其事。而且炼雪成银的传说，荒诞不经，令人难信。不过，耿先生曾得元宗宠幸，却是毫无可疑的。

嘉敏之所以惊出一身冷汗，即是因为签词中似乎暗示着，她会成为耿先生第二。所不同的，只是释与道的区别。此外，耿先生当年的别院，是在禁苑之中，而自己他年被安置之处，是在宫外，不然，近水楼台，往来甚便，何至于"来年违别"？

这是什么身份？是不明不白的"外室"！不但辱及父母，而且玷渎佛门。嘉敏怎么样想，也不能甘心于这样的结局！

"不是！绝不是！"她是从牙缝中挤出来的自语，"签词一定另有解释。"

"坏了！"一直在门外窥视的羽秋，悄悄将阿蛮拉到一边，愁眉苦脸地说，"让你说中了，又一个快得了心疾。"

"唉！"阿蛮大摇其头，"这样子下去，烦得我都快要疯了！"

"你看怎么办？"羽秋问道，"我看还得去劝一劝。"

阿蛮想了好一会儿，很有决断地答说："不！这时候不劝，越劝越拧。照她的语气，仿佛自己又不相信自己的说法了！那倒不是坏事，正要她不信自己所想的那一套。缓一缓，看情形再说，我们还是照旧安排，别乱了自己的脚步。"

这番话使得羽秋的心定了下来。"听你说得倒像是很有道理。"她点点头说，"上我屋里谈去。"

"对了！那样东西在不在？"

"你是说那副三套玉连环？在！在我那里。"

于是羽秋引着阿蛮到她卧室，关紧门窗，又叫个打杂的老婆子守在廊上，让她见有人来，赶紧通个消息。这样部署停当，方始打开箱子，取出一个重重封固的锦盒，交到阿蛮手里。

不知是因为内府奇珍、国主所赐，格外名贵，还是因为盒中之物，真如羽秋所说，好比"立后的诏书"，别具严肃神秘的意义，总而言之，在宫中多年，不知摩挲过多少宝物的阿蛮，此时接盒在手，竟不知如何，别有一种戒慎敬畏之感。她很小心地将盒子放在桌上，庄肃而缓慢地打开盒盖，先俯身细看了一遍，然后才取出来，一手高悬，一手下承，将那副三套玉连环，前后左右都赏鉴到。

好一会儿，阿蛮依旧细心地将玉连环归入锦盒，盖上盒盖，仍未开口。一直在注意她表情的羽秋，毕竟忍不住了。"怎么？"她毫不掩饰她的感觉,"阿蛮,你的样子,有点教人莫测高深。"

"官家错了!唉!"她长叹着,"大错特错。"

羽秋觉得诧异,但不愿实时发问。相处日久,她觉得自己与阿蛮的才智见识不相上下,她见得到、想得透的,自己必也了解,所以不妨先想一想,官家是怎么错了。

可是,她怎么样也想不懂阿蛮的话,正待发问,阿蛮有了解释:"国主的心愿,尽在这副三套玉连环中表达了。自古以来,姊妹共事一位天子,亦不是什么稀罕的事,汉成帝的飞燕、合德,不就是一个例子?再说以国主之尊,原该有三宫六院,如果想册封一位妃嫔,又何必瞒人?倘或早有此意,何不明说?"

"你是说,官家在玉连环中所隐托的意思,是瞒着人的?瞒谁,瞒国后?"

"是啊,"阿蛮答道,"倘或跟国后明说,亦不是不可以商量的。"

"哼!"羽秋冷笑,"'手提金缕鞋'的新闻,暗中流传,知道的人也不少。国后如果不知官家的意思,又何必遣你到扬州?"

"你只知其一,不知其二!"阿蛮平静地答说,"只为官家偷偷摸摸,竟不知他心里打的是什么主意,才惹得国后猜疑。国后善妒多疑,我们亦不必讳言其短,但既知她的短处,偏去惹她的短处,自然逼出事来。好比一个人胆小,终日疑神疑鬼,而偏有人鬼鬼祟祟,甚或故意装神弄鬼去吓她,怎的不要吓出病来?"

这番解释,羽秋觉得不无道理。"可是圣尊后说要迎取小娘子入宫,这是挑明了,"她问,"何以反而引起国后的心病?"

"这不是揭明,是她心里所怕的事出现了。疑心有鬼,偏偏有鬼!当时官家索性说了实话,也还好些,可又假撇清,说什么'我也不知道圣尊后是什么意思。其实,小妹才十五岁,不胜礼服。此举实在多余'!这是国后清醒的时候,亲口对我说的话。羽秋,你想,官家不是一误再误?怪来怪去,怪我早不知此事。早知此事,我不会跟到扬州,留在国后身边,慢慢劝解,又何至于闹成今日之下无法化解的局面?"

听得这番话,羽秋觉得心里异常不是味道,怔怔地看着阿蛮说:"那要怪谁呢?莫非怪我?"

"当然怪不上你。谁也不能怪,只怪官家。"阿蛮答说,"十年恩爱夫妻,难道他还不知道国后的性情?凡事说明白,慢慢商量,总可以办得通。越是这样暗地里使花巧,越惹她疑心。"

"也许,因为恩爱夫妻,有些话反难得出口。"羽秋将闲话丢开,拉入正题,"如今在国后面前想法子化解,慢慢将话说明,亦似无不可!"

"太晚了!"阿蛮指着玉连环说,"好比这连环,如果碎了一个,就再没有办法换上一个,变成原样。照我看,三个连环之中,等于已碎了一个。"

"到底也还有两个!"羽秋脱口答说,神情矍然,"这剩下的两个,可得好好护持,莫让它再碎了!"

阿蛮深深看了她一眼,只点点头不作声,但眼神闪烁似乎另有想法。

"阿蛮!"羽秋再一次拉紧她,也是提醒她,"我们三个人,一直是走在一条路上。"

眼前两个,另一个是裴谷,阿蛮想到了。"对啊!除了官家,还该怪一个人,裴谷!"她说,"这件事一直是他经手,他也最明了官家的意向,应该及时谏劝。"

又回到原先谈了半天,并且已经有了结论的那件事上头来了,羽秋微感不耐。"我想不必再去追究了!既然连环已碎了一个,就只有珍惜剩下的两个。"她很诚恳地说,"阿蛮,以后该怎么做法?你倒说与我听听!"

两个人的心情不同,说来说去还是各为其主,阿蛮自然要为周后惋惜,而羽秋只为嘉敏着想。虽然已走在一条路上,羽秋勇往直前,而阿蛮不免时时回顾——回顾无益!到此时她才算真正警悟,定定神想了一会儿,慢条斯理地说出一番话来。

"万一不幸,官家不立后则已,立后不会选别人。这一层,你大可以放心。如今一切在小娘子自己，第一，要她自己看得开，不要去钻那个'自剪芭蕉写佛经'的牛角尖。你在她身边，要十分小心，劝要劝，却不可操之太急，最好不当它是一回事，抓住机会，有意无意说两句。须知'言者无意，听者有心'，最容易打动，尤其是装作'言者无意'，更有效验。"

"是！我知道了。"

"第二，立后必出于太后懿旨。圣尊后虽喜爱小娘子，可是立后与册妃到底不同。国后位居中宫，就好比当家的儿媳妇那样，责任不轻。圣尊后或许会想：年轻太轻，那副重担子恐怕挑不下来。这是体谅小娘子的好意，却是很难去得掉的障碍。是故最好先下一番功夫，不教那个障碍出现！"

"见得真透彻！"羽秋衷心佩服，"该照你的话去做！"

"第三——"

一语未毕，只听守在廊上的老婆子，连连咳嗽。阿蛮住口不语，羽秋便推门张望，只见匆匆奔了来的是瑶光殿的宫女鸣凤。不言可知，是来找阿蛮的。

鸣凤足迹匆遽，语言却有条理，简单扼要地将来意说清楚：裴谷特地派人到瑶光殿通知，官家祭天礼毕，由南郊祭坛回宫，便要来探视周后的病情，嘱咐阿蛮准备，因而她赶来告知。

"我知道了！"阿蛮知道官家出祭坛，必在天明以后，回宫总在近午时分，为时尚早，尽可从容，便这样答说，"你先回去，告诉姊妹们各自检点！这一阵子，大家偷闲躲懒，散漫得不成样子，也该振作振作了。不然，官家看不入眼，说两句重话，大家脸上都不好看！"

打发了鸣凤，重续未完的话题。阿蛮说到第三点不利于嘉敏的情形是，"花明月暗飞轻雾"的艳词，已经漏出禁宫，流传于士大夫之家。将来立后，少不得要咨询大臣的意见，不知道会不会有人以此作为嘉敏不足以母仪天下的口实，提出反对？

"有这样的事！"羽秋大惊，"我倒没有听说。"

"你的消息不如我多。因为，"阿蛮略停一下，毕竟说了出来，"你原是宫里的,可是大家都拿你当外人了!你如今也不必难过,也许有一天你会扬眉吐气,那时候大家奉承你,你也不必高兴。人情势利,你是聪明人,想来总看得透。"

听得这话,羽秋心里当然会难过,但也有安慰。"我不难过!"她执着阿蛮的手,感激地说,"只要你不拿我当外人就行了!"

第五章　夜宴图

李煜在祭天大典既毕，方始由裴谷的面奏，知道周后曾经昏厥；再看脉案，读到最后"根蒂空虚，三阳并羸，措手实难……勉拟一方"的话，心知周后不救了。十年夫妻，情深义重，不由得便掉下泪来。即刻命驾，亲临瑶光殿探视。

本想骑马急驰回宫，无奈祭天大典，全副銮驾，一举一动，都要依礼行事。偏偏这天风沙大作，车驾走得极慢，直到正午，方始到达宫门。他连礼服都顾不得换，便先来到瑶光殿。

周后正服了药睡下，朦胧中听得隐隐的步履呵喝之声——这是听惯了的，知道李煜来了，随即回面向里。

阿蛮知道她是负气，想劝而不知如何措辞。就这踌躇之间，听得鸣凤在窗外轻喊："阿蛮姊姊，接驾。"

于是她匆匆奔了出去，只见官家已经上阶，当即随众跪了下来。李煜停步问道："国后是睡了还是醒着？"

"刚服了药，不知睡着也未。"阿蛮答说，"请官家脚步轻些个！"

李煜听她的话，放轻脚步，自己揭起门帘，进入西室，直到病榻前面，轻轻喊道："娥皇，娥皇！"

周后不作声，但放在锦衾外面的右手，忽然牵动了一下，这便看出她是醒着而不愿理睬。

李煜却只以为自己语声太轻，她不曾听见，便提高了声音喊："娥皇！我从南郊回来了！"

起先还是没有反应，在室中的宫女，无不紧张。可是，周后终于回过脸来了。阿蛮防着他们夫妇有些话，不愿当着不相干的人出口，便使个眼色，示意大家悄悄退出。

"娥皇！"李煜看着恹恹无复生气的爱妻，不由得就联想到枯萎的瓶花，一时哀痛交并，失声而号，一路上想好的许多慰劝的话，都哽塞在喉头，无法出口了。

周后却无眼泪，但神气真比哭还难看——那是一种非常奇怪的表情，仿佛自知死期将至，而虽恋人世，却负气不肯说一句还想求生的话。她斜睨着李煜，似乎不信他会有此一副眼泪，垂下来的嘴角，带着嘲笑的意味，好像笑他"猫哭老鼠假慈悲"。这些神情，在泪眼模糊的李煜看不见，反倒是窥探于屏风缝隙之中的阿蛮，看得清清楚楚，觉得十分可怕。

但可能是哭声的感动，也可能是念着夫妇的情分，而更可能是一下子看开想通了，阿蛮发觉周后的眼神和脸色，忽然变得平静柔和了。"重光！"她叫着李煜的字说，"你别哭！我有话说。"

"嗯！嗯！"李煜答应着，忙乱地拭去眼泪，强抑哽咽之声。

"趁我还说得动，要好好交代你几句话！这怕是我最后的话了！"

"娥皇，娥皇！"李煜又伤心了，"你千万不要这样子想，你要振作——"

"重光！"周后吃力地摇手，"你不要搅乱我，也不要搅乱你自己，细心听我说完。忍不得此时片刻，你会遗憾终生。"

"是，是！"李煜硬屏着气，俯下身子去倾听。

"身为女子，有我这样的身份，实在也心满意足了。可惜我福薄，连个心爱的儿子都留不住。如今眼看我的日子也近了，我自己觉得可怜不足惜，耿耿于怀的是，'死者已矣！生者何堪？'第一位是圣尊后，不能服侍到她老人家寿老归山，已经有亏子妇之道，如果老人家再为我伤心，更教我在泉下都不安。所以，等我一死，千万劝圣尊后不必难过。"

"是的！"李煜噙着泪答说，"倘或有此大不幸，我一定照你的话做。"

"我想这也是你应尽的人子之道。"喘息了一会儿，周后接着又说，"第二个不放心的是仲寓。原来——"

"原来如何？"

"原来，"周后抑郁地说，"我打算托付给黄保仪，也不知道怎么回事，仲寓住到友竹轩去了！俗语说'有了后娘，就有后爹'，只望你将来想到，仲寓是我唯一的亲骨血！"

"娥皇！娥皇！"李煜不安地说，"你想到哪里去了？"

"也许我想得太多，想得太远！不过，你要原谅我，我能想的日子已经不多，不能不为身后好好想一想。只是，虽想到了，却说不出口。十年夫妇，一场大梦，还有什么好说的。唉！"说着，周后深陷的眼眶中，滚出两颗晶莹的泪珠，脸一侧，又是背向李煜。

李煜黯然无语。病榻之前，空气僵硬得令人透不过气似的。阿蛮忍不住从屏风后面闪了出来。

"官家！"阿蛮高声说道，"祭天大典过劳，请更衣休息。"

她一面劝，一面向廊前伺候的宫女招一招手，不由分说地将李煜扶了出去。裴谷亦就迎了上来，与小内侍前后包围，将他硬纳入软椅，抬到了澄心堂。

人虽离了瑶光殿，李煜的一颗心却仍在周后病榻之前，将她那番诀别的遗言，一个字、一个字地回忆，十分惊愕地发现：竟无片词只语及于她在扬州的老母，更莫说对近在咫尺的妹妹有所顾念。这是神志昏衰，不曾想到呢，还是另有深意？

这样想着，内心异常不安。到底嘉敏跟她姊姊见面，做何情状？说了些什么话？他渴望着有个透彻的了解。这不便问嘉敏，须问羽秋。

正待吩咐裴谷，到友竹轩传谕宣召，只听专管起居的内侍在帘外奏报："兵部韩尚书请见。伏乞示下。"

韩尚书就是韩熙载，新拜兵部尚书，充任"勤政殿学士承旨"不久，专责掌管军令。他来求见，多半是为了军情变化、兵马调遣，须请旨裁决。这是耽搁不得片刻的紧要事务，李煜唯有勉强抛开私情哀思，实时召见。

"武昌军节度使林仁肇，奉准述职，前天就已到京。因为南郊大典，不能陛见。"韩熙载说，"林仁肇有军国大计，亟待奏闻，请官家实时召见。"

"噢，"李煜定定神才想起来，林仁肇是自己上书，请求陛见的，便先问一句，"可是隔江有何动静？"

隔江是指武昌的对岸，江北便是宋朝的天下。疆土虽以长江为界，但百姓原是可以往来的，不道八月间，宋朝天子下诏，禁止商旅过江，亦不准沿江樵采渔猎。这个迹象不妙，李煜深恐宋朝用兵，威胁江南，所以这样问说。

"是！"韩熙载答道，"宋朝不断在调兵遣将，修造战船——"

"怎么？"李煜大惊失色。

韩熙载知道他误会了，急忙安慰他说："官家请宽心。宋朝的兵马，非为江南而调动。"

"那么，是向哪里用兵呢？"李煜问道，"西蜀？"

"是！"韩熙载答说，"林仁肇就是专为此事，有所陈奏。请官家命驾勤政殿。"

李煜实在懒得动。但是勤政殿是专门讲解军务的地方，一切舆图兵书，军马册籍，都存贮在那里，取用甚便。换个地方没有舆图做参考，指点形势，决定方略，就有茫然不知所措之感。因而他勉强点头说："好！你先到勤政殿等着。"

"是！"韩熙载走近两步，弯腰说道，"林仁肇忠心耿耿，为国家的重臣。请官家召见时，特赐温谕，以为激励。"

"我知道。"李煜答说，"我知道国家少不得他！"

五代以来，最重方镇，何况是戍守国境，防敌南下的大将，更当以礼相接。但李煜此时的情绪，做什么都打不起兴致，怠于更换衣冠，只以轻裘缓带的便服驾临勤政殿，听取林仁肇的陈奏。

作为江南第一大将的林仁肇，是福建人，因为他曾文身为虎形，所以外号"林虎子"，人如其名，年轻时便是一员虎将，由福建辗转投入江南，当元宗在位时，就已擢居节度使的高位。这年春夏之交，移镇武昌，担当隔江拒宋的重任。

这一次，他的自请入觐，是因为得到一个极机密的情报，不便形诸奏牍。即令能用书面奏报，笔墨之间，难尽曲折，必须当面陈述。等国主了解了整个情况以后，他还有一个异常重要的计划，要请求实时裁决。

"宋朝决定要伐蜀了！"他指点着地图为李煜讲解，"兵分水陆两路。名义是亲征，所以水陆两路的指挥官都称'行营前军兵马都部署'。陆路是由汴梁出兵西进，过函谷，入潼关，由凤翔经栈道，出剑阁南下，直扑成都；水路是以江陵为兵站，溯三峡西上，经归州略取蜀中膏腴之地。这三四个月，禁止商旅渡江，就是因为宋朝大造战船，征集兵马，不欲人知。"

"噢，"李煜问道，"这两路的指挥官，派的是谁？"

"忠武军节度使王全斌，派充凤州路行营前军兵马都部署；武信军节度使崔彦进，派充副都部署。"林仁肇答道，"都监是枢密使王仁赡。"

宋朝连掌管举国军政的枢密使，都派出去"监军"了，使得李煜深为讶异。"看样子，他们是志在必得了！"他说，"水路呢？"

"水路是由宁江军节度使刘光义，以行营副都部署的身份指挥。枢密承旨曹彬当都监！"

"连曹彬都派出去了！"李煜越发动容，"真正是大张旗鼓！"

"是！"林仁肇答说，"这是有意大张旗鼓。其实出兵不过六万！只为蜀主风流自赏，自道偃武修文，无非文恬武嬉，以致自召外侮。宋军看起来预备大张挞伐，内里呢，根本不拿蜀军看在眼里。"

"轻敌如此，何来取胜之望？"

"是又不然。"林仁肇说，"蜀主远贤亲佞，信任妄人王昭远，必不能抵御宋师。这一次宋军征蜀，起因即在王昭远既无自知之明，亦无知人之明，以致自召其祸。"

"噢，"李煜问道，"是怎么回事？"

"王昭远出身微贱，凭小聪明，因缘时会，竟能执掌蜀中大政。有人劝他，说'相公素无勋业，一旦高居相位，倘不自建大功，何以对蜀中清议。不如通好太原，请北汉发兵南下，蜀中出兵响应，使宋朝表里受敌，则潼关以西的三秦之地，可以传檄而定'。"

"这，只怕是纸上谈兵。自古以来，出蜀而定关中者，只有一个汉高。"

"圣谕高明。"林仁肇答说，"今昔异势，而且汉高有萧何为辅、韩信为将，方得略定三秦，王昭远妄人而已！其妄言之可笑，他不但自比为诸葛武侯，而且自以为能竟武侯未成之功——"

诸葛武侯六出祁山而无功，王昭远居然想弥补武侯的憾事，力劝蜀主孟昶，遣派谍使，由间道赴太原，约北汉一起举兵。孟昶为他朝夕絮聒，到底被说动了，照王昭远的主意行事。

遣派的谍使一共三个人，为头的叫赵彦韬，身藏蜡丸，经汴梁转河东。另外两人，一个姓孙，一个姓杨，留在宋朝京城，刺探机密，等赵彦韬由太原回汴梁后，一起归蜀。

哪知这个为王昭远所信任的赵彦韬，竟出卖了王昭远。他一到汴梁，便向宋朝的宰相赵普自首告密，不但献上蜡丸，而且指陈蜀中形势，兵备虚实，极力建议：西川可取。

宋朝开国的皇帝，本有伐蜀之意，只为孟昶亦跟李煜一样，以小事大，礼数无亏,若兴无名之师,有失怀柔之旨。既然蜀中有这样的密谋,西征便有名了!"

听林仁肇讲完,李煜同意他的看法:"果然是王昭远愚妄,为主招祸。"

"然而宋朝天子的本心,亦显露无遗。'卧榻之旁,不容他人鼾睡',借故兴师,不过迟早间事。"话到这里,林仁肇先看一看韩熙载,然后极严肃地又说,"因宋朝兴兵伐蜀,臣深有所感,心所谓危,不敢不告。不然,非人臣事主之道。只是臣愚鲁,深恐言语质直,未能为官家鉴纳。"

听他这段"引子",便知他有骨鲠之言。韩熙载因为读过那一首《菩萨蛮》,觉得李煜在儿女私情上,花费了太多的工夫,心中微有不满,所以决定鼓励林仁肇犯颜直谏。

"林将军!"他说,"官家最仰慕太宗皇帝,自然能如太宗纳谏,以成贞观之治。如有所见,不妨直奏。"

"是的。"李煜也只好表示纳谏的雅量了,"有话你尽管说。是该做的,我一定采纳,不然,亦不会介意。"

"是!"林仁肇略停一下说道,"养僧太多,近乎佞佛。侧闻官家亲为僧人削厕简,将士都不信此说。如果外传非妄,足令军民寒心。"

李煜为和尚削厕简,确有其事,削好了还用手细细摸过,怕有竹刺,刺痛了和尚的屁股。但他此时在林仁肇面前却不便承认,笑笑答道:"耳食之言不可信!"

"但愿传闻失实。"

接下来,林仁肇极力建议整军经武,认为非此不足以自保,而且认为江南本身的力量,也能够整军经武——江南人文荟萃之地,人才并不难罗致;招兵买马,修缮战具,需要大量的经费,以江南的富足,亦不难筹措。

"臣愚,窃以为今日之事,如果不能脚踏实地,从头省悟,而沓沓泄泄,但求苟安无事,则西蜀之祸,不旋踵间,将及于江南。"林仁肇渐渐激动了,"官家仁厚,万民感戴,诚为国家之幸。但是——"说到这里,林仁肇忽然停住了。仿佛是言语太急，打了个噎，以致中断，但也好像是关碍着什么，不便出口。

见此光景，李煜亦有些感动，便用极温和的声音安慰他："有话慢慢说。我知道你有胆有识，见解甚高，只是性子不可太急！"

"臣不能不急！"林仁肇是噎了一下，缓过气来，依旧慷慨激烈，"官家佞佛太过，以有用之财，养无用之人，不独无用，而且有害。江南民性，原本柔弱，再听从僧人的话，讲慈悲，讲感化，讲与人无争，就益无作为了！"

这些话使得李煜有些着恼了，只为说信佛有害，未免过分。但他还是强忍着，只跟林仁肇辩理："讲慈悲，讲感化，讲与人无争，这也合乎圣贤垂训。化民成俗，裨益治道，有何不好？"

"只有一样不好，人为刀俎，我为鱼肉！"林仁肇接着又说，"臣唯愿宸衷独断，大振干纲，即日下诏，不以官帑养僧。养僧不如养兵，事急时，可为官家出死力。"

只为有后半段的话，才将李煜的愤怒压了下去，想一想答道："官帑养僧，亦非得已，你如换了我，一定亦不愿违逆慈命。"他抬出圣尊后做挡箭牌，无形中做了拒绝，接着放下诺言，"整军经武一事，我一定支持你的计划。要募兵，要请款，等你奏报了来，我总批准就是。"

有此结果，林仁肇总算不虚此行。可是他在不知不觉中却得罪了韩熙载，整军经武是兵部尚书的职权，韩熙载觉得他不该越俎代庖，即使有所建议，应该事先取得联系，何可冒昧上奏？

因此，等林仁肇退出，李煜向他征询意见时，他一反原先支持的态度，淡淡地答道："臣对其人，只得四个字的感想，刚愎自用；臣对其言，亦是四个字的感想，危言耸听！"

"你的考语很恰当，我有同感。"李煜深深点头，"长江天堑，只要防守得力，宋军束手无策。整军经武，徒然招忌，反而自速其祸。我看林仁肇的建议，要慎重考虑。"

"官家见得极是！"韩熙载躬身答道，"老臣承旨。"

这就是说，韩熙载将李煜"慎重考虑"的话，视作否决的表示。林仁肇只落得一场空欢喜。

他本人当然不会知道，不过俄顷之间，事情便有了这样的变化，只觉得李煜虽然文弱，但有纳谏之量、知人之明，远胜于蜀主孟昶。回想殿廷慷慨，不免违礼，而李煜居然不以为忤，并还温言慰抚，这也就是人生难得的遭遇了。

由此一念，林仁肇激起感激图报、鞠躬尽瘁之心，因而内心又浮起那个常常在转的念头，做了很认真、很彻底的考虑，决定尽忠建言。于是，他请求"独对"——只容他一个人觐见面奏。

"宋朝伐蜀，虽只出兵六万，但河东有北汉，百粤有南汉，不能不置重兵，分拒南北。因此，原来戍守淮南诸州的宋军，多已抽调在外。而且因为我朝委曲求全，吴越主钱镠最为恭顺，不虞有变，防务异常空虚。此是大好的可乘之机，臣有奇计，筹之已熟，窃愿官家鉴纳！"

听说是"奇计"，李煜欣然答道："说来看！"

林仁肇的谋略是，调精兵数万，过长江北上，以淮南重镇的寿春为根据地，攻取两淮。此一带本是南唐的疆土，耆民念旧，必然支持。然后就地征取军粮，直取汴梁。

奇计之奇，在南唐须否认其事。当他进入寿春后，李煜应该立即通知宋朝，说林仁肇窃兵叛乱，请宋朝遣大军痛剿。"臣愿将家属移送到京，事起之时，请收捕臣之家属下狱，可使北朝相信，臣是真的窃兵叛乱。事成，则臣归国受赏；事若不成，"林仁肇用极其坚决的声音说，"请尽诛臣之家属，以见官家事宋不贰！"

是这样一条奇计！李煜大惊失色，"你不要轻发这样的话！宋朝伐蜀，便是眼前的教训！"他说，"照你的话做，倾国之祸，可以立见。"

一盆冷水浇得林仁肇心灰意冷，嗒然无语，不过，他还是不信李煜这话，出于本心。他在想，前一两天曾听人说起，国后病势凶险，危在旦夕，国主心情灰恶，此时当然无法从容深思，还识不透这条奇计的妙用。且等一等，有机会再剀切陈奏。

于是他说："臣之建言，出于血忱——"

"是的，是的！"李煜抢着说道，"我完全知道。"

"官家能鉴臣愚忠，必能恕臣冒昧。"林仁肇躬身说道，"再请鉴臣请求独对的微意。"

这在李煜自然明了："这里只有你我二人。你刚才说过的话，听过丢开，我不会跟第二个去说。"他转而嘱咐，"倒是你，亦该留意，最好绝口不谈！"

李煜不说，林仁肇不谈，可是自有人在说，在谈——宋朝潜伏在南唐宫中的间谍，是一名内侍。当天他就去访小长老，将林仁肇两次觐见所说的话，原原本本和盘托出。

这内监姓顾，有个专门职司，就是奔走于宫廷佛寺之间，以此因缘而为小长老所收买。这天是假名为周后祈佛赐寿，到清凉寺来访小长老，延入方丈，少不得有一番可以堂皇公开的门面话——小长老广结善缘，来求教的善男信女，络绎不绝，不得不然。

敷衍完了那批锦衣玉食的施主，小长老吩咐掩门，不放闲人入见方丈，然后离座，走到东壁偏北，回头一望，使个眼色。随侍的两名小沙弥，将一幅"顶天立地"，宽可八尺的大画《达摩渡江图》掀开。小长老亲自动手推开一扇活络门，引顾内监穿过一段漆黑的通道，向左一转，推开另一道活络门，门后顿时别成天地了。

这是个与外隔绝的小院落，顾内监来过十多次，始终不知道除了走过的这路以外，还有什么通路。他只知道，一到了这个地方，说什么、做什么都不须顾忌。唯一的例外是酒。喝了酒，脸上挂幌子，诸多不便，所以小长老不备此物。但浓妆艳抹的婆娘，于顾内监无用，徒然惹得他面红耳赤，万般无奈。所以招待过一次，亦就下不为例，只以极好的茶、极精致的果饵

159

相待。

"国后到底病成什么样子？"小长老问，"外面传言不一，有的说，日有起色，有的说拖日子了！照我想，不至于一病不起吧？"

"靠不住了！家家有本难念的经，帝王家这本经更难念。"

"这话倒有些意味。"小长老又问，"倘或中宫缺位，谁个候补？黄保仪？"

"大概不会。"顾内监答说，"有一天我无意中听裴谷盼咐手下：'友竹轩如果派人来送信，接头事情，格外要小心，万万不可疏忽。不然，教你们吃不了兜着走！'你想想这话！"

"这话我就不明白了。友竹轩是怎么回事？"

"周家小娘子，住在友竹轩。"

"啊，啊！"小长老恍然大悟，"就是教郎恣意怜的那位？"

"是啊！"顾内监答说，"扬州周家快成凤凰窠了。"

"年纪还小嘛！"小长老说，"望之不似国后。"

"这倒不要紧！只怕那首词害了她。你想想教郎恣意怜那副轻狂样子，像不像能当国后的？我就见过韩尚书掀着白胡子，批评那首词，连声'不像话，不像话'！"

"啊！说起韩尚书，我倒记起一件事来了，宫里可有一幅他家的夜宴图？"

"有的。"

"画的是怎么一个情形？"

"那我就不知道了。我只知道有这么一幅画，由黄保仪收藏着，我没有见过。"

"能不能偷出来几天？"

"这，"顾内监问，"干什么？"

这在小长老就不便说了，因为其中缘故，也是一大机密，但那一来就会使顾内监不悦，当然也就不会尽力去办这件事。考虑下来，觉得竟不能不说。

"若问为什么，不妨先问这张《韩熙载夜宴图》的来历。内相，"小长老微笑着说，"你总知道？"

"这、这我倒还不知道。内府名家的手迹甚多，张张问来历，哪记得这么多？"

"这张画的来历，与众不同——"

不同的是，其他名家手迹，不过是为满足元宗父子的翰墨之嗜，而这幅夜宴图，纯然是为了李煜想了解韩熙载的燕居生活——韩熙载风流放诞，帷薄不修，李煜惜才念老，纵勿不问，但总想看一看他接待宾客时，尊俎灯烛之间，觥筹交错之乐。以他的身份，自然不便夜临韩家，就去了也一定看不到他想看的东西。

因此，他派一个画工去写生，这个画工名叫顾闳中，官居"待诏"，善画人物。奉命以后，假托一桩事故，登门求见，将韩府夜宴的情景，目识心记，回来连夜动笔，费了十日工夫，他才画成一幅工笔的夜宴图进呈。图中韩府家伎劝酒，并肩携手，眉开眼笑，描写得生动异常；而且屏风后面，隐约可见宾客解衣登榻的放浪形骸。李煜看了，亦只如韩熙载读到"教郎恣意怜"那首词似的，叹口气说："不像话！"

听小长老讲完经过，顾内监依然不能了解：为何他要这幅画，须先问这幅画的来历？

"是这样的，"小长老答道，"赵家天子，也是想看一看这张画，好知道这里的君臣们，如何宴安逸乐。"

"那就是了。不过这张画又怎能送到汴梁？如果只是偷出来三两天。看一看就送回去，还不打紧，不然，没有人敢担这个干系。"

"原只要三两天，仿摹一幅，送到汴梁，原件仍旧归还。"

"可以！"顾内监答应下来，"十天之内，我拿画送来，就怕三两天不够。听说那幅夜宴图精致非凡，临摹不易，要仿得逼真，非高手莫办。"

小长老点点头，站起身来，指着壁间一幅横披问道："你看看，这幅画如何？"

顾内监抬头一望，大为惊异，走过去不看画，先看字，题的是两首《渔歌子》：

浪花有意千重雪，桃李无言一队春。一壶酒，一竿纶，世上如侬有几人？

一棹春风一叶舟，一纶茧缕一轻钩。花满渚，酒满瓯，万顷波中得自由。

字是所谓"金错刀"，题款又是"钟隐"，确是李煜亲笔。然而奇了。"内府之物，怎得在此？"顾内监不解地问。

"你再看画，这张《春江钓叟图》可像内廷供奉卫贤的亲笔？"

"画我认不出来。字可是烧了灰我都认得的。"顾内监问，"莫非也是摹本？"

"这样说来，仿官家的笔迹，竟可以乱真了？"

顾内监大惊："什么！"他还是不信，"这官家的笔迹是假的？"

"不是假的！怎的在此处。"

"长老！"顾内监提醒他说，"仿冒御笔，是一行不得了的大罪。此画如果落入外人眼中，大有未便。"

"外人怎的到此？"小长老说，"这些话不必提它了。我请你看这张画，是要你放心，我自有不输画院供奉的高手，专精临摹，不但好，而且快。你只将《夜宴图》悄悄取了来，摆个三四日，仍旧拿回去，包你原封不动，不会有人知道动过手脚。"

"好！"顾内监毅然应承。

他倒是说得到，做得到。也因为黄保仪身边，专管书画的宫女为人老实，禁不住他花言巧语，一番哄骗，居然就将那幅在收藏画箱中的《韩熙载夜宴图》私下交了给他，约定借用五天归还——当然，顾内监决不会透露此画的用处，只说他有个至亲，也是那天夜宴中的宾客之一，要看顾闳中此图可画得有他。

五天交还，果然封识如旧，仿佛竟不曾打开来过。而摹本却随着小长老细奏江南近事的密书，送到了汴梁。

不过十天工夫，复信到达。是宋朝皇帝左右，一个亲信内侍出面，转达谕旨，除了嘉勉以外，嘱咐小长老打听林仁肇的家世、性情、才具、嗜好等等，详细奏报。如有林仁肇的图像，一起寄去更好。

这番小长老不必找顾内监了。他也有在枢密院埋伏下的帮手，对于林仁肇的一切，很容易打听。难的是林仁肇的图像，一时却无觅处。

"其实这也容易。"小长老的"智囊"，清凉寺的知客净明和尚献议，"林将军好下围棋，又喜与方外往来，照此看来，一定常与太无老法师在一起盘桓。那就容易下手了。"

小长老一想不错，武昌寒溪寺方丈太无老法师精于弈事，林仁肇如果喜下围棋，又喜结交方外，则无有不与太无老法师投缘的道理。当他拈子沉思时，心无旁骛，神动形寂，最是写生的好时机。何妨直截了当地派人去画影图形。

这太无老法师，在小长老来说是师叔，很可以修书存问，相机行事。但净明认为以不必惊动为妙，只悄悄派了那临摹好手去，装作游客，到处随喜，在林仁肇与太无对弈时，一旁作壁上观，悄悄记住容貌，私下写生。一次不够，二次再去，就是三番五次，亦不要紧，因为这原是不急的事。

小长老采纳了他的建议，立即照办。不过一个月的工夫，便已竣事，拿出画稿来一看，果然酷肖林仁肇的形容。

小长老喜不可言，急急催促赶工，早早细勾细勒，施朱敷彩，画好裱好，可以送到汴梁报功。但等完工，派定了送画的人，却一时不能成行，因为宋军伐蜀，已有正式诏令，调发水陆两路大军出征，两淮一带，羽书飞驰，道路戒严。林仁肇防江有责，亦丝毫不敢疏忽，关隘津梁，盘查特紧，如果搜出这幅画来，诘问究竟，会惹出一场了不得的大祸。

正在焦思无计之际，禁中飞骑到清凉寺，来召小长老进宫去念"倒头经"——周后薨逝了！

* * *

禁中白漫漫一片，瑶光殿中连树木都蒙上白布，为周后服丧，里里外外，哭声不绝。小长老——也是所有大丧中的执事人，所注意的只是两个人，一个是李煜，一个是嘉敏。

嘉敏看不见，易见的是李煜，白靴白袍，衬着他那张形神俱枯的脸，越显得苍白可怕。每天午奠，必定蹒跚地策杖亲临，哭拜在地，必得裴谷等人，苦苦相劝，方始勉强收泪，而犹自哽咽不绝，临去之时，一再回顾灵前。这样子的伉俪情深，使得所传周后病殁之前的情况，无人不信以为真了。

这个说法是，周后到死，神明不乱，她向李煜留下的遗言是：自觉窃冒华宠，已过十年，女子之荣，莫过于此；所不足者，子殇身殁，无以报德。又唤阿蛮取来元宗所赐的烧槽琵琶，以及所御的珍饰，亲手付与李煜作别。

死前的第三天，她强自撑持着，亲手做了遗书，但只写得一条"请薄葬"，便无法再往下写。却又吩咐阿蛮为她沐浴梳妆，换上布服练裙，口中含玉，不言不动，到第三天方始咽气。死得如此从容，有人说是仙去了。

然而这并不能减少李煜的悲伤，他也没依照周后的遗言治丧——丧事踵事增华，有人说礼节上虽不能逾越规制，但论实际上的规模，超过元宗之丧。大殓之日，他亲手将那面烧槽琵琶，置入梓宫，为周后殉葬。殓毕致祭，他一字一泪地读了一篇亲制的诔词，自称"鳏夫"。

这篇六朝艳体的诔词，很快地传抄于仕宦之家，最为人所传诵的是，他描写周后的风姿与共处游宴的乐事：

追悼良时，心存目忆。景旭雕甍，风和绣额。燕燕交音，洋洋接色。蝶乱落花，雨晴寒食。

接辇穷欢，是宴是息。含桃荐实，畏日流空。林雕晚箨，莲舞疏红。烟轻丽服，雪莹修容。

纤眉范月，高髻凌风，辑柔尔颜，何乐靡从？

结句是用《长恨歌》中的典故：

杳杳香魂，芒芒天步，扠血抚槊，邀子何所？苟云路之可穷，冀传情于方士。呜呼哀哉！

念母及子，由于悼亡而勾起伤明之痛，李煜无可排遣，唯有宣泄于翰墨之中，又写了两首五律，兼悼爱妻与爱子。

珠碎眼前珍，花凋世外春。未销心里恨，又失掌中身。
玉笥犹残药，香奁已染尘。前哀将后感，无泪可沾巾。
艳质同芳树，浮危道略同。正悲春落实，又苦雨伤丛。
秾丽今何在，飘零事已空。沉沉无问处，千载谢东风。

这两首诗，虽由他亲笔誊正，焚化在周后灵前，但底稿却流出禁中，争相传抄。韩熙载、陈乔、徐铉、徐锴这一班为士林许为"通人"的大臣，却多不以李煜的这两首诗为然。悼周后的诔词，哀艳靡丽，文体有欠庄重，结句用《长恨歌》中"临邛道士鸿都客，能以精诚致魂魄，为感君王辗转思，遂教方士殷勤觅"的故事，说是"苟云路之可穷，冀传情于方士"，将周后比拟为杨贵妃，身份有屈；这两首五律，索性将周后之逝，譬如狂风暴雨，摧折花落，更欠庄重。"秾丽今何在，飘零事已空"这样的诗句，怎么样看,也不像一个丈夫悼念贤德妻室的话,更莫说是国主之于国后!

于是"手提金缕鞋"的那一重公案,又被掀了开来。由此推究,有好些看法与主张,有人说,周后去世,李煜不免内疚,因而哀悼的文字之中,有意要表现出过深的悲痛,好遮掩他的行迹;也有人说,国主春秋正盛,少不得还要立后,立后论德不论色,如果继后仍旧出在周家,应该据理力争,一致反对。

这些论调,很快地传入宫廷,让裴谷听到了,于是阿蛮和羽秋也都知道了。

这使得嘉敏的处境,越发困难。她二度入宫的原因,谁都知道,是为了探病,周后既逝,原因消失,没有再留在宫中的必要。何况风风雨雨在传说,周后是让她妹妹给气死的,嘉敏就更该远离这是非之地。眼前周后尚未下葬,固然不妨暂留一时,但周后已有谥号,称为"昭惠",葬期亦已选定,就在明年初春,延到那时,便非走不可。这一走,能不能三度入宫,这就非常难说了。

因此,三人就在周后入殓的第二天,密商定计,以圣尊后因为昭惠后之死,忧伤过度,必得有人陪伴劝解的理由,将嘉敏由友竹轩移到前殿,朝夕侍奉圣尊后。这是未有名分之前,先尽子妇之道,等到来年春天,昭惠后既葬,圣尊后也颐养得健朗了,便可以振振有词地称许嘉敏的贤惠孝顺,用懿旨立后。

然而,这个计划,此刻看来不容易顺利实现,更可虑的是,这种反对的论调,如果不及早疏通化解,就会日嚣一日。不待昭惠后下葬,或许便有人多事直谏,针对嘉敏的形迹不谨与年齿尚幼的弱点,主张继位中宫的贤媛应该具备怎样的品德年貌,借以变相打击嘉敏;甚至公然倡议,她不宜留在禁中,应该送回扬州。

这是裴谷的看法。听他说完,羽秋和阿蛮无不忧愁满面,心中浮起这样一个疑虑:倘或如此,为之奈何?

面面相觑之下,是最关心嘉敏的羽秋打破了沉默。她断然决然地说:

"决不能有这样的事!"她有力地挥着手,"那一来,一定会把她气回扬州,就有圣尊后的懿旨,也别想把她迎入宫来。而且,也许真会应了'百尺楼灵签'上的话!"

"那,"阿蛮怀念旧主,悚然心惊,"周家可是太不幸了。"

"当然不容到此地步。"裴谷安慰着她们,"慢慢想法子化解。"

"化解要趁早,可不能'慢慢想法子'。"羽秋看着阿蛮说,"我倒有个主意。不过周家的情形,我不熟,不知道那个主意行不行。我在想,周家去世的老相公,当年与韩尚书他们同朝为官,总应该有交情吧?"

"倒不知道他们交情如何。"阿蛮答说,"不过老相公为人宽厚,气量最大,至少不会跟韩相公有什么仇恨。"

"那就行了!"羽秋很兴奋地说,"我想我的主意可以用。"

她是这样一个主意,预备修书一封,专递扬州,请周夫人备办重礼,专差馈赠宴无虚日而经常闹穷的韩熙载。当然也有一封书信,随礼送达,信中不必多说,只说"小女在京,望念先夫在日相知之雅,多加照拂",那就尽在不言中了。

"此计大妙!"裴谷深深点头,"韩尚书其实是好相与的人,只是想不出一条路子,可以搭得上话。如今由老夫人出面,以照拂爱女相托,名正言顺,不落痕迹,再好不过。大妹子,你就写起来,我找人专送。"

阿蛮亦赞成羽秋的做法,认为事不宜迟,应当即刻动手。这使得羽秋更为起劲,起身离座。待去写信的当儿,只听有个声音,发自门外:"不必!羽秋,你们不必这等费事!"

语声一出,群相惊愕,谁也想不到竟是嘉敏。羽秋却还不信,急步上前,将紧合的双扉,一拉而开,门外不是嘉敏又是谁?

"小娘子,你,"羽秋张口结舌地问,"你什么时候来的?"

"我在门外站了好一会儿了!"容颜惨淡,但却显得很沉着的嘉敏说,"你们的话,我大致都听见了。多承你们关心,我、我很高兴。"

这"高兴"二字，似乎言不由衷，但谁也没有去追问。三人只一起肃立着，将她迎入屋内，听她还说些什么，再做道理。

"不过，你们实在不必这么费事。我有我的办法，我的办法很简单。可是，"她停了一下，歉然地说，"此刻却还不能跟你们说。"

裴谷与阿蛮不约而同地将视线投注在羽秋脸上，是问她意下如何。羽秋当然也诧异，只能报以会意的眼色，意思是说：我知道了，我会问清楚了来告诉你们。

于是裴谷首先退出。接着是阿蛮的脚步移动，却让嘉敏唤住了："阿蛮，你等一等！"

"是。"阿蛮留了下来待命。

眼看裴谷走远了，嘉敏方始开口："我想跟官家说，让你回扬州去一趟。"

这话来得突兀，阿蛮无以为答，只有些惊疑，怕是嘉敏对她有何不满，变相地将她逐出宫去。因此，她又不由得去望羽秋，眼中有求援的神色。

这种神色落入嘉敏眼中，不免歉然，便即换了很柔和的声音说："我托你回扬州办件事，只去过几天，仍旧回来。"

"噢，"阿蛮放心了，得以从容答说，"请小娘子吩咐！"

"我在想，京里有流言，扬州一定也有。众口铄金，不知道拿我说成什么样子了！"嘉敏突然激动，脸涨得通红，"我要一个见证人，能够说明真相的见证人，这个人除了你，谁也不够资格。我请你回扬州去一趟，拿你所亲眼所见的事，跟大家说一说，我到底怎么样把我姊姊气死了！"

原来如此，阿蛮和羽秋都很不安。两个人交换一个眼色，取得默契，由羽秋开口劝解。

"小娘子，我看用不着这么做。"

"何以见得？"

"说扬州有流言，是小娘子的猜想，到底有没有这回事，先得打听打听。如果没有这回事，阿蛮不是白走一趟？"

"一定会有的。我现在才知道，世上十个人有九个人喜欢听离奇古怪的谣言，只要有人爱听，就有人会编。不过，"嘉敏口气松动了，"先打听一下也好。"

"这才是！"阿蛮如释重负似的，"我会让裴谷派人去打听。小娘子请回去休息吧！"

嘉敏点点头，由羽秋陪着回到圣尊后的寝殿。两个人都有话说，却都不知道怎么开头。羽秋是怕问得冒昧，而嘉敏其实是要跟羽秋商量，希望她先提了起来，才好就话搭话。

这样僵持了一会儿，最后终于还是嘉敏开口。"那副三套玉连环呢？"她问，"老夫人是不是交给你了？"

"是的。"

"你取来与我。"

"小娘子，"羽秋郑重地问，"是老夫人付托之物，我不能不先问一声，小娘子要这个玉连环，做何用处？"

"你放心，我不会无缘无故毁了它！我要当面问一问官家，三个连环，碎了一个，还有两个怎么样。"

这话使羽秋惊异。想不到嘉敏会有这样的决断，这样明快的做法，实在不像她平日的为人。

羽秋并不明白挫折就是磨炼，可以将顽铁化为精钢的道理，只觉得嘉敏像个"大人"了。既然如此，便什么事都可以正面深谈，无须像对付孩子那样，只哄骗着她走上那一条路，而不宜说破要走那一条路的道理。

于是，她揭破了藏之心中已久的秘密，就是周夫人所托付的重任：周家失去一后，必得争取一后，不容异姓入居中宫。

这一来使得嘉敏平添了好些勇气，同时这也像一面镜子一样，使她照见了自己的浅薄幼稚。今日之事，要从玉连环上去讨得一个了断，自以为是高人一等的想法，却不知早就在人家的算计之中了。

她觉得不能不服输，不能不听取羽秋的意见，因而问道："你说，我该持何态度？是试探呢，还是有什么说什么？"

这是指与李煜见面的态度。羽秋认为试探可以不必，但有什么说什么，过于率直，便少情致，亦非所宜。考虑下来，只有一种态度最适当。

"小娘子只诉委屈就是！"

"只诉委屈！"嘉敏正中下怀，"我就是要诉委屈。"

"是！"羽秋说道，"等我去接头见面的日子。"

小姨与姊夫的约会，不必再像周后在世之日那样，偷偷摸摸地悄然来去，唯恐人知。羽秋甚至觉得不必自己亲自去接头，只打发一个人去告诉裴谷："周家小娘子，要见官家，什么时候、在什么地方见？请安排！"

裴谷安排在这天下午，等平章国事的大臣们，各归私第以后，让嘉敏与李煜在澄心堂的书斋相见。

这是周后去世十几天以来，他们单独相会的第一次。淡服素妆、泪眼相看，彼此都觉得应该安慰对方。

"小妹！"李煜装出豁达的神气，"死生有命，你也不可过于伤心。"

这样的安慰，说与不说，毫无区别。然而嘉敏到底与以前不同了，明知这是泛泛的应酬话，也明知提到姊姊，不便深谈，却不能不装作同胞姊妹，友爱异常，提到死别，举袖障面，不胜悲痛的神情。

"唉！逝者已矣，生者何堪？"李煜又说，"我最不放心的是，怕圣尊后春秋已高，你姊姊又是她平时很看重的，遭遇这样的拂逆，伤心过甚，大为可虑。幸亏有小妹陪伴照料，我亦感激！"说着，李煜深深一揖。

嘉敏急忙逊避。"不敢当！"她说，"我亦只是替我姊姊稍尽侍奉之责而已。况且，圣尊后一向对我好，我岂能不稍稍尽心？"

"是的，圣尊后亦常在我面前夸赞小妹。"李煜又问，"仲寓恐怕很淘气，替小妹添了好些麻烦。"

"不！我也很需要仲寓给我做伴，不然——"

"不然如何？"

"不然，"嘉敏答说，"只怕我在宫里待不下去了。"

李煜愕然。"为什么呢？"他问，"是不是觉得寂寞？"

"我并不寂寞。宫里十个人有九个人待我好，就算没有人理我，跟白鹦鹉说说话，也拿日子打发了。"

语中有刺，李煜微感不安，更觉困惑，低声下气地问道："小妹，那么是为了什么呢？"

"是为了我有一个留在宫里的借口。"与李煜相反，嘉敏却是有意提高了声音，"不说由于失母之儿离不开我，我有什么理由老着脸皮赖在宫里不走？"

"这是你过虑了！"李煜不假思索地答说，"椒房贵戚，留住宫中是常事，何况圣尊后宠爱，何况又赴昭惠之丧？绝没有人会议论你。"

"'决没有人会议论'？"嘉敏扬着脸微微冷笑，"我不知道姊夫是真的不知，还是自欺欺人，装作不知？"

"小妹！"李煜既惊且诧，"你说的什么，我完全不知！莫非竟有人说你不该留在宫里？是谁？"

"是谁我也不必说！反正不止一个两个。"嘉敏想起那些令人难堪的流言，既羞且愤，跺一跺脚，恨恨地说，"反正我出乖露丑，面皮教你撕光了！"说着，眼圈便即红了，同时扭转身子，直奔里室。

李煜大惊："小妹，小妹，"他追了上来，拦在前面，拉住她的手不住摇撼，"你怎的说这话？我何尝撕了你的面皮？你这样冤枉我，不觉得屈心？"

"我冤枉你？"嘉敏用讥嘲的口吻说，"贵人多忘事，何况是官家，哪怕白纸上写的黑字，亦竟记不得！"

"越说越奇！"李煜的声音中也有些不快，"什么白纸上写黑字？"

"难道不是白纸写黑字？写了还掉了！你轻嘴薄唇，自画'供状'不打紧，坑死了我！"激动的嘉敏，为了大大发一顿牢骚，口不择言地嚷着，

"如今通国皆知,我周嘉敏自甘下贱,不但半夜里光着脚溜了出去,而且就像前辈子都不曾见过男人似的!什么'一向偎人颤',什么'教郎恣意怜',你把我刻画成什么人了?"

这一下,李煜才明白她说的什么。但心中的第一个感觉不是歉疚是恼怒,恼怒那些内监宫女——必有人不守他由裴谷下达的,不准将宫外的风言风语传到友竹轩的告诫,以至于惹得她如此生气!

她的生气难怪。如果得知这一首不便为外人道的纪实之作,流传人口而竟能一笑置之,就不像嘉敏的为人了。

"你还说什么?还说我冤枉你?"

面对着咄咄逼人的气势,李煜唯有惭惶。他低着头好半天,方始爆出一句话来:"千不该、万不该,我得意忘形,写了那一首词!"

不过听得他这一声自责,嘉敏立刻便觉得不忍。然而怒气却难完全消释,想来想去只恨一件事:"只怪你太不当心!明知是见不得人的东西,偏就会失落!"

这在李煜又何词以答?只是唉声叹气,自怨自艾不绝。一阵七分真、三分假的做作,不仅消除了嘉敏的怨怼之意,反倒因为他的不快活而感到恻恻然地,要找些话来安慰他。

渐渐地,两个人的心境都比较平静了。推己及人,都感到这分比较平静的心情,极可珍惜,因此亦都很谨慎地不去触动伤心之事——关于周后的死。

然而嘉敏不能不谈自己。"我太傻!"她说,"你给我的那副玉连环,我竟不能体会其中的意思。"

"现在你是懂了?"

"懂是懂了,却更茫然。"

"这话怎么说?"

"三套连环,已经碎了一个——"

"你别说了!"李煜一伸手掩住她的嘴,"另外那两个决不会再碎!"

他的行动过于突兀，嘉敏猝不及，吓一大跳。她定一定神才记起他后面的那句话，怕是自己未曾听得真切，便追问一句："你再说一遍。"

"另外两个，绝不会再碎了！"

没有听错！嘉敏长长地舒了口气，说不出自己的感觉是欢喜还是辛酸。

"不过，小妹，"李煜捧着她的脸说，"你要相信我，体谅我！"

这又何消说得？说了出来，便是话外有话。嘉敏又惊疑了。"是，"她很吃力地问，"是怎么个相信你，体谅你？"

"相信我的心！海可枯，石可烂，此情决不可渝。"李煜答得很清楚，"不过，你要体谅我，不能不缓缓图之。第一，昭惠的尸骨未寒；第二，圣尊后多病多痛。总要过些日子，才能办你的大事！"

前面的话都很中听，只有最后一句让嘉敏生出反感："是我的大事？"她将"大事"二字说得格外重。

"不，不，我失言了。"李煜急忙答说，"是我俩的大事。"

有此更正，嘉敏才觉得满意。"其实你不必说的。这些都是情理之常，我也不愿你做有悖情理的事，惹大家在私底下悄悄议论。不过，"她觉得话既道明，不如索性逼他一逼，"我留在宫里，总得有个理由吧？"

"何必要有理由？"李煜稍停一下又说，"如果你觉得有此必要，我请圣尊后说一句就是了。"

"怎么说？"

"宣谕各宫，由你专门照料仲寓。意思就是说，你是仲寓的继母。"

嘉敏不响。她意犹未尽，但除此以外想不出更好的处置办法，那就是只有采取沉默的态度，表示有所保留。

"怎么样？你说，只要我做得到，一定如你的愿！"

"我什么都不要，只要能让我在宫里心安理得地待得下去。"

"你一定可以！"李煜抱着她说，"你没有什么不能心安的！以前，多少还有顾忌；现在谁也管不着你了。"

她知道他所说的"顾忌"，是指她姊姊的阻挠。想想也是，姊夫小姨之间唯一的障碍已经消除，如今除却圣尊后，谁也不能阻挠她到澄心堂来。也许唯一的阻挠，倒是澄心堂的主人。

这样转着念头陡然省悟，已找到了整个情势的关键：一切都看他！只要他不变心，谁也不能强迫他另选国后；如果他变了心，哪怕朝中大臣，一致赞许，由圣尊后颁下懿旨，立周嘉敏为国后，他仍旧可以设词推托，打消其事。

然而，找到关键并不等于抓住关键，唯有抓住他的心，才是关键在握。意会到此，她不由得想起她姊姊。尽管白纸黑字，有那些哀感顽艳、一往情深的诔词和挽诗，而她知道，姊夫与姊姊的感情，其实淡薄了。这因为姊姊对姊夫的爱心先就淡薄了，怨不得姊夫。

于是，她的想法一变，想起母亲所一再教导的三从四德，她觉得唯有用柔顺二字，才能抓住那个关键。

* * *

宫中的岁尾年头，最多乐事。急景凋年，雨雪载途，远人困于行旅，恨声不绝之时，宫中却因为瑞雪为来年丰收的征兆，照例设宴预祝，彻夜笙歌。这年因为"国丧"，不举盛筵，但小阁围炉，默林踏雪，嘉敏与李煜依然不曾辜负了连朝大雪。

这天是在东池上的水榭赏雪。李煜画兴大发，正唤宫女铺设丹青，打算对景写生，画一幅东池霁雪图时，裴谷却显得心神不定似的，一会儿出一会儿进。来来回回的影子，搅乱了李煜的思绪，使他无法静心构想了。

"裴谷！"他到底忍不住了，"你安静一点儿行不行？为什么魂不守舍似的？"

受了呵斥的裴谷，诺诺连声，已倒退着走到门口，忽然驻足，略停一下，复又疾趋到李煜面前，低声奏报："开封有人来了！是来吊丧送葬的特使。"

听得这一声,李煜的脸色立刻就阴暗了,将画笔一扔,颓然倒在交椅上。

嘉敏大惊,而更多的是困惑。她急急走上前去,用抚慰的声音说:"开封有特使来,也不是什么了不得的事,官家何苦为此烦心?"

李煜摇摇头不答,只问裴谷:"叫什么名字?是何官职?"

"姓魏,单名一个丕字。"裴谷答说,"曹丕的丕。听说在宋朝是个作坊副使!"

"你看,"李煜铁青着脸对嘉敏说,"不是有意藐视吗?派这么一个小官当特使!"

嘉敏不知道宋朝的"作坊副使",只是一名管兵器制造的副主管,品秩甚低,因而要想劝慰,亦不知该如何措辞,只用一双发愁的眼,怔怔地望着李煜。

李煜坐着在生闷气,视线投向弥望皆白的天际,一动亦不动。这时候最好不要去打扰他,可是其势有所不能!裴谷搓着手,焦灼不安了好一会儿,终于硬着头皮,上前说话。

"启奏官家,宋使等着觐见。"

"你好不晓事!"李煜突然回头,厉声呵斥,这不独裴谷,水榭内外的人亦无不惊惶失色,因为从没见他如此震怒过。

见此光景,嘉敏却不知哪里来的勇气,觉得应该挺身而出,有所谏劝,便起身向前,微微躬着腰说:"官家请息怒!郁怒伤肝,大非所宜。"

看到嘉敏的关切的眼光,李煜激动的情绪,立刻平了下来,对裴谷说话的声音也和缓了。

"这种大雪天,岂是接见使节的时候?不会安排宋使,先就宾舍,过两天再说?"

"是!"裴谷很小心地回答,"本是如此安排,无奈来使不通人性,脾气太倔。说是赍来宋天子的诏书,未见国主当面呈递之前,不敢就宾舍。"

这就怨不得裴谷了!李煜因盛怒而涨红了的脸,化为阴暗灰白,使得嘉敏惊疑不止，不知他何以会有此表情。嘉敏正待设词解劝，只见羽秋投过来一个阻止的眼色，便机警地不开口了。

"也罢！"李煜问道，"在哪里接见？"

"在长春殿。"

于是李煜转脸向嘉敏惆怅地说："败兴之至，只好你一个人在这里赏雪了。"

"我又何心赏雪？"嘉敏毫不掩饰她的心情，"等官家一起驾，我立刻也要走了。我还是回去陪陪圣尊后的好。"

"噢！"李煜很尊重地嘱咐，"在圣尊后面前，你不必提起有宋使来。"

嘉敏想问"为什么"，话到口边，记起羽秋的眼色，硬生生改口答一声："是！"

"我就不懂！"嘉敏带些愤激的语气，"也不过宋朝来了一个官儿，而且看样子也不是什么大官儿，何以官家如此震怒。大家又是这等讳莫如深，倒像提一声便犯了法似的！"

最后一句是隐然指责羽秋，她当然要解释，但怕自己说得不够清楚——事实上，亦确有许多她知其然而不知其所以然的故事在内，须另请一个人来解说。

"小娘子休动气！其中自有好些曲折委屈，我请黄保仪来细细说与小娘子听。"

嘉敏养在深闺，耳目所及，无非笙簧珠玉。而五代的改朝换代，忽而禅让，忽而篡弑，往往消息初传，局势已定，百姓都不当它一回事，所以嘉敏对国事不甚明白。此时她却为羽秋的话所提醒，心想一旦继位中宫，不能不知朝章国故，正不妨向黄保仪好好讨教。

于是她欣然接纳了羽秋的提议，同时吩咐宫女，打扫洁净，备下精致茶果待客，打算着与黄保仪做一夕深谈。

"我们的国号，本来叫大齐。"黄保仪斜倚熏笼，从容开谈，"先主烈祖，就是当今国主的爷爷，本来是唐宪宗之后，少小微贱，做了徐氏的养子，所以一直姓徐。身当大宝，臣下都劝先主复姓，他念着徐家的养育之恩，起先不肯，到即位的第三年归宗复姓，国号亦改为大唐。那是梁唐晋汉周五代的第三代，天福五年的事——"

烈祖的年号叫升元，升元七年下世，继位的是他的长子，也就是李煜的父亲元宗。他的年号叫保大。而五代由晋而汉，由汉而周，保大十五年，周主征唐，连破淮南，耀兵江北，元宗上表请和，自愿做周的附庸，同时贬损身份，不敢称帝而称为国主。

宋朝代周而立，元宗依然谨守以小事大之礼，而内心郁郁不乐，在宋朝皇帝赵匡胤即位的第二年病殁。李煜即位，遣派使者向宋朝告哀，请求追复帝号。

"宋朝总算给面子，准如所请，所以先帝才能称为元宗。"黄保仪接着又说，"不过先帝在日，虽然向宋朝称臣，在国内，只不过不用帝号，此外一切，都是用的王者之礼。当今国主，就大大的不同了！"

"大大的不同？"嘉敏困惑地问，"不同在哪里，我怎么一点都看不出来？"

"你当然看不到，不注意是看不出来的。可是，实在是大大的不同，你明天一早出去看，各宫各殿的屋顶上都变了样子。"

"屋顶会变样？"嘉敏越发不解，"莫非瓦都掀掉了？"

"那当然不至于。"黄保仪说，"屋顶的装饰，王者之居用'鸱吻'，只要宋朝的使者一来，鸱吻就得去掉。"

"怪不得！"嘉敏恍然大悟，"怪不得国主觉得委屈。"

"这还不算委屈，接见宋使的时候才真是委屈。服饰要改换，不能穿黄袍，改服紫袍。"

"啊！"嘉敏越发明白，"怪不得国主不愿接见宋使。"她又愤愤地说,"来使也太霸道了!哪有硬逼着要见的道理?"

"冰冻三尺,非一日之寒,北方使者无礼,在前朝就是如此!几乎没有例外的。"

"难道江南真个无人?"嘉敏愤愤地说,"就这样忍气吞声,次次受他们的欺侮?"

听得这一问,黄保仪忽然眼睛一亮,有喜上眉梢的模样,然后笑盈盈地说道:"我讲个陶谷的故事你听!"

"陶谷是谁啊?好像听见过这个名字。"

"你应该听见过,他也是天下知名的人物,本姓唐——"

"啊!"嘉敏连连点头,"我想起来了。他是河东邠州人,本姓唐,晋祖叫石敬瑭,为了避讳,改姓'有虞陶唐'的陶,他的号叫秀实。是不是?"

"对了!正是他。"

"他也到我们江南出使过?"

"来过。那是周世宗时候的事,"黄保仪答说,"也是元宗时候的事——"

元宗保大年间,陶谷仕周以兵部侍郎翰林承旨的身份,奉使江南。此行的任务,据说因为金陵多六朝碑碣,特来观摩书法,其实是来窥探江南的虚实。

元宗知道他的来意,却无法逐客。加以陶谷的性情褊狭骄狂,每次与元宗相见,神态言语之间,十分傲慢,益发使江南君臣难堪。江南私下聚议,如何能杀杀他的威风,结果是韩熙载想了一条美人计,大家都抚掌称妙,就托付韩熙载照计而行。

其时陶谷逗留在江南已经三月有余,因为"南朝四百八十寺",看不完的碑碣。他白天策马闲游,假访碑为名,细察江南的士气民心,辰光倒容易打发,夜来客馆孤灯,凄凉万状,那滋味可就不好消受了。

韩熙载就是看出他内心的苦闷，特意选取了一名冶艳异常的家伎，密密嘱咐了一番，送到客馆为陶谷侍寝。哪知第二天一早，就被遣回，带来陶谷一封道谢的书信，是用的四六骈体。其中有一联，以韩熙载的渊博，竟亦百思不解。

这一联是"巫山之丽质初临，霞侵鸟道；洛浦之妖姬自至，月满鸿沟。"巫山神女，洛浦妖姬，所指者何，自然明白。但是，什么叫"霞侵鸟道，月满鸿沟"？

想来想去想不明白，只有一法，唤那家伎来细问，一问方知究竟，原来那家伎恰好月信来临。既不能成其好事，那美人计自然失效，韩熙载便做第二次的部署。

这一次比较费事。先设词将陶谷移居另一座宾馆，当然，这一座宾馆更来得精致舒适，陶谷相当满意。他住的是一座极大的院子，厅前两株高过屋檐的梧桐。时当深秋，黄叶满院，每天清晨来扫落叶的是个纤腰一把的妙龄女郎，令陶谷遗憾的是，青帕蒙首，面貌始终看不真切。

当然，只要有心窥探，绝无不能如愿之理。一天黄昏，西风大作，暴雨骤降，扫叶女郎走到廊下避雨，将打湿的青帕从头上取下来，陶谷只觉眼前一亮。因为她的头发，又黑又亮，就像缎子，再看到她脸上，越发令人惊异，神清骨秀，竟是绝色。如说美中有不足，便是过于清秀，略嫌寒薄，然而眉宇之间，隐含幽怨，却正又是最动人之处。

陶谷从此迟出早归，就在宾馆中，亦是牵肠挂肚，如有心事，必得看到了扫叶女郎的影子，心里才舒服些。可是夜来上床，辗转反侧，那滋味又难消受了。

这夜是十月十五，寒月如霜，皓洁非凡，陶谷贪玩月色，睡而复起，正待唤起书童烹茶，只听一连串如珠泻玉盘的声音，随风飘来——不知谁在弹琵琶？

琵琶是哀弦，凄凉的曲调居多，陶谷一面凝神一面细听，默念着白居易的诗句："弦弦掩抑声声思，似诉平生不得志。低眉信手续续弹，说尽心中无限事。"而脚下不知不觉地循声而往，绕到屋后，是座废园，推开虚掩的角门一望，干涸的鱼池边，坐一位抱着琵琶的白衣女子，月光下看得分明，正是他朝思暮想的心上人。

"弹得好琵琶！"陶谷有意这样大声地说。琵琶声歇，白衣女子抬眼望了望，急急起身，仿佛要躲避似的。

"你不要走！"陶谷恰好拦住了她的去路，指一指月亮说，"如此良宵，不妨谈谈。你姓什么？"

"我姓秦。"

"喔，"陶谷想起驿卒也姓秦，便即问道，"管驿的是你什么人？"

"是家父。"

陶谷大为惊异，驿卒竟有这样一个女儿！"你不像低三下四的人。"他说。

"怎么不像呢？"白衣女子抬起脸来捋一捋鬓发，笑着问。

"气度不像。"陶谷情不自禁地答道，"说实话，名门闺秀，我也见得不少，实在都不如你！"

"老相公的话，说得太过分了。"

"一点不过分。"陶谷唯恐她不信似的，"我无须恭维你，实情如此。不说别的，就你一手琵琶，便是绝技。"

"弹得再好，没有知音，亦是枉然。"

陶谷心头一动，笑嘻嘻地说道："莫非我亦不是知音？"

"我如何敢跟老相公相提并论？"

"就相提并论，有何不可。"陶谷坐了下来，"你也坐！我们好好谈谈。你叫什么名字？"

"我叫弱兰。强弱的弱，芝兰的兰。"

"好雅致的名字！"陶谷又问，"想来知书识字？"

于是秦弱兰自诉身世。只为知书识字，姿色出众，自视甚高，及笄之年，做媒的踏破了门槛，却没有她看得上眼的。论她的才色，原该匹配名门，但驿卒之女，门不当、户不对，因而落得个高不成、低不就，最后嫁了个寒士。

婚后倒也有三年好日子。丈夫温柔多情，文雅风趣，虽穷而肯上进，"三更灯火五更鸡"，勤读不休。秦弱兰方在暗暗心喜，有此夫婿，何愁没有出头之日？哪知他用功过度，得了个咯血的毛病，又很快地转为痨瘵，不到一年，竟而下世。

秦弱兰决心守寡。只是夫家四壁萧然，守无可守，万般无奈，唯有"夫死从父"，长住娘家。

怪不得她眉宇之间，常含幽怨，而面貌亦嫌单薄，原是一副寡妇相！陶谷心想，相法上有个说法，克夫的妇人，若与人做妾，又当别论。如得此姝媵老，倒也不坏。不过，看样子她未必肯，开口碰个钉子，以后就难转圜。此事须缓缓图之。

因此，他只下一番讨她欢心的功夫，夸奖她，安慰她，当然也同情她，只道红颜薄命，嗟叹不绝。说得秦弱兰盈盈欲涕，颇为感动。

从此早晚相见，都要说好一会儿的话，他们在院中、在廊下，她从不进他的屋子。陶谷一颗心痒痒地没个安顿处，却是无计可施。

这样过了半个多月，汴梁遣专差来召陶谷，据说等他回朝复命，即将大用。韩熙载得知消息，携酒相贺。陶谷的架子本来就大，此刻更是眼高于顶，只管自己督饬随从，料理行装，对客人淡淡的，不大搭理。

行装料理到半夜，告一段落，陶谷已经闭门要上床了，却又听得有人叩门。开门一看，喜出望外，正是他朝思暮想的秦弱兰。

她一进门便"噗"的一口将灯火吹灭，纵体投怀，自道感于知遇，愿以身相报，但寡妇的名节也是要紧的，所以直到夜深人静，方来相就。

陶谷不曾料到有此傥来艳福，芗泽初闻，娇喘细细，一切都似梦如幻。他恍恍惚惚地，真有遇仙之感了。

一宵缱绻，秦弱兰曙色初现时便起了床。陶谷一惊而醒，还待留她时，她已经轻轻开了房门，悄然遁去。回忆夜来的温馨，想到专差催召，几日之内,就要孤零零地上道,陶谷心中有着说不出的怅惘。

怅惘为他带来了困惑,不知这一夕因缘是好是坏?若是北上途中,牵肠挂肚,则片刻欢娱,无穷烦恼,岂不是恶因缘?

话虽如此,他却仍旧希望与秦弱兰有个单独相处的机会,无奈启程在即,待办的杂务特多,人来人往,不得其便。直到黄昏时分,方能清静下来,而秦弱兰却又人不知、鬼不觉地出现了。

她此来是要乞取笔迹,作为别后思念的慰藉。陶谷的怅惘,正待发泄,不过这不是精心构思的时候。他取幅花笺,直抒所感,写成一首小令《风光好》:

好因缘,恶因缘,只得邮亭一夜眠!别神仙。
琵琶拨尽相思调,知音少,再把鸾胶续断弦。是何年?

一夕因缘,是好是恶,一时不易分明。他只觉得来也突然,去也倏忽,如遇神仙,甫会即别,而又形容为"断弦",希冀有重续之时。秦弱兰会得其中之意,却懒怠搭理,揣起花笺,笑一笑翩然而逝。她那神情,十分诡秘,撩拨得陶谷心里,越发七上八下的不能宁帖。

到得第三天,李煜为陶谷饯行。盛筵宏开,极其殷勤,而陶谷架子摆得十足,不言不笑,亦不大动箸,宾主之间的意冷心热,显得格格不入,颇为尴尬。

"来!"李煜忍不住心头火发,大声吩咐,"取琉璃盅来!"内侍取来一个里外晶莹的水晶酒盅,五寸口径,高将近尺,容酒可三升之多。斟满了,李煜唤一名内侍捧了去请陶谷干杯。

这是强人所难,陶谷更为不悦,板着脸只答了三个字:"我不喝!"

内侍无奈,回到李煜面前复命。李煜冷笑道:"想来要有歌伎相劝,陶学士才肯喝!传教坊伺候!"

教坊早伺候在堂下，听得传唤，遣一名歌伎上堂，手捧檀板，当筵而立。陶谷一见大惊，哪里有什么荆钗布裙的驿卒之女秦弱兰，原是教坊的粉头乔装的！

这一下知道坏事了！陶谷神色大变，倒像坐在火炉上似的，只是扭动下身。而秦弱兰轻击檀板，曼声高唱，开出口来，清清楚楚的"好因缘，恶因缘"，将那首《风光好》唱得只字不差。

她一面唱，一面向客座上含笑抛媚眼。于是满堂亦都含笑看着陶谷，但见他脸上一阵红、一阵青，忸怩万状，平日的威严，消失得无影无踪。好不容易等秦弱兰唱完，而陶谷的灾难方始开头。

"学士。"秦弱兰领着内侍来向他劝酒，"请干了这一盅酒！"

陶谷料知不能还价，窘笑着硬起头皮，干了一巨盅酒。自以为过了难关，不道李煜高声吩咐："弱兰，你再劝陶学士一盅！"

"是！"秦弱兰向内侍使个眼色，在琉璃钟中斟满了酒说，"请学士饮个双杯。"

"不！不！"陶谷双手乱摇，"再使不得了，我的量浅。"

"好事成双，学士休客气。"

"实在不行！"

"非饮不可！"

陶谷大怒，但怒火就是不敢发作，正着急着不知何以为计时，那两名内侍开始动手了。

早就受有指示的两名内侍，毫不客气，一左一右捉住陶谷的手臂，动手强灌。陶谷自然不从，大声喊道："殿下、殿下！"

李煜这时正以他的长兄文献太子宏冀病殁，由郑王徙封吴王，移居东宫，是无形中的太子，礼制甚隆。而陶谷一向对他不礼貌，见面时的称谓，直呼"吴王"。此时事急，卑词乞哀，改称"殿下"，然而晚了。李煜扬脸不理。

这也就是暗示内侍，尽管依命而行，无须顾忌。于是又走上来一个人，一手捏住陶谷的鼻子，一手托起他的下颏，终于将一大盅酒，倒入他口中。三个人灌完放手，陶谷已经面无人色，他的酒量本来不算好，而这样入口的酒，又太难消受，因而酒很快地都涌了上来，他张口一呕，吐得满地狼藉，是大大失仪了。

扶回宾馆，陶谷气恼不已，却又无可发作，遣人通知韩熙载，决定第二天便启程北上。韩熙载陈明李煜，只派一名小吏，在十里长亭，草草备具杯盘饯别。那种简慢的光景，与他初到时，百官在此相迎，殷勤道劳的盛况，大不相同，真正是不堪回首了。

陶谷恨得牙痒痒，一路盘算，只待回到汴梁，便要撺掇周主，大举征伐。哪知李煜早有布置，派人赶在陶谷前面，将他的那首《风光好》在汴梁先为传播。当然，不会说他如何被强灌了酒，只说吴王设盛宴饯行时，他如何酗酒大醉，狼狈不堪，失尽了大邦威仪。

这段故事，在善于辞令的黄保仪口中，娓娓言来，极其有趣。嘉敏兴味盎然地倾听，等黄保仪一口气讲到这里，不容她休息，便随即问道："那陶谷呢？可曾撺掇周主，派兵来攻打？"

"周主怎么会再听他的话？原来打算用他为相的，只为他是这般行径，哪里还好重用？"

"这才是！"嘉敏抚掌笑道，"这等狂妄的人，原该教他知道厉害。好痛快！"

"这是官家做吴王时候的事。此一时，彼一时，如今却不会再有这样的情形了。"

"其实有何不可？"嘉敏想说一句：官家昔日的刚强，到哪里去了？话到口边，自觉问得多余，便又咽了回去。

看她脸上笑容渐敛，阴郁渐现，黄保仪多少猜知她的心事。想一想，应该劝一劝她，因为自今以往，她的话在李煜面前，慢慢地会发生作用。一言兴邦，一言亦可以丧邦，举国祸福所关，不能不提醒她出言慎重。

"昭惠后在日,军国大事,从不过问。因为身在深宫,外头的情形,茫然不知,要谈亦无从谈起。我倒觉得,这是很聪明的办法,不闻不问,也少了许多烦恼。"

提到她姊姊,嘉敏心里便是一个疙瘩。可是深一层去想,拿她与昭惠后相提并论,等于默认她将继位中宫。黄保仪有才而无失德,原是有资格被"扶正"的,所以这一"默认"可说有相当分量。意会到此,嘉敏就只有欣慰而无不快了。

第六章　玉楼春

由于记着黄保仪的话，嘉敏跟李煜见面时，就从不谈国事。尤其是能惹起李煜抑郁不乐的国事，诸如宋使怎么样的跋扈无礼，汴京有何需索之类。

一过了年，第一件大事是为昭惠后下葬。李煜悼亡的哀痛，似乎已随朱棺埋入黄土而消失，加以四境无事，而圣尊后自入春以来，日健一日，因而他的心境更为开朗，与嘉敏几乎无三日不聚之时。

然而到底名分有关，而且嘉敏接纳了羽秋的明规暗劝，行迹格外检点。每次相见，不管是在友竹轩、瑶光别院，或者澄心堂后的梦蝶斋，总是不着痕迹地留下内监、宫女做证人，证明她跟李煜只是对坐清谈，不及其他。

这若即若离的态度，不免使李煜烦恼。而一年的暮春时节，风风雨雨，落红狼藉，正又是他多愁善感的时候。往年每到此时，昭惠后知道他听不得春雨潺潺，见不得落花片片，总是着意安排下歌筵舞席，为他遣愁破闷，而今年却无人来管他的心境了！由此感触，想起昭惠后的许多好处。悼亡之悲复起，终于有一天在午睡时梦见了昭惠后，却又隐隐约约，看不真切，更莫说梦中得一叙生离死别的相思！

醒来益增惆怅，焚香静坐，依旧难解中怀郁结，唯有发泄在吟咏之中。他不费什么推敲的工夫，写景抒情，直书所见所感，写成了一首《采桑子》：

> 亭前春逐红英尽，舞态徘徊。细雨霏微，不放双眉时暂开。
> 绿窗冷静芳音断，香印成灰。可奈情怀，欲睡朦胧入梦来。

放下笔心中寻思，这首词不妨送与嘉敏看看，让她了解自己的情怀。转念一想，又觉得不必多此一举，好在词中并无绮思艳语，不禁传抄，她迟早会知道的。

果然，这首词很快地到了嘉敏手中。细细玩味，是有人使他魂牵梦萦，而绿窗音断、香印成灰，可知入梦之人，正是埋骨未久的昭惠后。嘉敏想明白了，心中未免不是滋味了。

等冷静下来再想，她却又自愧：这分妒心，起得没有道理。十年恩爱夫妇，一旦幽明异路，而且死别不过才几个月，如果连悼亡之念都不准他有，也太可笑了。反过来看，他竟能将十年来的恩爱，抛得干干净净，未得新，先忘旧，也忒煞寡情薄义，反令人可怕。

这一念的转变，嘉敏立刻便恻恻然地，觉得李煜可怜。那张"不放双眉时暂开"的抑郁的脸，清清楚楚地浮现在她脑际，怎么样也抹不掉，搅得她五中如焚，恨不得实时就能跟他在一起，劝他、求他。只要他解颐一笑，她什么事情都肯替他去做。

这一分无可形容、与时俱增的关切之情，少不得要透露给羽秋，一半是说出来心里好过些，一半也有问计的意味在内。羽秋答得很直爽："既然小娘子为官家犯愁，那就想法子替他寻些乐趣！"

"我也是这么想，怎么能让他尽一日之欢？你倒替我出个主意看。"

"无非吹弹歌舞，饮酒作乐。人是现成的，外面有教坊，宫里有昭惠后一手教导出来的一班宫女，能歌善舞。只是，以小娘子目前的身份——"

以嘉敏目前的身份，还没有资格宣召教坊奏技，更莫说指使宫女。羽秋虽未明说，嘉敏却已充分会意，沉吟了一会儿毅然决然地说："我记得从扬州带来一具笙，不知置在哪只箱子里，明天一早你就替我找出来。再跟裴谷去说，托他到教坊去问一问，有什么宜于笙簧的新谱，给我借几套来。"

"那具笙搁在什么地方，我知道。"羽秋慢吞吞地问道，"要交代裴谷的事，就是这一件？"

"还有什么？"

"还有，"羽秋忍俊不禁，"小娘子的笙，是吹给自己听的吗？"

这是说，还要交代裴谷，安排为李煜尽一日之欢的日期与地点。嘉敏听她这样发问，也忍不住笑了。"这得稍为等一等。"她解释须等待的原因，"三日不弹，手生荆棘，什么乐器，一丢下就生涩。我总得先练一练。"

"那就是了。我这会就去找裴谷。"

第二天一早，等羽秋将一支十七管的笙找了出来，擦拭洁净时，裴谷亦已将宜于笙奏的曲谱送到了，一共三套。嘉敏喜滋滋地亲自检视，但拈起第一张看，便收敛了笑容，深深皱眉。

因为这套曲谱名为《玉树后庭花》。当年陈后主耽于逸乐，召集江总、孔范等文士，宴于后庭，无复尊卑之序，称为"狎客"，不禁妃嫔与狎客唱和。君臣高歌酣宴，通宵达旦，其中最有名的就是陈后主所作的这套《玉树后庭花》。这样七年之久，贿赂公行，文武解体，终于为隋兵破了石头城，陈后主与宠妃张丽华遁入胭脂井中，结果还是不免被俘。所谓"商女不知亡国恨，隔江犹唱后庭花"，嘉敏想到唐人的诗句，怀疑裴谷是有意讽刺，大为不悦。

正待发作，羽秋已发现她神色有异，急忙问道："怎么？是何不妥？"

"你看，这是什么意思？"嘉敏愤愤地说，"我要的是新谱，他拿六朝的旧谱来搪塞，而且是亡国之音的《玉树后庭花》！"

"这是裴谷的疏忽，不必动气。一定还有新谱，且再看。"

总算还好,有一套新谱,名为《桃林放牧》,嘉敏一看这个名字便回嗔作喜了。她读过《山海经》与《水经》,知道函谷关西的灵宝县,本名桃林,"武王伐纣,天下既定,放牛桃林",桃林又出野马,更有一处地方,叫作"马牧泽"。这些典故,就是《桃林放牧》这个曲名的由来,四海和平,兵革不兴,放牛牧马,一片安详,这是多么令人向往的境界!

于是,她喜滋滋地取笙试谱,可是出声不成腔调。这不是曲谱不好,而是她对音律一道,远不如昭惠后来得精,在音节上头把握不住分寸,吹来就不中听了。

这就不但她自己着急,连羽秋亦无法忍耐。"小娘子,"她说,"我去请宫娘来教你!"

这个建议本来是不错的,唱曲奏乐,原要有唱和之乐,方能得切磋之益。只为一个"教"字为争强好胜的嘉敏所不愿听,因而她断然拒绝:"不要紧!我摸得着门径。"

好话不受,羽秋一赌气,躲得远远的不理她。到得午后回友竹轩,羽秋发觉嘉敏居然摸着了门径,已吹得很像个样子。然而也够她受的了,鬓发散乱,鼻上见汗,样子显得有些狼狈。

"累坏了!"她说,"歇一歇吧!"

"不累。"嘉敏很兴奋地说,"我还要练,熟能生巧。这套谱很有些奥妙,我吹给你听。"

从头听起,意味又自不同。舒徐中节,也有很明快的地方,入耳恬适,一颗心很快地静下来,直到听完,羽秋犹有未足之意。

"你觉得怎么样?"嘉敏笑嘻嘻地问,声音中有些发喘。

"我说不上来,只觉得很舒服。好似清明时节到外头去走走,风吹在脸上,软软的。只想在草地上躺下来,听鸟叫,闻闻花香。什么事都懒怠去做了。"

"对了,我想要的,正就是这样的一种意味。"嘉敏的气更喘得急了,仿佛过于激动,竟有些语不成声,而仍旧要说下去,"你想'桃林放牧'这个名字,就可以想象其中应该有些什么?鸟语花香,绿草如茵,放牧牛马,倘佯自在,是好一片太平盛世的光景。羽秋,你可有些那样的感觉?"

"正是这种感觉。行了,"羽秋提高了声音说,是劝告,但也是强制,"不能再吹了!吹笙最伤气,不要弄出病来,可是件不得了的事。"

"好!"为了安慰羽秋,嘉敏听从劝告,"今天不吹了。"

"我看是很不错的了。明天,"羽秋问道,"明天就请官家来小宴,听你吹笙?"

"再过两天。等我练得精妙了再说。"

"那,那也好!"

她还在刻意苦练,为娱君王,希望奏出一鸣惊人的新声,不道犹带生涩的曲调,已先入李煜的耳中——他是无意中向裴谷问起嘉敏近日的光景,而裴谷亦在不经意中透露了嘉敏索取新谱一事,因而引起了李煜的兴趣。这兴趣出于好奇,他从不知嘉敏亦曾亲近音律,更不知她于此道可否及得上昭惠后的修养,急于想做个比较,所以在去万寿殿为圣尊后问安时,他特意绕道友竹轩外,希望一明究竟。

刚过花圃,便已发觉笙簧之声,李煜不由得驻足倾听。以他的那一双耳朵,一听便能鉴定嘉敏在这方面的程度——自然不如昭惠后。同时也听出她不弹此调已久。

可以想象得到的,她必不愿他人听到她的还未熟练的乐声,犹如自己不愿以尚待推敲的词稿示人,是一样的道理。于是李煜又悄悄地离去,同时命裴谷告诫从人,不准让嘉敏知道他来过,免得扫了她的兴。

等得第三天,嘉敏亲笔写个小简,派羽秋送到澄心堂。说是为了"饯春",特设杯盘,请李煜来做"主人"。

"这个名目倒想得有趣。明明是请客,偏说叫我做主人,亏她怎么想来的。"李煜欣然对羽秋答道,"你回去说,我料理完了几件紧要章奏,马上就去。"

"是，请官家早早起驾。"

"绝不会迟，一定在午前到。"

"是！"羽秋又说，"周小娘子嘱婢子代奏：饯春需求官家的墨宝一幅。"

"可以！"李煜毫不迟疑地答说，"回头我带去。"

到了近午时分，李煜换了一件薄薄的袷衫，潇潇洒洒地来到友竹轩。嘉敏却是满头珠翠的盛妆。从昭惠后去世以来，她还是第一次打扮得这样浓艳，因而等她拜罢起身，李煜不由得紧盯着她看。

这使得嘉敏多少有些发窘，背转身去，假咳一声。这一下提醒了李煜，自知有些失态，便即说道："倒是你雅人深致，可惜我今天思路艰涩，又急着要来践约，竟不能好好作一首饯春的词，姑且拿旧作搪塞吧！"接着，唤一声，"裴谷！"

裴谷捧着一个画轴在手里——李煜是取裱好现成的条幅，写的一首旧作《菩萨蛮》：

寻春须是先春早，看花莫待花枝老。缥色玉柔擎，醅浮盏面清。

何妨频笑粲，禁苑春归晚。同醉与闲评，诗随羯鼓成。

等嘉敏看着念完，李煜笑道："你我同做主人，便须同醉。"

"'诗随羯鼓成'，官家须有新词，限时交卷，我便奉陪一醉。"

"好，好！"李煜很高兴地说，"依你，依你。听说你奏得好笙，回头就以笙代鼓好了。"

"没有师承，不成腔调的东西，怎么敢献丑？"嘉敏微笑着推辞。

"无须过谦。"李煜转脸吩咐，"羽秋，取笙来！"

"是！"羽秋答应着，身子却不动，要看嘉敏的眼色——这是有意要表示出来，她只听嘉敏的话。

苦练了几天，就为的是此刻，谦虚不可无，做作不可多，嘉敏便用其词有憾的语气说:"也罢!你便取笙来。"

于是羽秋将那支竹管成了肉红色,擦拭得亮可鉴人的笙取了来。嘉敏接在手里,慢条斯理地端详了一会儿然后半侧着身子,捧笙就口,试吹了数声,声清而爽,异常悦耳。

一直含笑注视的李煜,可有些忍不住。"妹子,"他不自觉用上了私下亲昵的称呼,"你让我先闻为快吧!"

"这支曲子叫《桃林放牧》,音节不快,可是全曲不长。等我奏完了,官家不能'诗随羯鼓成',可又怎么说?"

"自然罚我的酒。"

"不敢说罚酒。那时候,我敬官家一杯,官家可要还我三杯!"

"一定。敬酒更要吃了。"李煜又催,"请,请!"

于是嘉敏调一调气息,聚精会神地奏起那支《桃林放牧》。音节从容明亮,令人想起那种春暖花开,水涨前溪,信步寻芳,恬然自适的意境。李煜深深惊讶,不过两三日工夫,她的技艺竟而大不相同,真要刮目相看了。

可是,听不如看。新声虽妙,究不到出神入化的地步,教坊中比她高明的好手多的是。但是那如玉笋般的纤纤十指,高高下下地在长短参差的笙管上移动,如龙飞、如凤舞,如蕙兰初放,如芍药临风,那姿势的美妙,令人目眩神迷,却是在谁的手上都看不到的。

因此,他趁曲子一段结束,嘉敏稍停换气的空隙,脱口吟道:

铜簧韵脆锵寒竹,新声慢奏移纤玉。

声朗而清,字字真切。在文字上,嘉敏胜过昭惠后,她觉得用"脆"与"锵"来形容铜簧竹管的笙韵,已是道人所未道,更妙的是金石锵然,偏说"铜簧韵脆",而丝竹清脆,却又说寒竹锵然。究其实际,是铜簧得竹而韵脆,竹因铜簧而铿锵,此方是确切不移地写尽了笙之为笙。

光是起头这一句就让她衷心倾服,再想到第二句他赞美自己的一双手,更觉欣悦得意，不由得含笑斜睨。那水汪汪的一双眼睛，冶艳非凡，连羽秋和其他宫女看在眼里，都有惊心动魄之感。

李煜更是意乱神迷，让她的眼色勾起好些温馨的回忆，尤其是梦蝶斋中恣意相怜的千金一刻，令人渴望着重现。

是这样无可自主的心情，哪里还会去寻章觅句？更莫说细听《桃林放牧》！直待众音俱寂，唯见盈盈含笑的嘉敏，正眼相视，他方始如梦初醒似的，想起自己身在何处。

"'铜簧韵脆锵寒竹，新声慢奏移纤玉'，是《玉楼春》还是《菩萨蛮》？"

这是在催问他作的词。李煜无法回答，此时连他自己都还不知道会续成为《玉楼春》、还是《菩萨蛮》，便虚晃一枪地问："你喜欢哪一个词牌？"

"我都喜欢。"嘉敏咄咄逼人地，"'诗随羯鼓成'，请官家快快念来！"

李煜笑了，然后举起面前的玉杯，往外一伸。"你斟酒吧！"他说，"我认罚！"

"不敢罚官家的酒，只依官家许了我的话做。"

原来相许的是以一易三。嘉敏唤羽秋取来一色大小的四个玛瑙酒盅，斟满了兰陵酒，自取一杯，一饮而尽，笑着拿空杯子向李煜照了一下。

李煜欣然引杯，一一干讫，然后起身说道："既是'饯春'，自须酬花。羽秋，你们带着酒，跟我来。"

大家都不知道他要做些什么，只携酒相随，随他一直走向花圃，在一丛自洛阳移植的异种牡丹前面站定。

"'会向瑶台月下逢'。"李煜念了一句李白的《清平调》，回身从羽秋捧着的漆盘中，取一小杯酒，自己先喝一口，余下的都浇向花间，作为饯别。

就这样念一句诗，浇一杯酒，浇遍花间，直到念出"开到荼蘼花事了"，方始罢手。而天不作美，艳阳忽敛，暗云涌到，豆大的雨点洒了下来。急急走避，衣服已经打湿了一大片。设在院子中的酒筵，当然也糟蹋了。

回到友竹轩中，一面重新设席，一面让李煜更衣。而雨势越来越急，万寿殿的瓦是铜瓦，雨急声喧，檐溜湍急，加上呼啸，显得热闹非凡。

"大妹子！"裴谷向羽秋抛过去一个眼色，"这雨，一时不得停。我看，大家散一散吧，不必都伺候在这里。"

羽秋懂他的意思，心想：这是顺理成章的事，如果阻挠就太煞风景了！因而点点头，回报以同意的眼色，然后向所有的宫女宣布："都去歇歇！没事在屋里待着，下雨天别乱跑乱走的。"

衣履皆湿的宫女们，巴不得这一声，纷纷各散。羽秋便悄悄闭上了嘉敏卧室的门，喊一名垂髫的小宫女守在廊下，听候呼唤，然后，与裴谷一起退了出去。

风更狂，雨更骤，而紧闭着的嘉敏的卧室，却是声息全无。也许有声息而为喧哗的风声雨声所遮盖，那就无可究诘的了。

不久，有一首《菩萨蛮》从禁中流传出来，争相抄诵：

　　铜簧韵脆锵寒竹，新声慢奏移纤玉。眼色暗相钩，秋波横欲流。
　　雨云深绣户，来便谐衷素。宴罢又成空，梦迷春睡中。

这首词迷离惝恍，在可解与不可解之间。但其中有"本事"是无可疑的，只是"雨云深绣户"，不知得承恩宠的是谁。有人说是圣尊后宫中，一名唤作庆奴的绝色宫女，最近李煜还写了一柄黄罗扇赐给她，上面题的一首词，叫作《杨柳枝》：

　　风情渐老见春羞，到处芳魂感旧游；
　　多见长条似相识，强垂烟穗拂人头。

这言之凿凿的说法,颇为熟于宫禁而又长于词章的人所笑。这首词,实在不是词,是一首七绝,题目叫作"柳枝词",咏的就是柳枝。李煜写来赐给庆奴,倒是一片惋惜之意——庆奴自负绝色,少所许可,到了放出宫去的年龄,却不肯出宫,任凭圣尊后如何劝说,只是不从,口称愿意服侍圣尊后一辈子。就为了这一份忠心,圣尊后拿她另眼看待。李煜因孝母而敬其人,才特以上用的黄色罗扇相赐。

但是了解内幕,如阿蛮那样的人,却知道庆奴别有衷曲。她的本意是自顾颜色,必能邀得君王一盼,飞上枝头做凤凰,而李煜晨昏定省之余,跟庆奴见得面多了,自亦未免有情。

无奈昭惠后早具戒心,而且应付的手段,较之施之于嘉敏,大有高下之分。她一方面不断夸奖庆奴端庄稳重,拿礼仪来拘束,以至于到得后来,庆奴当着圣尊后的面,对李煜竟不苟言笑了;另一方她又屡次暗示李煜,庆奴是圣尊后面前最得力的人,不宜夺老母之所爱。当然,防范极严,更是不消说的。

为此,庆奴成了自误青春。如今三十将到,已近迟暮,李煜为她惋惜,才写了这首《柳枝词》喻意,只"风情渐老"四字就再也明白不过了。

* * *

禁中秘辛到底泄露了!那首《菩萨蛮》是为嘉敏所写。然而,何以谓之"宴罢又成空"?既谐衷素,就不是好梦未圆。这"空"字应该另有所指。

有人试做解释,说这首词是变格。上半阕是李煜写他的所闻所见,而"过片"以后的四句,是用嘉敏的口气,写她的经历与感触。所谓"宴罢又成空",是说她的所求未遂。嘉敏所求的是什么?只看她久留不去,就可以猜得出来,是在等待圣尊后下立后的懿旨。

"这十六岁的娇娃,能母仪天下吗?"韩熙载大为困惑,夜宴之际,向他的密友问说。

座客的意见不一，有的附和韩熙载的话；有的以为自东汉以来，年轻的皇后多得很，无足为奇；有的认为年龄无紧要，要紧的是皇后的品德应无可批评，否则便是举国之羞。

对最后一种意见，韩熙载深以为然。他自觉三朝老臣，应尽言责；又怕一个人的力量不够，特意约了两位同僚，一起觐见谏劝。

这两个人亦是出入机要之地的重臣：一个叫陈乔，风度淹雅，小心守法，现任吏部侍郎兼枢密副使；一个叫潘佑，苦学成名，先在秘书省当个小官，为韩熙载与陈乔所赏识，交章论荐。当时李煜在东宫开崇文馆招贤，潘佑就是极少数的入选者之一。他的文章做得极好，典雅华丽，而且下笔如飞，因此，李煜用他"知制诰"。凡是重要的诏令，都出自他的手笔。只是他赋性孤峻激烈，落落寡合，韩熙载邀是邀了他，却有些不大放心，怕他言语耿直，激起李煜的反感，于事无补而有害。

"荥阳，"韩熙载唤着他的别号，郑重叮嘱，"你我正色立朝，固应犯颜直谏，但人臣事主，亦自有礼法。请你陈词不可太质直，激起意气，反而不妙。"

"请放心。我不发言则已，发言则必蒙官家嘉纳。"

"那就是了！"韩熙载掀髯欣然，"原知你辩才无碍，必能回天。一切仰仗了！"

潘佑笑笑不答。随班觐见，先论国事。陈乔是枢密副使，掌管军令，首先报告这天新到的一个谍报：后蜀虽为宋师所灭，蜀主孟昶已由水路出三峡，向汴京投降，但王全斌在蜀中纵容部下，骚扰掳掠，激起民变，有不可收拾之势。

"噢，"李煜问道，"汴京如何处置呢？"

"听说要另派重兵入蜀平乱。"

"是走哪一路？"李煜问道，"水路还是陆路？"

"陆路崎岖，行军艰苦，自然是走水路。"

由水路走，就得经过边境，所以李煜告诫：

"那得通知林仁肇,严加戒备。"

"是!"

"可也要通知他,"李煜加重了语气说,"宋师过境,不准惹是生非。"

"林仁肇持重识大体,绝不至于无端招惹宋师。"陈乔答说,"臣再通知他就是。"

李煜点点头,看看潘佑问道:"你怎么跟他们俩一起来见?"

潘佑"知制诰",只向李煜负责,无与韩熙载、陈乔同时觐见的必要,所以李煜觉得奇怪。而潘佑却不便回答,只用催促的眼色看着韩熙载。

于是韩熙载踏上两步答道:"臣等只为流言可畏,心所谓危,不敢不言。外间沸沸扬扬的传说,实在有伤圣德。"

"喔?"李煜很注意地问,"传说些什么?"

"臣等又不忍言。"韩熙载忽然转换语气,"昭惠后去世已将十月,中宫缺位,圣意云何?"

"昭惠的尸骨未寒,"李煜有意闪避,答得冠冕堂皇,"何忍言及此事?"

"官家重于夫妇之义,不胜倾服。只是国后统摄六宫,未便久虚,不知心目中可有才德俱胜的贤媛,堪备其选?"

听这口气,似乎是来"做媒"。李煜心想,如答以尚无其人,韩熙载就会提出人选。果然如此,便是多此一举,不如趁早辞绝了他,说等几年再议。

这个念头刚起,另一个念头紧接而至:韩熙载此来,意思莫测,不要上了他的当。快刀斩乱麻,摆脱他的纠缠是上策。

因此,他断然决然地答道:"叔言,你不必再往下说了。我是悼亡的心情,你应该知道。"

话风中点水泼不进去,韩熙载词穷了。不过李煜言不由衷,却是很明显的。因而他不能甘心于就此罢手,便向陈乔和潘佑使个眼色,希望他们帮腔。

潘佑装作未见,陈乔在韩熙载的求援眼色催促之下,自不能不开口。"官家笃于伉俪之情,此时不忍议立继后,臣等自须仰体圣意。"他徐徐说道,"只是中宫辅弼圣德,既为海内臣民所殷盼,更为圣尊后所关切。官家上慰慈怀,下安民心,亟宜早定大事。"

在这番大道理笼罩之下,李煜无法闪避了,不过提到圣尊后,却正好有个推托,便点点头答道:"你说的也是实情。过几天,等我请示圣尊后看!"

韩熙载心想,这一来更不妙了!周嘉敏深得圣尊后的宠爱,人人皆知,如果让她选后,结果不问可知。有话真要在此时就说个清楚,不然,也许三两日内就会有懿旨下来,那时措手不及,再难挽回了。

韩熙载这样想着,便有些口不择言。"立后是家事,可也是国事。"他说,"臣乞官家代奏圣尊后,立后之前,将名单交议。"

"立后还要廷议吗?"李煜不满地质问。

"这也是集思广益之意。"

李煜懒得跟他多说,冷笑一声答道:"好吧!我拿你的意思转奏圣尊后就是。圣尊后接纳不接纳你的意见,可就不关我的事了。"

韩熙载又碰了一个钉子,不便再说,移目直视着潘佑,催他进言。潘佑微微点头,示意领会,打算有番话说。

"立后是国事,也是家事,自然要以圣尊后的意旨为意旨。臣以为与其交议于后,不如建言于先。臣乞懿旨一道,博咨周询,举荐贤媛,列成名单,恭请圣尊后亲自选定。庶几事理周致,不悖于礼。"

"说得对,说得对!"李煜欣然同意,"就照你的建议办!"

与李煜的欣慰正好相反,韩熙载觉得潘佑荒谬绝伦,退了下来,气得吹胡子瞪眼,在宫中就待与人吵架。

"荥阳,你太岂有此理!"他气急败坏地说,"我邀你面驾,原是望你助我一臂之力,你怎的偏跟我作对?我说立后是家事,也是国事,你竟说是国事也是家事。轻重倒置,南辕北辙!明明是撕我的老面皮!"

"岂敢!韩公是我的举主,我怎敢无礼?"潘佑看着他与陈乔,从容答说,"两公总信得过我潘某,即便无赖,也还不至于卖友求荣吧?"

韩熙载余怒未息,冷笑着说:"卖友不卖友,不去说它,足下这一番陈奏,已经上结主知,总是不争之事。"

"韩公这样责备我,我除了请罪以外,就别无话说了。"

言语之间,各不相让,有成僵局之势,陈乔便从中调解:"韩公息怒!"他婉言相劝,"荥阳素为我公激赏,必不至有意冒犯。且听他解释。"

"好!"韩熙载手指着潘佑说,"我请教你的大道理。"

"岂敢!道理虽不大,也不小。'金缕鞋'铁案如山,官家如果竟不立周氏为后,则是始乱而终弃。韩公以风义自许,风流自喜,想来不至于愿事一位薄幸之主吧?"

一句话说得韩熙载张口结舌,嗫嚅了好一会儿,方始答得一声:"何可一概而论?以常人拟王者,不伦!"

"男女之情,王者何殊常人?薄幸者不仁不义,施之于臣下则寡恩。韩公愿事寡恩之主?"

"叔言,"陈乔点点头说,"见微知著,荥阳的见解,不可不重视。"

"韩公,"潘佑忽然激动了,"国事蜩螗,所见宜大。蜀中已经为宋所有,南汉旦暮不保,吴越力求自全,我们亦须早自为计。整军经武,多少大事,待官家大振干纲,当机立断,何苦争这些虚文浮节?以我的想法,官家的儿女私情,该让它早有归宿,俾得专心致志处理大政。这较之据理力争,反对周氏正位中宫,其得失为何如?"

韩熙载究竟是读书读通了的,有服善纳谏的雅量,顿时改容相谢:"荥阳,倒是老夫错怪了你!"

"言重,言重。"潘佑亦很谦恭地逊谢。

"不过,荥阳,有一点我还是不能不怪你。"韩熙载又说,"你既有这番高超见解，何不早跟我说明了，也不必有今天这多余一举。"

"也不算多此一举。正要官家知道有侃侃直言的老臣，心存畏惮，方不致恣意而为。"

这是一顶高帽子，但多少也是实话。芥蒂尽释的韩熙载，想起潘佑先前所作的诺言，不觉拍手好笑。"荥阳、荥阳，你真会弄狡狯。说什么'不发言则已，一发言必蒙官家嘉纳'！原来你早就站在官家这一面，倒上了你的大当了。不过，话说回来，"他衷心表示倾倒，"有你这样精微的见解，无碍的辩才，也只好让你去弄狡狯。"

"闲话少说，"陈乔做了一个结论，"既然大家的意见已经和洽一致，就索性早早促成了好事。荥阳日侍左右，请相机进言相催。"

"是！"潘佑问道，"如果官家问起两位的意思如何？我怎么说？"

"就照你的意思作答，"韩熙载答说，"请官家收拾闲情，勤理政事。当然，这番意思须出之以婉转。如何措辞，请你自己斟酌。"

事实上，用不着潘佑催促，李煜就在着手进行了。潘佑的建议，解消了他心中存之已久的一个疑难。他不敢贸然请懿旨立嘉敏为后，就是怕出之以太遽，万一有人提出异议，彼此面子都不好看，而且亦难找出转圜之道。如今用懿旨博访贤媛，既是冠冕堂皇，足以为嘉敏增重身份的办法，又因迂回缓冲，得以留下了暗中疏通化解的余地，实在是绝妙的一计。

因此，李煜在第二天到万寿殿问安时，闲闲提起，说臣民关心中宫，都望早日册立继后。昨天韩熙载等人，特为此事进谒，反复奏劝。他因为不知圣尊后的意思如何，所以未做肯定答复。

圣尊后早就定下了主意。但这是件大事，且是须保持机密的一件大事；所以只在心里盘算，从不肯向左右透露。此时听李煜提起，便即吩咐左右回避，决定好好谈出一个结果来。

"这件大事也该办了。"圣尊后说，"你说要问我的意思，我可不能不顾你心里的想法。我想，你总也有个打算吧？"

"娘说如何就如何，儿子没有打算。"

圣尊后不知道李煜是有意说得这样漂亮，只道他真无打算，不觉讶异。"难道你对嘉敏没有意思？那么，"她问，"何以总是找她玩呢？"

这一问等于诛心。李煜发觉自己弄巧成拙了，如果再说假话，便是欺母，大大不可，因而赔笑说道："也不是没有意思，只为她年纪太轻，怕难胜中宫之位。"

"我也是顾虑到这一点。既然韩熙载他们都催着立后，话就好说了，先定下名分，早安臣民之心。至于正式行礼，不妨过两三年。"

"是！"李煜又说，"潘佑有个办法，儿子倒觉得不妨一试。"

接着，李煜说了那个办法。圣尊后无可无不可地同意了。

这道懿旨，当然由"知制诰"的潘佑秉笔。他受命之后，在禁中足不出户，亦不接见僚属，精心构思，花了三天的工夫，才做成一篇典丽堂皇、骈四俪六的大文章。

这篇文章，除了诏令照例应有的"套子"以外，一开头以"易筮两仪，乾健与坤成并重；诗赓四始，齐家为治国所先"笼罩全局，点醒主题，接着是"爱溯上仪，聿稽往牒"，历数贤后的典故，进一步强调"乾健"有赖乎"坤成"。

然后就是颂扬死者了，盛赞昭惠后在日，"夙娴女训于闺中，珩璜有则；曾表母仪于海内，袆翟攸崇"，而且"侍春辉于长乐，布惠泽于掖庭"，自圣尊后以下，无不结缘。不幸的是中道崩殂，薄海同悲。

这以下来接入正文。后位不便久虚，应该"特选贤淑，继正宫廷"，如得"柔嘉范著，敬顺性成"的华阀名宗之女为国后，"共矢精诚，同伸孝养"，以期"陈笾荐豆，襄宗祀而奉馨香；盱食宵衣，翊貔躬以绵统绪"，方是社稷祖宗，天下臣民之福。

最后是宣示举荐贤淑的办法，责成地方官府加意访求，在朝在籍的大臣，以及德高望重的耆老，亦皆有荐贤之责。要开具家世履历，详叙年貌才艺，层层转送到宫中，听候圣尊后亲裁。

这是罕有的盛举！纶音一布，江南处处转动。凡是高门大族而家有及笄之女的，只要平头整脸，不麻不瞎，无不跃跃欲试，不肯错过这个攀龙附凤、平地青云的机会。自以为生了一个德容俱备，才艺兼擅的好女儿的父母，更是喜心翻倒，兴奋无比。唯一的例外是周夫人。

周夫人十分痛苦，既惊且疑，而表面上却须装得没事人似的，免得更为亲友所笑。在她心目中，国后不出周家的愿望，可说已经达成：情势摆在那里，没有人可以成为嘉敏的对手。谁知稳稳的局面，一夕之间打得粉碎。这也是摆在那里非常明显的情势：如果圣尊后和国主决定立嘉敏为继后，又何须多此一举？既有此举，便是黜落嘉敏的明证。

何以会有这样的剧变？可还有挽回的余地？周夫人一连几夜不能安睡，起卧不宁地只是猜测这两个疑问。

当然，与她持有同样看法的周氏族人，亦很不少。一族荣枯所关，无法袖手看热闹，因而推举了几位长老去看周夫人，坦率相见。决定秘密派遣老管家进京，相机谋干。

不管是打听消息也好，拜托挽回也好，有求于人，不能空口说实话。周夫人尽发库中积聚，备办了五份重礼，由管家携带进京，分送周家旧日同僚，而至今在朝的重臣。名单中第一位便是韩熙载。

韩熙载正在闹穷，一看周家所送的礼，有古玩、有金银器皿，都是立刻可以变现之物，大喜过望，全数笑纳。

当然，既受了礼，便得有所报答。他不但透露了降此懿旨的用意，而且自告奋勇，愿意纠合同僚，联名举荐嘉敏入继中宫。

结果十分圆满。周夫人得到老管家带回来的消息，愁怀尽去；督促家人，收拾房屋，改换门楣，静等册后的专使，赍着喜诏临门。哪知好事多磨，就在事成定局之际，无端起了风浪——风浪来自汴京。

* * *

在汴京,南唐得有人常驻驿馆,专负联络宋朝各衙署之责,那里按时有密报送回金陵,经过枢密副使陈乔的手,或者转奏,或者分知。要转奏的当然是大事,却往往是坏事。

只有这一次报来的一件大事,在陈乔竟无从分辨是好是坏。密报中说:宋朝有人向皇帝献议,与江南结姻,以一位公主嫁作李煜的继后。这个建议已被接纳,正在遴选特使,预备到金陵来做媒。

陈乔不敢怠慢,当天就将原件送到澄心堂。李煜大感意外,他不知宋朝此举是善意还是恶意,只直觉地不愿做赵家天子的女婿。于是,他立即召集重臣会议,商量如何辞谢宋朝的这番"美意"?与会重臣,传观密报,无不觉得此事来得突兀。密报中语焉不详,大家认为首先要弄清楚的,究竟是哪位公主?品貌如何?这就又要问韩熙载了,因为他曾数度奉使汴京,了解宋朝皇室的情形。

"宋朝皇帝有六个女儿,大的三个,早年夭亡,老四大概还不到十岁,亦还没有受封。如今宋朝有公主封号的,只有一位。这位公主,绝非良配。"

汝南郡公徐辽是主张结这门亲事的,因而便抢着说道:"韩尚书请勿先下断语。且说这位宋朝公主,是何等样人?静候官家裁夺。"

"这位公主亦是杜太后所出,宋朝皇帝同母的胞妹,封作燕国长公主。今年三十多了,相貌与他的皇帝哥哥很像,"韩熙载比着手势说,"脸有这么大,腰有这么粗,又黄又黑的皮肤,奇丑无比。"

"这,"徐辽失望地说,"果如所言,确非良配。"

"品貌是良配也不行,燕国长公主如今居孀,岂有嫠妇而可入居中宫者?"韩熙载又说,"照我看,密报中所说的公主,是宋朝皇帝的侄女。却不是老三光义的女儿,他的女儿还小得很。到了待嫁之年的,只有一个,是已故邕王匡赞的女儿，如今也还没有封号。"

"噢，"李煜问道，"赵匡赞可是宋主的长兄？"

"是！宋主居次，他弟兄五个，匡赞是老大。"

"这位皇侄女的品貌如何？"徐辽问说。

"听说还不坏。"

"那——"徐辽看着李煜说，"请官家考虑。"

"这何用考虑？"潘佑抗声而争，"官家做了赵氏的女婿，国将不国！徐郡公失言了，应该引咎。"

"我如何失言？这是修好的良机，久安的善策。求之不得的好事！"

"修好无非讨好，久安实为苟安，果然讨得了好，能够苟安一时，犹有可说，只怕讨好未必苟安，反有弥天大祸！"潘佑说到这里，略一停顿，环视四周，但见个个悚然动容，便知自己的话已有效果，所以越发激昂警动，"岂不闻'齐大非偶'？果然结此姻缘，自然是官家诣汴梁亲迎，到那时，只怕官家欲求为刘先主而不可得！"

这是引用《三国志》所载刘备的故事。韩熙载大为欣赏，便接口声援："当时新破曹操于赤壁，刘先主领荆州牧，占长江上游，声势正盛。孙权存畏忌之心，故而'进妹固好'。即令如此，亦几不免，昼夜兼行，方得免祸。今昔异势，更无论矣！"

最后这句话，虽说得含蓄，而李煜还是明白的。他一直就不肯应宋朝皇帝的邀约，亲到汴梁，所顾虑的就是怕一去不能复返，诚如潘佑所说，"欲求为刘先主而不可得"。此时听韩熙载引叙三国故事，越发了然于今昔之势所异者何在。刘备有自己的卫士，有布营于长江上游的后援，而且方在缔盟结亲之后，识破祸机于先，沿江防守的吴军不会对刘备有防范之心，才能逃过难关。如今彼我的情势，完全不可与当时相提并论，一去汴梁，就如东流的长江之水，再不能回头了！

"潘卿的见解甚是！"李煜终于做了裁决，"大家只商量如何打消此事吧！"

大家都对"潘卿"这个称谓，感到新奇，连潘佑本人亦不例外——李煜称呼臣下，如果是先朝老臣，以字相呼，如叫韩熙载为叔言；倘为他即位以后拔擢的新进，便直呼其名。如今忽称潘佑为潘卿，足见看重。

相形之下，徐辽更觉难堪，此时听得李煜这一问，便冷笑说道："哼！谋国之忠，如果只在逞口舌之利，那就太危险了。拒绝宋朝的要求，自无不可，但要考虑考虑后果。倘或宋朝恼羞成怒，遣兵南下，不知官家的爱卿，有何御敌的妙计？"

"此须问林仁肇。"潘佑应声而答，"其实亦可不问，有林仁肇坐镇武昌，不会让宋师越雷池一步，而况长江是天堑。"

"不见得！"徐辽依然固执，拿蜀中的情形相比，"栈道、三峡之险，过于长江，请看孟昶的结局如何。"

就在这时候，裴谷悄悄掩到陈乔身边，低声告诉他，枢密院派了人来，有紧急文件要向他面交。

于是陈乔请求暂行退席。他在猜想，也许是又有开封的密报递到——猜想证实了。那封密报来得切合时机，不过处理的方式要考虑。

他凝神想了一会儿，决定采取比较谨慎的方式，招招手将裴谷喊了过来，先做个商量。

"裴内相，汴梁来了一通密报。"他指着文件说，"蜀主孟昶的结局，都在这里面了。我想，先请官家过目。"

"是。"裴谷答说，"我回头呈上官家就是。"

"不！此刻就要送请御览。"陈乔答说，"信又很长，怕一时看不完。就看完了，怕官家会震动，得要静静思量。"

裴谷懂了，陈乔是希望他能设法让会议中止，便点点头说："果然如此，我密奏官家，请大家先散一散。不过，"他又困惑地问，"学士，你说官家看了这通密报会震动，莫非投宋的蜀主有了不测之祸？"

"是的！母子相继毕命，惨得很！"

这就不但李煜，恐怕消息一宣布，与会群臣都会震动。裴谷意识到事态的严重，不敢怠慢，进殿以奉茶为名，到李煜身边，用从容的语气，说一声："请官家更衣。"

这是相沿成习的一个暗号。李煜听得这话，便知裴谷有话，非此时私下陈述不可，便点点头起身离座。

李煜退入后殿，只见陈乔面色凝重地等在那里，手里拿着沉甸甸的一封信，便指着问道："那是什么？"

"是汴梁来的密报，臣以为应该实时上呈。"说着，陈乔双手捧起信来，裴谷接过，转呈李煜。

密报中细叙蜀主孟昶奉母率眷，以及孟氏族人与官属，自三峡而下，溯汉水而至汴梁投降的情形。起先备受礼遇，宋朝皇帝尊孟昶之母李太后为国母，并在崇元殿备礼出见。孟昶率领胞弟、亲子、蜀中大臣，白冠素服，颈悬布帛，在明德门下，亲递降表，伏地待罪。

宋朝皇帝很宽大，温诏慰勉，说是"取法上天，广覆下土，既叶混同之庆，永乘临照之光。方喜来朝，何劳俟罪？体兹睠待，无至兢忧"，派内侍扶起孟昶，更换亲王的服饰，并在大明殿赐宴。

宴罢，派大员送孟昶入居面临汴河的新建大第，宣赐金银绮绢鞍马，降诏封孟昶为太师兼中书令秦国公，给上镇节度使俸禄。所有孟氏亲族及蜀中降臣，亦各授官职，妥善安置。情况似乎相当圆满。

哪知不过七天工夫，孟昶忽然一病而亡。秦国公府中，哭声震天，唯有李太后不哭，她在亲自吊祭爱子时说："你不能死于社稷，苟且偷生，贻羞祖宗。死得晚了！我之不死，是怕你伤心，如今我又何所顾虑？"从此绝食，不过半个月奄奄一息而终。

这母子俩的"哀荣"，如果作为宋朝的臣子而言，是可以令人羡慕的。宋朝皇帝辍朝五日，素服发哀，追封孟昶为楚王，特派大员经纪丧事，并发甲士三千人护送他们母子的灵柩，葬于洛阳。

此外还附录有一通孟昶的遗表。李煜看到"偶萦疾疹，遽觉沉微，乃蒙陛下轸睿念以殊深，降国医而荐至。比翼稍闻瘳损，何期渐见弥留"这几句话，不由得失声惊嗟："孟昶的死因可疑啊！"他颓然倒在金交椅上，偏着头自言自语，"'偶萦疾疹'是小病，何以'遽觉沉微'？他自己有侍医，汴梁亦不乏名医，不能小病看成不治之症，而且宋主还派'国医'去诊治。'比翼稍闻瘳损'，仿佛还曾好转过，怎说'何期渐见弥留'？若谓中毒而死，不应该有此好好坏坏的曲折；如说不是死于非命，病历中不可解之处又太多。真是怪事！"

"官家，"陈乔冷冷地答说，"降王先死，何足深论，蜀主不死于社稷，而死在受辱以后，且是在投降不久，这还不足以警惕吗？"

"说得是！"李煜矍然憬悟，匆匆起身，说了句很有决断的话，"无须再商量了！也没有什么好商量的！"

在外面，没有李煜主持的廷议中，争辩得却很激烈。论荣辱，一望而知，无可争执；谈利害，见仁见智，看法不一。徐辽指出三峡之险、剑阁之固，不足以拒宋军水陆两途的深入，确能耸动听闻，因而很有些人意志动摇，改变初衷，认为结姻宋室，不失为委曲求全之道。

这使得潘佑越发愤慨，大声疾呼地想辩明，孟昶的败亡，乃是自取之咎、自取之辱。不勤政事，不信战备，信任小人，虽有天险，归于无用。如今救亡图存，唯在昂扬志气，上下奋发，如果心中先存怯惧之念，则委屈亦未必能求全。到那时，宋朝要求江南纳地称臣，取消国号，试问何以坚拒。

争辩未有结论，李煜已经复返，大家看他和后随的陈乔与裴谷，无不面色凝重，不由得愕然注视。满堂沉默无声，自然而然地形成了那种"山雨欲来风满楼"的气氛。

"孟昶死了！"李煜哑着嗓子说，"做了宋朝七天的臣子，不明不白地死了！叔言，你们看这一通来自汴梁的密报。"

"是！"韩熙载接过文件，看到在座诸人都想先闻为快的表情，便将密报内容，大声念了出来。

"如何？"等韩熙载念完，潘佑环视四周，"孟昶自取其辱，而且祸延老母！虽死不足以蔽其辜。"

于是主张李煜做赵家女婿，以为结姻修好，可以求得苟安的人都低下了头。

到此地步，不必李煜做何裁决，自然而然地在各人心里都有了一个结论：国主决不宜身入汴梁，更不宜与宋室联姻。至于如何婉拒宋朝的"美意"，那是另一回事了。

李煜的想法也不例外。因而宣示廷议结束，却留下韩熙载、潘佑和徐氏兄弟——徐辽、徐游，还有一番密议。

"此事决不可行，是不消说的了！然而也犯不着结怨。"李煜看看潘佑说道，"如何弭患于无形，潘卿可有善策？"

"幸亏消息来得早，还有可以措手之处。"潘佑答说，"如今顶顶要紧的是掌握先机，倘或汴梁已有成议，派出专使，那就势在必行了！因为宋朝决不肯自失威信！"

"是啊！"李煜焦灼地说，"那一来岂非成了不可解的僵局？事不宜迟，此刻就得派人，星夜赶去，片刻耽误不得。"

"官家垂谕极是！"韩熙载说，"谋定后动，及今未晚。第一是商量在汴梁如何措手，然后再商量派什么人。为事择人，庶几有济。"

"虽说为事择人，也是为人择人。"潘佑接口，"依臣愚见，挽回此事，非托赵普从中斡旋不可。"

"是的，赵普。"徐氏兄弟异口同声地说。

赵普是宋朝的宰相，亦是宋朝皇帝的布衣昆季之交，掌理宋朝国政，亦管赵家家务。托他从中消解，事情便有七分把握了。"只是赵普好货，"韩熙载皱着眉说，"这份礼送得还不能轻。"

"那也顾不得了。"李煜问道，"你们看，派谁去好？"

"臣保荐一人，必能不辱使命。"徐辽又很起劲了，"遣张洎去最好。"

张洎确是最适当的人选。因为他精明能干，多文采，善言辞，而且数度奉使汴梁，与赵普以下的宋朝大臣，处得极其融洽。正符合潘佑所谓"为人择人"的意思。最难得的是，在李煜看，张洎极其忠诚。他初次为使，观光汴梁归来，做了十首诗，丑诋汴梁的风物，因而大得李煜的欢心，相信他绝不会为宋朝所收买，做出任何不忠不义之事。

"可是，"李煜问道，"张洎去年一病几殆，至今不曾入值，何能长途跋涉？"

"张洎久已痊愈，屡次想销假入值，只为官家仁厚，体恤特甚，一再示谕，要他多做休养。张洎以为圣恩渐疏，不敢渎求。如蒙特加驱遣，则感恩图报，必当格外尽力。"

"嘻！"李煜倒有些歉然，"他误会了！我何尝疏远他？你既这么说，明天就叫他销假好了。"

"官家果真派张洎出使，不如命他即日打点行装，早日动身。不过，此去须有个名目。"

要想个名目很容易。江南这年丰收，以进新谷为名，便绝无人怀疑张洎此行的任务。当然，除新谷以外，还有其他土仪各物的贡献，同时馈赠宋朝大臣。这些仪物是由船运，而张洎为了争取时间，轻车简从，由陆路先赴汴梁。

由金陵到汴梁，是渡江直北的一条大路，张洎走到徐州，歇马一日，正待折经商邱、沿黄河西进时，金陵派了专差，星夜递到一通文书，送交张洎亲拆。

这通文书，是陈乔出面写来的信。封面上所钤的"枢密院印"竟是蓝色。张洎入眼大惊，因为国有大丧，方钤蓝印。便先不看信，找了专差来问话。

"宫里出了什么变故？"

"圣尊后去世了！"

"圣尊后崩逝？"张洎放了一半心，却又不免困惑，"我出京的时候，圣尊后还是好好的，怎的遽尔谢世？"

"听说是游东池摔了一跤，顿时口眼歪斜，隔得一夜便不治了。"

"噢，这是中风！"张洎又问，"这文书可是你亲自从陈学士手里领受的？"

"不是！是枢密院供奉官交出来的。嘱咐连夜趱赶，送到了要等回信。"

于是张洎拆开封套，但见里面除陈乔的信以外，另附着一道圣尊后遗诏的抄本。除了照例交代节约丧仪、勉励群臣善辅国主以外，最紧要的一段话是"昭惠皇后胞妹，故司徒周宗幼女周氏嘉敏，淑德久昭，才容无双，着立为继后，留宫居中，待年成礼"。

这是件很意外的事。张洎在启程以前，对他此行的任务，亦曾参与密议。当时有两派意见，一派认为应该早日宣示立继后的懿旨，杜绝宋朝联姻之想；另一派是徐氏兄弟的看法，此举似乎有意予宋朝以难堪，以慎重为宜。

李煜是接纳了徐氏兄弟的意见。不想有此变故，推翻了成议。张洎心想，徐氏兄弟的顾虑，很有道理。如今虽以圣尊后的遗命，冲淡了有意与宋朝作对的痕迹，但遗命、遗诏向来是可以假托的。倘或赵普问起，何以见得立昭惠之妹为后，出于圣尊后的遗命？倘或圣尊后早有此意，何以迟至今日始行宣示？这就很难解释了。

他一面这样想，一面看陈乔的信。信中详叙圣尊后得疾与崩逝的经过。如张洎所推断的，圣尊后死于中风。临终以前，口不能言，不过她的意旨是极清楚的——她曾握着嘉敏的手，拿它交到李煜手里。待李煜表示，必遵慈命，立嘉敏为继后，圣尊后方含笑而逝。

这些陈述，在张洎是极有用的，但他觉得还不够。因而立即做了一个决定，不妨先在徐州等待，等待更多的圣尊后早就属意于嘉敏的证据。

于是他写了回信，唤来专差，嘱咐他立即赶回金陵，将回信面呈陈乔。"你跟陈学士回禀明白，我要等他的复信到达，再去汴梁。"张洎又说，"复信最好还是你送来。轻车熟路，不会出差错。"

等专差一走，张泊定定心又细想，情势既变，应该观望观望风色。圣尊后去世，以及遗命立周嘉敏为继后的消息，一传到汴梁，会引起怎样的反应，实在很难说。倘或惹恼了赵家天子，有所责备，甚至用兵，那么汴梁之行，不但自讨没趣，而且回到金陵，便是辱命而归，亦觉得脸面无光。这就太不聪明了。

这样一想，发觉自己的处置未善，立刻派人去追专差。等追了回来，他已重新写过一封信，这封信很简略，也很含混，只说遽闻圣尊后的讣闻，内心惶惑，不知做何行止。至于要陈乔搜集圣尊后在日，如何宠爱嘉敏的事迹，作为早就有意立她为继后的"证据"的话只字不提。他这样做是为逗留徐州不进找一个理由，因为"不知做何行止"，便有待命之意。而最主要的作用是安下一个伏笔，万一来自汴梁消息不妙，就不妨以奔圣尊后之丧为名，带转马头，径回金陵。

打好了这个可进可退的主意，张泊便在徐州住了下来，每天游山玩水，凭吊古迹，关盼盼的燕子楼、汉高祖的泗水亭、吕布的射戟台都逛到了。

这样逍遥了十来天，金陵和汴梁都有了消息。宋朝是遣染院使李光国为专差，赴金陵吊祭，而且准许圣尊后用"光穆皇后"的称号，再一次表示承认"元宗"的帝号。

来自金陵的消息，却费人猜疑——陈乔的复信，与他的简略正好相反，洋洋千言，细述朝中近事。先谈圣尊后之死，说是崩逝之日，金陵城内忽然降下满天的黄沙，为从未有过的怪事，又说国主遭逢大丧，哀毁过度，形销骨立，虽未病倒，却须扶杖而行。真正纯孝过人，令臣下感动。

另外提到一件事，已召邓王从镒还都。这倒不足为奇，邓王从镒，虽非圣尊后所出，但名分既在，理当奔丧。使得张泊诧异的是，邓王本来留守南都——江西南昌，奔丧成服以后，原可仍回南都，却不知如何，留而不遣。因为南都已另外派人镇守了。

移镇南昌的人，不是别人，正是江南第一大将林仁肇。他在去年夏天，方始奉派为武昌军节度使，不过一年有余，改调为"南昌尹"留守南都。这番更动，意味着什么，必须好好研究一下，因为他预料一到汴梁，宋朝君臣必定会提起此事，须有个切实圆满的答复。

他在想，林仁肇一向主战，调离武昌，当然是怕他不遵约束，擅自与宋军开衅，所以此举是对宋修好的表示。既然如此，话就好说了。

其时来自金陵，装载新谷仪物的大船已到，张泊不须再轻骑赶路，舍陆登舟，扬帆西去。不消几日，汴梁城已经在望了。

汴梁外城方圆四十余里，城壕叫作"护龙河"，宽有十丈。穿城的河道有四条，最大的一条是汴河，也就是隋唐的通济渠。自洛阳的洛口分水入汴梁，东去泗州入淮河，漕引江湖，利尽南海，为东南山泽百货，输往北方的一条要道。张泊正是由这条水路来到汴梁的。

汴河从汴梁的东水门到西水门，共有十三座桥。但张泊所率领的贡船过大，无法入城，只能泊在东水门外。宋朝的闸官下船验视，由张泊亲自接待，道明来意，另外送上一个丰厚的红包，换来极其亲切的招呼。张泊交代了过关的手续，嘱咐贡船系缆待命，自己雇了一条小船，带着紧要的礼物，先投驿馆。

宋朝在汴梁的驿馆，有五座之多：同文馆专门接待高丽、日本的使臣，礼宾院为西北回部、东北女真等国的贡使而设，瞻云馆接纳万里以外的远邦使者，而怀远驿则为西南炎荒诸邦使臣的居停之地。

此外还有一处都亭驿，是大大有名的地方。这座驿馆，在唐朝名为上元驿，地在汴梁北城以外的陈桥、封邱两门之间。宋朝皇帝，当年在周朝为臣，领兵北征，兵止陈桥，由皇弟光义与宰相赵普设计，策动兵变，黄袍加身，就是此处。

龙兴之地，如今仍是驿馆，新题的名字叫作班荆馆，作为各国使者迎饯之所。张泊特意选中此地来投宿，不但因为这里重新修葺布置，供应使役方便，住着比较舒服，而且送往迎来，极其热闹，趁班荆道故的机会，可以打听到南北东西的许多消息。

登门相询，管理班荆馆的"供奉官"，犹是张泊四年前奉使来此所结识的旧交。这就越发方便了。张泊挑了一座静僻的院子住下,略略安顿以后,随即提起,要到相府拜谒。

"赵相公新起了大第,好不壮丽!"供奉官告诉他说,"光是麻捣钱就费了一千二百贯。"

涂壁以麻捣土称为麻捣,在起造房屋的费用中,这应该是最不费钱的工料,而竟花了一千二百贯之多,其余可想而知。

张泊心想,赵普如此奢靡,自己带来的这份礼,就算送对了。因而故意问道:"赵相公起这座大第,银子必是像水般泼出去。想是官家所赐!不然,哪里来的钱?"

"钱?礼绝百僚的宰相,怕没有钱?"供奉官向外面看了一下,凑到张泊面前低声说道,"相府新立的规矩,你可知道?"

"不知道啊!请教。"

"相府新立的规矩。各国进贡对象,先要拿单子送到相府看过。许进贡才能进贡;不许进贡,原船饬回。"

"这其中莫非有说法?"

"自然有说法——"供奉官慢吞吞地回答,最后拖下一个长长的尾音,欲言又止,目光闪烁,其意难测。

张泊十分机警,心知不是有顾忌,便是卖关子,反正他此时不会再说,便追问亦无用处。如果事不关心,最好就此丢开;无奈他此行的任务,就是要结纳赵普,为江南取得许多照应。那就非设法追根问底不可了。

当然,这是急不得的事。张泊便转换一个话题,只谈别来的汴梁,又起了多少豪华的宅第,船过"州桥",发觉两岸市面兴旺,与以前又自不同的闲话。等供奉官坐谈了好久,将要告辞时,张泊告个便去后厢检点随带的土仪,丰丰腆腆地包了一大包;另外又取五十两银子,做一起捧了出来。

"不腆之仪,望乞笑纳。"张泊说道,"这五十两银子,是茶水之资,请先收了,以后再算。"

"不敢当,不敢当!"供奉官将银子推在一边,"这些江南的名物,汴梁难得一尝，我便拜领谢谢了。银子却不敢收，膳食茶水，都是公家供应，要什么钱？"

"那就请你留着赏下人。"张洎又补了一句，"你我至好，有福同享，患难相扶，这些须小事，何足介怀。"

听此一说，供奉官便将银子纳入袖中，点点头捧了土仪就走，走到门口，却又转身，低声说道："张兄，你的贡物单子呢？"

"在这里！待我开箱子取来你看。"

"不必。我再问一句，大贡以外的小贡呢？是些什么？"

"小贡？"张洎问道，"小贡贡与谁？"

"大贡贡与官家，小贡贡与相府。"供奉官又问，"你可知小贡之小是何意？"

言外有音，却无法分辨，张洎正色说道："要请教！"

"小贡者，不是贡物不如大贡之谓。倘是那样想法，就大错特错了。小贡之小，是贡物形状大小之小，譬如晶圆的珠子，至多也不过黄豆般大！"供奉官停了一下问道，"你懂了吧？"

张洎当然懂了。贡物的单子，要先送相府看过，是收纳还是不收，就看小贡如何。而小贡是要看来不显眼，却比大贡更珍贵的物品。

这一来便有了难题。可是得知难题，便是供奉官指点之功，张洎略一沉吟，有了主意，随即一躬到地。"多谢关照。却还有个不情之请，"他问，"索性请老兄指点，小贡要如何看来才不显眼？"

"这——"供奉官想起来了，"我说个例子你听，吴越进的小贡，是一篓海味。其实海味只在上面，底下另有花样。"

"噢，噢，是了！"张洎拱手说道，"我自有区处，请去更换便服，奉屈到酒楼坐坐，顺便到'界身'走一走。"

"界身"是一条巷子的名称，何所取意？这条巷子在宫城正门宣德楼的东南，地方不算太偏僻，但不是在汴梁住久了，不易找到。因为这条巷子并无单独的出口，它的北面是一排十余间面的一座敞厅，名为"鹰店"，实系鸟市：会斗的画眉，会"上台"的百灵，会学人言的八哥，无所不有。不过鸟市是早市，一清早热闹过两个时辰，到了近午时分，前后皆空的敞厅，便成了过路，南通一巷，就是界身。

界身的巷道，不长而宽，东西两面皆是青砖高墙石库门。门内高大重楼，十分壮观，乃是金银彩帛、奇珍异宝的交易之所，每一笔生意，进出巨万，获利甚丰，所以家家"三月不开张，开张吃三月"。

供奉官听说张泪要到界身走走，便即笑道："想是要去办好些珍宝做小贡？"

这话恰恰说反。张泪也笑笑答道："到时自知。请去换了便衣来！"

等供奉官一走，他再次到后厢去细细检点。原来备好送赵普的一份重礼，如两尺多高的珊瑚树之类，送入相府，未免显眼，张泪受了管驿官的教，决定拿到界身去变现，另备小贡。

交易颇为顺利，四件古玩，一枝珊瑚树，卖得了四千五百两银子。等店家拿麻袋装银锭时，张泪说道："我不要银子，我要赤金。"

"任从尊便！"店家答说，"九九成色的赤金，十五换。"

十五两银子换一两金子，折算下来，恰好三百两金子。张泪又说："我要'瓜子金'。"

瓜子金形如瓜子，取携方便，但容易散失，不甚流行。店家面有难色。供奉官便出一个主意，嘱咐店家拿金子送到"炉房"回炉现铸，他请张泪到酒楼坐一坐，回头来取。

说妥当了，暂且离去。两人出了鹰店，迤逦向东，将到"潘楼"酒店，张泪站定了脚，诡秘地笑道："先到哪里逛一逛，再来吃酒。"

供奉官看他眼角笑出两条鱼尾纹，恍然有悟。"有、有，有地方逛。"他说，"随我来！"

说着，便往街南走了去。曲曲小巷，家家笙歌，地名"桑家瓦子"，又分南北两段，北段叫作"中瓦"，南段叫作"里瓦"。大小瓦舍五十余座——来时瓦合，去时瓦解，易聚易散，"乃是士庶放荡不羁之所，亦为子弟流连败坏之门"。

五十余座瓦舍之中,粉头盈千。张泊目眩神迷,无所适从,反而趑趄不前。供奉官便又出一个主意:"不如你我到潘楼坐着,看你喜爱甚等样人,唤来相陪就是。"

"瓦舍女子亦可唤来侑酒吗?"

"有何不可!"供奉官拉着他的衣袖说,"走,走!你看,那个丑八怪过来了,教她拖住了,脱不得身!"

抬眼一看,果然有个年可三十,绿裙红袄,斜眼掀鼻,擦一脸怪粉的丑陋妇人,大踏步撑了过来。张泊大吃一惊,不待供奉官再催,急急掉头而去。

出得中瓦,方始稍停,张泊沮丧地说:"是这般的破'瓦',不'合'也罢!"

"不然!物有贵贱,人有高下,好的都在里瓦,且先到酒店再说。包你称心如意。"

听这一说,张泊精神复振。随着供奉官来到街北的潘楼酒店——汴梁卖醉之处,分为两大类。一类称为酒楼,最大的一家,名叫樊楼。门楼高大,终年扎彩,进门一条极宽的甬道,上透天光,上楼回廊三面,尽是一间间门帘深垂的小合子。到晚来灯烛辉煌,上下相照,浓妆艳抹的妓女,少则数十,多则上百,都聚集在回廊正中的楼厅上,任凭醉翁呼唤,入合侑酒。

再一类就是潘楼这样的酒店,不备厨房,不备粉头,讲究的好酒。但有名的饮食桌子,出色的歌儿妓女,亦可指名点索,店家乐予奔走代办。这样的玩法,可丰可俭,有时倒比酒楼更糜费、更讲究。

这两人光顾潘楼,自然是讲究的玩法。张泊有心结纳居停,一进门先交了五十两银子在柜上,抢着做定了东道主。跑堂的见是阔客,不待嘱咐,延入最精致的一间合子,摆上来的果碟子,不用瓷器用纯银的高脚盘。

"这位是江南来的达官。"供奉官指着张泊说,"你须尽心伺候,莫失了我的面子。于你潘楼的名声亦不好听。"

"请放心！"跑堂答道，"我这双眼睛再厉害不过，一看便知是何等样的客人。岂敢得罪财神？"

"这位是财神，我可是土地。回头要开了花账，小心我剥你的皮。"供奉官说，"肴馔随意，只拣精致的送了来，酒要仁和老店的。"

"是了，我会调排。"

"里瓦可有好货？"

"怎的没有？"跑堂的看着张洎说，"倒有一个，人品必中这位达官的意。就有一件，这个粉头，水土还不曾服，脾气有点儿僵。"

"噢，你是说她初到汴梁不久？哪里人？"

"成都。"

听说来自蜀中，张洎不由得便问："是怎么来的？"

"提起此人，话头甚长，达官中意，我唤了她来，细细问她自己。"

张洎不作声，意思并不拒绝。供奉官便问："你何以见得必能中这位达官的意？"

"这位达官，一望便知是肚子里灌足了墨水的。那个粉头，识得字，谈得好掌故。讲相貌，见了自知。就冷些儿。"

"噢，叫什么名字？"

"叫作'赛薛涛'。"

张洎早听说过，蜀中承薛涛的遗风，勾栏女子，多通文墨；其人既可"赛薛涛"，可知还是诗妓中的佼佼者，因而欣然表示同意。

那供奉官亦常便衣冶游，在里瓦中颇多旧好，但既为陪伴请客，亦须拣个善于应酬的方好，所以指明点一个酒量极好，言语便给的名妓唐京奴。

于是跑堂一面摆酒，一面转知柜上，派人到里瓦和传唤粉头。一街之隔，本可点传即到，但娼家有好些故抬身价的法子，有意延搁，等磨足了工夫才来，是习见之事，所以直到上灯时分，方见唐京奴翩翩而来。

此人貌仅中姿，但手腕灵活，要招呼的又只有主客二人，更觉游刃有余，敷衍得点水不漏。张洎在她殷勤相劝之下，不知不觉地灌了好几杯酒，倒已有三分酒意了。

这时，赛薛涛方始出现。门帘掀处，已飘来一阵香风。张泪常在金陵禁苑中出入，闻惯了各种异香，识得赛薛涛身上的香味来自南海，不同凡品，心中不免惊异。

"哪位是张相公？"她一进门便问。

"喏！这位。"唐京奴指着张泪答说，"江南来的张相公。"

于是赛薛涛便在筵前福了一福，再看着供奉官问："这位是？"

宋朝不比唐朝，禁止官吏冶游。但瞒上不瞒下，只须略遮耳目，那供奉官假托姓宋。唐京奴明知其假，依然一本正经地说："这是主人家，宋官人。"

"官人"是对男子通用的尊称，而唐京奴这样回答，实在是照应她的暗示：他是宋朝的官人。赛薛涛却未领会，往下又问一句："宋官人在哪里得意？"

这在唐京奴就不便代答了。供奉官笑笑说道："我干的是送往迎来的生涯。"

赛薛涛自然听得懂他的话，话中有刺，刺痛了心，眼圈一红，盈盈欲泪。在座三人，无不一惊。而供奉官更觉着恼，不过说得一句笑话，何须如此？正待发作，唐京奴机警，急忙抢在头前，为她掩饰。

"今日风大，必是沙子吹进眼里了。待我看！"

唐京奴一面说，一面走过去，装作照料，向她使了个眼色。赛薛涛亦知失态，自觉歉然，便勉强装出笑容。"多谢你！"她揉揉眼说，"不得了！"

于是，一场小小的不愉快，算是过去了。赛薛涛先敬了一巡酒，然后坐在张泪身后，却是无话。

"我这位姊姊，弹得好琵琶，唱得好词。"赛薛涛向张泪说道，"张相公何不试她一试？"

"不忙，先谈谈吧！"张泪回头握着她的手问，"听你的口音，未曾大改，想是到汴梁还不久？"

"是，只得半年。"

半年前正是孟昶素服白冠，待罪明德门下之时。张洎心想，她大概也是随孟昶一行出三峡，到汴梁的。果然如此，倒不是没有来历的人，值得好好问她一问。

"你的本名叫什么？"

"我姓朱，单名一个素字。"

"朱素！"张洎点点头说，"这名字倒也别致。你父亲想来也是读书人？"

"是。"

"你是随你父亲一起来的？"

"不，先父早故世了。"

"然则你是随什么人来的呢？"

"说来话长——"

原来朱素是孟昶的宫女，王全斌破成都之日，大掠宫中，朱素亦不免失身。随后王全斌取宫中女子，配与有功将士为妻，朱素嫁的是一名"军头"。合卺之夕，发觉她并非完璧，竟丑诋了一夜。朱素也就哭了一夜。

不久，孟昶奉命东来，朱素的丈夫，奉派护送，居然也带着她同行。他一路好言好语，颇假以辞色。朱素暗暗心喜，以为丈夫回心转意，从此终身有托，可以白首偕老，尽释前嫌。哪知到得汴梁的第三天，她丈夫说带她去会亲，送到一处地方，不别而去，到晚来不见踪迹。问起究竟，才知道她丈夫得了二百两银子，将她卖入勾栏了。

原来有此身世之痛！张洎与供奉官自然替她难过，供奉官想起刚才出言相戏，恰好是揭着了她的痛处，不免歉然，便即解释："我不是有意挖苦你，我管驿，干的是送往迎来的差使。"他又安慰她说，"各处来的达官，常有在汴梁物色佳丽的。有机会我替你做媒，早日择人而事，也是一个归宿。"

"是！多谢官人关顾。"说着，朱素向张泪瞟了一眼。

眼色中仿佛在问：便这位如何？可肯娶我？张泪装作不解，将话扯了开去。"你在蜀宫，干何职司？"他问，"总见过花蕊夫人？"

"我在摩诃池掌管文物。"朱素答说，"原是慧妃派了我去的。"

"慧妃是花蕊夫人的称号？"

"是！"

"怎么叫花蕊夫人呢？"

"是官家，不，"朱素急忙又说，"我是指去世的蜀主，只为慧妃颜色娇嫩，可比花蕊，所以赐她这么一个别号。"

"蜀主如何？可体恤下人？"

问到这一句，朱素忽然激动了，冷笑着答说："太体恤了！"

"怎么呢？"

"只为太体恤了，养得士兵好吃懒做，一无用处。"朱素念道，"'十四万人齐解甲，更无一个是男儿！'"

张泪亦曾听说过，花蕊夫人敏慧如其称号，在蜀中时曾仿前蜀王建，作过一百首宫词，道尽禁宫的绮丽、成都的繁华。孟昶投降以后，有关她的传说甚多，其中之一是，说她曾为宋朝的皇帝召见，问起亡国的原因，花蕊夫人用一首七绝作答："君王城上竖降旗，妾在深宫那得知？十四万人齐解甲，更无一个是男儿！"

这个传说，现在似乎由朱素证实了，确有其事。张泪又想起另一个传说，不肯放过求证的机会。"听说花蕊夫人出蜀，在路上作过一首《采桑子》。"他沉吟了一下，不便将那首词念出来，只问，"真是那样子说的吗？"

"是怎么样说？"朱素倒不忌讳那首词，"'初离蜀道心将碎，离恨绵绵，春日如年，马上时时闻杜鹃'，"念到这里，她问，"是这一首吗？"

"这是半首，后面还有半首。"

那半首是"三千宫女如花面,妾最婵娟。此去朝天,只恐君王宠爱偏"。因而有人认定,花蕊夫人未至汴梁,便已不惜失节。但亦有人说,这是花蕊夫人经过葭萌驿,一时感触,在驿壁上题词,写到一半,推敲未就,而护送的宋军,催促赶路,未能续完。后来有好事之徒,为她添上后半首,才有这种诬蔑她的败节之语。

张洎是相信这一说法的。因为就常理而论,即令花蕊夫人甘心失节,亦是藏诸寸心的秘密打算,怎会公然形之于笔墨,而且题在大道旁的驿壁上?

哪知两者皆不是。"花蕊夫人是不是作过这半首词,我不敢说,我敢说的是,绝没有什么'题葭萌驿壁'的事!"朱素答说,"葭萌关在广元附近。她随蜀主由水路出三峡,怎么走得到栈道上的葭萌驿?"

"说得是!看来是误传了。"张洎问道,"听说蜀主也作得好词,江南却不曾见有他的佳作流传,你倒念一两首我听听!"

"念不如唱。"供奉官不由分说,自取一面琵琶,送到朱素怀中。

她一面调弦,一面沉思,好一会儿才欣然说道:"有了,我唱一首《玉楼春》。每年夏天,蜀主总与花蕊夫人在摩诃池避暑。那一年格外热,半夜里睡不着,起来纳凉,作了这首词,音节很美。"

说完,朱素凝神调息,然后轻拢慢捻,从纤纤飞舞的五指中,滑出一连串"大珠小珠落玉盘"的清脆之声。在过门刚完,余音袅袅中,见她轻启樱唇,慢慢唱道:

冰肌玉骨清无汗,水殿风来暗香满。绣帘一点月窥人,欹枕钗横云鬓乱。

起来琼户启无声,时见疏星渡河汉。屈指西风几时来?只恐流年暗中换。

"换"字的尾音甚长,越唱越轻,终于人琴俱寂,却留下了无声的无限怅惘。

见此满座不欢的光景，唐京奴便浮起一脸明朗的笑意。"唱得好，琵琶也好，就是一样不好。"她说，"原是寻欢作乐，却怎的勾起大家一肚子心事似的！这是怎么说？"

"是啊！我也不知怎么回事，"供奉官接口说道，"只觉得音调凄凉。其实孟昶的那首词，不该是哀戚之音。"

"这是我不好。"朱素歉然地放下琵琶，"拿好好一首词唱坏了。"

"不然！这正是你唱得好，把你心里的凄凉，都寄托在里面，才能这么感动人。"张泊说道，"你再谈些蜀中的情形。"

"不！不要再谈了。"供奉官率直地反对，"国都亡了，没有什么好谈的。要谈，回头你们到枕头上去谈。"

这是戏谑，却又是看出张泊对朱素十分赏识，打算着为他们撮合成露水姻缘，特为借此做试探。所以他一面说，一面注意着张泊和朱素的表情。

张泊不作声，显然是用沉默表示同意。朱素也不作声，只将头扭了开去，是装作不曾听见的样子。供奉官便转眼去看唐京奴，只见她微微颔首，知张泊的好事可谐了。

这一夜在朱素的妆阁中缠绵不尽，无奈有好些延搁的事要办，张泊一万个不情愿地辜负了香衾。

张泊回到班荆馆，已有几起人在等着了。一起是贡船上的执事，来请示如何进奉贡礼，分送仪物；一起是古玩店派来的人，随携一大袋瓜子金，等他点收；再一起是礼部专负接待各地贡使的官员，来做礼貌上的拜会。

当然，首先要接见的是礼部官员，周旋多时，送客出门。然后他点收了瓜子金，又分派了贡船执事的职司，忙到中午，方能竣事。

这就要去办他此行的第一件大事了。这件大事要办得机密。他唤人抬了一坛兰陵美酒到卧室，然后关紧了房门，亲自打开封坛的"泥头"，将酒舀出来一大半，再拿瓜子金都倒了进去，依旧封好坛口，方始开门唤人。

所唤的是他的两名伴当。"你们抬着这坛酒，随我到相府去。"他神色凛然地叮嘱,"千万小心,不要打碎了!"

两名伴当用条竹杠子,将坛酒抬上肩,前面的一个脱口说道:"这坛酒好沉!莫非——"

"不准胡猜瞎说。"张洎急声喝道,"不准跟人提起,有这么一坛酒送到相府!谁要是不听我的话,一定重责不饶。"

两名伴当不敢再多说了,一路小心,抬着酒跟在张洎的马后,直到赵普新建的大第。投进帖去,出来一个挺胸凸肚的门官,斜睨着张洎问道:"是金陵来的贡使?"

"是的。"

"贡仪单子,你带来了没有。"

"带来了。"

"交给我!"门官随口说道,"过两天来听回音。"

张洎不答亦不争,只命随从将贡礼单子送交门官。单子装在一个紫檀木匣子里,门官接到手里,拉长了的脸立刻变圆了,因为匣子沉甸甸的绝不止于只装了一份轻飘飘的礼单。

这时候张洎才开口,他指着酒坛说:"一坛兰陵酒,奉上相公,略表微忱。"

"这就是你的小贡吗?"门官也指着酒坛问,话中仿佛带着轻视的意味,而其实不然。他是善意,提醒张洎:这样的一份小贡,不太菲薄了些?

"礼轻意重。"张洎从容笑道,"拜烦门官,得便就回禀相公,能让我早早勾当了公事,感激不尽。倘蒙相公接见,那就更妙了。"

门官点点头,并不作声,等那两名伴当将一坛酒吃力地抬上肩,他突然有所意会,转脸说道:"看你的运气!"

张洎自信运气不会坏。门官已经了解"礼轻意重"那句话的真意,而当他打开那个木匣子,更会发觉江南的贡使,出手阔绰。投桃报李,他一定会安排自己谒见赵普。到那时该如何察言辨色,相机应付,倒要好好做一番准备。

正当他开始摒绝杂念,凝神设想与赵普相见以后的情况时,突然听得马蹄急驰的声音。入耳便知总有十来匹马,几十只铁蹄敲打在长街的青石板上,一片清脆的反响,如狂风骤雨般,令人惊心动魄。张洎急急避开,同时向马蹄声发的东首望去,只见十几匹马旋风似的卷到,马上人是一样的服色,绣衣灿烂,腰悬弓矢,一看便知是宿卫的禁军。

他们到得相府门前,滚鞍下马,为头的一个,直奔大门。相府守卫的校尉,匆匆上前迎接,双方面对面地不知交谈了几句什么,但见那校尉大为紧张,立刻召集部下,口讲指画地指挥着。然后,卫士们小跑着四下散开,一面跑,一面将行人车马,驱入小巷子里,守卫戒严,气象森然。

张洎亦在被驱之列。不过,他不是被撵入小巷,而是由卫士引领着,避入相府的角门之内。

这是干什么?他定一定心在想,看样子是有贵人降临。"是了!"他轻声自语,"一定是皇弟晋王光义!"

"不是!是官家。"

张洎微吃一惊,回头看时,一个满脸皱纹、衣衫黯旧的老者,挂着一把大竹帚,站在他身后。看他的打扮,知是相府打杂的夫役。

因为他出语惊人,张洎不敢因为他的身份低微而小看了他。"老公公,"他问,"你待怎说?是官家临幸?"

"一年总有那么两三回。"老者有着不胜向往的表情,"从未听说过有那么不忘故交的天子。就似平民百姓家好朋友往来似的,想起来就来,熟不拘礼,而且依旧是当年的称呼。"

"是当年的称呼?"张洎好奇地问,"怎么称法?"

"叫相公是称他的字号,叫夫人是嫂嫂。"

"真是布衣昆季之交!"

张洎赞叹着,还待往下说时,只听角门外有人喝道:"噤声!"

于是张洎缩住了口,蹑手蹑脚地走到角门边,凑眼到门缝上向外张望。只见寂寂长街已站满了锦衣禁军,大门西边,一位面貌精明的达官,率领着一班年轻子弟，衣冠肃立，正在候驾。张洎见过他，正就是那一人之下，"礼绝百僚"的宋朝宰相赵普。他春风满面，喜气洋洋，是正在交大运的当儿。

不久驾到。仪从的简略，出人意料之外，只不足十匹的马，前后卫护着一辆双驾的朱轮车，驶到相府门前，慢了下来。旁人还在错愕，以为只是大驾的前驱，而赵普已率领着他家的子弟，跪倒尘埃，俯伏在地，却又抬眼偷觑；只待车轮再转，驶入大门甬道，便要急急起身，走边门赶到大厅檐下，正式接驾。

哪知车轮竟静止不动了！接着车帷掀起，一名"亲从官"极迅捷地放下一张搁脚凳，从车内扶下来一位伟丈夫。他面色黔重，而又透出一脸的红光——张洎初次得见宋朝皇帝的真面目，心中不由得想到韩熙载当年奉使周朝，元宗问起朝中人物，他说："赵都点检顾视不常，不可测度！"果然龙行虎步，气度不凡。

就这一转念间，门缝中已看不见皇帝和赵普，而门外仍在戒严。张洎欲归不得，只有静静等待。

在厅上，赵普夫妇双双以大礼谒见皇帝。但君臣之间，亦只此一跪拜之礼，除此以外，便仿佛仍旧是早年节度使与书记间的关系。皇帝熟不拘礼，赵普夫妇亦只如接待一位高年的长亲，在亲切殷勤的扶掖招呼中显出尊敬，绝无诚惶诚恐、局促拘束的窘态。

"这两日心烦。"皇帝懒懒地说，"孟昶的讣闻传到蜀中，影响民心，乱得更厉害了。则平，你倒筹划筹划看，是不是还要增兵？兵从哪里调？派什么人率领？还有军粮调度，亦是要紧的。"

"是！臣已着手筹划。"赵普答说，"不过以臣判断，曹彬力足以平乱，不须另外增兵。倘或不利，臣亦有准备，就近起关中之兵增援，总在年内，可以戡定全蜀。陛下请宽圣虑！"

"嗯，嗯！"皇帝点着头说："曹彬是好的。带兵都像他那样有分寸，我便多醉几场也无妨。"

"就如今多醉几场也无妨。酒乃天之美禄，原是供养圣人的。"

"刚才经过廊下，我看有一坛兰陵酒放在那里。看外表倒像是陈酒。"

赵普还不知究竟，但也无须多想，立即答道："臣斗胆留驾，尝一尝这坛兰陵酒。"说着，向他妻子使了一个眼色。

于是赵夫人悄悄退出，亲自去安排进奉皇帝的酒食——这不是第一次，甚至不是十次八次。当皇帝还是周世宗的同州节度使时，赵普亦在关中，常有往来。其后皇帝移镇宋州，表荐赵普为幕僚之首的"掌书记"，交往更见亲密。皇帝每每日暮时分，单骑到门，赵夫人为他煮酒炙肉，他吃到满脸通红，方始兴尽。有时酩酊大醉，便留宿在赵家；呕吐狼藉，亦总是赵夫人亲手收拾。所以皇帝自登大宝，对这位"嫂嫂"是另眼看待的。

去不多久，赵夫人忽又回厅，望着丈夫，脸起疑难不安之色。看样子是有话要说，而又碍着皇帝，不便启齿。这表情使得赵普亦觉不安，为了表示坦诚无隐，他催问着说："何事不可对人言？当着陛下的面，有话尽管说。"

皇帝长厚简朴，十分体恤，随即接口："总有些不便让我听见的话，你们私下谈家务去吧！"说着，连连挥手。

既然有此吩咐，赵普便躬身答一声："遵旨。"退后数步，与他妻子避到廊下去密谈。

"那坛兰酒吃不得了。"赵夫人轻声说道，"里面是大半坛子的瓜子金。"

"呃，"赵普诧异，"这坛酒是哪里来的？"

"江南贡使送的，人还没有走。"

"叫什么名字？"

"叫张洎。"

"是他！"赵普微微顿足，"这坛酒怎么不收好，随便就放在廊下？真正岂有此理！"

"我也是这样子责备他们。据门官说，那坛酒因为里面有金子，极其沉重，原是抬上堂来请你过目的，不想官家驾到，匆匆回避，那酒坛就暂且摆下了。刚才开泥打酒，才知底蕴。"

"这件事闹僵了！"赵普沉吟了一会儿，面色开朗了，"也罢，你且去安排酒宴，最好能在窖里找一坛兰陵酒出来。"

"是！"赵夫人问道，"那有金子的酒如何？"

"派人看着，不准擅动。我自有区处。"

赵普处置得很高明。他回入厅内，将前后经过情形，不增不减，据实奏报，然后表示，打算将原物退回。

"这也不必。小邦之主，有什么馈赠，在你的身份，尽不妨收下。大大方方写封信道谢，反倒不伤国体。"

"是！臣遵旨办理，将这些瓜子金缴入'封桩库'。"

"封桩库"是这年八月方始建立的一座内库，专门收贮讨平各地所俘获的财物金帛，年终国库岁计有余，亦归入此库封存，专备刀兵水旱的不时之需。赵普这样说法，当然是表示不敢受贿。可是他的操守，皇帝深知，便笑笑不答，意思是不必假撇清了！

赵普常有过当的言语或行为，好在一方面皇帝笃念旧情，总是不多计较；一方面他本人亦很机警，一错不会再错。这时候亦复如此，赵普住口不言，事情也就过去了。

等摆上酒来，奉皇帝上坐，赵普夫妇左右陪侍。皇帝善饮健谈，话亦很多，吃到一半，忽然住了口，只是举杯沉吟。于是赵普向妻子又使一个眼色，赵夫人便托故辞出。因为每到这般光景，就是皇帝有军国大计，要与赵普商量，赵夫人必须回避，并且告诫家人仆从，不准接近。片言只字的外泄，都会造成极其严重的后果。

"唉！"皇帝突然叹口气，"王全斌可恨！误我的大事。"

赵普一惊，不知道他所说的"大事"是什么，便只好泛泛地劝慰："陛下请息怒。王全斌诚然有负委任，不过蜀中的局势，实在亦不足为虑，无非稍延班师的日期而已。"

"就因为他不能如期班师，才误了我的大事。"说着，皇帝从银盘中抓起一把杏仁，围着置酱醋的小碟子，一粒一粒分布，一共放下五粒。

赵普懂他的意思。这五粒杏仁，便是十国中现在的五国：北面一粒是北汉；南面一粒是南汉；东南方面的三粒，代表南唐、吴越、闽。

最后，皇帝在西面放下一粒，旋又移开，表示后蜀已灭。"早知如此，我应该向南面进兵。"皇帝皱着眉说，"刘鋹暴虐不仁，所作所为，天怒人怨，你总听余延业说过？"

余延业是南汉主刘鋹的一名内侍，投入宋朝，暴露了许多南汉宫闱的秘辛。大致暴虐荒淫，兼而有之，赵普听余延业谈过，刘鋹宫中，光是宦官，就有七千；后宫有各色各样的女子，最得宠的一个来自波斯，赐名为"媚猪"。刘鋹为谀媚"媚猪"，用珍珠玳瑁装饰宫殿；入海采珠，深至水下五百尺，不知死了多少人；又以罪人斗虎斗象，并有剥皮剔骨，刀山剑树诸般苛刑，死状愈惨，刘鋹与"媚猪"愈乐。至于横征暴敛，就更不在话下了。

"我要救这一方的百姓！"皇帝又说，"无奈王全斌不能班师，蜀中反要增兵，一时顾不到南方。眼看那里的百姓，求生不得，求死不能，而毫无办法！你说急人不急人？"

"陛下用心之仁厚，真可以化被万方。不过，以臣愚见，南汉、北汉，一时都还动他们不得。北汉弹丸之地，取之易如反掌，只是那一来就与契丹直接发生冲突，不如留存北汉，以为屏隔。"

"这话倒也不无道理。"皇帝问道，"南汉呢？如何动它不得？"

"南汉炎荒蛮瘴之地，取之不易。国力未充而劳师远征，臣期期以为不可。"

皇帝默然，脸上有怏怏之色，好久方始开口："那么，照你说，等蜀中局势平定后，应该如何进取？"

问到这点,赵普便具戒心。因为刚受了江南的重礼,如果帮李煜说话,便是存着私心,不忠于国,但如率直建议伐江南,似乎又显得有意要避嫌疑,亦非谋国之忠。因此,他很谨慎地答道:"闽的情形,亦如南汉,犯不着花大气力去取这么一块小地方。至于吴越钱镠,始终恭顺,当然亦不宜轻言讨伐。"

"这么说,"皇帝将东面靠近碟子的一粒杏仁拿掉,"只有经营江南了。"

"是!"

"道理上是说不过去。"皇帝摇摇头,"南、北汉都不奉正朔。其余的都用我的年号,说起来是藩属,应该保护的。"

赵普不答。这是有意保持沉默,在暗中帮了李煜的忙。

"比起孟昶来,李煜还算是好的。可是,我就不明白,他为什么不学一学钱镠?如果他肯来见一见我,彼此推诚相与,岂不甚好?"

"是!"赵普答道,"江南现有贡使在此。臣将圣意,剀切宣谕就是。"

"你告诉江南的贡使,李煜不可倔强,自速其祸!"

"师黯,"赵普对张洎,以字相称,是特意笼络,"你是哪一天到的?"

"昨天方到。天晚了,未便叩谒。"

"噢,下榻何处?"

"住在班荆馆。"

"很好,班荆馆比较舒服。"赵普问道,"圣尊后怎么忽然去世了?"

"我亦是在路上才得到消息的,听说是中风不治。"

"朝中已派人吊唁去了。"赵普又说,"你国中有丧事,也有喜事。"

这是指圣尊后遗诏立嘉敏为后这件事。这也正是张洎此行的使命所在,便即从容不迫地答道:"这原是早有成议的。我国主遣我奉使上国,原就是要陈明此事，不想突生变故，圣尊后才有这样的遗言。"

"也罢！这是你国中之事，中朝不愿过问。"说到这里，赵普的脸上绷紧了，"中朝所关切的是，你们国主究有几许诚意？光是奉正朔，是不够的。"

"相公垂谕，惶恐之至。"张洎亦肃然答言，"我国主本应拜谒中朝，只为宫中连番变故，抽不得身。伏乞相公体谅。"

"我体谅无用。陛下对这件事颇为不悦，刚才临幸，还有严谕，要我告诉你，你国主不可自误！"

"是。若有可以输诚之道，请相公见示。"张洎又说，"或者我国主虽一时不能奉谒，遣派至亲为使，以表尊礼之忱。相公看，是否可行？"

"师黯！"赵普反问，"你以为这就是输诚吗？"

话中的分量很重，但说话的态度和语气，却只如熟朋友闲谈不相干之事。因而张洎也就追问一句："依相公之意，非敝国国主朝谒，不足以示倾心之诚？"

"不是我的意思。是陛下的意思。"

"陛下倚相公为股肱，言听计从。"张洎略略放低了声音说，"敝国国主深知相公具回天之鼎力，再三嘱我向相公致意。"他随口抓了一个李煜不能来汴梁的理由，"敝国国主少有怔忡之疾，最畏风涛，兼以星命之士一再戒劝，'八字'不宜近水，是故更惮于跋涉。千乞相公斡旋，必不忘盛德。"

张洎说得很诚恳，然而却是失策。因为这话无异自泄底蕴，李煜是绝不会来朝的。赵普为人，城府极深，当时不动声色地答道："烦你上复国主，说我尽力而为。不过，识时务者为俊杰，眼前或者没有烦恼，日久天长，时移世变，可就难说了。"

"是！"张洎趁机又说，"朝中如有何消息，还请相公关顾。"

"当然。"赵普已看透张洎不够老练，是属于所谓"小有才"的人物，因而将计就计地答道，"吴越钱镠，盐枭出身；南汉刘鋹，荒淫暴虐；北汉刘钧结契丹为外援，为人昏庸。算来只有你们国主，风流文采，不愧江南俊秀，我实在很敬爱。凡能出力之处，无不尽心，不过，以我的地位，形迹太密，殊多未便。这一层障碍，师黯，你倒细想看！"

张泊听他有这样恳切的表示，又惊又喜，听到最后一句不敢轻忽，定一定神细想，了解了赵普的弦外之音。他是肯帮忙的，但上有天子，下有僚属，眼光都注视着调和鼎鼐的宰相，处事为天下共见共闻，无法徇私。如果暗中有所联络，掩没形迹，那就另当别论了。

这样想着，他得了一个主意——很得意的一个主意。"相公如此厚爱，感何可言！"他说，"倘或相公以为张泊还堪信托，请指定专人联络。"

"好！朝中有什么消息，我会派人通知你。这个联络的人，到时候你自会知道。"赵普从衣带上解下一个辟邪的玉"刚卯"，持着向张泊说，"机密书信，以此为信物。"

"是！"张泊想了一下，探手入怀，取出一枚雕镂极精的小玉印，是他心爱的玩物，托在手中，示向赵普，"敝处若有陈诉，以此六朝玉印为信物。"

"噢！"赵普问道："印文是什么？"

"是'张氏丽华之钵'六字，朱文。"

"这倒是名物。"赵普笑道，"'商女不知亡国恨，隔江犹唱后庭花！'"

"相公见赏，不如留着把玩。"张泊将手向前一伸，"我另选信物就是。"

"不，不！君子不夺人所好。不必客气。我们就此约定吧！"

接着，赵普问起江南的人物，特别注意林仁肇，问他的生平，问他的才干。因为彼此已约定了秘密通信的手续，显得关系已大大的不同，所以对赵普所问的一切，张泊根本不曾想到应该有所戒备，他只记着"诚信相孚"这句成语，知无不言，希望赵普对他满意。

深沉的赵普，反倒存着疑忌之心，认为他的答语太多、太快，可能是信口敷衍，可信的成分不多。当然，想是这样想，他仍旧不敢疏忽，将张洎的每一句话都紧记在心，以备日后参考求证。

问到林仁肇移镇南昌的原因，张洎觉得这正是一个表示诚意的机会，便加强语气答道："武昌密迩上国。林将军呢，韬略无双，可惜性子比较躁急，我国主怕他轻举妄动，与王师发生无谓的冲突，难免有伤两国的交谊，所以特意拿他调开。"

这番话，赵普信他真实无虚。因为林仁肇到武昌并不久，既无过失，不应更调。如说南昌是李煜的南都，特派邓王留守，邓王因圣尊后病故，奉召入朝，须有重臣代替，这话固然也说得通。但以兵略要地而言，南昌绝不如武昌，李煜很可以派其他重臣镇守，而以林仁肇移驻，就变成投闲置散了。照此说来，除却张洎所说的那个理由，竟别无可以解释之处。

进一步看，可以看出李煜的胆子很小，绝不敢与宋朝以兵戎相见。而林仁肇可能很想有一番作为，甚至自觉有克敌制胜的把握，故而跃跃欲试。李煜就是唯恐他轻易启衅，搞成不可收拾的局面，所以及早曲突徙薪，防患未然。

照此看来，林仁肇是宋朝的一个隐患。赵普在想：此人不除，江南可虑。

在归程中的张洎，踌躇满志，自觉"满载而归"。他载回了赵普的回礼和照应江南的承诺，也载回了一个美人——朱素倾心相随了。

回金陵的当天，他便入宫请见国主。李煜因圣尊后之丧，哀痛过甚，又变成形销骨立的样子，平时不大接见臣僚，只为张洎奉使远归，勉强扶杖出见，却是咳嗽加上气喘，竟似衰病侵袭的七十老翁。

这就使得张洎不能不长话短说了，只提出三点，请李煜宽心。第一，宋朝对结姻不成一节，经过他的解释，已经谅解；第二，宋朝因为蜀中之乱，一时无暇他顾，倘或用兵，南汉恐将不免；第三，便是他与赵普建立了秘密关系一事。

这三点之中，倒有两点是为他自己表功。第一点最不相干，宋朝根本不重视其事，而张洎却"吹"得最厉害，如何婉转解释，如何暗中疏通，说得天花乱坠，其实子虚乌有。而李煜却信以为真，欣慰之下，居然精神大振。

不但李煜，连在屏风后面静听究竟的嘉敏，对张洎亦大有好感，称赞他忠诚干练，才堪大用。因此，张洎得以升任清辉殿学士，依旧入值澄心堂，本来不过是文学侍从之臣，现在却能参预机务了。

蜀中之乱，直到乾德五年初春，方始敉平。王全斌以下征蜀诸将，奉诏班师，一回到京城，便被看管，由赵普在中书省的"都堂"讯问贪污杀降、纵兵殃民等罪状。结果罚多赏少，而公认清廉勤慎，不负使命的，只有曹彬一个人。

这一来，江南倒享了两年太平岁月。宋朝为了平蜀乱，颇费一番手脚，不论兵力军需，都无法对其他小国采取大规模的讨伐。即使行有余力，一时亦不敢冒昧从事，因为蜀中之乱，影响宋朝的威信，倘或举兵讨伐，各国以蜀为鉴，必定激起同仇敌忾之心，奋勇抵抗，胜败难料。不如暂且息兵，先做些收揽民心的工作，才是上策。

话虽如此，宋朝的君臣在暗中却有积极的图谋，只是不为各国所知而已。在江南，但见宋朝偃武修文，广施仁义，江南民心士气，便都懈怠了下来。虽有居安思危的有心人，无奈自李煜开始，便觉得这些人的论调迂腐，听不入耳，所以不能发生任何作用。

就在这年，宋朝出了一个自汉武帝建立年号以来所未有的大笑话。陈桥兵变，黄袍加身，宋朝皇帝仓促定年号为建隆，到第四年改元乾德。皇帝对这个年号很得意，有一天向赵普谈起，说是"此号从古未有"。赵普便大加赞扬，历数改元以来的种种祥瑞，归美于改元之功。

其时一起在御前的，还有个翰林学士卢多逊，是赵普的死对头。他听赵普很起劲地说完，阴恻恻地加了一句："可惜！乾德是伪蜀的年号。"

皇帝大惊，但卢多逊博闻强记，腹笥甚宽，而况年号大事，何敢瞎说？当时便召史官翻出尘封的史号来查检，果不其然，前蜀后主王衍，年号乾德。乾德共六年，改元咸康，这年十一月便亡国了。

当时皇帝既惭且怒，想起赵普身为宰相，当初改元时，竟不知前蜀有此年号，今日之下，居然又大赞亡国的不祥之号，其情实在可恶！

皇帝想想气无所出，便招招手说："赵普过来。"

皇帝有时发脾气，会用时刻不离手的玉"柱斧"揍人，所以赵普战栗失色，却又不敢违命。战战兢兢地走向御书案前，只见皇帝提笔入砚，濡饱了墨汁，在他脸上乱涂一气，墨汁淋漓，连朝服都染污了。

"你怎么及得卢多逊？"皇帝这样骂他。

赵普不敢作声，甚至经宿不敢洗脸。而年号却必须改了，改明年为"开宝"元年。

"开宝"二字很容易使人想到唐玄宗的两个年号：开元、天宝。开元年间，五谷丰登，家家富足，真正是太平盛世。不过天宝却不是一个好年号，安禄山造反，内犯京师，玄宗仓皇幸蜀，以万乘天子，竟不能庇护爱姬，而有马嵬坡"六军不发无奈何，宛转蛾眉马前死"的故事。以后肃宗在灵武自立，等于变相的篡位。被尊为"上皇"的玄宗，独居称为"南内"的兴庆宫，回想"花萼楼"头，兄弟联欢，"长生殿"前，宠妃私语，越是向往于当年的美满，越觉得此日凄凉万状。如果要讲吉兆，天宝应该避而不用，不知皇帝何以不嫌忌讳。

然而在江南的君臣，并不注意这个疑问，只觉得改元"开宝"，是宋朝皇帝愿步武唐玄宗的显明表示。唐玄宗勤求治道，驭下宽厚，协和万邦，不喜黩武，宋朝皇帝学他的作为，大家便都有好日子过了。

果然，宋朝的宽大，信而有征。这年江南大旱，五六月间，青黄不接，粮价飞涨，小民的生计，大受威胁。宋朝皇帝得报，特颁诏旨，以米麦各十万石，接济江南。不过，对于这番善意，最感激的却是嘉敏。因为百姓如果面有菜色，大婚的妆奁也会失去光彩。

第七章 风乍起

议立继后一事，起于春天。圣尊后去世，已过二十七个月，国主的服制已满，而中宫不可久虚，应该遵遗命举行大婚典礼了。

五代以来，国君即位后方始立后，尚无先例。立继后的虽有，却都是以妃嫔"扶正"，所以只有册封之典，并无嘉礼之仪。像嘉敏以"室女"入居中宫的大婚仪制，究应如何，茫然不晓。因此，李煜早有手谕，命掌管仪典的太常博士，细考古今沿革，拟制婚礼仪节。

这个太常博士名叫陈致雍。他肚子里的墨水很不少，只有些滞而不化，书呆子的味道太重，草拟的大婚仪制，大多参照"周礼"，既简且陋，不谐时俗。嘉敏一看，先就不愿意了。

"什么？婚礼不奏乐！"她愤愤地说，"真正闻所未闻。重光，"她早就不叫"姊夫"，直呼李煜的字，"我可把话说在前面，没有教坊吹奏，我可不上凤舆。"

"你别急！陈致雍有点儿胶柱鼓瑟，我另外派人再议。"

"派谁？"嘉敏问道，"张洎？"

"张洎不过有文采，学问上并无根底。"李煜想了一下说，"我派徐铉跟潘佑参酌议定。"

徐铉跟潘佑的意见，大不相同，议了十天，并无结果。只好当面请李煜来决定了。

徐铉是支持陈致雍的见解的，他引汉朝大儒郑玄的注释："士娶妻之礼，以昏为期，因而名焉。"说婚姻的婚，古用黄昏的昏，就因为婚礼在昏夜举行，乘墨车、着辎衣，车服的颜色都尚黑。亲迎的行列中，只有马前有烛，此外昏黑莫辨，乐器都看不清楚，如何吹奏？

"今古不相沿袭。"潘佑答辩，"尽信书不如无书。官家谕制定大婚仪节，乃是考今古沿革，因时制宜。倘如陈博士、徐学士所言，则周礼具在，按书行事，何烦拟议？"

"这话倒也是。"李煜向徐铉说道，"师古不可泥古。"

"婚礼不举乐，自有深意。'嫁女之家，三夜不熄烛，思相离也；娶妇之家，三日不举乐，思嗣亲也！'这话见于《礼记》。而况，"徐铉的声音提高了，"房中乐只有琴瑟，并无钟鼓，大典举乐，竟无钟鼓，成何体统？倒不如不举乐！"

"房中乐如何并无钟鼓？"潘佑很快地驳诘，"如无钟鼓，那么《毛诗》中'窈窕淑女，钟鼓乐之'这句话，又做何解释？"

徐铉哑口无言。李煜便用持平的论语做了评断："既然于古有征，房中乐宜用钟鼓。"

"是！"徐铉很勉强地答应着。

"行亲迎之礼，我赞成。"李煜指着另一条说，"不过如何行礼，似乎还有斟酌的余地。"

原来所拟议的是国后先拜，国主答拜。徐铉认为这很合理，而且有成例可为依据。"后初见君，《后魏书》有'先拜后起，帝后拜先起'之文，此为答拜的证据。"他说，"夫妇之礼，人伦之本，不答拜便非敌体。妾媵见主人，主人受礼不答，妻妾身份的不同，就在这上头显示。官家应该答拜。"

"不然！"潘佑从容说道，"徐学士所论的是士庶之礼。王者的婚礼，不与庶人同，无须答拜。"

这看法与李煜相同，但他不愿再公然有所表示，免得徐铉疑心他有意偏袒潘佑，因而指定文安郡公徐游，主持评议。徐游与潘佑并没有什么深交，但以潘佑的议论，大多符合嘉敏的愿望，因而在评论异同时，总是支持潘佑，并且采取了很明快的措施，夜以继日地连续谈了一昼夜，将所有的争端都消除了。

草案呈上李煜，当然先要让嘉敏看过。嘉敏大致满意，遂成定案。于是太常寺指派精于历算的术者，细参两造星命，选定十月间的一个吉日，为大婚之期。

周夫人为爱女准备妆奁，已非一日。从得知圣尊后的遗命，事成定局之日起，便即着手，算起来将近三年了。

周宗平生积聚甚丰，周夫人有女无子，便尽数用来为嘉敏添妆。她派出得力家人，到苏杭繁华之地，打造精巧首饰，搜罗名贵器玩。至于四季衣服，衾褥床帐，一切动用家具摆设，应有尽有，精益求精，更不在话下。

等到吉期选定，暂不宣布。因为依照"六礼"，第一步是"纳采"，然后"问名"。求婚已允，方始"纳吉"，方能正式卜选吉期。"纳采"在民间是媒人的事，而在帝王家却以诏令派遣专使，持节行礼，兼以"问名"。李煜所派的纳采正使是韩熙载，副使是徐铉的胞弟、集贤殿学士徐锴。

依照古礼，"纳采"以雁为贽，称为"奠雁"，另外伴附九样仪礼：合欢草、嘉禾、胶、九子蒲、苇草、棉絮、长命缕、干漆，还有两块雨花台的石头。连雁一共十样，都有说法：雁是只向暖处飞的随阳之鸟，而且秉性坚贞，从一不二，取妻必从夫之义；胶漆取其和好；双石意在两固；棉缕柔顺，蒲苇则可屈可伸，意示夫妇之间，应该互信互谅；合欢与嘉禾，则是取其口采。

韩熙载与徐锴奉命以后，各自打点行装，择定宜于长行的黄道吉日，乘坐官船，直赴扬州。谁知到了启程的前一日，太常寺备办的十样纳采仪礼，却还不曾齐备,而且所缺的是最要紧的一样:雁。

时当初秋,鸿雁应当南飞了。却不知是何缘故,雁信无凭,踪迹杳然。太常寺一面派人到江乡水国搜觅去,一面悬重金征求,好不容易弄来一只,却是受了箭伤,成了死雁,自然用不得。

万般无奈,只有采取权宜之计,奏请国主裁可,用一只大白鹅代替。白鹅身披彩绣丝巾,口衔黄绫诏书,由正使韩熙载捧着上船。码头上看热闹的老百姓,盈千成万,鹅性最野,见人便有斗志,兼以衔着诏书,为防掉落,将鹅嘴用红丝绳扎得紧紧的,自然难受,就更不安分,在韩熙载怀中乱拍着翅膀,挣扎不停。金陵的百姓,何曾见过这样新鲜的花样?个个乐不可支。消息传到宫中,添枝加叶,道那白鹅如何撒野,韩尚书如何窘态毕露,使得嘉敏亦大笑不止。

船到扬州,地方官员,早就在接官厅前恭候。正副使下船,因为手持王命,例不答拜,一直便到周府颁诏。

周夫人率领合家老幼,将专使迎入正厅。先行彩采之礼,专使读罢诏书,颁下仪礼,赞礼郎善颂善祷地念完一篇"喜歌",然后是副使徐锴行"问名"之制。

"问名"亦须宣诏,徐锴面南而立,取出诏书,大声读道:"惟夫妇之道,大伦之本,正位乎内,必资名家。遣使持节,以礼问名。尚伫来闻!"

"是!遵诏。"周夫人恭恭敬敬答应一声,由红毡条上站起身来,退在东侧,静候询问。

于是徐锴问道:"请示令嫒芳名。"

"小字嘉敏。嘉许之嘉,敏捷之敏。"

"何人所出?"

这是问嫡出还是庶出。如是庶出,还要问生母的名字,借以看出所求女子在家庭中的身份教养。周夫人事先已知有此仪注,从容答说:"是老身所出。"

"排行第几?"

"原来行二，如今居长，是老身的独女。"

"请示令嫒生年月日，时辰八字。"

"是！"周夫人将手一招，丫头捧来一个锦盒，她接在手里，转奉徐锴。接过来打开，里面是一分红绫裱的全帖，端端正正地写着嘉敏的八字。

前面都是明知故问，无关紧要，只有最后取得嘉敏的庚帖，才算是得到后家的承诺。纳采问名之制，至此功德圆满。韩熙载和徐锴，勾当了公事，方叙私礼，先是称贺，然后话旧。韩熙载与周宗同朝为官，行辈相同，所以称周夫人为"周大嫂"；徐锴比较后进，仍旧用官称叫她周夫人。

"一门两后，后先继美。周大哥泉下有知，必当含笑。"韩熙载跷着大拇指说，"周大嫂，你真了不起！从古以来，两后之母，只有你周大嫂一位。"

周夫人笑了。然而笑容中蕴含着无限辛酸，姊妹相妒，竟似骨肉相残，其中的隐痛，只有自己知道。其后长女病殁，中宫缺位，那几个月中为嘉敏打算，患得患失，通宵不寐的日子，更不知凡几。总算苦心操持，有了结果。这破颜一笑，可真是来之不易！然而又有多少人了解。

她正在这样感慨丛生时，韩熙载又开口了："请问周大嫂，几时移家入京？"他说，"官家对这一层，格外关心，嘱我务必请问明白。"

"啊！"周夫人答道，"我正在为难。前几天县里送来文书，才知道大婚吉期，官家降尊纡贵来'亲迎'，实在不敢当。不过，国家大典，寒家不敢辞谢，不敢不遵。要遵从呢，想想又没有劳动官家跋涉的道理。至于移家入京——"

见她沉吟不语，韩熙载便问："可是有为难之处？"

周夫人不即回答，想了一下，方始站起身来说："两位请来看！"

周夫人亲自引领两位专使去看嘉敏的嫁妆，一连看了十几屋，还没有看完。韩熙载明白了，周夫人移家入京，是件非同小可的事。

"周大嫂，不必再看了。且从长计议。"

回到厅上待茶休息，从容细谈。韩熙载十分尽心，答应回到金陵，立即奏闻国主，一面替她物色巨宅，一面征发舟船，遣派军士到扬州来专为继后装运嫁妆，尽九月底以前办妥，不误佳期。

商量停当，韩熙载不敢耽搁，第二天就原船回京复命。李煜尽如所奏办理，将宣阳门西南，陈宣帝所筑的一所安德宫，赐予后家，另派五百名禁军，带领四十条官船专程赴扬州为周夫人迁居，并搬运继后的妆奁。

九月底，周夫人到了金陵。

母女相见，悲喜交集。不同的是，以母视女，喜多于悲，因为三年不见，嘉敏脱尽稚气，出落得亭亭玉立，风华绝代；而以女省母，周夫人在这三年之中，头发竟白了一半。

当着宫中的女侍，自家的婢仆，就是母女，也少不得有一番周旋的形迹。直到夜深人静，重帷中相聚，方能毫无顾忌地说"私话"。

"娘！"嘉敏泪眼盈盈地，"我想念你老人家，想得好苦。去年春天，夜夜做梦回扬州，我说要去看娘，你竟忍心不叫我回去！"

"傻孩子，你连这点都想不透！娘何尝不想念你，何尝不想看看你，只是办不到。"周夫人说，"圣尊后遗命，让你在宫中待年，你如何能回扬州？只怕一出宫，就再无入宫之时了。"

"这，这是娘过虑。"

"你哪里知道外头的情形。"周夫人指着头上说，"我的头发是怎么白的？都为了焦急、忧虑、气恼。不知多少人妒忌我们周家，巴不得捉住你的短处，教好事落空。还有，唉！"她长叹一声，不愿再说下去了。

"娘，我知道你受的委屈。今日之下，还有什么好顾忌的？有话说出来，也痛快些。"

"唉！我是'哑巴吃黄连'！"周夫人忽然问道，"你姊姊究竟是怎么回事？"

一提到此，嘉敏的感觉与母亲相同，也是有说不出的苦。"谁知道呢？"她说，"我至今还蒙在鼓里，始终猜不透她为什么看我像眼中钉。"

周夫人默然。长女善妒,她是知道的,但幼女总也有不是之处。如果要责备嘉敏几句,于事无补,徒然惹她不快。大喜的日子快到了,何苦如此?

"事情过去了,不谈也罢。"周夫人又问,"官家待你如何?"

这一问,立刻使得嘉敏神采飞扬,她矜持地笑着,好半天才答了句:"总算亏他!"

"怎么呢?"周夫人脸上的抑郁亦一扫而空,喜滋滋地追问,"你说与我听听!"

这一下话就多了,说不尽李煜的温柔体贴。周夫人自然觉得高兴。可是有句话,一直盘旋在心头,想不说而终于说了出来。"那么!"她问,"对你姊姊呢?莫非人不在了,就都丢开了?"

"那倒也不是。遇到姊姊的生辰、忌日,必定记得的。总有诗有词,说姊姊的好处。"

"那也还罢了!"周夫人正一正神色,郑重告诫,"你可千万别学你姊姊那么心狭!待人驭下,总要宽厚。虽然是国后的身份,也须多结人缘,大家爱戴,你才不会吃暗亏。"

"我知道。"嘉敏很得意地说,"我的人缘最好。"她又侃侃而谈,"不会像姊姊那么心狭,中宫善妒,不是好事。隋朝的独孤皇后连儿子的房帏都要过问,真教不成话。结果呢,骨肉相残,大好江山断送在她最坏的一个儿子手里。如果不是她嫌太子杨勇的内宠太多,劝文帝废立,哪里会让杨广继承大位?"

"你明白就好!总要记住,做妻子的第一德行就是温柔。"

也许是由于周夫人的"温柔"之诫,嘉敏历遍禁苑,所选中的寝殿就叫"柔仪殿"。

柔仪殿在东池以北,构筑得很玲珑。正殿之西,一道雨廊连接着一座阁子,名为"翠华阁",阁上窗开四面,轩敞明亮。西窗遥对瑶光别院;南面的窗子一打开,东池一片潋滟水光,萧条清气,直扑几案。嘉敏决定拿这座阁子作为梳妆楼。

殿中的布置，李煜与嘉敏有个相同的感觉，必须要有特色。嘉敏喜爱各色名香，李煜便想到以鼎炉为主要的陈设，亲自到古玩库中去找出好些玉鼎金炉。另外又传取上好的和阗玉，亲绘图样，征召琢玉好手，在澄心堂外开工雕制。

这些璀璨夺目的玉鼎金炉，大小一共二十多具，就其形制，各赐嘉名：或称"把子莲"，或称"三云凤"，或称"折腰狮子"，或称"小三神山"，或称"太古华鼎"。同时看炉鼎的质料式样，用紫檀、黄杨雕配底座，然后相度地位，摆得高下错落，各尽其妙。李煜这样整整忙了半个月，方始毕事。

当然还有其他的陈设，罗帷锦茵，式式讲究，都由嘉敏亲自指挥宫女检点陈设——却辜负了周夫人的苦心。看来几百抬的嫁妆，唯一的用处，只是炫耀后家之富了。

发嫁妆那天，金陵百姓，倾巷来观。大街两旁的观众，头一排箕踞，第二排弯腰，第三排兀立，第四排踮足，第五排垫椅，再后面就看不见了，只有升屋。

这才是看热闹。金吾不禁，妇女不避，扶老携小，叫爹喊娘，整个金陵城就像一锅水沸了似的。当然，好看的还有：国主特举亲迎之典，全副銮驾，是平日难得一见的。可是，那时净街闭户，全城戒严，只有门缝中悄悄偷窥。要讲热闹，却真不如看继后的嫁妆。

嫁妆的行列，从日出到正午，尚未过完，看热闹的人越来越多了。十月小阳春，艳阳映照着金碧辉煌的器玩服用，越发显得富丽繁华。而就在大家目眩神迷之际，忽然"哗啦啦"一阵繁响，接着便是哭喊之声。

原来有一处朽败的房屋，屋顶上看热闹的人太多，不胜负荷，一下子坍了下来。金陵城内此乐极生悲的祸事，不下五六起之多，受伤的不算，送命的也有十来个人。在地方官看来，这是自取其咎，依旧严格执行早就公布的禁令：大婚喜期，连正日在内，前三后四，一共七天，不准民间办丧事。那些冤枉送命的，颇有富户，但有钱买不得身后风光，不能贴"殃榜"，不能请和尚念"倒头经"，更不能披麻戴孝哭哭啼啼地出丧，只能悄悄买口棺木成殓，等继后入居中宫以后再说。

在七十二对绛纱宫灯前后照耀之下，李煜用全副卤簿将嘉敏自安德宫亲迎到楼中。照古礼，这一天只有"成妻之仪"，除掉不用"交拜"礼而代之继后跪拜参见国主以外，此外的仪节都与民间无异。

参见大礼，在万寿殿举行。这是嘉敏的主张，一则表示不忘圣尊后的遗爱，再则讨取"万寿"这个好口彩。接下来归房坐床，交杯共食，便都在柔仪殿了。嘉敏像民间的新妇一样，也用"盖头"，所不同的是，并非一幅红罗，而是绣着龙飞凤舞花样的一方明黄软缎。

等羽秋和阿蛮双双扶她在七宝镶嵌的象牙床上坐定，李煜已经有迫不及待的模样了——嘉敏的一颦一笑，他无不熟悉，就是不能想象她做了新娘子是怎样一副神态。所以此时他一伸手便要掀盖头，却为裴谷拦住了。

"官家，慢动手。"他急不择言地说，"先要坐床。"

于是男左女右，侧向而坐。黄保仪率领宫眷，盛妆而至，每人手中都持着一个朱红漆的藤篮，内盛金钱彩果，到得近前，抓起篮中之物，胡乱向帐顶扔了上去。这个名目就叫"撒帐"。

然后才是挑盖头。裴谷呈上一支用碧玉特制的秤杆，念一声："称心如意！"李煜用玉秤一挑，嘉敏不由得就闭上了一眼，将脸避了开去，是畏光之故。

李煜仍旧不能如愿，无从细看嘉敏脸上的娇羞喜气。然而那个周夫人亲手为爱女所梳的盘龙髻，润滑青丝，满头珠翠，已令人目眩神迷了。

赞礼的裴谷又在高唱了："国主国后，交杯欢饮。"

语声刚落，四名内侍抬上来一张紫檀条案，上面只有两只金漆木盏，注满了调得极淡的水酒，两只木盏用一条打了彩结的红绸子拴着。裴谷端起一盏，递给李煜，羽秋却牵着嘉敏的手，自己去取来木盏，与李煜互举一举，彼此一饮而尽。

等空盏放回条案，裴谷各执一只，注视着床下，战战兢兢地相度了好一会儿，方始脱手一掷，接着便听得满屋欢呼："大吉！大吉！"

风俗如此，交杯酒饮毕，酒盏抛向床下，须一仰一合，方为大吉。此所以裴谷有那种如临深渊的神色——怕的是扔成两仰或两合，不甚吉利，那就大煞风景了。

大吉已卜，成妻之仪圆满告成。于是由黄保仪领头，贺喜告退。裴谷和羽秋、阿蛮，虽也随众行动，但退出殿外，都留在窗下，静悄悄地要听殿内说与什么。

"小妹，"李煜不改素日称呼，"我真不承望有今天这一天。"

"我不是！我常在摹想今天这一天。"嘉敏忽然笑了，"不过，这一天盼到了，感想反而不同。是很奇怪的想头。"

"说给我听听。"

嘉敏迟疑了一会儿，方始答说："我觉得今天这一天好像在做梦，我好像不是我。"

"那么是谁呢？"

"我不知道。只觉得恍恍惚惚的，仿佛在云雾里似的。"

"这倒像——"李煜突然顿住。

"像什么？"

"像、像我听过的一个故事。"

"好啊！"嘉敏兴味盎然地，"一定是个很有趣的故事。讲给我听！"

"有家人家姓张，张家有女，小字倩娘——"

倩娘自幼为她父亲许婚于表兄王宙，成年以后，两相爱慕，苦于不得相见。而张家忽又悔婚，将女儿另许富室。倩娘迫于父命，不得不从，但中怀抑郁，竟而成病。王宙则在愤激之下，远游京师，上船那天晚上，灯下枯坐，只是在想倩娘。想到半夜，奇事来了！倩娘不速而至！

听到这里，嘉敏插嘴问道："倩娘不是抑郁成病了吗？"

"你先别打岔，听我讲完。"李煜接着讲倩娘的踪迹，"当时王宙惊喜交集，决意带着她一起走。但是不能到京师，怕张家的人会去找他。两人商量的结果，远遁西蜀。在成都住了五年，而且生了两个儿子。离乡日久，倩娘想家想得很厉害，怀乡病是无药可医的——"

"只有一味药可医。"嘉敏又插嘴了，"'当归'！"

"不错。"李煜笑了，"王宙带着妻儿，买舟东下。一到家乡，先向岳父去谢罪。岳家很诧异：'倩娘病了五年！一直都没有下过床。什么夜半不速而至，同居成都五年，还生下两个儿子？不都是白日做梦的呓语吗？'"

"奇了，奇了！"嘉敏争辩似的问，"莫非鬼魅幻化成倩娘，来迷王宙？"

"王宙正就是这样一个想法。不过事虽变幻莫测，真相毕竟也容易明白。同居五年的倩妻，就在船上，接来一看，真假立刻分明。你说是不是呢？"

"怎么不是？除此一法，别无善策。是假倩娘就决不肯上张家！"嘉敏很关切地问，"倩娘去了没有？"

一乘小轿，将自蜀中归来的倩娘接回家来，亲人相见，惊多于喜，悲不掩疑。可是，往事历历，言之分明，甚至不能为外人闻，更不足为外人道的闺中戏谑，姑嫂私语，亦竟同亲身所经。即令是鬼魅化人，也绝不能如此"逼真"，而如说眼前的倩娘不假，那么卧病的倩娘，倒莫非鬼魅所化？

于是归宁的倩娘去看卧病未出阁的倩娘。刚一相见，合二为一，归宁的倩娘，消失了倩影；而卧病的倩娘，却霍然而愈，自道随王宙游蜀的，是她的魂魄。

"有这样的奇事！"嘉敏问道，"你是从哪里听来的？"

李煜不是听来的，是看到的，他偶尔从藏书阁中发现一个手抄本，是唐人陈玄佑所撰的一部小说，名为《离魂记》。只为陡然想到，洞房花烛之夜，不便提到这不吉的字样，所以刚才碍口不语。如今在嘉敏追问之下，将倩娘的故事，略略变换结构，讲了出来。可是"离魂记"三字，仍旧不肯出口。那就只有笑笑不答了。

"我明白了，"嘉敏是明白了一半，"我说我自己觉得，仿佛在云里雾里似的，而你的意思，是说我像魂灵出了窍。是不是？"

"也不尽是这个意思。"李煜摇摇手说，"我们不谈这些了。"

"这也没有什么好忌讳的。"嘉敏笑道，"我倒有个奇想，但愿能像倩娘一样，一化为二。一面朝朝暮暮伴着你，一面回扬州去陪我娘。"

"何必如此？我有更好的办法，老人就不必回扬州了。"李煜口中的"老人"是指周夫人，"如果你觉得安德宫还是太远，索性搬到宫里来住。"

"这不大合适吧！"嘉敏答说，"从来都没有这样的规矩。而且，我们母女也不能忘本，抛弃老家。"

"说得是！"李煜肃然起敬，然后又说，"你老家还有些什么人？这话我从前问过你姊姊，她跟你不同，仿佛不甚关心，所以懒得理我。你倒细细说与我听，如果有可用之材，我提拔他们。"

这话听在窗外的裴谷耳中，不免着急，闲话已经说了不少，若还要细问家世，得谈到什么时候？辜负良宵香衾，犹在其次，睡得太晚，天明不能起身，一切庆贺的仪节无法循序进行，那可是极大的麻烦。

于是，他招招手将羽秋和阿蛮邀到一边，低声说道："怎么得想个法子，催一催官家和国后，早谐花烛才好。"

羽秋和阿蛮面面相觑，都有难色。结果还是裴谷自己想得一个主意，他嘱咐传报更次的内侍，故意将三更报作四更。

这一计果然有效，只听嘉敏呼唤值夜的宫女入内伺候，然后明灯渐减，只剩下一双荧荧花烛，在窗纱上映出的光辉。

从第二天起群臣朝贺，国主赐宴，又赐民间"大酺"，一连热闹了好几天，将那个西风砭骨的冬天，点缀得花团锦簇，恍如三春。最使李煜安慰的是，宋朝亦派专使致贺，所赠的贺礼，颇多是为继后添妆之物，足见得宋朝对联姻未成一事，毫无芥蒂。因此，张洎愈见宠信，因为李煜认为这是他泞梁之行，不辱使命的证明。当然，接待宋使的任务，亦就落在他的肩上了。

等宋使北返复命，李煜特地召见张洎，是想听听宋使透露了些什么。张洎答说，江南的安危，只看宋朝对南汉的动静，倘或用兵，一定先伐南汉。如今汴梁并无谋南汉之心，江南大可高枕无忧。

听这一说，李煜大为高兴。有一天小长老进宫朝谒，李煜提到这话，小长老口诵佛号，说是国主礼佛心虔，故而菩萨庇佑，风调雨顺，国泰民安，洪福无穷。

李煜越发高兴，从此修建得更多的佛寺、供养得更多的僧尼、剃度得更多的和尚，而且广行善事——却不是兴学劝农，轻徭薄赋，而是亲临监狱，审问囚犯，大罪减轻，小罪释放，宽贷不知其数。

为此，韩熙载上疏纠弹："狱讼乃有司之事，囹圄之中非车驾所应至。请捐内帑钱三百万，充军资库用。"李煜欣然受"罚"，不以为忤。

* * *

开宝三年秋天，出大麻烦了。

麻烦是南汉主刘鋹自己所找的。他不自量力，举兵侵入宋朝疆土，九嶷山以西的道州。道州刺史王继，一面闭城坚守，一面飞奏京城，指控刘鋹恣意暴虐，屡屡挑衅，请派大军讨伐。

宋朝皇帝认为讨伐的时机还未到，亦不愿直接跟南汉交涉，决定假手李煜来晓以利害——派遣使者到江南，希望李煜出面写书信给刘鋹，对南汉提出三个要求：罢兵、称臣、归还所侵削的湖南旧地。

于是澄心堂中君臣密议，一致认为应该接受宋朝的委托，全力斡旋。因为唇亡齿寒，宋朝出兵灭掉了南汉，下一次就该轮到江南了。

致刘鋹的书信，李煜指定潘佑起草。这是个难题，首先称呼就不易定。几经斟酌，决定自称为"仆"，称刘鋹为"足下"，称宋朝为"大朝"。信中先为宋朝解释，说"仆料大朝之心，非贪土地也，怒人不宾而已"。接着他论南汉用武之不智，指出从古以来，不计大小强弱而必须一战者，不外四种情况：第一，父母宗庙之仇，不得不雪；第二，彼此皆是乌合之众，民无定心，唯有一战以决存亡胜负；第三，敌人进逼不舍，而又无路可退，战亦亡，不战亦亡，不如一战；第四，对方已现败征，而我有进取的机会，值得一战。而就刘鋹来说，什么也不是！

这是讲事理，南汉无一战的必要。接下来便是论形势，信中极力为宋朝夸张兵力之强，南汉绝无可胜之道，而归结于收兵息争为上。其间反复解劝，剀切详明，真有声泪俱下之慨。文字是骈散兼行，时而回环往复，时而恣肆汪洋，不愧才人手笔。

李煜对这篇文章，击节称赏，灯下细读，声音越读越响，竟致惊动了嘉敏，掀帷来探究竟："什么宏文巨制，念得这么有劲？"

"你看！"李煜将文稿递给嘉敏，"论才气，毕竟还是潘佑第一！这样的好文字，你不可不读。"

听他如此推崇，嘉敏果然很用心地看完。"好是好，"她说，"可惜话都说尽了。"

"知无不言，言无不尽，才见得友朋规劝之诚。"李煜答道，"像这类文字，无所用其含蓄。"

"我倒请问，倘或南汉主不听劝又如何？"

李煜心想规谏朋友，应该再三相劝。一劝不听，任其自然，不但不曾尽到交友之义，而且对宋朝的委托，也不好交代。因此，他毫不迟疑地答说："自然还要劝。"

"可又来了！此番拿话都说尽了，下次再劝又怎么措辞？"

"啊，啊！"李煜被提醒了，"还是你心细。"

于是他改变了主意，命裴谷选派一名能言善道，精通闽粤方言的内侍，携带他亲笔所写一封短简，伴以江南的绫罗彩绣、脂粉笺纸等各物，由南昌出发，越大庾岭赶到广州，面见刘鋹，转达劝告。这纯粹是出以宫廷交往的方式，如能收效，当然最好。否则再正式书函，在程序上，一层进一层，一层深一层，便显得有力量了。

往还一月，无功而返。刘鋹的态度很傲慢，不但嫌李煜多事，并有轻视江南懦怯庸弱，不足与言大事之意。

不过，所遣的这名内侍，总算不虚此行，他至少打听到了刘鋹所以敢兴兵的凭借。所凭借的是地利。南汉东连七闽，山溪相错，西接交趾、南滨大海，皆为宋师所不到，而北面有五岭之险。大庾、骑田、都庞、萌渚、越城五岭，与江西、湖广、广西接坏，山高水深，途径崎岖，辎重不并行，士卒不成列。如果一面高垒清野，断敌粮道，一面依山阻水，相机设下强弓硬弩的埋伏，使宋军进无所得，退无所归，则胜负之数，不卜可知。

就宋军的情形看，宜于平原中长驱直入，不宜于山地中人自为战。舍其所长，就其所短，虽有百万之众，不能发挥作用。而刘鋹还有一个最后的打算：战而能胜，进取中原，霸业可成；战而不胜，大不了泛巨舟浮沧海，总不至于如孟昶的结局。

打算得倒不错，但李煜不相信刘鋹做得到。他仍旧照原定的步骤，发正式的书函，做第二度的忠告。当然潘佑的原稿要修改过，最主要的是，必须将刘鋹的打算说破，明劝暗驳，让他知道他的算盘打不通。

由潘佑自己执笔改过的稿子，篇幅几乎加了一倍，而亦更为李煜所心服。首先，开头另加的一段："足下诚听其言，如至友谏诤之言；视其心，如亲戚急难之心，然后三复其言，三思其心，则忠乎不忠，斯可见矣。从乎不从，斯可决矣！"便觉得异常满意。嘉敏亦以为这才真正是至矣尽矣，如果刘鋹不听，李煜可以无憾。

提到刘鋹的打算，潘佑写的是："此大约皆说士孟浪之谈，谋臣捭阖之策。坐而论之也，则易；行之如意也，则难！"接着便拿蜀中的情况作比，如说山川之险，栈道和三峡，过于五岭，结果又是如何？何况南汉与宋朝"封疆接畛，水陆同途，殆鸡犬之相闻，岂马牛之不及？一旦缘边悉举，诸道进攻，岂可俱绝其运粮，尽保其城壁"？

信上又提醒刘鋹，吴越钱镠唯宋之命是听，宋朝可以调动吴越的部队，自泉州出海，直趋五羊城下；而"当其人心疑惑，兵势动摇，岸上舟中，皆为敌国，忠臣义士，能复几人？怀进退者，步步生心；顾妻子者，滔滔皆是。变故难测，须臾万端，非惟暂乖始图，实恐有误壮志，又非巨舟之可及，沧海之可游也"！

"我希望刘鋹对这段话三复三思。"李煜为嘉敏指出其中的深意，"这是婉转讽示。刘鋹应该知道他暴虐寡恩，到兵败之时，'岸上舟中，皆为敌国'，他还打算着带着他的'媚猪'泛巨舟、浮沧海，只怕是梦想。说句不嫌忌讳的话，换了我，果真穷途末路，做此打算，倒还十有八九可以办得到。"

话还未完，只见嘉敏愀然变色。李煜旋即省悟，自己口没遮拦，冒出这样不吉利、没志气的话，是大大刺伤了她的心。他既悔又恨，一时也涨红了脸，愣在那里，显得手足无措似的。

嘉敏见他这般神色，心里倒觉得老大不忍。但是，这样的"打算"是绝对无法忍受的，也是绝对办不得的！出入关系太大，苟且不得，因而嘉敏明知自己的话也会刺伤他的心，却不能不说，并且还不能不率直地说。

"重光，你别糊涂！金陵前横大江，哪里是你的沧海？果然宋师南下，非战即死！"她背转身去，用冷得发抖的声音说，"我不要做花蕊夫人！"

李煜不安极了！十月底的天气，竟致遍体汗下。"我何尝愿意做孟昶？"他嗫嚅着说，"不过，形禁势格，只有朝修好的路上走去。好在长江天堑，宋朝就想用兵，也有顾忌。我们绝不会像孟昶那样。"

"唉！"嘉敏唯有付之长叹，"但愿如此吧！"

因为刘鋹的态度不友善，而又是炎荒万里之行，所以遣派使者，成为难题。合格的，托词规避；自告奋勇的却又不合格，派去反会偾事。

最后终于找到一个很适当的人，是给事中龚慎仪。他是闽北邵武人，贪图归途可以迂道回乡扫墓，所以不辞南天跋涉，并且带着他的儿子龚极同行。

去时父子双双,归来只见其子,不见其父。原来南汉主刘鋹不理会李煜谏诤之忠,只觉得无一句话不逆耳。一怒之下,将龚慎仪下在狱里,写了一封很不客气的复信,交龚极带回。

李煜不曾料到刘鋹如此不讲交情。正如他在原信中结尾所说的:"为交友者,亦惆怅而遂绝矣!"迫不得已,唯有绝交,将刘鋹的复书,与他的原信,一起送到汴梁。

汴梁君臣所感兴趣的,是潘佑为李煜执笔的那封原信。皇帝比较宽大,认为他劝刘鋹息兵事大的话,出之腑肺,所以恳挚异常。劝人如此,自己当然不会明知故犯,看来跟江南始终可以不必兵戎相见。

皇弟晋王光义的见解不然。他指出李煜信中"夫称帝称皇,角立杰出,今古之常事也;割地以通好,玉帛以事人,亦古今之常事也。盈虚消息,取与翕张,屈伸万端,在我而已"这段话中,包藏着祸心,今日之"屈",正为他日之"伸"。不如趁早征讨,免得遗留后患。

宰相赵普亦附和皇弟,力主用兵。可是皇帝的意思很坚决,眼前不谈江南,只商量如何对付南汉。

其实也没有什么好商量的,讨伐南汉是早就决定而且部署好了的。箭在弦上,如今只是松手一发而已。

湘桂一带,专为监视南汉一带的防务,一直由潭州防御使潘美负责,如今自然顺理成章地由潘美挂帅南征,他的新头衔是"桂州道行营都部署"。用"行营"的名义,表示是正式的讨伐,同时也表示战争的规模可大可小。

潘美的副手,亦是就地取材:派朗州——湖南常德的团练使,也就是皇弟光义内兄的尹崇珂为副都部署。两路分兵,直指临水与贺江交汇之处的贺州。

消息传到广州,上下震动。刘鋹是个色厉内荏的家伙,听信了左右宦官的话,以为宋朝绝不敢发兵南下,自蹈五岭之险,谁知估计完全落空。事到临头，征召宿将，宿将多已凋零；检点军器，军器多已朽腐。

算起来只有一个人可用。此人名叫潘崇彻，颇读兵书，曾有战功，是南汉公认的一个名将。刘𫚭曾重用他为西北面都统，防守大庾岭一带。可是用而又疑，派人监察。所派的人，又是潘崇彻的对头，自然不会有好话：说他征集了八百多名伶人，身衣锦绣，口吹玉笛，每天作长夜之饮，达旦方休；一切军政，置之不闻不问。刘𫚭大怒，削夺了他的兵权，闲居在家。此时群臣交章，奏请起用，而刘𫚭犹有余恨，说什么也不肯用潘崇彻。

刘𫚭另选一将名叫伍彦柔，带领五千步卒由水路沿西江而进，增援被围的贺州。他到了梧州以东的封川，折而往北，溯贺江以上。

潘美得报，急急派兵往南迎击。走出一百多里，大路尽头，即是江边，地名信都，又名官潭，土名南乡。贺江由封川北流，到此是个弯头，向东一转再折而北上。江边是一片长满了芦苇的浅滩，连接着一大片密林，出林就是大路，也正是宋军的来路。

潘美策马高冈，纵览形势，大为欣喜。这里是设伏的好地方，敌军如果仍由水路北上，舟过弯头，必当减速，那时拦腰迎击，则后舟壅塞不前，前舟失群无援，不难一举歼灭。不过，潘美估计，伍彦柔多半还是会舍舟登陆，所以大部分的伏兵，布置在深苇密林之中。

部署已定，南汉的援军到了。为时将晚，伍彦柔下令泊舟南岸，第二天在北岸登陆。到得天明，主将的座船，首先移泊北岸。小校搭好跳板，抬上去一张胡床，伍彦柔亲携弹弓，神气活现地踞坐在胡床上发号施令。

等部队都上了岸，乱糟糟挤作一团，方在整理队形，尚未成列之时，一支响箭，直上云霄，伏兵齐起。飞篁如雨之中，宋军挺着雪亮的白刃，个个奋勇当先，杀得南汉的五千人。南汉军未战先溃，十死七八。伍彦柔被擒，解到宋军大营，潘美的杀性甚重，问都不问，一刀斩讫，用支极长的竹竿，将伍彦柔的首级高高挑起，竖在贺州南门以外。南汉的贺州刺史刘守忠，长叹一声，拔刀自刎，州城就此不守。

占领了贺州的潘美，用了声东击西一计，故意扬言，大军将沿贺江南下，转入西江，直扑兴王府。刘鋹信以为真，迫不得已起用潘崇彻，领兵三万，自封川到信都，沿贺江两岸，扎营屯兵，阻遏宋师南下。

潘美一看南汉中计，更不怠慢，密派精骑，西取昭州平乐。平乐东南，乐水与漓水相汇之处，有个渊深莫测的潭，名为昭潭，昭潭之北的开建砦，是平乐一险。守将靳晖接得警报，一面固守，一面派人向潘崇彻告急，谁知全无回音——潘崇彻有意拆刘鋹的台，只拥众自保。结果开建砦一破，昭州刺史田行偁悄然遁去。北面的桂州刺史，如法炮制，潘美轻取了两州之地。

于是宋军收兵往东，又攻贺州以东的连州。连州西北就是五岭之二的骑田岭，由南汉招讨使卢枝把守。他守得很好，使得湖南的宋军，不能渡岭夹击。潘美就不敢向东深入。此时有个降将李廷珙自告奋勇，愿说卢枝来降。

卢枝并未投降，但他的部将却纷纷动摇了。见此光景，卢枝知机，星夜撤兵，退保兴王府正北的清远。连州亦就兵不血刃地落入宋军手中。

败报南传，刘鋹反倒轻松了，他说："昭、桂、连、贺四州，本来不是南汉的疆土，应该归属宋朝。宋师既已如愿以偿，我可以料定他们不会再南下。"

这是刘鋹一厢情愿的想法。不久，警报纷传，宋师将进窥韶州，刘鋹方始着急。因为韶州据五岭之口，当百粤之冲，是兴王府最主要的一重门户。此地一破，宋军便可长驱直入了。

仓皇之际，无将可遣，刘鋹唯有派禁军首领李承渥为都统，领兵迎敌。禁军数目却真不少，不下十万之众，还练有一队大象，足壮军威，李承渥都拿来摆在韶州以南五里的莲花山下，一字横列，看上去气势不小。

潘美早就听说过，南汉军中有象阵。象之为物，骨坚皮韧，力大无敌，不可硬挡，只可智取。当时下令集中全军的强弓硬弩，一波接一波地发射，同时捉了好些田鼠，命士兵拎着它的尾巴，遥遥掷去。南汉的象队，有为箭镞射中了眼的，有为老鼠钻到鼻子里的，一时大乱，返身狂奔，反而冲散了自己的阵脚。宋军乘势攻击，李承渥全军皆溃，韶州自然也就不守了。

这一下，刘铱慌了手脚，一面打算着"泛巨舟、浮沧海"，一面少不得再派兵马抵挡。可是找来找去，竟无人可以领兵为将！有个前朝宫眷，身份介乎妃嫔与侍婢之间的半老徐娘梁鸾真，向刘铱保荐，说他的养子郭崇岳堪当重任。刘铱已无法多做考虑，当即派郭崇岳为招讨使，统兵六万，驻扎城外，负保卫兴王府之责。

其时潘美已北取南雄，南下英德，屯兵在英德以南十里的泷头地方。此地诸水交汇，地形险隘，潘美疑有伏兵，不敢轻渡。而就在这时候，刘铱派遣了一名使者，希望讲和，要求潘美暂缓进兵。

潘美欲成大功，更要显显自己的威风，对于刘铱的要求，断然拒绝。更利用来使为护符，挟持着一起渡过泷头，以防南汉如有伏兵，使其投鼠忌器，不敢轻发，而其实是多余的顾虑。

开宝四年二月，宋军已经到达兴王府西十里的双女山下，结砦屯聚，准备做最后的攻击。

刘铱却已将退路打算好了，他征集了十几条大海船，将宫中的金银珠宝，以及包括"媚猪"在内的上百美人，都装载在船上；指派一千名卫兵看守，由他的一个心腹内侍乐范，指挥待命，只等局势到无可救药之时，便即上船，扬帆出海。

哪知乐范比他更乖觉，认为如有刘铱在船上，即令宋师不至于驾轻舟出海追赶，亦会因为他平日暴虐不仁，百姓切齿，所到之处，随时皆会发生不测之变。倒不如舍弃了他，管自己逃到海外；不拘何地，有金宝、有美人，总可以买得一条活命。

因此，当刘铱预备下船之时，船已经出了珠江口，进入南海。这一来吓得刘铱魂飞魄散，几乎昏厥。万般无奈之下，只有正式奉表乞降，派的使者名叫萧淮，官居左仆射。

等萧淮奉上降表，潘美既不接纳，亦不拒绝，只说他无权受降，须请朝廷做主，即刻派人将萧灌送到汴梁。他这样处置，不错也不对。专阃之将，万里之外，只要有利于国，尽不妨便宜行事，即令有君命亦可不受，何况伐蜀的前例具在，军门受降，有何不可？他的故意推托，其实还是为了自己打算，他要取一个破南汉、擒刘鋹的赫赫战功之名。

哪知这一来引起了南汉内部的猜疑。照刘鋹的意思，"三十六计，走为上计"既已落空，不得已而求其次，唯有投降保命。所以当潘美中军大帐驻扎在兴王府以西十七里，种满了素馨的花田，又名白田的地方，他决定派他的胞弟祯王保兴，率领百官，开城迎降。可是由于他左右用事的两名宦官坚决反对，保兴竟不能出城。

南汉宦官掌权，由来已久，到了刘鋹接位，变本加厉。他有他的一套独特的想法，认为文武百官，各有家室，凡事先顾自己的妻子儿女，不如没有室家之乐的宦官，朝夕亲近，足寄腹心。因此，刘鋹发现有才能的臣子，以及真有才学的进士，甚至谈得投机的和尚、道士，一律下"蚕室"割去了"那话儿"，置之左右，宠以高官。以至阉人亦竟有位居三师三公的，不过在太师、少师等尊衔上，加个"内"字而已。

那用事的两名宦官，官衔都是"内太师"，一个叫龚澄枢，一个叫李托。两人私下计议，一旦投降，他人在宋朝照样做官，阉人岂能再当太师？而况潘美不知打着什么主意，只知宋朝发兵南征，诏告天下，指责刘鋹"信任宦官，残害百姓"，照此看来，或许潘美是蓄意破城，来为百姓报仇。与其投降以后，仍旧难逃一死，不如此刻背城借一，或许可以杀出一条出路。

计议已定，他们一面劝阻刘鋹，一面策动郭崇岳，阻拦保兴，使其不得出城，同时加强防御工事。郭崇岳便命士兵，砍了许多大竹，编成一道栅栏。

这样的防御工事，看在潘美眼里，只觉得可笑，一阵火攻，烧得烟火弥漫，南汉军不战先乱，郭崇岳死在乱军之中。

于是龚澄枢与李托又私下商议，认为北军之来，不过垂涎南汉宫中的珍宝，倘或一火而焚，让宋军得一座空城，无可留恋，自然早早退兵。

商量停当，也不告诉刘鋹，只以托庇于菩萨为名，将刘鋹及宫眷移到一座佛寺中，然后纵火焚宫。从黄昏烧起，烧到天亮方罢，珊瑚橱、玳瑁梁、白玉树、珍珠帐，尽皆化为灰烬。

潘美在花田望见火光，知道坏了，急得不住跳脚，却救不得那一把火。第二天一早下令，预备四面猛攻，非破城不可。而就在这时候，刘鋹素服白马，亲到军前请降。

这在潘美，多少有意外之感。他原以为刘鋹已殉了他的"社稷"，焚宫即是自焚。果然如此，班师回朝，对皇帝无法交代，纵无罪过，大功至少消折了一半。因此，忽闻刘鋹来降，他又惊又喜，如释重负，当然也没有拒而不纳之理。

受降是受降了，却没有好脸嘴给刘鋹看。他大开辕门，盛陈兵卫，等刘鋹从枪林刀树中，悚然进入大帐，他劈头便说："你没有死啊？"

刘鋹有小聪明，口才很好，当时答道："已先遣使请降，忽又轻生，岂非陷害将军？刘鋹不敢亦不忍。"

潘美觉得这两句话很动听，脸色便缓和了。"那么，"他问，"都说你的宫殿已经烧光，那又是为什么？"

"将军，"刘鋹急忙答道，"这怪不得我！是龚澄枢跟李托干的好事。"

潘美一听这话，无名火发，不觉口出粗言："就是那两个没'那话儿'的太师？"

"是的。"

"莫非他们不得你的许可，就敢放火焚宫？"

"怎么不敢？"刘鋹用一种极端委屈的语气答说，"刘鋹十六岁僭居伪位，龚澄枢等人都是先朝旧人，遇事擅专，我做不得主。不瞒将军说，在昨天以前，我是臣下，龚澄枢他们是国主。"

看他说得这等可怜，潘美不觉叹息："怪不得你落得今天这个下场！也罢，你领我进城。"

于是潘美以刘鋹为前驱，带领精锐，进入广州。刘氏宗室及文武大臣，一共九十七人，都在烬余的龙德宫中待罪。潘美一到，首先查问纵火的祸首，除了龚澄枢、李托以外，又查出一个弄权的宦官——身兼"太仓使"的薛崇誉，竟将积聚的粮食烧得光光。军需民食不保，城内立刻便起了恐慌。

潘美大怒，但是，恨得牙痒痒的，却无奈其何。照他的心意，便当将此三人立即枭首，只是杀降不祥，犹在其次，最主要的一个顾虑是：此辈在南汉的职位甚高，潘美无权做任何处置。唯有送到汴梁，听候朝廷发落。

就在潘美调拨车马，指派兵将，发遣降人，刚刚处理完毕，而余怒未息的当儿，有一百多刘鋹的宦官，穿着极华丽的官服，个个脸上堆足了笑容，来到行辕门前，说要"求见潘将军"。

"好家伙！"潘美狞笑道，"我奉诏伐罪，就是专为这批人来的。不诛何待？"

宦官被诛，为宦官所害而下狱的好官良民，却获得释放。其中有一个，服色与众不同，便是江南的使者龚慎仪。

潘美对他很客气，设宴为他压惊。"龚先生受委屈了。"他问，"如今是回江南，还是回邵武？我派人护送。"

"多谢！"龚慎仪答说，"我本来想顺道回乡扫墓的，如今当然先回金陵复命。"

"好！请龚先生休养几天，我打点你动身。来，来，欢饮一杯。"

"多谢！"龚慎仪举杯在手，忽然豆大的两滴眼泪，落入酒中。

潘美一见，颇为惶惑。"龚先生何故悲伤？"他问，"脱囹圄而复自由，此回江南，亦仿佛是苏武归汉，必蒙上赏。喜之不遑，悲从何来？"

"不瞒将军说，有道是'兔死狐悲'。"龚慎仪答道，"南汉诚有自取灭亡之道，刘鋹亦死不足惜，只是我江南无辜！"

原来如此！潘美觉得很为难了。朝廷的大征伐，非臣下所敢轻议，何况是当着眼前的这位人物？照常理来说，保持缄默，最为得体，但这样就好像默认朝廷有伐江南之议，不但不能安慰龚慎仪，反倒更引起他的疑惧，真有些于心不忍。

想来想去，他觉得只有出以诚恳，进以忠告，不失为公私两全之道。"龚先生，贵处与南汉不同。朝廷亦知李国主仁厚恤民，雅好翰墨，如果能如吴越一般，恭顺输诚，朝廷又何苦劳师动众，大举讨伐？"潘美停了一下又说，"朝廷不兴无名师，只恐李国主自己贻人口实。"

"敬受教！"龚慎仪很注意地听着，记住了潘美所说的每一个字。

* * *

龚慎仪回国，对江南君臣议而不决的大计，发生了决定性的影响。这不仅因为他带回了潘美的忠告，更因为了解了宋军的战力。

南汉将不足、兵不精、械不利，诚然不是宋军的对手，但虽欠人和，至少以炎方燠热之地、五岭崎岖之险，在天时、地利上均有所凭借，足以拒宋。不道亦如孟昶之亡，前后不过半年的工夫，宋师已经克奏全功。听龚慎仪细说所见所闻，首先从李煜开始，便觉得一旦动武，决不能与宋军为敌。

于是，李煜在澄心堂召集亲贵重臣密议，首先就表示，唯有"委曲求全"，要商议的是委曲到怎样的程度，方能使得宋朝满意。

群臣默然，谁也不肯先开口。李煜便看着徐游问道："你看呢？"

既然指定发言，徐游觉得可以无须避忌，想一想答道："宋主所憾者，官家不朝——"

一语未毕，陈乔霍然而起，厉声而言："官家绝不可朝汴梁！臣受先帝顾命，托以官家的安危，誓死不从此议。"

反对李煜朝宋，是陈乔多少年来的一贯主张，不想今日之下，依然坚持成见。由于题目甚大，谁也不敢保证国主朝宋，不被软禁，因而徐游缩一缩脖子，吓得不敢再往下说了。

这一来张洎便重提旧事，建议指派亲贵代替国主朝贡。此议一发，无不赞成，只待决定人选。

"子师，"李煜侧面问道，"你肯为我辛苦一趟不？"

坐在他身旁的"子师"，就是韩王从善。李煜行六、从善行七，雁行平足，而且一母所出，素来友爱，从善毫不迟疑地答道："臣义不容辞。"然后迟疑了，"不过，汴梁所望，恐不止此。"

"我知道。"李煜抑郁地说，"只要有利于宗庙生灵，我无不可以委屈。子师，你大概听到什么了吧？不妨说来，从长计议。"

"是！汴梁常有人来，谈起赵家天子与晋王光义的打算，所望甚奢。"

"奢到什么程度？"

"臣不忍言。"

"但说无妨！"

从善还在犹豫，顾视四周，大都是殷切盼望他揭破谜底的眼光；另有少数人，却如老僧入定般，眼观鼻、鼻观心，那副槁木样的形容，正表示万念俱灰的心境。

唯一的例外是潘佑，他脸上一阵青，一阵红。正当大家发觉他血脉贲张，惊惑于他何以如此激动时，只见他已攘臂而起，大声说道："韩王不忍言，臣亦不忍言，凡为臣子而有血性者，谁又忍言。不过事到如今，犹复讳疾忌医，如何得了？所以不忍言，亦须言，但望官家干纲大振，我辈臣子，更当洗心革面。须知在官家委曲求全，在臣下便是忍辱负重。倘或依旧文恬武嬉，得过且过，只怕优游的岁月不多了。"

这番话激昂之至，却是连李煜在内，都挨了他的教训。但立论甚正，无可批驳，因而大家只是相顾失色，却没有人敢表示不满。

"潘卿，"终于是李煜开了口，"我知道你的忠义之心。韩王不忍言，你就替他说了吧！"

"臣亦是听得汴梁来人说起。审时度势，臣如是赵家天子，亦当有此打算。"潘佑情绪激动之下，口不择言，以天子自拟，有失臣礼。可是此时没有人挑剔他,他自己亦没有想到,只是容颜惨淡地接着往下说:"赵家天子所忌者,是海内还有人有国号。吴越可存,闽亦可存,南汉、北汉绝不可存,道理在此。"

此言一出,李煜颜色大变,结结巴巴地问道:"然则,是要我取消'唐'的国号?那、那又称江南是什么?"

这一问中,李煜自己便提供了答案,然而没有人敢说破,于是潘佑又发言了。

"去年臣奉诏草拟致南汉刘国主的书札,曾经自誓,辱国文字,到此为止。如今汴梁要我国改称江南,自谓居于一隅之地。此而可忍,孰不可忍?臣请重用林仁肇,勤修战备。以江南的富庶,百事可为,足以自保。"

"这,"徐游忍不住说道,"与原议大相径庭了。"

"原议是什么?"潘佑咄咄逼人地。

"原议,"徐游强自镇静着,"原议不是谈如何委曲求全吗?"

"必须忍辱负重。"陈乔为潘佑帮腔。

"是,是!"韩熙载大声附和,"忍辱负重,忍辱负重。"

这完全是所谓虚与委蛇。潘佑有心直言极谏,哪怕一头撞死在澄心堂的柱子上,亦无所顾惜,无奈没有争执的对手,一个人闹不起来,徒抱一腔孤愤,却是无补时艰,反而因为他这"忍辱负重"四字,一切自辱辱国的话,都易于出口了。

七嘴八舌,草草定议:"唐国主"改称"江南国主";"唐国印"改为"江南国印";上表请所诏呼名——宋朝皇帝颁诏江南国主,直呼其名李煜。并正式派遣太尉中书令韩王从善,赍带江南土产朝贡汴梁;从善的临时官衔,称为"进奉使"。

当从善到达汴梁时,恰好吴越亦正遣使朝贡。吴越的使者,也是钱氏的族人,名叫钱文赟,他的临时官衔称为"进奏使"。因为吴越国王钱俶,接受了宋帝所加的"天下兵马大元帅"的官位,所以他理当执臣子之礼。此外，吴越所进的贡物，亦远比江南来得贵重丰盛。总之无论从哪方面来看，吴越事宋的恭敬忠顺，都过于江南。

但是，江南进奉使李从善所受的礼遇，却又非吴越进奏使钱文赟所及。最明显的是，钱文赟先到几天，还未见着晋王光义，而从善不但一到就由光义设宴接风，并且第三天就能觐见皇帝。

"我对江南、吴越一视同仁。"皇帝对从善说，"这两个地方与南汉、北汉不同，只要保境安民，一定子子孙孙，可以长享富贵。"

"是。"从善答道，"臣兄感激陛下之心，无时或已。永为陛下不叛之臣。"

"听你这话，我很高兴。今年冬至，举行南郊大祀，我打算邀你们国主助祭。南郊祭天，非同小可，要向上帝表白的，就是一片至诚。"

从善很注意地听着，体会出言外之意。宋帝邀约助祭，有着彼此对天盟誓，决不背信负义之意。这确是一件非同小可的事。看来陈乔一贯的主张，似乎并无坚持的必要。

"你相信不相信我的话？"

从善一惊，心知是因为自己在想心事，忘了回答，所以皇帝有此一问，因而急忙答道："圣人之心，四海皆知。臣岂敢稍涉怀疑？"

皇帝点点头，迟疑了一会儿方始开口："也罢！我索性再教你知道我的诚意。你来！"

说着皇帝站起来，手持白玉"柱斧"，大踏步往别殿而去。从善不知道皇帝要做些什么，也不知道自己该做些什么，唯有双眼望着晋王光义，请求指示。

"请遵旨。"光义告诉他说，"陛下必是别有垂谕。"

"是，是！"从善领悟了，急急跟随在皇帝身后。

进入别殿，是一间书斋，几案上有好几本翻开的书。书桌上一盏茶，仿佛还在冒热气，都显出这是皇帝常用的起居休息之处。

"我要让你看一幅画。"皇帝站住脚，回头说了这么一句，便又往前走。

一走走到东壁之下一幅画轴前面停住。从善便也驻足细看，画的是一幅工笔人物：深院松树之下，一僧一士在对弈。和尚不知是谁，因为画的是背影；正面拈子沉吟的那个中年人，却有似曾相识之感。从善苦苦思索，只觉得越看越面善，就是想不起在哪里见过。

"识得此人否？"

"臣愚鲁。"从善答道，"此人见过，一时记不起他的身份名氏。"

"身份是武将——"

"啊！"从善失声喊道，"是林仁肇！"

"你记起来了。"皇帝微笑着问。

"是！林仁肇，丝毫不错。只为臣见及他时，总是戎装，画中却是士子服色，所以一时记忆不及。"

"是的，是林仁肇。"皇帝收敛了笑容，"我跟你实说了吧！林仁肇已经约期来归，先送这幅画作为信物。"

从善大惊，却不敢在脸上显露惊惶之色，反而装出笑容。"其实林仁肇也是多此一举。"他说，"江南举国输诚，林仁肇岂愁没有驰驱皇路的机会？"

"原是这话！我因为不拿你当外人，所以举实相告。"皇帝逼视着从善问，"你不会憎嫌林仁肇不忠其主吧？"

这话却使从善受惊失色了。"不敢！"他很小心地答道，"四海皆忠于陛下。林仁肇能见其大，臣佩服之不遑，何得憎嫌？"

"这就是了。"皇帝忽然直呼其名，"从善，听说你也很留意于军略？"

"是！臣少小喜读兵书。"

"很好！我很想借重你担当方面之任。你的意思如何？"

从善不敢不受，同时也有些奇怪，说"当方面之任"，莫非派自己去当节度使？果然如此，却是自由之身，因而欣然答说："臣蒙陛下识拔，感奋之至。"

皇帝满意地笑了："既然你肯留在这里，我得派人好好替你安顿。"他向随侍在侧的小黄门吩咐，"传召丁德裕！"

丁德裕的官衔是"内客省使"，这个官职，专掌"四方进奉及四夷朝贡，牧伯朝觐"事宜，从善在汴梁的一切，都归他照料。此时皇帝下旨，赐从善住宅一区，命丁德裕带着他就城南新起的许多大第中，亲自去挑选。

话虽如此，从善岂肯自作主张，他很谦虚地请丁德裕替他安排。因此，第一处看汴河之南的汴阳坊内，一所精致小巧的住宅时，在他立即便成定局。反是丁德裕认为尽不妨多看几处，从容商酌的好。

于是联翩策马，迤逦向南，先在汴河两岸，看了几处华屋。从善都嫌它们太大，因为他自度必蒙皇帝委派出镇，无须在汴梁置一大宅。不过这个理由不便向丁德裕明说，只道家人无多，住宅太大，反而照料不了。

无奈丁德裕情意甚殷，总说"多看看再做计议"，因而看了城里，又看城外。打马一出南熏门，顿觉眼前一亮，从善深深惊讶，原来汴梁最讲究的大第是在城外！遥遥望去，一大圈水磨青砖的围墙，占有数坊之地，围墙之中，树木葱茏掩映着数不清的崇楼杰阁、假山危亭，规模虽逊于皇宫，而华丽仿佛过之。莫非是新起的离宫？

"不是！"当他问出来以后，丁德裕答说，"这所大第，御笔赐题'礼贤宅'。官家有话，江南李国主、吴越钱国主，哪位先朝汴京，就拿这所大第相赐。"

"噢，噢！"从善不知道说什么好了。

"李国主天生神秀，文采过人，京中仰望已久。不知道什么时候，才能让我们一瞻风采？"

"不会太久。"从善很小心地回答。

"既然如此，韩王，"丁德裕目光灼灼地想了一下，很兴奋地说，"我倒有个主意。请看,西面!"

西面另有一所新屋,规模只礼贤宅的四分之一,但也不小了。从善问道:"那是另一处宅子?"

"是的。"丁德裕答说,"官家交代,这所宅子将来要赐林仁肇。如果韩王中意,我可以奏闻官家,另选房子给林仁肇。韩王你就住这里,弟兄往来相聚也方便。"

听这一说,从善真有些感动了。可是果真接受了建议,便等于保证李煜必朝汴京,这却是他做不得主的事,因而又深感为难。同时,也警觉到,对这样"顺理成章"的事,不可有所迟疑,否则便显得有"异心"在。为今之计,好歹先敷衍着再说。

于是他用欣快的声音答说:"好啊!固所愿也,不敢请耳,我是怕所望太奢,害足下为难。再说,朝廷的威信,不可稍受贬损。如果已许了林仁肇的,我就不便夺人所好了。"

丁德裕原是设计试探,听从善的回答,觉得满意,正好趁势落篷。"韩王的这番顾虑,我倒没有想到。"他说,"且先回城,从长计议。"

一回城,丁德裕不提此事了。而从善却未忘怀,尽一夜的工夫,将这一日的所见所闻,密密写了一封长信,交给一名机警干练的心腹,专程送回金陵。

从善的长信,不曾经过枢密院转递,直接送交裴谷呈上澄心堂。

这给李煜带来了极大的不安和疑难。他徘徊苦思,书空咄咄,始终不能相信林仁肇会有背叛,更不能接受从善的建议,对林仁肇做一个断然的处置。

反复思考,委决不下,便只得召近臣来密议。不过澄心堂中,经常待命,总是同时被召的,是张洎、潘佑二人。潘佑一向主张重用林仁肇,这件事不宜使他与闻;只召张洎,不召潘佑,又似乎不大合适,因而成了难题。

李煜觉得很苦恼,颇有天荆地棘,步步皆难之感。细想一想,连这么一点小事都下不了决断,亦未免太窝囊了!他一赌气之下,便顿一顿足喊道:

"请张学士来。"

裴谷很冷静,发觉他的吩咐与平时不同。平时总说"请潘张两位来",此刻有张而无潘,便追问一句:"只请张学士?"

"对了!只请张学士。"李煜说,"回头仔细看好,不准任何人在窗外窥探。"

裴谷答应着,将张洎宣召入殿,随即退了出去,亲自巡行警戒。殿中的李煜,便默无一言地将从善的长信,交张洎阅看。

他看得很慢,因为一面看,一面在细想,所以一到看完,不但对于宋朝的态度已有了解,而且也已想到李煜会问些什么,自己该如何作答。

"林仁肇会是那样的人吗?"李煜用自问的语气说,"我可真有点不信。"

"宁可信其有,不可信其无。"

"这,"李煜愕然,"这是为什么?"

"臣请官家明谕,可是决意与汴梁修好?"

"只要他们不是逼人太甚,我决不会动干戈。"

"既然如此,留林仁肇有何用处?"张洎极从容地说,"林仁肇诚然是一员虎将。只是猛虎置之柙中,须防其反噬。倘或不能纵之入山,不如早日收拾了,是为上策。"

"我不相信他会反噬。"

"然则官家是相信韩王诬赖了林仁肇。"

这针锋相对的一句话,极有力量,李煜语塞而心动。但他天生是优柔寡断的性情,所以还在游移着。

"官家不信手足之言,不体近臣之心,以国脉民命遥寄于异迹已显的悍将,臣期期以为不可。"

"我总觉得林仁肇不是不忠不义之人。"李煜想了一下说,"明天找大家来商议。"

张洎心想,陈乔、潘佑都是支持林仁肇的,而这两个人都是敢犯颜直谏，说什么也不肯曲从附和的人。只要他们大声力争，林仁肇就杀不成了。

这样想着，即便答道："臣请官家乾纲独断，不然就会自速其祸。"

"何以见得？"

"召集廷议，难保不泄露风声。林仁肇得知消息，不举兵而反，莫非引颈待诛？"

"这话倒也是——"李煜还在踌躇。

"当断不断，必受其害。"张洎又说，"韩王一向看重林仁肇，若无真凭实据，见闻亲切，确然无疑，岂肯贸然做此建议？"

"说得是！"李煜矍然而起，做了一个很有力的手势，"我志已决。"

李煜的脸色苍白得可怕，失血的双唇，不住翕动，手也在微微抖颤。张洎知道他内心为做出这个决断而震动了。望着他那惨沮的颜色，真有些不忍再刺激他，但越是如此，越不可放松。否则，只要他一念转移，自己便失去了为宋朝建功的大好机会了。

张洎在想，要他降敕处决林仁肇，怕有些难。万一他答一句："且等明日再说。"夜长梦多，又会变卦，是故须出以明快果决的手段。

想停当了，张洎随即用很沉着的声音说道："官家英明，社稷苍生之福。臣谨奉诏行事。"

说完，略一停留，看李煜没有什么表示，便当作已面得准许，可以便宜行事了。

* * *

一连几天，李煜郁郁不乐。那种整天皱着眉，闭着嘴的神情，看在嘉敏眼里，只觉得凄凄恻恻的，心中不知是酸是疼。

几次安排遣愁消闷之方，怎奈他意兴阑珊，总是答一声："算了！你不必费心。"这天嘉敏下了决心，非强人所难不可。

"你这样会郁出病来！哪怕有天大的难题，也一定得要丢开了！而况我看也没有什么让你真正为难的事。"嘉敏用一种无可通融的语气说,"移风殿吃蟹赏菊,都预备下了,今天是我有兴致,你没有兴致也得鼓起兴来陪陪我!"

听这一说,李煜知道无法逃避,也就索性依她的话,硬将心事抛开。"也罢!"他念着杜甫的诗句,"事大如天醉亦休!"

移风殿又名锦洞天,在东池以北。名虽为殿,其实是一座高台。它的构筑很新奇,窗壁之间,尽是各式形状的槅子,贮放栽植在各种器皿中的花卉。这就是得名锦洞天的由来。

锦洞天中,四时皆置杂花,唯有重阳前后,换上菊花。花虽一种,品类各殊,五色缤纷,一片锦绣。但今年却是例外:黄白粉披中,独有一盆麝囊花,其色正紫,格外显得风韵独标,卓立不群。

这盆麝囊花十分名贵,来自庐山的一座古刹,几次移植,到今年方始成功。李煜亦是初次赏鉴,自然徘徊流连,不忍遽去。

"紫得可爱!"李煜毕竟有了笑容,"怪不得叫'风流紫'。"

"这个名字不好。"嘉敏微蹙着眉,"不登大雅。"

宫禁中怎用得"风流"二字?李煜也觉得不妥,随即答道:"你何不另外给它起个名字?

"'紫'仍旧要留着,不然显不出它的特色。"

"那容易。紫气东来,止于禁苑,就叫'蓬莱紫'好了!"

"果然好!"李煜大为赞赏。

"是花好还是名字好?"

"花也好,名字也好。非此名花,不足以当此嘉名;亦非此嘉名,不足以彰此名花。"

"那就来首词,细细形容它一番。"嘉敏含笑问道,"如何?"

"使得。"

"那么,你静静构思吧。我看看去,酒食预备得怎些样子。"

一个往里,一个往外。李煜走到移风殿外,但见满庭落叶,两行新雁,天色灰蒙蒙的，不辨是晚烟还是细雨，那苍凉萧瑟的景色，顿时将他的心境染得灰暗了。

天过雁字，阶前茱萸，均使他兴起怀念远人的愁绪，不吐不快。于是徘徊吟哦，直到日暮。

"想来已经成篇了！"

李煜回头看时，发觉嘉敏已换了服饰，她穿的是一件衬着吴棉的宽袖紫罗绣襦，一双皓腕，各套一只紫水晶的镯子，仿佛有意与花争艳似的。

"辜负了花，也辜负了你这一身衣服。"李煜歉然地说。

嘉敏怎么样也不能了解他这两句话的意思，率直问道："这是怎么说？"

"你听我这一首词就知道了。我念你录。"

于是宫女们抬来一张黄条几，上面放着螺子砚、鼠须笔、五色笺。羽秋磨墨，阿蛮掌灯，伺候嘉敏把笔录词。

负手蹀躞的李煜便即念道：

冉冉秋光留不住，满阶红叶暮。

又是过重阳，台榭登临处，茱萸香坠。

念到这里，他停了下来。嘉敏问道："这是什么调子？既不是《临江仙》，又不是《浣溪沙》。"

"管它什么调子，能寄我闲愁即可！"

"这等说，竟是创新调。"嘉敏念了一遍说，"词气是'逆收'，似乎该'换头'了。"

"对！现在这里'换头'。"李煜一口气念完了后半阕：

紫菊气，飘庭户，晚烟笼细雨。

雍雍新雁咽寒声，愁恨年年长相似。

语声未毕,嘉敏急急喊道:"慢着!什么'新雁咽寒声'?"

"雍雍!"李煜望暗室一指,"雍雍者,鸿雁飞鸣之声。"

嘉敏点点头,振笔疾书,搁笔默诵,了解了他的心境。"是在想念子师?"她问。

"是的。"李煜黯然答说,"不知为什么,总有些放心不下他。似乎——"

"似乎?"

"似乎今生不能再见似的。"

"何来这种想法?"嘉敏看一看左右,"你们说,官家可是自寻烦恼?"

"官家休烦恼!"有个慧黠非凡,最近很得宠的垂鬟宫女,名唤雪奴的,拍手喝道,"玉树后庭前,瑶草妆镜边——"一唱百和,移风殿前,顿时响起一片流丽嘹亮的歌声,唱的是李煜的那首《后庭花破子》:

玉树后庭前,瑶草妆镜边。去年花不老,今年月又圆。莫教偏,和月和花,天教长少年。

欢唱夹着娇笑,还有一面拍手,一面踏足的。那种繁喧热闹的气氛,终于淹没了李煜的愁绪。他秉烛看花,持螯快饮,度过了一个很快乐的秋夜。

* * *

陈乔保荐一位武官,说有奇策面奏。这武官名叫卢绛,官拜枢密院承旨,而所担任的,却不是动笔墨、写诏旨的职司,而是派在与吴越接壤一带的"沿江巡检"。

他有什么奇策?李煜不大相信。只此人少年的行径,几近无赖。前两年上书论兵，没有人理他。卢绛居然闯入枢密院，非见陈乔不可。一见之下，口讲指画，居然头头是道。陈乔大为耸动，叹为奇才，力荐重用，居然也很立了些战功。不过归根结底，无非小有才而因缘时会，得有今日，至矣尽矣。一个无赖，也没有读过多少书，哪能成为庙堂之器？

李煜想是这样想，只为不忍使陈乔失望，到底还是接见了。见面的印象就不佳，卢绛形容粗鲁。在李煜看来俗而浊，是最下的人品。

"回奏官家，臣天天与吴越那班狗贼打交道——"

"卢绛！"陈乔急忙喝道，"出言不可如此不文！"

卢绛咽了口唾沫，翻一翻白眼，放低了声音说："臣天天与吴越舟船打交道，那里的情形再明白不过。吴越对汴梁死心塌地，甘心做赵家老儿的走狗。有朝一日，北兵攻打我朝，吴越一定派兵替他们打先锋。不过，不要紧，他们是臣手下败将，吴越的兵，打仗的劲道不够。依臣的主意，先下手为强，后下手遭殃，不如先打到杭州，灭了姓钱的国土再说。"

李煜骇然。"这、这怎么行？"他问，"那一来宋朝不就师出有名了吗？"

"这一层，臣想过了。当然有个里外串通的做法——"

卢绛的做法，是据宣城、歙县一带，诈为反叛。李煜便下令讨伐，同时备重礼向吴越乞师夹击。吴越不论从哪方面来说，都非出兵不可。

"就怕他不出兵。他一出兵，就要他的好看！"卢绛兴高采烈地摸出一卷地图，摊开在地上，随即伏着上面指点讲解。

照卢绛的算计，如果吴越接受江南的要求，派兵夹击，则必由太湖南面的湖州、长兴向西进军，由广德直趋宣城。于是江南遣劲卒由常州南下，经太湖西面的宜兴，径取湖州，断吴越之师的归路。

"那时候，吴越一定要回军相救。"卢绛说到最得意的地方了，口沫横飞，意气豪雄，忘却是在国主驾前，"照他们想，臣既然是叛将，当然不会帮官家来打吴越，所以回兵救湖州时，不会防到后路有变。臣就正好踩住他们的尾巴，打他个落花流水。湖州是吴越最富的地方，一拿了下来，声势就大不相同了。这时候,南都留守林仁肇应该派兵接应,或者由上饶、玉山沿富春江直扑杭州。灭了吴越,福建一定归附。官家请看,东南这一大片江山,都是江南的!莫说与赵家老儿划长江各霸一方,就是打过江去,亦不见得就拼不过人家。"

最后这两句话,未免言大而夸,陈乔觉得画蛇添足,反而失真,因而赶紧接着他的话说:"卢绛所言,或不免涉于夸诞;不过诈叛一计,确有可取之处,伏乞官家鉴纳。"

李煜唯有报以苦笑。这诈叛一计,林仁肇亦曾建议过,如果可用,何待今日?况且林仁肇已有异心,伏诛在即,又何能领兵自南昌去攻杭州?卢绛的所谓"奇计",无非纸上谈兵的奇谈而已。

想是这样想,却无法公然拒绝,因为那得说一番大道理去折服这两个人,在他便是一件难事。

其实他就不说,陈乔和卢绛便已知道事已不谐,因为他的脸上已表示得很清楚。两人面面相觑,都觉得脊梁上有股寒气在上升。

"卢绛的计策是好的。"李煜很吃力地说,"不过,我得好好想一想。"

"是!"陈乔很勉强答应着。

"官家!"卢绛却还不死心,"如果这一计不行,臣另有一计——"

"你不必再说了!"陈乔打断他的话,"谨慎奉职便是。"

"对了!"李煜不免歉然,抚慰地说,"卢绛素来忠勇,我完全知道。"说到这里,他招一招手将裴谷唤了过来,"发内帑钱一万贯,犒赏卢绛与他的部下。"

"官家,官家!"卢绛喊道:"臣无功不受禄——"

"卢绛!"陈乔沉下脸来,"谢恩!"

卢绛的脾气很坏,但陈乔于他有知遇荐举之恩,所以帖然听命,就势趴在地上磕头谢了恩,然后卷起地图,站起身来,掉头就走。

"卢绛!"

陈乔还待喝住他,责备他御前失礼,李煜反倒抢在前面做和事佬:"算了,算了!"他向陈乔摇摇手,"此人质美而未学。且随他去!"

陈乔很讲究人臣事主之道,所以即令李煜宽恕,他仍旧不能不加责备。回到枢密院,狠狠地将卢绛数落了一顿,说他没有涵养,令人失望。卢绛只是俯首无词,看样子虽未争辩,但也不曾心服。

就在这时候,有一名专管联络各节度使及武将的干当官,蓦地里闯了进来,一见有卢绛在,愣在那里作声不得。很显然,他是有机密事项要面报,只为碍着第三者,故而踌躇。

陈乔会意,但不认为卢绛有回避的必要。责备归责备,看重其人之心未减,陈乔觉得也不妨让他与闻机密,因而使个眼色,示意无碍,同时又说了一句:"有事尽管说来!"

"是。"干当官说道,"南都留守林将军暴亡!"

"什么?"陈乔大惊,"是什么病?林将军健硕如牛,怎得暴亡?莫非出了什么意外?"

"听说是酒后——"

"酒后?"陈乔抢着又问,"他是海量啊!酒后出了什么乱子?"

"没有,只是喝完酒说腹痛,顿时浑身冷汗淋漓,不到一盏茶的时分,就不治了。"

"这、这太奇怪!"

"一点不奇。"卢绛插嘴,"明摆在那里,是酒中下了毒。"

此言一出,陈乔更为惊骇:"何以见得?"他也觉得卢绛的看法,不为无见,可是,"谁又敢在他酒中下毒?"

"自然有人!"卢绛的脸色变得异常阴沉,冷笑着说,"哼,奸臣当道!总有一天惹火了老子,教他吃我一刀!"说完,他向上一揖,作为向陈乔的辞别。然后,大踏步往外走去。

干当官目送他去远,疾趋两步,到陈乔面前低声说道:"卢将军的眼光厉害,林将军说不定是让奸臣害死的。"

"奸臣!谁?"

"我不敢说。"干当官答说,"只是,张学士刚才派人来宣谕:官家有话,南都如有林仁肇的消息,不可惊惶。"

"有这话?"

"早有风声了,说汴梁有信来,道林将军要谋反,官家会做断然处置。这就是了。"

"那就更奇怪了!这等大事,如何枢密院不蒙垂问?"

干当官不即回答,好久才说了句:"只怕是因为枢密院太看重林将军的缘故。"

陈乔被提醒了。如果李煜要杀林仁肇,至少要瞒着两个人,一个是潘佑,一个就是自己。然而其他的人呢?譬如徐游、徐辽、韩熙载,可曾与闻其事?

于是陈乔吩咐备车,从韩熙载那里开始,遍访有资格备国主咨询此事的大臣。他们却是诧异的居其大半,余下的小半,如徐游、徐辽等人,只表现略有所闻,但未便深究。

最后去访张洎,时已入暮,而张家司阍的答复是"学士在宫中未回"。是真有其事,还是托词不见,无法究诘。陈乔只有暂且回家,等第二天再做道理。

第二天一早,陈乔正待上朝,枢密院的小吏来报:国主在澄心堂召见。他急急驰驱入宫,但见澄心堂内济济多士,竟是召集"廷议"。心知必与林仁肇之死有关。果然,国主出临,首先宣示的,便是此事。

"林仁肇谋反有据。"李煜的声音嘶哑,但神态显得很沉着,"我不能不做断然处置。事机急迫,也怕走漏风声,所以事先没有跟大家商量。你们须谅解我为社稷苍生安危,不得不尔的苦衷。"

这几句话说得很婉转。而且大多数的人,还没有弄清是怎么回事,因而面面相觑。堂上出现了难堪的沉默。

打破沉默的是潘佑。"林仁肇谋反有据,是何证据?"他说,"请官家明示。"

"喏！"李煜将从善的来书，递给了右手边的韩熙载，"你们可以传观。"

看过信的人，脸色大都不同了，是一种谅解的表情。但是，也有少数人，反形怀疑，潘佑就是其中之一。"官家何能据韩王一纸书信，遽尔判定林仁肇谋反有据。"他大声抗争，"只恐怕天下人不服！"

李煜是受了张洎的教，料知必有这样的质疑，早就想好了应付的方法，因而此时从容答道："韩王是我同母胞弟，如果我连他的话都不能相信，又何能信任臣下？潘卿，你说恐怕天下人不服。试问，要怎么样才能服人？"

"谋反大逆，应下法司鞫问属实，明正典刑，以昭炯戒。"

"这话不错！只不免书生之见。如果林仁肇勾结的是吴越或者北汉，可以照正规办。如今私通的是汴梁，照你的说法去做，岂非公然昭示，与宋为敌？后果如何，你想通没有？"

潘佑语塞。陈乔本来想开口的，这时候也觉得可以不说。倒是韩熙载有几句很公平实在的话："事机紧迫，官家英敏果断，弭患无形，臣等不胜钦服。只是韩王虽有所见，或恐听闻不真。臣思此事，林仁肇果然通谋汴梁，必有往来密使。再者，举兵而反，并非孑身潜行，事先当有一番部署，林仁肇亲信部将，不能不知其事。臣请简派大员，秘密查访，倘或并无实据，窃以为林仁肇为国宣力有年，官家垂念前劳，请赐优恤！"

"不错，不错！"李煜被提醒了，"理当如此。"他向徐辽说道，"由你负责去查，限一个月之内奏报。"

于是除了潘佑还有悻悻不平之气以外，一殿君臣无不大大地透了口气，觉得这重公案，到此可以告一段落。而正当李煜要宣布各散之际，只见裴谷急步趋前，轻声回奏，说韩王从善遣派心腹侍从，自汴梁星夜赶来，有极紧要的书信，一到便须呈国主亲阅，同时呈上一封缄封极其完固的密札。

李煜不暇多问，亲手用象牙裁纸刀拆信披阅，方知从善已为宋朝皇帝拜为泰宁军节度使，本应出镇山东兖州，但被留在汴京，并在汴阳坊蒙赐甲第。显然地，像春秋战国那样，从善是被当"质子"了。

拜命的第二天,从善入朝谢恩,宋朝皇帝当面嘱咐他,应该力劝李煜"入觐"。从善不敢不遵,上表先道诚意,说:"臣兄以菲才嗣守宗庙,陛下垂覆载之恩,许其归阙,实千载一遇,敢不奉诏?"其实,他并不做任何建议,入觐与否,全凭李煜自己决定,他只转达宋朝的意向而已。

看到这里,已去了三张信纸,是全信的一半。李煜先将此事交议,首先让陈乔看信,因为他是反对国主朝宋,主张最坚定的一个人。

等李煜将另外三张信纸看完,陈乔慷慨陈词,坚持一贯的看法,并且加上了新的佐证。

"倘或官家此行,安全无虞,韩王必定劝驾。如今不置可否,足见疑惧。韩王之意,尽在不言,官家务须垂察。"说罢,陈乔又用清清朗朗的声音,将从善的那半封信念了一遍。

举座默然,脸色个个凝重无比。多少年来自汴梁的最大困扰,就是这件事。有些人跟陈乔的看法不同,觉得李煜入觐的安危,固然应该重视,可是尽自这样饰词搪塞,惮于一行,便先就是示弱的表示。春秋战国之时,列国交聘,或者以小事大,盟会之际,明知此行不啻身入龙潭虎穴,但亦有英明有为之主,在忠臣良将策划保护之下,毅然就道,终于安然而返,且博得敌国君臣的尊敬正视,从此不敢小觑。要那样做法才是正办。无奈这位文采风流的国主,宽厚有余,而"英明"二字,却是怎么样也谈不上。再说所谓忠臣良将又在何处?纵或当仁不让,自许忠荩,可是孤掌难鸣,并无能保国主安返江南的把握,那也就只有付诸缄默了。

"官家!"又是韩熙载打破了沉寂,"宋必欲我主赴汴梁一会儿,居心何在,且可不问。只是辞谢的后果如何?必得熟思。"

"是的!"李煜苦笑着说,"我想,只要不惹汴梁动兵,什么都好商量。你们看!"

他把从善的另外半封信交了下来,其中转述赵普一个暗示:江南既已取消"唐"的国号,一切制度,便不能拟于王者,希望江南自己上表,请求贬损。

这在韩熙载觉得是件不能容忍的事。他吹着胡子,连连摇头:"是可忍,孰不可忍?"

"不然!"李煜倒显得相当平静,"既然国号都可以除去,其他也就无所谓了。我的意思是,祖宗尊号,不可变更;现行的制度,贬损无妨。兹事体大,一时亦谈不完。你们各抒所见,半月以内奏闻再议。"

廷议已有了结论,而潘佑却还要发言,只是站不起来,仿佛有人在拖曳。转脸看去,是卫尉卿李平,有意压住了他的袍角,当然是阻止他起而陈述之意。李平是他的至交,不须别问原因,只看在彼此的情分上头,他亦只得屈从。

从澄心堂散了出来,李平约潘佑到家小酌。潘佑本就有话要问他,所以欣然相许,结伴同行。

李平家有间静室,朝士中只许潘佑可到——李平本来是嵩山的道士,自道出身于道家"三十六洞天"的第六洞,名为"司马洞天",于道教的方术、符箓、祈禳、禁劾,以及呼鬼召神的"诸皋"之术、缩地飞遁的"行蹻"之方,无所不修,但从来不曾实验过,所以没有人信他,唯一的例外是潘佑。

潘佑好老庄之学,李平在这方面的修养很够,所以两人谈得极投机,渐渐结成至交。久而久之,潘佑竟相信他真能通接神仙。据李平说,潘佑的父亲潘处常,已经位列"仙官",而他与潘佑,亦已列名仙籍,一旦羽化,都是玉皇驾前的司香吏。

当然,这天只谈世务不谈玄。潘佑问道:"你不准我起来说话,必有所谓吧?"

"当然。我先请问,你打算说些什么?"

"贬损制度,适足以自警,并非坏事。"潘佑答说,"大裁闲官,多养精兵,果能如此,制度虽贬何妨?"

"我也猜到你必有一番惊人的见解。不过,我另有看法,生怕跟你的话有所扞格,所以拦住了你。"李平停了一下又说,"贬损制度,不如重新造国。你说多养精兵,照我的办法,通国皆是精兵。你信不信?"

"'造国'一词甚新。"潘佑笑道,"你的办法必是好的,愿先闻为快。"

"重新造国,应依古制,以周礼为宗。顶要紧的是复井田之制,诗云:'疆场翼翼,黍稷彧彧。曾孙之穑,以为酒食。畀我尸宾,寿考万年。'岂不美哉?"

潘佑听得不胜向往,连连点头。"复井田的见解很新,也很高明。"他问,"应从何着手?"

"首先要禁抑豪强兼并,其次要造民籍、造牛籍。牛马力耕所必需,严禁宰杀。至于造民籍,一则为分配公田的依据,再则亦是行'卒伍之法'的张本。'耒耜以养生,弓矢以免死',兵即是农,农即是兵。依《周礼》:'王六军、大国三军,次国二军,小国一军。'一军一万两千五百人,三军三万七千五百人,勤加训练,已为不可轻敌之劲旅。缓急之际、家出一夫,江南百万人家,你想想看,有多少兵可用?如以一半出一夫,另一半出一夫之税,就是平白得五十万兵!此非妄言,只要行我的井田之法,自然就会有此效益。"

潘佑大为叹服。他本来有些书生积习,凡事只要于古有征,先就有了好感。同时他心肠很热,眼看江南君臣,只求晏安逸乐,风气柔靡奢华,日甚一日,好比一个人四体不勤,日就衰颓那样,中病已深。趁眼前本源还不太亏损的当儿,下一服猛药,大大涤荡一番,然后培补元气,更起新机,才是根本之计。而李平的复井田、造民籍,正就是他心目中的"猛药"。

见他如此赞扬,李平大为高兴,当即提议:"然则你我联衔,同上这一道奏疏如何?"

"这倒不必。我觉得不便掠美。"

李平的笑容冻结了,脸色慢慢变得阴暗,心里在想,这不明明是敷衍?

"我另有缘故。"潘佑看到他的脸色,猜到他的心里。"我不是推托!"他重复一句,"绝不是!这个缘故,我现在还不便说,等你将来知道了，就会明白。我此刻不便附骥，亦是为了老兄。"

原来潘佑却真是一番推崇尊敬之意。他认为李平才堪大用，打算找机会保奏他当宰辅之任，此刻联名上疏，将来保奏就很难措辞。只是这番盛意，此刻不便明说，而李平却是怎么样也想不到，潘佑拿他看得如此之重，只好怏怏然地单衔上奏。

贬损制度关乎百官的名位利禄，人人关心。在宫中，亦复如此。尤其是嘉敏，好端端地当着国后，忽然说要改号了，由后而降，不是妃便是国夫人。虽然实质无损，但叫起来碍口，听起来刺耳，想起来更不是滋味。

几次想跟李煜议论此事，表明态度，不愿贬损后号。可是她也知道李煜心里的难过，不下于她自己，分忧不能，何忍更为他添烦？因而话到口边，毕竟还是忍住了。

半个月很快地过去，群臣奉命各抒所见的奏疏，有十几道之多。李煜都先搁着不看，到限期已过，方始汇总批阅。看到一半，心里浮起一阵阵的欣慰之感，觉得该与嘉敏同享。

于是他命裴谷收拾已阅、未阅的奏疏，由澄心堂回到寝宫，与嘉敏细细商酌。

"已经看了七本了。七本的见解，个个不同，只有一点是不约而同。你猜，是哪一点？"

"朝章制度，经纬万端，我哪里去猜？"

"跟你我有关。"李煜指着包在锦袱中的奏疏说，"已看的七本，都道国主、国后的称号，万不宜贬损。足见臣下爱戴。岂不是极可欣慰之事？"

听这一说，嘉敏愁怀尽去，顿时秋波流辉，喜上眉梢。"真难为大家忠心！"她问，"那么，重光，你的意思呢？"

"自然不可辜负大家的心意。"

"是！"嘉敏庄容答了这一声，不再多说了。

"我在想，处君臣应如家人，也要讲情分。既然大家如此爱护，制度就不宜贬损太过。"

"不知大家是如何说法？"

"意见很多。"李煜解开锦袱，拿起已阅的奏疏，一本一本检点着说，"这一本，主张照王国的规制，各设长史。那也太简略了。"

"江南又不是宋朝的亲藩，不管军务民政，只设一个长史怎么行？"

"是啊！这一本是陈乔所上，主张官位官号都不变，只是有些职位裁撤不设。"

"是哪些职位呢？"

"是些冷衙闲曹。"李煜答道，"陈乔的意思，以贬损制度为名，裁汰浮滥，整饬吏治。倒是有见地的！"

"这样说，是打算采纳了？"

"还不一定。"李煜踌躇着说，"我有所不忍。"

"这是说，照陈乔的办法，便有好些吃饭不做事的人要丢官？"

"是的。正是为此！"李煜翻了一下，捡起一本，递与嘉敏，"我想照徐家兄弟的办法。"

徐辽、徐游兄弟所奏陈的办法，可以说是换汤不换药。大小衙门，百官位号换一个名目，职掌依旧，俸禄如故。贬而不损，无非遮遮汴梁的耳目。

"这也好！省得大事更张。"

就由于嘉敏的一言之赞，一件有关国本的大计，便这样轻易地决定了。不过其余未看的奏疏，少不得还要浏览一遍。潘佑、李平的建议，归于无用，有用的是张洎的一本。

张洎的办法是徐氏兄弟建议的进一步发挥。他不但主张换汤不换药，而且换什么汤都一一列出来了：中书省、门下省，改为左右内史府；尚书省改为司会府；御史职司风宪，所以御史台就改称司宪府。

翰林院、枢密院一文一武两衙门，文的无所忌讳，直截了当改为艺文院；武的便不宜特意标举，张洎想出来一个名目，叫作光政院。此外大理寺职掌刑法，改称详刑院；客省主管各地使者的接待，便称为延宾院——顾名思义，入目便知，新官号反倒显得醒豁了。

费踌躇的是亲贵子弟，原来封王的，都该降封了。李煜心所不愿，但不得不然，接纳张洎的建议，一律降封为国公，并且亲定封号。江南在战国为楚地，最高的封号，应该是楚国公，李煜决定将这个名号封从善。

"这不太相宜吧？"嘉敏提出异议，"我们的疆界只及于'楚尾'，用这个封号，怕会引起汴梁的猜疑。"

"那就顾不得了。"

"岂能不顾？"嘉敏正色说道，"那样会害子师为难，倘或他迫不得已，上表请求改封，请问，如何处置？"

"这话不错！我不能给子师添麻烦。可是不封楚国公，可封什么？封哪一个地方，也不能表示我对子师的重视。"

嘉敏心想，江南吴头楚尾，如果不封于楚，便当封为吴国公，但这又遭吴越之忌，亦非所宜。凝神细想了一会儿，忽有灵感，喜滋滋地说道："有了！我有个计较，不知可使得？"

"说来看。"

"必欲封子师为楚国公，不妨加一个字，称为'南楚国公'。"

"好！"李煜脱口答道，"我国疆土，本在楚地南面，南楚国公亦可以解释为江南的楚国公。这双关的含义，清楚明白，应该不会引起汴梁的误会。"

第八章　汴梁行

专使送达汴梁的表状，一共三道：第一道是贬损制度，藉符以小事大之义，措辞谦恭，当然能使宋朝皇帝满意；第二道自陈体弱多病，不堪长途跋涉，虽然望阙依恋，却一时无法入觐，话也说得还婉转，不至于令人起反感；而第三道就不同了。

这一道表状，是乞请准从善回江南。理由亦很牵强，说他们弟兄从小友爱，多时不见，想念不已。宋朝皇帝怫然不悦，以为从善不受羁縻，思量脱身南归，特意请李煜出面乞求，因而指示赵普，应该做一个严峻的处置。

"陛下明鉴，"赵普从容答奏，"以臣考查，李从善居心行事，颇为忠顺，与乃兄大不相同。"

"你是说，我冤屈了李从善的本心？"皇帝提出疑问，"有一次我劝他将妻小接来，他口头答应，至今并未接眷。这不是安心不想在京里长住吗？"

"这是李从善别有委曲。他的妻子性情乖戾，李从善怕接进京来，家宅不宁，未免贻笑同官。再则，岁时令节，命妇随班觐贺，倘或失仪，过咎不轻，所以不肯接眷。"

"真有这话吗？"

"臣岂敢欺罔？"赵普肃然答道，"臣曾听李从善亲口这么说，也曾明察暗访问过他的左右，都是这等说法。"

"那我倒真是冤屈他了。"皇帝的脸色转为缓和，"如今该怎么办？你有何主意？"

"臣以为仍应结以深恩，不但羁縻，亦望他感恩图报。再则，"赵普略停一下又说，"此人将来可备咨询之用。"

皇帝懂他的意思，以李从善在江南的身份，一切机要，无不尽知，将来万一对李煜不能不用兵时，少不得要大大地借重他。这样想着，有了绝妙的一计，可以绝了李从善的江南归路。

"你去宣李从善来见我。"皇帝说道，"明日朝罢，御苑看花饮酒，你与晋王都来！"

御苑曲宴，一共四席。皇帝居中，东面一席是晋王光义。西面两席，原定从善在前，赵普在次，而从善固辞，说不敢越礼居宰相之上。最后是皇帝裁断，说他身有爵位，而且总算是客卿，理当坐西面首席，从善方始从命。

三臣奉觞，皇帝一一赐酒。一番君臣酬酢过后，皇帝频频引杯，开怀畅饮，一面喝酒，一面不断右顾，跟从善说话。谈到江南，皇帝从容吩咐："取江南的文书来！"

李煜的三道表状，早就由内侍置放在一个黄色锦盒，随身带着，这时承旨都交付从善阅看。

看到第二道，从善开始不安；看到第三道，更觉得应该立刻有所表白。他不等看完，便离席伏身，以惶恐的语气说道："臣兄笃于友于之情，所陈则有不当。臣蒙陛下拔擢，许效驰驱，寸功未建，何敢退身？伏乞陛下，不准臣兄所请。"

皇帝点点头，看了赵普一眼，暗示嘉许，然后回答从善："你愿意留在京里，我很高兴。不过，你单身在此，起居种种不便，我派两个人服侍你。"

"是！"从善答应着，但心里不免疑惑，不识所派的两个是什么人？

皇帝未做进一步说明，话题一转，却是从善再也意想不到的。"听说你们伉俪的感情平常。"他问，"可有这话？"

这一问使得从善有些发窘，但不能不说实话，他轻声答道："臣家有悍妻。"

"怪不得你不肯接眷。"皇帝微笑着说，"你也还是住在京里的好，耳根也清静些。"

"是！"

"喝酒吧！"皇帝随手将他面前的金杯递给了从善。

"臣谢恩！"从善接过酒杯，双手捧着，一饮而尽，然后放还空杯，亲自为皇帝斟满。

"喝了这一杯，散吧！"皇帝向晋王光义笑道，"你明日做个东，贺一贺子师。"

"遵旨！"光义含笑答应，"陛下有兴，臣奉屈圣驾，做个'陪客'。"

"好，好！我作陪，我作陪。"皇帝已颇有酒意，紫红脸上，汗珠闪闪发光。他一面用绫巾抹拭额头，一面大声说道，"你要贺子师，就备酒送到他那里去。我们闹一闹新房！"

听这一说，从善急出汗来了。如何谓之"闹新房"，莫非硬作主张，要自己停妻再娶？这可是件不得了的事，消息传到江南，家中那头母老虎还不闹翻了天？

忧急昏瞀之中，无暇细思，宴罢出殿，为料峭春风一吹，神思一爽，这才想起，皇帝说"派两个人来服侍"，可知绝非强为主婚，因为娶妻并无成双之理。话虽如此，麻烦不是没有。但愿派来的是两名小厮，果然赐的是宫婢，也宁愿粗蠢不堪一顾的，倒免了将来打多少饥荒！

也就是从善刚回汴阳坊府第不久，一双油碧香车，悄然莅止。"内客省"的官员传宣上谕：特赐泰宁节度使宫人两名，照料起居。同时说明，不须谢恩。这两名宫人，又蒙皇后赏赐首饰妆奁，满满载了四车，陆续到达，堆满了整个院子。

从善从未经过这种恩泽，并以府中并无女眷婢媪，亦不知如何接待这两个宫人，因而索性躲在书房中，不闻不问，只凭自江南随从而来的书记江直木去料理。

约莫一盏茶的时分，江直木亲自来请从善出厅受礼。这便又觉得尴尬了。"那是什么礼？"他问，"我该如何受？如何还？"

"不须还礼。"江直木答说，"哪怕出于御赐，毕竟是妾媵的身份，尽不妨坐而受之。"

从善面有难色。"这、这不好！"他说，"你是知道的，将来难与夫人见面。"

江直木觉得他可笑也复可怜，只是此事不比寻常纳妾，由不得他做主。江直木想了一会答道："御赐宫人，莫非拒而不纳？殿下——"

"江书记，"从善打断他的话说，"如今不能这么称呼了。你、你只用普通的官称好了。"

"是！"江直木又问，"用我们江南的，还是用他宋朝的？"

"用他们的。"

以宋朝的官称，节度使的尊重，可以用"使相"，亦可称"相公"。江直木觉得"相公"二字比较响亮，便即改口："相公，好歹先受了礼，不负宋朝皇帝的美意。至于相公纳不纳，在乎自己做主。将来与夫人见面，大家少不得为相公说话，皇命所迫，事出无奈，夫人自然见谅。"

"这话倒也通。也罢，我就受她们俩的礼。"

于是在随从佣仆环视之下，从善步出大厅，在正面交椅上落座。东面耳房中，旋即响起环佩之声，江直木临时觅来的两名伴娘，搀扶着一个穿绿、一个穿紫的两名妙龄女子，款步上堂，鸣赞行礼。

从善欠身摆手，连连谦谢，那盈盈下拜的两名宫人却是从容不迫地照规矩行完了礼,方始起身。

"你们俩叫什么名字?"

"我叫春山。"穿绿的那个,肌肤微丰,指着纤瘦的那个说,"她叫秋水。"

时值薄暮,而厅中犹未点灯,春山和秋水皆是背光而立,从善无法看她们的面貌。就算看得真切,众目睽睽之下,以自己的身份,亦不便细看。只是从身影上显示,似乎风姿绰约,绝非自己所希望的粗蠢一流。

这些念头,想到丢开,眼前最要紧的是,须说两句门面话,做个交代。"官家赐恩,派你们两个来照料我的起居,实在感激。不过,"他客气地说,"府中向无女眷,一切不便,委屈了你们。"

"相公言重!"仍旧是春山答话,"原就因为夫人的鱼轩还不曾到京,所以官家派我们两个来服侍相公。从今日起,相公就不会不便了。"说着,她转脸问道,"哪位是府中的管家?"

从善不曾想到要在汴梁长住,带的仆从不多,府中公私事务,都是江直木总其成。此时他义不容辞地答道:"便是我权充府中的管家。"

"不知分拨哪两间屋子给我们姊妹住?拜烦引路,我们好收拾起来。"

"自然是在相公那一重院落中。请随我来!"

于是春山和秋水敛手在腰,向从善福得一福,随着江直木转入屏后,去布置新居——她俩的新居在第三进,也是府中的内寝正房。三明两暗,前后厢房,本来空容容地只有从善一个人住,如今恰好安置春山、秋水,占了西面两间。隔着堂屋的东面两间,便做了从善的卧室和小书房。

到得起更时分,布置已定,江直木在堂屋中新点一对喜烛,备办了一桌喜筵,又唤了一班小"堂名",吹吹打打为从善暖房。春山、秋水自然双双侍席。

这时候,从善在辉煌灯烛之下,方始看清了她俩的面目。春山肤白如雪,发黑如漆,生一双杏儿眼,总是喜滋滋一脸的甜笑,算得是个美人,却不如秋水的仪态万方,神清入骨。特别是秋水的那一双眼睛,从善觉得看了令人目眩神迷。

但越是如此,从善的心情越不能宁帖,酒一入肚,也就容易作怪了。沉默寡言的秋水,心思极细,很有决断地说:"相公的酒够了。拿饭来吃吧!"

从善生长江南,只吃米饭,半碗饭将酒压了下去,比较舒服得多。但在旁人眼中却不是滋味——如花春眷而又出于钦赐,应该是件比"洞房花烛夜"更得意的事,不道如此草率勉强!尤其是堂名散去,灯火悄悄,望着堂屋中那一对烨烨的红烛,更令人兴起一种没来由的萧索之感。

这萧索的气氛,在春山、秋水的感受,像浸在冰桶里似的,其寒彻骨。她俩除了为从善难过以外,更要为自己伤心——纵为妾媵,毕竟亦是终身大事。平时女伴密语,自己思量,不知做过多少美梦。梦中没有贵人,只是一个温文尔雅,体贴多情而年轻肯上进的寒士,一夫一妻,相将倚扶,一步一走向蔗境。如今,这个所望实在不算太奢的美梦,也硬生生地幻灭了。

春山脸上的甜笑,消散得无影无踪,而那双杏眼,倒像是哭肿了似的。"你看,"她异常委屈地低诉,"一生就是这么一回,凄凄凉凉还外带着窝窝囊囊。想想做人真无味!"

秋水的心情比她还要抑郁,但性情却比她深沉,禁得起打击,所以反劝慰她说:"这都是命!打入宫那一天就注定了的。只往宽的地方想吧!"

"我就想不出,有什么可以宽慰的?"

"怎么没有?你还比我好得多。至少,以后要跟亲人相见就容易了。"

果然,亲情鼓舞了春山,顿时心境一宽——她是江南常州人,父母都在原籍。自入掖庭,三年才许父母探望一次,现在这个限制是随着她的出宫而消失了。虽然南北交通,不甚方便,但至少有了指望,倘或"相公"能回金陵,与常州不过朝发夕至的一日途程,归省不是难事。

这样想着,她自觉比双亲弃世的秋水幸运得多,相形之下,就不该比秋水更看不开。于是她点点头说:"这也罢了!只可惜你,你眼下一个亲人都没有。"

"你不就是我的亲人吗？"

这句信口而答的话，使得春山深感鼓舞。春山握着她的手，盈盈欲涕地望着，好半天说不出话来。

"我们这位相公也可怜，身不由己。既然命中注定，又是官家做主叫我们跟他，那就认命吧！"

春山仍然是深深点头，然后说了句："我们看看去。"

她们双双携手，穿过堂屋，轻推虚掩的房门向里一望。只见从善和衣躺在一张杨妃榻上，一卷书抛落在榻前。北窗未闭，风不断地往里刮，吹得火烛摇晃不定，烛台上堆积了厚厚的一层蜡泪。如果这样搞个半夜，不但睡着的人会受寒致疾，而且火烛不谨，或许会招致祝融之灾。

两人对望了一眼，立即取得了默契。春山去关窗，秋水便取一床轻罗夹被，为从善覆盖。手脚虽轻，还是将梦中人惊醒了。从善一翻身坐了起来，揉揉双眼，怔怔地瞅着秋水，是那种茫然不辨身在何处的神情。

"相公醒了。可要用茶？"

"噢，你是秋水。"从善问道，"还有一个呢？"

"在这里！"春山应声而答。

从善转脸看了她一眼，想出一句话来问："你们俩的住处安排好了没有？"

"安排好了。"秋水回答。

"相公可要去看一看？"春山问说。

"好！"

等从善双脚往榻前一伸，春山、秋水便照在宫中服侍皇帝的规矩，一个捧腿，一个便替他着鞋——这唤起了从善的记忆。从婚后不久，他便不曾享过这样的福了。因为夫人不准房中有平头整脸的婢女，粗蠢的从善却又宁可不要，所以整冠系带，穿鞋着袜，往往是他自己动手。

这一下触动了他的记忆，婚后所受的委屈，委屈而积成的抑郁，由抑郁而转化的隐痛，一时都兜上心来，并且有着尽情一吐的欲望。

因此，他对她俩生出一种没来由的亲切之感。"你们坐下来。"他说，"我有几句话跟你们谈。"

"是！"春山和秋水同声答应，然后相互望了一眼，都觉得可以不必拘束。便由秋水移了一个锦茵过来，比肩并坐，仰望着从善。

"多蒙官家美意，其实委屈你们。"从善很吃力地说，"事起仓促，一切都没有预备，连草草成礼都说不上，我心里觉得很难过。"

就这几句话，使得春山和秋水对他的观感一变。先是觉得他可怜，此时觉得他可敬，想不到他是这样忠厚体贴的一个人。

"如果在江南，当然不至于如此，至少也要热闹个几天。不过，这话——"他越说越慢，最后摇摇头，叹口气苦笑，"唉！也难说。"

这就使得她们大惑不解了。所能了解的，他总有什么难言之隐。秋水心想，既然自己认命，死心塌地做他家的侍姬，那就休戚相关，便问一问也不算冒昧越礼。

因此，她平静地说道："相公好像有什么话不愿意说出来？"

"不是我不愿意说。是不知道该说不该说，也不知道该怎么说。"

"想来是军国大事？"秋水有意这样试探。

"什么军国大事？"从善忽然激动了，"说起来是笑话！"

凭着那一股由积郁所迸发的盛气，从善杂乱无章地说他那位虽美而悍的夫人种种恶行，终于自我满足了"尽情一吐"的欲望。

于是春山和秋水的感觉又不同了。谅解化除了自己所感到的委屈，而同情则生出希望对他有所帮助的想法。当然，想法虽同，而在程度上是有差别的，秋水比春山想得深，深得太多了。

"相公快安置了！"她拉一拉春山，站了起来，接着便掌灯进入里屋。

里屋是从善的卧室，等春山跟了进来，只见秋水已在铺床了。这个举动有些莫测高深，是预备让从善独宿呢，还是打算抱衾相就？如果侍寝，是平分秋色呢，还是她预备占先当夕？这些念头，一个接一个在春山心头闪现。她未暇细思，更不便细问，因而迟疑着忘记了自己该与秋水一齐动手。

直到听见从善的脚步声,她方始惊醒,而秋水已经迭枕铺被,将次竣事。春山便索性袖手而立,静看究竟。

"我们告退吧!"秋水平静地看着从善说,"半夜里要茶要水,只招呼一声就是!"

"你们——"从善不知道怎么说了。

"我们轮流值夜。总有人伺候茶水。"

只是"伺候茶水"!从善在想。心中有无限的怅惘,但亦隐然有如释重负之感。

"我不知道你的意思怎么样。"秋水低语着,"在我,我要帮相公能回得去江南。"

"我不懂你的话。"春山答说,"莫非相公回不得家乡?为什么?"

"官家派你我来,就是要教他回不得家乡。第一,是拴住他的心;第二,要让他怕见夫人——这样子,相公自然就不愿也不能回江南了。"

"我还是不懂。"

"你好傻!"秋水微嗔地说,"你想,夫人是那等一个醋坛子,听说相公在汴梁有你我二人,还不闹得天翻地覆。"

"噢,我有些懂了。不过,你的话也不大通。"春山问道,"夫人必已知道了,相公在汴梁有你我两个,要闹还是要闹。"

"不然。自有人会去告诉夫人,我们伺候相公的是什么,寻常丫头,就吃醋也有限。再说,我们这样子躲得远远的,也绝了相公流连不舍的心。你说可是?"

春山不答,当然是有些不以为然的意思在内。秋水认为两人祸福相共,不便缄默,因而决定往深里去谈。

"你觉得我的话不中听?"

"不是不中听。"春山很谨慎地答说,"本来我对这些道理也不大懂。我不知道官家为什么不愿他回江南,不过官家既有这样的意思,似乎不应该违逆。"

"话是不错。可是你想过没有，做人总要分个亲疏远近。而况官家并没有明白交代。"

春山点点头。沉默了好久，忽然问道："你以为相公该回江南？"

"自然。"

"回江南有什么好？"春山自语似的说，"我就想不出来，伴着一头雌老虎，天天受窝囊气，倒不如在这里还清静安逸些。"

"他的身份不同，不能不回江南。而况，你看到的，他在这里并不高兴。"

"嗯！"春山问道，"他如果回江南，我们是不是跟了去呢？"

"这要看他是怎么个去法？倘或官家许他回去，我们自然跟他在一起。不然——"

"不然如何？"春山忽然想到了，"莫非他还可以私下回江南？"

"说不定。"

"你是说——"春山惊惶失色，"你是说，相公说不定有一天逃出汴梁，私回江南。"

"这——"秋水含含糊糊地答道，"也说不定。"

春山听得这话，好半晌作声不得。手按着起伏跳动的左胸，前思后想，越想越深，终于明白了这段姻缘的前因和可能发生的种种后果。

然而她不能同意秋水的选择。照她的了解，秋水不愿以情缘牵惹，使得从善难回江南。相反地，她是希望能够帮助从善，脱出虎口，远走高飞。如果从善打算潜身而遁，她亦多半会替他效劳，或者奔走，或者掩护，甚至跟他一起共患难，甘死不辞。

这并非不切实际的空想。她对秋水的性情，知之甚深，外冷而内热，有时会做一些别的女孩子所想不到的傻事，譬如将自己心爱的首饰，送与年长遣嫁出宫，却以家贫无可陪嫁，怕为夫家轻视，因而啼泣不已的宫女——而此宫女却是她连人家名字都叫不出来的。有人说，这就叫侠气。秋水的侠气,看来又在滋长了!

然而这是彼此休戚相关的事。春山觉得虽是好姊妹,也不能糊涂地拿自己的性命葬送在她的侠气之中,所以神态很紧张。"秋水,"她睁大了眼,提出警告,"可得好好想一想!顾前不顾后,惹出祸来,害己又害人,何苦?"

当她在沉思时,秋水从她阴晴不定的脸色中,已经猜知她在想的是什么,此时听她这话,更明了了她的态度。秋水心里不免失悔,自己要做的事,完全违反宫中派遣她来的本意。违旨之罪,足以招致杀身之祸,所以只应暗中操纵,不宜向春山明说,免得连累了她。

这样一转念间,秋水便即笑笑答道:"你想到哪里去了?什么'顾前不顾后''害人又害己'?我完全不懂。睡吧!你大概太困了,倒像在说梦话。"

这样轻巧地全盘推翻了她自己说过的话,和她的话中所暗含着的心意,倒使得春山困惑了。细想一想,约略猜到她的用意,心中倒有些感动,因而越觉得有劝她回头的必要。但这时候不便往深里去谈,越谈得深越谈不拢。好在有的是工夫,不妨慢慢找机会。于是春山点点头说:"好,睡吧!有话明天再说。我们睡一起。"

"不,"秋水的声音很坚决,"我不惯与人同床,你睡你那里去吧!"

春山深感意外,也很担心。因为她的卧室安排在里屋,外房的秋水有何动作,自己无法阻拦,甚至可能因为自己在梦头里,根本就不知道。

就因为这一个想法,害得春山一夜不能安枕。可是一夜毕竟安然过去了,两夜、三夜,一直过了十几天,始终并无异状——唯一异状是,秋水脸上,总是入夜便摆出凛然不可侵犯的烈女之色,以致从善似乎连说句笑话都不敢。

这使得从善很困惑,也很矛盾。困惑的是,不知她俩其意何居,尤其是秋水,那一双极深极冷极敏锐的眼睛,真是神秘莫测;矛盾的是,对她俩既不能忘情,又生怕陷溺于情欲之中,迷失本心,不能自拔,以致误了大节。

但是有一点是他想通的，不论自己将来对春山、秋水持何态度，第一要紧的是，求取了解。这当然只有从容探问，可就是抽不出工夫——汴梁的文武大员似乎受了皇帝的授意，有心对他"怀柔"，借着他纳宠为名，继皇帝率同晋王和宰相携酒相贺以后，排日邀宴，饷以盛馔，尊为上宾。这样酒食征逐，使得从善常在醉中，不但找不出神清气爽、安静悠闲的时刻，可以找春山、秋水盘桓细谈，甚至许多公事都耽误了。

这一阵繁忙的应酬，直到初夏方始渐稀。而在乳燕呢喃，杏花初放之时，来到汴梁的江南使者，却已归而又至，带来一封李煜的手札。

接到手中，从善便觉得异样。李氏弟兄，一向友爱。对这位比肩的胞弟，李煜更是另眼看待，所以每有书札，总是絮絮不断，动辄十来张笺纸。而这封信却轻飘飘的，仿佛只是一通空札。

拆开来看，里面只有一张月白粉笺，写着一首代柬的词，曲调是《阮郎归》：

东风吹水日衔山，春来长是闲。落花狼藉酒阑珊，笙歌醉梦间。
佩声悄，晚妆残，凭谁整翠鬟？留连光景惜朱颜，黄昏独倚阑。

这首词又让从善困惑了。上半阕是容易懂的，东风落花，笙歌醉梦，无非明写"春来长是闲"，暗写抑郁颓废的心境。这自然使从善恻然不欢，但他深知李煜的个性，原本如此，所以也还不甚在意。

不可解的是下半阕。词意显然，写的是"闺怨"，自意境比"忽见陌头杨柳色，悔教夫婿觅封侯"来得蕴藉深沉。分开来单独看，是好词；合在一起，则与上半阕的境界不侔，竟不成为"整"首词了。

这是怎么样也解释不通的一件事。从善为此，整日沉吟，闷不可言。直到黄昏，忽然想到有个可能破惑的办法，便是唤江南的使者来问一问。

使者是宫中的老人，原是元宗的书童，所以从善问话，无须有顾忌。首先要问的，自然是李煜的近况。

"官家精神倒还好。不过烦恼也多,所以醉的时候也多。"

"噢,"从善很注意地问,"是些什么烦恼?"

那使者沉吟了一会儿,忽然提高了声音说:"七爷不问,我不敢说;既然问到,我也不敢瞒。官家的烦恼,只为七爷不回金陵,惹来多少是非!"

"是非?"从善诧异,"是何是非?"

原来李煜上表请放从善回国一事,宋朝根本没有答复,但侧面却有消息传到金陵,说并非朝廷不放从善而是从善迷恋汴梁的繁华,更割舍不下御赐的两名艳姬。从善夫人得到这个消息,闹翻了天,三日两头进宫,向李煜哭诉,无论如何要设法将从善召回,纠缠不已,甚至撒泼,使得李煜头痛非凡,到后来望影而避,有时连嘉敏都不知道他躲在何处。

然而,他对从善却是有信心的,认为汴梁传来的消息,绝不可信,从善只是无可奈何,若有脱身的机会,决不会轻易放过。因此,他对这位弟妇的无可理喻,便不肯告诉从善,怕为羁栖异乡的远人,更添烦恼。

明白了这般"是非",从善也就明白了那后半阕的"阮郎归",是一种隐隐约约的试探,也是一种婉转含蓄的劝告:当思闺中少妇黄昏倚阑,目断斜阳的景况,早日赋归。

了解了字里行间的曲折,从善异常不安。第一,是因为妻子的不贤惠,为国主带来了如许烦恼;第二,词中亦依然有责他流连忘返之意,使从善感到受了冤屈。

这就必得认真考虑,该如何方能还乡了!想来想去,没有善策。而归心一动,神魂飞越,变得烦躁不安,直到深夜,还在卧室中躞蹀彷徨。

"相公!"秋水提醒他说,"三更将尽,该安置了。"

"不!"他根本没有听清她的话,直觉地挥挥手,意思是别去扰乱他。

秋水懂他的意思,却不肯听从。她凝神静想了一会儿,觉得此刻是一个机会,便冷冷地说道:"相公就这么走到天亮,也走不到金陵。"

这下,从善听清楚了,他不但听清楚,而且字字敲击在心头,不由得震动。"你!"他凝视着秋水,很严厉地问道,"你到底是来干什么的?"

秋水似乎料到此反应，很沉着地答道："相公莫问，只请相公信任我。"

从善再一次定睛注视，从头到足，哪一点也看不出她会有何恶意，倒是那双深邃的眸子启发了他——这是个极机敏深沉的人，应可以共大事。

于是，他的脸色放得很缓和了。"来，"他指着桌旁的座位说，"你坐下来谈！"

"我站着好了。"

"这不是拘礼的时候。"

这句无疑答复了她刚才的那一问，表示充分信任之意。秋水便欣然坐了下来。

"你怎么知道我心里在想念金陵？"

"人同此心，心同此理。"秋水答复，"换了我是相公，我亦是如此。"

"唉！"从善叹口气，"我非回一趟金陵不可，哪怕去而复回也可以。"

"去而复回？"秋水仿佛没有听清楚，特意重复问一遍。

"倘或去而不回，朝廷，朝廷——"从善支支吾吾地忽然觉得碍口。因为在他看来，像这种涉及大邦与小国之间为友为敌的大事，不宜与作为侍姬的秋水谈论。

这当然是他对秋水的本质还欠了解。她便一口揭穿了他："是怕朝廷兴师问罪？"

"正是！"从善脱口回答，却也不免奇怪。那逼视着她的眼色，无异相问："你怎的懂得这些？"

秋水却不理他的疑惑，反客为主地进一步探问："既然如此，国主又何以盼相公归去？莫非他倒不曾想到，这一来会触怒朝廷，怪罪下来？"

"啊！"从善张大了嘴，无从回答，继而又发觉个疑问，"你怎知国主盼我归去？"

秋水略一沉吟，老实答说："相公下午召江南使者问话的经过，我都听见了。"

原来如此！从善半晌作声不得，将秋水的刚才态度与言语，从头回忆了一遍，顿生惊喜之感——惊的是自己的一言一动，似乎都在秋水暗中监视之下；喜的是秋水明敏深沉，足资信赖，自己有了一个缓急之际，可以托付心事的人。

"照我看，朝廷果然打算兴兵讨伐江南，与相公是不是在京里无关。"秋水放低了声音，极慎重地说，"我曾听官家与晋王闲谈，说是除非江南李某来朝，不然总放不下心。请问相公，国主几时到京里来？"

秋水所透露的是第一等的机密。从善暗暗惊心，同时觉得对她的问话，很难回答，想了一会儿，终于很诚恳地答说："秋水，我不骗你。我实在不知道国主会不会来朝谒。"

"如果不肯来朝，总也有别的打算？"

"这，这我也不知道。"从善又说，"离开江南已久，一切情形都隔膜了。"

"我在想——"秋水那双沉静的眼睛，忽然乱转，仿佛寒光四射，令从善无端不安，等他刚站起身，秋水忽然问道，"相公，你怕听我的话？"

"不是！"从善吃力地答说，"我要静下来，好好想一想。"

"是的！"秋水恢复了她的平静，"相公该好好想一想。也许国主的打算，不便明告。"

"是什么打算？"从善有些反感，"莫非我们国主的打算，我倒毫无所知，而你反能猜测得到？"

"这也不是什么稀奇的事，岂不闻'旁观者清，当局者迷'？"

"说得是！"从善改容相谢，"秋水，真要好好向你请教。"

"相公言重。我亦只是胡乱猜测，相公，你请坐下来好说话。"

这不是为了礼貌，是为了关防。要促膝密语，声不传六耳，才能防止机密外泄。因而从善拖了一张凳子，紧挨着秋水坐下。由于靠得太近，她的发际领缘的香气，一阵阵飘入鼻孔，使得从善心旌神摇，在不适当的时候，起了不适当的绮念。

但是看到秋水一脸的凝重之色，从善的绮念，顿时如滚汤浇雪般消失无余，眼观鼻、鼻观心地轻轻说道："我等着听你的话。"

"我在奇怪，有件事大家都知道，莫非相公看不出来？朝廷要派兵征江南，是必不可免的了，除非国主肯来朝谒。"

听她说得如此确凿不疑，从善既惊且骇。"怎知必不可免？"他问，"你何所据而云然？"

秋水不即回答，静静地想了好一会儿答道："我在宫里听得好些话，有的不便说；有的我还不十分弄得清楚，更不能乱说。只说一件事好了，朝廷在湖广荆州一带，造下楼船几千艘。请问相公，这是为什么？"

从善大惊。如果真有此事，当然是沿长江顺流东下，攻取金陵。因为楼船除做战舰以外，载货运客，皆非所宜。而且楼船耗巨木甚多，从深山采伐，辗转运送到江边，极费周折，最是劳民伤财之举。若非为了迫不得已的征伐，朝廷不会凭空去建造几千艘之多。

事情有了眉目了。从善在想，从平南汉以来，许多人在私下谈论，宋朝对江南到底会不会用兵。见仁见智，虽都言之成理，究竟只是没有根据的空谈，如今却有了可测定宋朝意向的明显迹象，只看秋水所说的话是真是假，便知端倪。

"相公，"她见他不语，便即探问，"你不信我的话？"

从善确是将信将疑，却不肯承认。"不，"他说，"我相信！我很感激，你肯把这话告诉我。"

"相公既然相信，我却有句话提醒：相公不归，国主为难。"秋水略停一下，见从善似乎不曾领悟，便又往下说道，"国主不愿朝谒，自然有不惜周旋到底的决心。一旦两军对阵，只恐江南不便出全力相拼，因为投鼠忌器，国主要为相公的安危着想。"

这话惊出从善一身冷汗，秋水见解，他只能同意一半：说"有不惜周旋到底的决心",那是她不知李煜的性情;但宋师压境,江南被迫起而相抗,则是理所必然,势所必至的事。从善在想,那时宋朝必定劫持自己做个"挡箭牌",而国主手足深情,亦一定会接受宋朝的要挟。这一来,除非自己自杀,消解了江南的"后顾之忧",否则,误国之罪便无所逃于天地之间了。

"你说得是,我的见识竟不及你!"从善局促不安地说,"我得通前彻后想一想。等想停当了,我再跟你商量。"

* * *

经过彻夜的苦思,从善决定先求证一事:宋朝是不是真的在荆湘一带大造战舰?

这件事只有找江直木去办。此人很能干,深知他自己和他同僚都受到监视,一离汴京,必有人跟踪,行藏无法遮掩,所以决定托个不相干的人到荆湘去打听。

于是江直木静静地打算了一会儿,换一身便服,迤逦往汴梁最热闹的所在——"州桥"行去。州桥之东,临汴河大街,便是大相国寺。此地相传为战国四公子之一,魏公子无忌的故宅。寺建于北齐,名为建国寺,唐朝延和元年改建,睿宗御笔题额,更名大相国寺。

大相国寺实在不愧一个大字,僧寮众多,共有六十余院。大雄宝殿的基址,占地六亩三分,九明十暗,共十九间,从山门到大殿两庑,可以容纳上万的人。每月逢朔望及三八之日,这里开放为万姓交易,那时从珍禽异兽到日用器物,无所不备;医卜星相,诸般技艺,各色小吃,应有尽有。是汴梁第一好玩的去处。

江直木进了大相国寺头山门,一径来到大雄宝殿左面的伽蓝殿。殿前是个书场,布招上大书六字:"高中立说三分"。场内坐得满满的,却是鸦雀无声。他坐定细看,只见高中立用一嘶哑的嗓子,正在讲关云长、张翼德古城相会,讲到关云长斩蔡阳,舞起青龙偃月刀将落未落之时,戛然而止,卖个关子说道："欲知蔡阳性命如何,且听下回分解。"接着,他一拍醒木,下得书坛,直奔江直木而来。

江直木起身相迎,笑着说道："怎的我一到,便卖关子?"

"见你一到,我喉咙口的酒虫便作怪了。且饶蔡阳再活一夜。走,走,州桥张家这两天来了一批海鲜,只怕快抢光了。"

"换一家吧!"江直木说,"张家地方小,客人背贴背地挤得慌。说个话要扯开嗓子,又累得慌。"

高中立深深看了他一眼,已有所会意,便点点头说:"既如此,到我下处吃酒去。"

于是高中立买了两大瓶官酒,切了一大包羊头肉、炙鸡之类的熟食,陪着江直木安步当车走回寓所——高中立是孤家寡人,借寓在一座道观中,是荒废后园中的两间草房,除了虫鸣鸦噪以外,人声罕接,冷清得很。

"好久不见了!"高中立满饮一杯,闲闲问道,"可有江南的消息?"

每次见面,高中立必问江南消息。此人身在汴梁,心在金陵,只为他最钦服李煜的文采,每一提起澄心堂的翰墨,向往倾倒之意,着实令人感动。江直木能与他结成好朋友,一半亦是他爱屋及乌,因为江直木来自江南的缘故。而在江直木,亦就因为如此,才敢放心大胆与他共机密。

"江南要受刀兵之灾了。你可曾听到些什么?"

"倒不曾留意。"高中立开门见山地问,"可是你想打听什么消息?"

"是的!"江直木起身将房门开直,以便一见人来就好住口,然后走回来低声说道,"听说朝廷在荆湘一带,大造楼船。中立兄,我有件事,只有你可以重托。荆湘的情形,到底如此?能不能请你走一趟去看一看?"

高中立微微颔首,却不是慨然许诺的样子,出了好半天的神,方始开口回答:"事情大概不假。今年春天,有个朋友来跟我借盘缠,说要到荆湘一带去谋个啖饭的去处。当时告诉我说,另有人约他到桐柏山中去采木植,他不曾答应。想来这就是为了大造楼船的缘故。我看,不必费事,就在汴梁,便可以把这件事打听出来。"

"真的？"江直木问，心里有些懊悔，早知他不肯应允，不该轻易出口相恳。

高中立是何等样人？一听他那语气，便猜到他心里，急忙解释："江兄，你莫见疑！江南之事，我岂有推托之理！不过，一则不便，二则不必。何以谓之不必？明明京里可以打听得到的事，只须一天工夫，便有确实消息。何苦徒劳跋涉，起码得要个把月的辰光，才能有回音？"

"是！是！"江直木颇为不安，连连应声，表示自己并无猜疑之意。

高中立却很诚恳，接着说道："再说不便。这样的大事，我虽有人可以转托，只怕你倒不愿，所以答应了你，便得我自己去走一趟。这也不打紧，就只一件：我逢朔望三八，相寺开市之期，在伽蓝殿说书。听过我的书，认识我的人，不知多少。如果到了荆湘，遇着熟人，问一声：'你来做什么？'又如何回答？这是大大的不便！"

"说得是，说得是！"江直木的疑虑尽消，"中立兄的心细，足见我托得不差。既如此，亦就不忙。明后日得便，拜托打听打听。"

"亦不必等到明后日。"高中立答说，"我晓得你心里急，就此刻便替你去走一趟。"

这在江直木是"固所愿也，不敢请耳"，当时起身离席，一揖到地。"若蒙成全，感同身受。"他说，"我陪中立兄一起走，在樊楼摆酒静等。"

"好！"高中立毫不迟疑地答说，"就这么说！"

江直木在笙歌嗷嘈的樊楼，等到起更时分，方见高中立施施然而来。他一张脸红馥馥地，酒已经喝得不少了。

江直木如获至宝，急忙掀开湘竹帘，亲自迎上前去，将他引入小阁，唤侑酒的粉头，伺候他洗了脸，然后问道："可有熟识的相好？还是我替你做个媒？"

"都不用！"高中立摇摇手说，"连她们都不必在这里伺候。我要静静地喝一盏茶。"

喝茶是假，屏人密谈是真，然而却不便细说。等那些粉头都离了小阁，他只点一点头，先做个不虚此行的表示。

"噢，"江直木轻声问道，"果有其事？"

"一点不假。"高中立答说，"连数目都知道了！"说着，他伸了三个指头。

高中立真个神通广大，他不但打听到朝廷在荆湘西自江陵、东至黄冈、北起天门、南到岳阳这数百里形连体接、川渠交错的古云梦泽地方，起造了三千艘的艨艟巨舰，而且打听到参赞征江南的机务的，竟是名不见经传的一个书生。

此人就是樊若水。他从江南考试进士，落第以来，为"小长老"所煽动，决心投靠宋朝。他在汴京伏阙上书，指陈采石矶江面从北到南的宽度，极力否认长江为"天堑"之说，建议派大军讨伐。

宋朝的皇帝，其时还对李煜存着极大的希望，以为他会像吴越的钱镠那样，柔顺将事，唯命是从，所以对樊若水的建议，并不重视。只是为了嘉许他的忠诚，特准他应试进士。结果，他跟在江南一样，依然名落孙山。

可是从平了南汉以后，情况不同了。朝廷听到许多有关江南的传言，有的说，李煜外示恭顺，内实不臣；有的说，江南对武将依旧重用，便意味着并无偃武之心。这些传言，真假本自难信，但李煜始终不肯朝谒，就显得心存叵测了。

于是，樊若水的建议被找了出来，重新考虑。皇帝并且在便殿召见过他，为他改了名字。

樊若水的改名，是件很滑稽的事。皇帝在召见他时，提到他的名字，问是何所取义。樊若水答说："唐朝尚书右丞倪若水，为人亮直，臣窃慕其人，所以改名若水。"

皇帝不知道倪若水其人，而他一向不耻下问，便问陪侍在御案之右的卢多逊："倪若水为人怎么样？"

卢多逊腹笥渊博，恃才傲物，知道樊若水搞错了。草茅新进，犯不着为他包涵，因而用毫无表情的声音答道："臣愚昧，不知唐朝有倪若水其人。"

"他是说的尚书右丞，不是什么无名的人。"

"唐朝自开国以后，尚书、中书、门下三省长官的名氏，臣尽悉无遗。"卢多逊斩钉截铁地说，"绝无倪若水，只有倪若冰。"

"你再说一遍！"皇帝侧着耳说，"有个字，我没有听清楚。"

"是！"卢多逊瞟了樊若水一眼，缓慢清晰地答说，"是倪若冰。水上一点，凝结成冰。差的就是那一点。"[1]

皇帝听明白了，心中不免好笑，樊若水真可说是荒唐绝顶。皇帝心里在想，如果要纠正樊若水的错误，便是让他正名为樊若冰。但"若冰"谐音为"弱兵"，如今正在采用他的进军方略，"弱兵"二字，听来刺耳，绝不能用。

"你改名吧！"皇帝对困惑而惶恐的樊若水说，"你倒晓得一辈古人，就改名叫'知古'好了！"

樊若水既惭且喜，高声答道："臣遵旨！陛下赐名，臣之荣宠无极。"

皇帝少不得有一番嘉许之词，勉励他奋发上进，仍旧要在试场中出人头地，讨个出身，方是读书人荣宗耀祖的正途。

这年却又是大比之年，樊知古奉诏应试，幸而及第。吏部选官，知道他的来历，特意授职为舒州军事推官。舒州亦名安庆，与池州不过一江之隔，但却为两国疆土。樊知古做贼心虚，不敢渡江回池州省亲，怕为江南的地方官逮捕，解至金陵，以叛逆治罪。

舒州濒临大江，派他到这里来做军事推官，除了负责这一带防江军队的军法以外，自然还有别的作用。樊知古默喻在心，对自己的本职却不在意，用心的是侦察江南沿江防务的虚实。每有渡江北来的旧识，他总是殷勤接待，细问近况，探知金陵的近事，转报汴梁，由枢密使转呈御前。此外，他与小长老亦有联络，宋朝的谍使北去南往，常由他跟小长老合做掩护，这两

---

[1] 指"冰"的另一种写法，"氷"。——编者注

年很为宋朝立了些功劳。因此，不久以前，召拜为"右赞善大夫"，大大地升了一回官。"右赞善大夫"是东宫的官属，但樊知古只在枢密院供职，在征伐江南的军务方面，他是参赞策划的要员之一。

江直木听得傻了。过于详细，反似难信。"中立兄，"他问，"你怎知道得这么多？"

"不是我知道得多，是你们知道太少！"高中立答说，"讨伐江南，已如箭在弦上。除非不问国事的老百姓，只要稍微留心些，自然就能打听得详详细细。只是你们不算宋朝的人，他们不能不防，所以如蒙在鼓里而已！"

"真的！我们真是被蒙在鼓里，若非足下义侠相助，何从得知这些紧要关节？中立兄，"江直木长揖身到地，"感激之忱，无言可喻。此时亦不必多说，将来必有重重地报答。"

"报答二字休提起。我只是敬仰你们国主的词翰。若有机缘，替我求他一幅墨宝如何？"

"是，是！我一定辗转求到。不过，此物取携不便。更不能题上上款，怕足下收藏，反而招祸。"

"上款不题也罢！携带似乎没有什么不便，你们府中不是常跟金陵有信使往还吗？"

"说得是！我一定有以报命。"

江直木回到府中，屏人密陈，从善好半晌作不得声。

"事情是绝不假的了。"江直木说，"而且事不宜迟，应该尽速转奏国主。"

"不，"从善胆小，"此事决不能形诸翰牍。"

"然则直木回金陵去一趟，面奏国主。"

"也不妥！待我好好想一想。"

这样做法，有何不妥？江直木百思不得其解，只有静静待着。

"你先退下!"从善又说,"等我想停当了告诉你。"

其实,从善并非一无主见。相反地,就在听取报告的时候,一个很大胆的主意,已渐渐形成。只是这个主意,还不便向江直木透露,更莫说与他商议。

可以在一起商议的,只有一个秋水。等得晚膳已罢,他照例在灯下看一会儿书,写几张字,春山、秋水双双伺候茶水笔墨。这样消磨到二更时分,照例也是秋水道一声:"请早早安置!"然后双双退出。

这天的从善却将秋水留下了。等春山一走,他亲自关紧房门,携着她的手并坐床沿上,将江直木所打听来的消息,原原本本说了一遍。并且表示,预备接纳她的规劝,自汴梁遁走,一回江南,便不打算再回来了。

"不过这话说来容易做来难。"从善接着又说,"第一,光是我想脱身便有许多障碍;其次,要走只能带极少的人走,甚至只能一个人走。一旦事觉,连累丢下来的人,于心不忍。秋水,你说我的想法是不是?"

"府中随从,相公不必过虑。官家绝不会滥杀无辜,至多受几天牢狱之灾,问不出究竟,自然释放。倒是相公的脱身之计,须好好筹划。"

"若能光明正大地走,那是最好。秋水,我且问你,替我想想看,可能走哪一条路子,说动官家,放我回江南。或者让我到节度使任上,中途上一道表状,请准我回江南扫墓,不管准与不准,我只渡江南归。这样做法,似乎有个可进可退的缓冲余地。"

"难!"秋水不断摇头,"据我所知,在官家面前说得动话的,只有三个人:晋王、赵相公、曹太傅。这三位之中,晋王绝不会肯让相公回江南,不走他的路子还好,一透露风声,打草惊蛇,反而不妙。赵相公呢,城府极深,打算极精,要担责任的事,绝不肯做。至于曹太傅——"

"哪个曹太傅?"从善打断她的话问,"朝中的'检校太傅'很多,真搞不清。"

"是曹彬曹太傅。"

"噢,是他!"从善爽然若失,"他是从不受贿赂的,根本不必谈。"

"就是这话啰！"秋水很冷静地说，"这件事关系太大。我虽劝过，还要相公细思细量。果然下定决心了，再来商议脱身之计，也还不迟。"

"怎么不迟？"从善很着急地说，"我恨不得插翅飞回，好助我国主速做部署江防。三千楼船，岂同小可！再有个姓樊的奸细在，亦不知他会捣什么鬼，须趁早防备。"

"既如此，我倒有个拙见。"秋水小声说道，"冬至将近，官家祀天。期前三日，车驾宿大庆殿，第二天宿太庙，再后一日出南郊宿青城斋宫。行礼以后，自郊坛回宫，在宣德楼宣读诏书下赦，有大大的一番热闹。这前后五六日之间，禁军都忙着伺候大驾，各处的警卫，自然松弛，却是一个可乘之机。"

从善觉得光是她所选的时机，便有独到的见解，因而又增了几分信心，点点头握着她的手说："你再往下讲。"

"第一，要请相公选一位能在外面安排一切的人。这个人要能干，更要谨慎，尤其要忠心。"

"有！"从善毫不考虑地说，"你看江书记如何？"

"这全在相公。"秋水答说，"相公信得过就用他。只是用人莫疑，疑人莫用。相公托付了他，便得听他的安排。"

"那自然。"从善答说，"譬如我相信你，现在不都听你的主意吗？"

"我的主意不一定妥当。"秋水抽出她那只被握着的手，脸上板得一丝笑容都没有，"相公，这是'一着错，满盘输'的大事，要算无遗策，至善至当才好。千万杂不得一点感情，存不得一丝侥幸之心。"

"说得是！"从善也凛然回答，"你且说完了，我们从长计议。如今该说第二步怎么办？"

"第二，相公要告病。为的是可以不必陪祀，也不必见客。"

"是的！就在病假期中，溜之大吉。"从善踌躇着说，"这是装病，瞒得过外人，瞒不过医生。倘或朝廷派遣太医来诊视，又将如何？"

"不要紧！"秋水很轻松地说，"这种病不重，但必得避风。官家不见得会遭医诊视，就派了来也不打紧，只说害的是风疹。"

"妙！"从善脱口赞道，"害风疹非避风不可，风疹又是时起时消，太医来时，正好风疹未发，他哪里去知道真假。"

"就是这话啰！"

一语未毕，从善失声惊呼："不妥！等太医来时，我已经走了。岂不是一切把戏都拆穿了？"

"原是迟早要拆穿的。"秋水不慌不忙地答道说，"这一层，相公无须顾虑，自有我抵挡。"

"你如何抵挡得过去？"

"这，相公就不必多问了。"秋水说道，"是我的事。"

她居然是这样大包大揽地一肩承当。从善心想，真要刮目相看了！

秋水却不容他多疑多想，有意笑一笑说："相公请放心！我自有退敌的妙计，不过不能先说，一说就不灵。"

从善将信将疑，只能暂且搁下，想一想问道："我跟江书记该怎么说？"

"请江书记安排接应。"秋水答说，"相公出走的日子，我看是大驾回宫，在宣德楼宣诏下赦那天最妥当。那天，赦放犯人以后，百戏杂陈，热闹非凡。趁那闹哄哄、乱糟糟的当儿，乘府中采买柴草的车子出城，沿东南大路直奔江边，神不知、鬼不觉。不过三日工夫，便可成功！"

那充满了信心与乐观的声响，对于从善来说，是极有力的鼓舞。他本来与他胞兄的性情不同，从小喜欢讲武艺、讲韬略，不似李煜那样喜欢弄翰墨、研音律。只以年长之后，先为王侯的身份所拘束，复为闺中悍妻所压制，消磨了英气。如今他心胸一开，锐气复生，慨然说道："我打定主意了！学一学孟尝君。"

"这才是。"秋水欣慰地说，"相公的处境又比孟尝君好得多。长江空阔，随处可渡，不似函谷一线鸟道，插翅难飞。而且行旅自由，极少盘查，更不似秦朝行商君之法，没有符验，连投宿都不能。"

这是谈的孟尝君逃出函谷关的故事。从善惊喜地说："秋水，原来你熟读史书！我倒失敬了。"

秋水笑笑不响，然后说道："相公请安置吧！养点精神好办事。"

说着她站起身来，为从善展衾安枕，然后服侍他宽衣。两人面面相对，肌肤相接，呼吸可闻。特别是发自她袖口领际的不知名的香味，使得从善的一颗心上下跳荡，难以克制，终于开口相留了。

"秋水——"

刚叫得一声，只听砰然巨响，接着"咪呜"一声，影绰绰看见一只白猫在窗外溜过。从善愕然。秋水却很镇静，推窗一望，只见走廊上一只花盆从高架子上摔落在地。不用说，是那只猫闯的祸。

"你别管了！"从善说，"等明天让他们来收拾。"

"是！"秋水不再走回来了，"相公睡吧！"

说完关窗，接着开了房门，一闪而出，随手将门带上。那一连串的动作，熟练轻快，等从善想到，该留住她时，已经连她的脚步声都听不见了。

秋水回到自己这一面，但见里屋房门虚掩，灯还亮着。可知春山不但不曾睡着，而且还未上床。推门去望，果不其然，春山正支颐坐在灯下。春山听得声响，方始抬眼，既未起身相迎，也没有说话，只怔怔地望着秋水。

"怎么啦？"秋水自然关切，"你在发什么愁？"

"怎么不发愁？"春山懒懒地笑说，"这样的日子，就像在冰窖里似的。"

秋水默然，她心里不安，但不便为从善解释，更不能自己想些话去安慰她。因为"像在冰窖里"的日子，绝不是一句话所能解冻得了，倘或稍微多说些，又容易显露破绽，引起疑问。如果再往下追索，势必败坏了整个密谋。

"你倒还好！"春山又说，"相公对你是另眼看待的。"

这句话越使秋水不安。很显然地，春山已有怀疑，已有妒意。想到她有这种感觉，秋水像受了屈辱似的，心里很不好过。然而，她除了忍受以外，仍然没有话说。

"有件事，我想告诉你。"春山换了个话题，"明后天我想进宫一趟。"

"噢，"秋水微微吃惊，很小心地问，"去干什么？"

"不干什么！德妃打发人来说，想念我得紧，要看看我。我也很想念德妃。如果相公准许，就派人通知内侍省，让他们来接我进宫。秋水，请你替我跟相公说一声。"

"何须我说？你自己去说，不一样吗？"

"也许不一样——"

"没有这话！"秋水大声打断她，声音很清楚，"相公一视同仁，对你我决没有两样的看法。"

这等于是一种解释，春山觉得好过了些，脸色也就不同了。"秋水，"她问，"你看，我去说了，会不会碰钉子？"

"不会。不过——"

"不过什么？"

"你进宫以后，最好不要谈府里的事。"

"不谈府里的事，还能谈什么？"

秋水语塞。自己有些恨自己，一直谨守着言多必失之戒，结果还是说了句不该说的话！

"请你告诉我！"春山催问着，"哪些事能谈，哪些事不能谈？"

"这全在你自己斟酌。"秋水很谨慎地回答，"你也是极聪明的人，难道还看不出来？相公战战兢兢，唯恐对朝廷失礼。我的意思，我们二门不出、大门不迈，外面的事根本不知道，也不宜谈。即或有时候听到一句两句，有关江南的新闻，也只好放在肚子里，不去理它。"

"噢，是这样！我懂了。"

春山深深点头，完全是虚心受教的样子。于是，惴惴不安的秋水，心中一块石头也落地了。

第二天一早,春山依秋水的话,亲自向从善要求。秋水从旁帮腔,告诉从善,德妃有个妹妹,与春山极像,因而德妃对春山别有一番厚爱。从善当然毫不迟疑地同意,由府中派人通知内侍省,将春山接进宫去。她在德妃宫中住了两天,方始归来。

"德妃问起我没有?"秋水问说。

"自然问的。要我带话来,下次希望你也进宫去看看她。"

"噢!你们谈了些什么?"

"都只是谈家常。她问我——"

声音越来越低,终于寂然。秋水立即追问:"问什么?"

春山有些羞,有些窘,更有些怨。吞吞吐吐地好半天,才让秋水弄明白,德妃问春山可有梦熊之兆,而春山告诉她,犹然处子。德妃诧异非凡,而春山却无话可以解释。

* * *

在从善递了告病的书状及江直木动身往江南的下一天,内侍省派了一名官员,带着四名从人,来到从善府第,向门官道明来意,说是奉德妃之命,来接秋水进宫。

德妃与秋水并不像与春山那样有何特殊的情分,所以此时遣人召唤,显得有些突兀。不过,秋水还是很坦然地上车而去。她心中有数,必是春山惹的麻烦。何以至今犹是处子之身?宫中一定在奇怪。德妃唤她进宫,就为的是要打破这个疑团。

这得有个入情入理的解释。秋水心想,好在相公惧内,是连官家都知道的,不妨仍用这个理由作为托词,也搪塞得过。

原定第二天一早回来的，谁知到晚亦不见秋水的踪影，从善觉得事有蹊跷。他心中嘀咕了一夜，几度惊醒，到得天明起身，第一件事便是遣一名干当官郝原到内侍省去打听消息。

这郝原亦是预定随从善潜归的亲信之一，为人极其机警。他虽未能参与最内层的机密，但亦看出事不寻常——江直木曾悄悄嘱咐他，预备一辆坚固耐用，用好马拖拉，禁得起长途疾驰的车子，不论深更半夜，随时要用；同时切切叮嘱，此事不得与任何人说起。这已是费人猜疑了，而江直木本人忽然驰回江南，"相公"又告病不露面，种种神秘的迹象，令人不安。

因此，他自然而然地想到，春山、秋水相继进宫，必与那些神秘迹象有关。祸福难测，总以小心谨慎为妙。这样一想，他不肯冒冒失失到内侍省去问询。想起有个专为宫中妃嫔采办奔走的职名唤作"快行家"的小黄门，是玩得极其投机的好朋友，大可托他去打听一番。

郝原的运气不错，在州桥一家茶店中，一找就着，但还得出以闲豫，寒暄问候，买点心相请。那"快行家"却没有工夫跟他周旋，吃了半块蜜糕，站起身来说："老郝，我不陪你了。晚上有空，我请你吃酒。"

"不！"郝原无可奈何，只能拉住他说实话，"实不相瞒，有件要紧事来求你。"

"那就快说。"

"我们府中有位小夫人，你大概知道，是官家御赐的，名叫秋水。前天内侍省着人来唤，说德妃想念，着她进宫相会。原说昨天一早回府的，却是至今没有消息。究竟怎么回事？想拜托你悄悄去问一问看。"

"那容易！晚上要见面，我打听到了告诉你就是。"

"不！"郝原长揖，"我立等回音。这是不情之请，不过谁教我们弟兄交情够呢？"

"就是这话了！好吧！"那快行家答说，"我先替你跑一趟。你可别走开！"

"是,是。专候大驾。"

这一去直过了两个时辰,方有回音。那人将郝原拉到一边,正色问道:"老郝,你知道不知道,此事关系不浅,沾惹不得?"

郝原愕然。"怎的?"他问,"怎叫沾惹不得?"

"看样子你是不知道。如果你知道关系不浅,自己不肯出面,鼓励我去打听,差点让我吃不了兜着走,那你就不够交情了。"

"何出此言?"郝原更为惊诧,"莫非这是问都问不得的一件事?"

"正是!不然我为什么埋怨你?这是件大案,不知是私通外国,还是谋反。谁要去招惹,谁就倒霉!若非我人头熟,几乎脱不得身。内侍省只一句话就问住了你:谁要你打听的?你与那被扣的女子是何关系?你想,你怎么回答?"

郝原听得这话,心惊肉跳,汗流遍体。但也暗暗庆幸,亏得见机,不曾出面,不然嫌疑更重,真个脱不得身了。

"为我受惊。真正不安之至!欠你的情,一定重报。"郝原再次道歉致谢,然后问道,"到底是何案情?"

"我也不太详细。大概是——"

案情大概如此:德妃偶然向皇帝道及,从善对御赐的两名女子,迄今犹未亲近。这是件很出乎人情的事,皇帝便命内侍省查访,究竟是何道理?

内侍省在从善府中埋伏得有人,一打听之下,情况与德妃所说不同。从善对春山与秋水的态度不同:一个遭受冷落;一个却经常被召入卧室,关紧房门,放下窗帘,但又不曾熄灯,咕咕哝哝不知谈些什么,一谈谈到半夜。秋水归寝,从不曾与从善共宿度夜。

这就显得事有蹊跷了!而就在此际,从善告病,皇帝认为这是有意规避南郊大祀的扈从之职。加上咨报客使省,已遣江直木回江南公干,更见得事非寻常。因而传谕内侍省,用德妃的名义,传唤秋水入宫,其实是内侍省有所询问。

据说秋水很沉着，自道与春山一样，也是处子。又为从善解释，美色当前，谨身自守，只是为了惧内的缘故。

这番说法，本来也可以讲得通，坏在秋水不知道内侍省另有密报。因而一问到她，何以深更半夜，逗留在从善卧室中，一谈半夜，谈的是什么，她就无法做圆满的解释了。

当然，提不出圆满的解释是绝不容许的。据说内侍省对秋水曾用刑拷问，或许已有了真实的口供亦未可知。

听完郝原的报告，从善知道全盘的计划都破坏了。他可以想象得到，既然内侍省在自己左右埋伏得有人，那就一定会知道，告病是假。只从一点上去追问秋水，便可以揭破整个底蕴。

幸好，潜逃的密谋，知道的人不多。如今唯一的办法，是出之以镇静，等待进一步消息。倘或秋水熬刑不过，供出实情，自己只来个硬不承认。想来宋朝既然有意怀柔，亦不至于过分深究，使自己难堪。

这样打定了主意，他只吩咐郝原转告全府上下，不可轻信"谣言"，更不可随意谈论秋水的一切。当然，那辆要随时待命的车子，也不必预备了。

这样过了沉闷的两天，忽然有不速之客拜访，是太医院的一名医官。其意不问可知：是来探病的。

事到临头，只有硬着头皮接见。好在从善曾有过患风疹的经验，倒也还不难应付。他愁眉苦脸地诉说，如何发痒，如何一搔抓则疙瘩随之而起，如何口苦咽干，彻夜不眠。所说的都是风疹初起的症状。

那医官居然信了，为他诊了脉，开了方子，用的是荆芥、防风、刺蒺藜、苦参、苏叶、连翘之类疏风渗湿的药，而且频频叮嘱，善自保养。从善自是说一句，应一声，最后用四色仪礼，作为酬谢。将医官打发走了，方子亦就丢在一边了。

睡到半夜，蓦地里从梦中惊醒，冷汗涔涔，既惊且悔——自己做错了一件事！一切都装得很像，最后露了马脚：医官开的方子，何可置之不理？既然左右有内侍省所派的奸细在，当然会注意到他不曾派人持方到药局去抓药，这不明明表示是在装病吗？

为此他彻夜不曾合眼，心中不断在盘旋的一个念头：这一两日之内，将会有怎么样的麻烦发生？

一连三天，什么事故也没有，可是秋水亦没有回来。这使得他又省悟到做错了一件事：依照常情而论，家属行踪不明，理当寻访，秋水入宫未归，应该向内侍省去探询。如目前这样不闻不问，不正就显得情虚？

"错尽错绝！"他悔恨莫及，唯有自艾自责地切齿顿足，却不知该如何弥缝。

"相公，"伺候在旁的春山，终于忍不住了，怯怯地问道，"到底是为什么？这两日心事重重，成天价唉声叹气？"

"你，"从善没好气地答她一句，"你不是明知故问？"

"我什么也不知道！莫非是为秋水？"

"是不是？你这不是明知故问是什么？"

"我是猜想，秋水一去好几天不回来，其中当然有个缘故。相公怎的也不派人去问一声？"

"哼！我去问谁？"从善冷笑着说，"先是你进宫，后来又是内侍省派人来接秋水，说德妃想念她。德妃跟秋水没有什么渊源，早不想念，迟不想念，偏偏你进宫去了一趟，就想念她了？这不是怪事吗？"

听到最后这几句话，春山脸色大变。她双膝一屈，跪倒在地，含着眼泪，气急败坏地说道："听相公这一说，必是秋水出了什么事，相公疑心我从中捣了什么鬼？皇天在上，我没有丝毫对不起秋水的地方，倘或我有心陷害秋水，叫我不得好死。"

"这也奇了！"从善依旧冷冷的声音，"我又没有说你害秋水，你何苦如此？是怕，"他狠下心来试探，"只怕你倒是不愿害秋水，是想害另外人，结果害了秋水！"

这是极严重的责备，意思是春山入宫告密，想害从善，结果先害秋水。当然，他自己也知道，说这话不免屈心，只是坐困愁城，魂梦俱惊，急于想了解底细，他觉得从春山口中，或许可以逼出一句两句真话来，因而昧着良心，做此指责，以为试探。

但是无用。因为春山根本不知他与秋水的密议，甚至秋水缘何一去不归亦复茫然，当然就不会懂得这话的含义。只是斩钉截铁地分辩："我绝没有害人的心思。"

"那么，"从善只好从正面发问，"你跟德妃说了些什么？"

"我什么也没有说。"

看她的神色，不像撒谎抵赖。料知再问无益，从善绝望地叹口气："唉！女人是祸水。"

何以女人是祸水？自己到底闯了什么祸？春山有着含冤莫伸的委屈。欲待分辩，却只见从善随她跪在冰凉的砖地上，头也不回地走了。是这样弃之不顾，毫无半点怜惜之心！春山陡觉心头的寒意，更甚于冬至将近的天气。

冬至过了。郊祀大驾回宫，颁下一道恩命，从善左右的江南官员，包括已离汴京的江直木在内，都授了高于他原来品秩的职位。这是变相的升官，有效的笼络，也是对从善无形中的抚慰，暗示他大可安心。

从善真个安心了，也死心了，一年半载之内，再不会做回江南的打算。可是也有不能放心的事，那就是秋水的下落。

想了又想，他决定再度探索。"如今不碍了！"他对郝原说，"你倒再去打听一下看！"

"既然不碍了，何不大大方方去查问？"郝原回答，"偷偷摸摸去打听，倒像无私有弊似的。"

"说得有理！"这时的从善，又是一种心境，怅然若失地说，"早就该大大方方地，公然去打听了。"

于是从善以泰宁军节度使的身份，写了一通札子，交付郝原，到内侍省投文讨回音。得到的答复是：不知其人，不知有其事。

堂堂内侍省如此怠懒，竟不认账，郝原啼笑皆非之余，不免愤慨。幸好不曾发作，因为接见他的官员，另外有话。

"贵上动到公事，我们只好用官样文章应付。不谈公事说私话，请回复贵上，不必再指望见到这个女子了。"

"是——"郝原不知该怎么发问。

"这个秋水，脾气僵得很，也硬得很，怎么也不松口。本衙门长官只有奏请圣裁，奉到的谕旨是：成全了她！"

"何谓成全了她？"

"那——"内侍省的官员笑笑答道，"还用说吗？"

在他人以为不问可知，而郝原却在似解非解之间。不过已说到头了，不便再往下细问，只能回府据实陈告。

从善却是完全能够意会，所谓"成全"是成全秋水对他的忠贞之名。由此可以推想，秋水始终对彼此的密谋，不曾透露片言只语，更可以判断，秋水已经被难。

这等于为江南殉国，为主殉节。一个素昧平生的弱女子，以一种梦想不到的渊源，绾合在一起，而且相处的日子又是这么短，可是一旦委身，倾诚为助，至死靡他！这岂是寻常女子做得到的？秋水的行谊，不仅愧煞贰臣，就是自己降志忍辱，靦颜苟安，将来又有何面目见伊人于地下？

最使从善不安的是，秋水的真正死因，还不能跟人谈论，不然就会重新掀起已平伏的风波。因为如此，府中由窃窃私议演变为绘声绘影的传说：说春山因为与秋水争宠，进宫告密，诬赖秋水鼓动从善反叛，打算遍邀朝中的文臣武将赴宴，在酒中下毒，一网打尽，然后赶回江南，领兵杀进京来。

这是不值一笑的离奇故事，而众口相传，居然有人信以为真，因而便以一种异样的眼光看春山。最后，终于连春山本人也听到了这个传说。

她不曾分辩，因为不知从何辩起，也不曾申诉，因为没有人会听她的申诉。只是关紧房门,饮泣了一夜。到第二天日中不闻声息,小丫环发觉有异,唤人来破门入内,只见春山已在床栏杆上,一索子吊死了。

秋水、春山,一时俱尽。从善没来由做了一场绮梦,只落得一个午夜梦回,扪心难安。加以异国羁臣,忧谗畏讥,万般无奈,唯有逃避于醉乡之中。醉复醒,醒复醉,壶中日月淹忽,转眼又是一年容易,秋老江南了。

第九章　战江南

江南，李煜打发日子的方法，也跟从善差不多。

他的烦恼来自两方面，一是国事，二是家务。家务比国事更难分拨。从善夫人越来越不可理喻了，经常入宫大吵大闹。李煜唯有望影远避，推给嘉敏去应付。这是一大苦事，软劝苦磨，想什么办法都不中用，唯有等从善夫人哭够了，闹倦了，才能无事。当然，嘉敏受够了气，少不得向李煜发作，到头来等于还是不曾摆脱从善夫人的麻烦。

国事是大臣之间，倾轧不已，很难找到和衷共济的现象。最使他头疼的是，潘佑越来越无礼，他连上六道奏疏，指摘时政，语气的偏激傲慢，远超乎直言极谏的地步。

上到第七道奏疏，李煜却真是忍不住了。他将那一道奏疏发交入值澄心堂的近臣阅看，特别在其中的一段话上，加了"红勒帛"，表示不满。

这段话历数满朝大臣的缺失，独独保荐李平，说他的才具"胜臣十倍，堪判度支"，竟是荐李平掌理举国的财政。

徐游、徐辽兄弟及张洎等人，都将潘佑恨之入骨，一直在伺机而动。如今李煜已有表示，正是时机已到。徐氏兄弟主张打铁趁热，及时建议，准如潘佑所请,"放归田庐"。趁此逐出金陵,去了一个厌物,岂不太妙?

张洎不以为然——他是包藏着祸心,觉得罢潘佑的官,还是太便宜了他,像这样放言高论、目空一切的"清流",就该报投"浊流"。只是这番心事,不便明言,反倒说徐氏兄弟的建议,稍嫌过分,恐怕另有人为潘佑不平,引起意外的枝节。不如让他退出机要之地,专尽文学之才,比较适宜。

徐氏兄弟接受了他的看法,约齐了一起去见李煜,提出共同的建议。李煜深以为然,实时亲书手谕:"潘佑诸职悉罢,专修国史。"

这是张洎的欲擒故纵的阴谋。他明知潘佑绝不会就此缄默,而李煜则还未有杀潘佑的决心,所以布置这样一着让双方逼进一步的险棋,以造成短兵相接,非见死活不可的紧张局面。

果然,第一个上当的是潘佑。不出三日,第八道奏疏送到李煜面前,说的是:

> 三军可夺帅也,匹夫不可夺志也。臣前者继上表章凡数万言,词穷理尽,忠邪洞分。陛下力蔽奸邪,曲容谄伪,遂使家国愔愔,如日将暮。古有桀、纣、孙皓者,破国亡家,自己而作,尚为千古所笑。今陛下纵容奸佞,败乱国家,不及桀、纣、孙皓远矣!臣终不能与奸臣杂处,事亡国之主。陛下必以臣为罪,则请赐诛戮以谢中外。

于是,第二个上当了。李煜气得面白唇青,抖个不住。裴谷大吃一惊,只当他得了什么急病,赶紧上来扶住他的身子问道:"官家、官家,怎的不舒服?"

"你看,你看,"李煜用索索抖颤的手,指着桌上说,"潘佑!"

裴谷伸头过去一望,正看到"臣终不能与奸臣杂处,事亡国之主"那句话,才知道是受了潘佑的气。只要不是急病,便可放心,至于李煜受气,在裴谷看来不算一回事。所以他只向左右使个眼色,示意去请嘉敏来解劝,然后奉上一杯热茶,悄悄退下。

等嘉敏赶到,李煜已由生气变为发怒,正在吩咐裴谷,立即宣召近臣,商量如何处置潘佑。嘉敏不知就里,只觉得应该回护潘佑。因为当初议订大婚典礼,潘佑的见解通达,她一向对他有好感。

为此,她急忙出言阻止:"慢,慢!"接着,和颜悦色地问李煜,"官家何必生这么大的气?潘佑不过脾气耿直些,人是好的。"

"你还要为他说话?你看看,他写的是什么?"

一看之下,嘉敏说不出为潘佑求情的话了,只叹口气说:"唉!好端端一个极通达的人,怎的变得这等乖戾?真正自作孽!"

"自作孽,不可活!"李煜转脸向裴谷轻喝,"快去,你还等什么?"

裴谷不敢多说,承旨宣召近臣,一共五个人:徐辽、徐游、张洎、陈乔、徐铉——韩熙载本亦在近臣之列,却是早两年就下世了。

虽属近臣,国后亦不能不回避,但嘉敏不曾走远,只藏身在重帷之后,静静倾听。听得李煜将潘佑的奏疏发下传观,然后是徐辽气急败坏地申诉:"臣蒙特达之知,得与机密。潘佑妄指官家'力蔽奸邪,曲容诡伪',所谓'奸邪',臣当然是其中之一。臣请告退归田,免伤官家知人之明。"

"你别再闹了。这时候还闹什么意气?"李煜微感不耐,"如今我要看大家的意思,怎样发落潘佑?你们一个一个说!"

于是徐游发言:"潘佑与朝中所有臣子,势不两立。官家如不愿罢斥群臣,便当如潘佑所请。"

这带着要挟的意味,是逼李煜照潘佑所说,"请赐诛戮以谢中外"。陈乔觉得他用心阴险,颇起反感,因而抗声相驳:"此话不然!对臣下的进退赏罚,权操自上,绝无在潘佑所说的两条途径中选取一条之理。"

"那么,"李煜紧接着问,"你说,该怎么办?"

"请官家垂怜潘佑本心无他,斥为庶民,放归田里。"

李煜不答,然后转脸看着徐铉问:"你看?"

"纪纲不可不讲,赏罚不可不明。"徐铉用很冷静的声音答道,"潘佑犯颜直谏，措辞过当，近乎不敬。但爱之深则言之切，且自古以来，有道之君皆不杀谏臣。是故臣如陈乔所奏，请将潘佑斥责为民，以为措辞不谨者戒！"

"徐铉所言甚是！潘佑的措辞太不谨了！"最后发言的张洎，望一望重帷下的猩红裙幅，故意提高了声音说，"潘佑纵使直言极谏，何可议及中宫？"

这句话正碰到李煜的心坎上。潘佑的奏疏中，最足以使他恼怒的，就是说他"不及桀、纣、孙皓远矣"这句话。桀宠妹喜、纣宠妲己，而吴王孙皓，则《三国志》说他"后宫数千而采择无已"，皆是女祸亡国之君，拿他们来与李煜相提并论，亦就等于说出自周家的两国后是亡国的祸水，这在李煜是绝不能容忍的一件事。而嘉敏却是此时由张洎一句话，方始省悟，顿时对潘佑的观感，完全改变，觉得此人的死，无足萦怀，因而也就不必再听帷外君臣的议论，悄然走了。

而李煜却记着她的话，也觉得潘佑是"变"过了，变得"乖戾"如此，必有原因。于是，情势一变，枝节突生，首先获罪的，不是潘佑，而是李平。从他修炼的密室中，为校尉所捕，收入大理寺狱中。

李平被捕的原因有二：首先是他食古不化，由于潘佑之荐，他执掌"司农"之职，依周礼造民籍、造牛籍，形成骚扰；同时豪家兼并贫户农田，他又勒令退还，因而得罪了许多巨室，他们纷纷展开攻击。

这不是主要的原因。主要的原因是，李煜提出一个看法：潘佑变得这样"乖戾"，是受了李平的"妖言"蛊惑。这一看法，甚至连陈乔和徐铉都觉得有道理。于是未罪潘佑，先捕李平，是惩治祸首之意。

闭门家居，一心希冀以至诚回天的潘佑，得知李平因为他的牵累而下狱，既痛良朋，亦以自哀。冷静地考虑下来，知道自己下狱亦在旦夕之间。"士可杀不可辱"，而况已有坚决的表示，"必以臣为罪，则请赐诛戮"！视死如归，正在此时。他留下一封遗书，悄悄地举刀自刭了。

接着,李平瘐死狱中。两家家属,徙置江西。李煜从此再听不到逆耳之言了。

消息传到汴京这儿,对宋朝的主张讨伐的一派重臣来说,是一种绝大的鼓励。他们的看法是:第一,李煜杀忠臣,便知他绝无悔过之心,有可伐之道;第二,正因为李煜杀忠臣,使得江南贤才寒心,一旦有事,将会观望。这就不但可伐,而且可胜。

这一派重臣,以晋王光义为首,而迭着战功的宿将,都附和他的看法。于是,皇帝单独召见赵普,征询意见。赵普是早就与晋王走在一条路上的,当然亦表示赞成。在论江南的情形之外,他还有一个理由:荆湘的战船,早经造成;水师训练,亦已娴熟,士气战备,恰在最好的时候,正宜及锋而试。不然师老船敝,将来再决定讨伐江南时,又得花好大一笔库帑,费好大一番手脚。

于是,皇帝下了决断,用武江南。传旨命宣徽南院使曹彬为西南路行营都部署,负责讨伐江南的全责。

曹彬其时正奉命在荆湘一带视察战船与水师,奉到朝命,星夜赶回汴京。枢密院告诉他说:皇帝天天在催问他的行踪,传谕一到即须觐见,不拘时刻。

因此,曹彬连家都不回,就请枢密院派人通知内侍省,转奏皇帝。果然,传旨即刻召见,到得文德殿时,皇帝已秉烛相候了。

谢过了恩,皇帝问道:"曹彬,你可知道,为什么我派你为讨伐江南的主将?"

"臣惶恐之至。"曹彬答道,"自顾力薄,恐怕难胜重任,陛下何以赋此大责?正要叩请开示。"

"从前王全斌入川,大杀孟昶的降卒,我一想起来就恨。那一次只有你跟刘光义秋毫无犯,军纪极好。我听人说,刘光义是听了你的劝。照此看来,真正能体会得我心事的,只有你一个。"

"陛下过奖。"

"不是过奖,事实俱在。"皇帝又说,"这你就该知道了吧?为什么我派你到江南。"

"是!"

"江南之事,我完全托付给你。你该知道,应当怎么一个做法?"

"臣愚昧。窃以为此去江南,首要之着在宣广朝廷威信。臣当切诚部下,务以军纪为重,不得暴掠百姓。"

"正是。"皇帝很欣慰地说,"进兵不必太急。只要江南将士有归诚的意思,一定要给他们机会。"

"是。臣谨记在心。"

"你看派谁做你的都监?"

"臣无成见。悉遵陛下分派。"

皇帝想了一会儿,觉得平南汉建功,现已擢任为山南东道节度使的潘美,用兵有法,很可以做曹彬的助手;同时想到颖州团练使曹翰,为人多智,不妨用作先锋。此外调兵遣将,皇帝授权曹彬与枢密副使楚昭辅会商决定。

调多少兵,遣什么将,先要看方略如何。所以曹彬在未与枢密副使见面以前,先约了潘美与曹翰在私邸会谈。

"江南不足平!"一向好大言的曹翰,随随便便地说,"李煜所恃者,无非长江天堑。如今樊知古既已深知采石矶江面的阔狭,那就不妨造一座浮桥挥兵直进。只要兵临金陵城下,怕李煜不闻风而降?平蜀费了六十六天工夫。我看江南,匝月就可以成功。"

"不然!"潘美比较持重,"兵法多算胜少算,算得愈深,愈有把握。官家既有'进兵不必太急'的垂谕,我们不妨从长计议。"

"两公所见甚是。浮桥是一定要造的,我想奏请以樊知古为行军向导;如何造浮桥,就请仲询主持。如何?"

仲询是潘美的字。他知道这是曹彬打算让他率领陆路的步卒骑兵，在抵达金陵时，负责主攻，便欣然答说："遵命！"

曹翰也很高兴，因为他的见解，已受到尊重——这便是曹彬驾驭部属，调和诸将的手腕，先接纳了曹翰造浮桥的建议，然后再做规劝，便可以使他心悦诚服了。

"江南诚然不足平！不过，李煜始终不肯朝觐，当然也考虑过后果，有所准备，我们用兵总以小心为是。'诸葛一生唯谨慎'，武侯尚且如此，何况我辈？"

"元帅见教得是！"

"斗力不如斗智。"曹彬紧接着他的话说，"足下向来多智数，我倒要请教，应该如何进取？"

曹翰想了一下答道："用兵之法，无非奇正相生。今以十万王师，水陆并进，会于金陵之西，这是正兵；别遣精骑，在上游渡江，突袭秣陵关，这是奇兵。至于声援之师，不妨策动吴越，沿太湖西岸，进窥常州，以为牵制。"

曹彬与潘美一面听他的话，一面不断点头。等他说完，曹彬立即做了决定。"我想，我们就照此方略部署。"他向潘美说，"突袭秣陵关的那一支奇兵，我倒想到一个人了——田钦祚可以担当那一路。"

潘美与曹翰面面相觑，默无一言。这当然是不甚赞成的表示。而在曹彬，这样的反应并不感到意外——田钦祚其人，贪而狡，有功则争，有过则诿，而且专门倾轧同僚，人缘极坏，潘美与曹翰当然也不会欢喜他。

于是曹彬做了解释。"我亦是不得已而用老田。"他说，"第一，老田多次奉旨，潜入江南，窥探形势。金陵附近，水陆交错，地形复杂。突袭贵在行动轻灵迅速，非熟悉地形不可，自以老田担当这个任务为最适宜。其次，老田正在得宠的时候，官家一定会派他随征。与其大家混在一起，无端生出许多是非，倒不如让他自领一军，单独行动。将来功过分明，谁也没有话说。"

这一说明了，潘、曹二人的态度一变，由反对变为衷心赞成。接下来斟酌其他人选，便很顺利了，决定以洮州观察使李汉琼率领骑兵，禁军侍卫步军都虞侯刘遇率领步兵。这两个人都是从行伍中脱颖而出的有名猛将，生得体质魁梧，膂力过人，而且能与士卒同甘苦，刘遇尤其淳谨知礼，是大将之才。至于另遣一将，约会吴越一起出兵，曹彬认为无须做何决定。因为他料知皇帝对于如何利用吴越助战，必定胸有成竹，自会安排，不必有所建议。

果然，皇帝对策动吴越向江南进兵，早有布置，从七月间就有信使往还，磋商一切细节。在宋朝方面，负责接头的是内客省使丁德裕，这时便派他为使节，赍带诏书，授职吴越国王钱镠为东南面招讨制置使，赐宝剑一柄、金锁甲一副、御用鞍辔一套，以及内厩名马八匹。诏书中说明希望钱镠自杭州发兵北进，攻取常州，同时授给丁德裕行营兵马都监的职衔，带领精锐禁军一千人，即在钱镠帐下效力。当然这有着"监军"的意味在内，是不消说的，彼此自能默喻。

对于曹彬有关进兵的一切计议，皇帝完全支持，唯一不能同意的是行军的序列。照曹彬的计划，除先锋先行以外，全军分水陆两途，分头并进。皇帝的指示，却是分成两批出动，第一批走水路，由曹彬亲自率领，在先锋之后，缓缓而进。十日以后，第二批再循水陆两途出发。

这因为皇帝还想给李煜一个机会，做最后的劝说。如果李煜在紧要关头，能够憣然省悟，第二批军队就可以不必出动。

曹彬遵旨重新做了部署，选定十月廿八黄道吉日，祭旗出师。期前三日，皇帝赐宴，宴前特宣召曹彬与潘美至便殿，有所宣谕。

"金陵必破，破城之日，千万谨慎，不可妄杀一个百姓。倘若巷战困斗，难免玉石不分，但亦应该告诫将士，能不杀就不杀。"皇帝又说，"至于李煜全家，无论如何不可杀害。曹彬，保全李煜全家的责任，我交付给你了。"

"是！臣敬谨奉旨。"

"征江南是迫不得已之举。江南未平，不能征北汉；北汉不除，不能恢复石敬瑭出卖给契丹的燕云十六州。你们要体会得这一层道理，就知道江南的百姓，也是朝廷的百姓；江南的兵将，亦总有一天要为朝廷效力。眼前或许为情势所迫，不能不对敌，过了那一刻就跟兄弟一样。譬如做弟弟的不成材，或者不听话，做哥哥的无非骂几句，打两下，难道真的要了他的性命？"

"陛下这等仁厚的用心，江南兵将百姓，必当感激。臣等自应仰体圣意，推爱布仁，力求保全。"

"这就是了！"皇帝欣然嘉许，但随即收敛了笑容，亲解佩剑，赐予曹彬，庄容说道，"此剑到处，如朕亲临！"

曹彬急忙单足下跪，双手捧剑，高举过顶，朗声答道："领旨。"

"副将以下，不用命者，以此剑斩！"

"遵旨。"

皇帝慢慢转过脸去，看着潘美说道："你听见我的话了？"

潘美惊惧失色，以抖颤的声音答道："臣等谨遵陛下的法度，不敢稍违军令。"

"这才是！胜利凯旋，我不会小气，个个都有上赏。"皇帝略停一下喊道，"曹彬！"

"臣在。"

"你可知道，枢密使这么一个要紧职位，我为什么让它久悬在那里？"

"臣不敢妄测圣意。"

"今天跟你实说了吧！我留着给你。等你平了江南回来，我立刻宣麻！"

宰辅进退，特颁诏命，用白麻纸书写，所以称为"宣麻"。除宰相以外，枢密使的除授罢免，亦用此规制，因而枢密使又称"使相"。皇帝以此相许，潘美当然要在私下向曹彬称贺。

"不然！"曹彬平静地答说，"此去无非仗天威，遵庙算，方能成事。

我有何功可言？而况使相极品，不是轻易可以给人的！"

"这，"潘美愕然，"元帅，你是说，平了江南回来，官家亦不见得为你宣麻？"

"想来如此。"

"何谓'想来'？元帅，你倒说个道理我听！"

"说穿了一句话：太原未平而已。"

"原来如此！"潘美笑了，"那就速速平了江南，麾兵北伐。"

当宋朝特派"知制诰"的谏官李穆，以"国信使"的名义，赴江南宣谕时，江南亦有专使来朝——李煜与从善的胞弟，江国公从镒。他随带三十号大贡船，进贡帛布二十万疋，白银二十万斤，几乎掏空了金陵宫内的库藏。

尽管是这样丰富的进贡，但宋朝却似乎有意冷落从镒，将他安置在宜秋门外的瞻云馆中，一连三天，不理不睬。而手足之间，则咫尺犹如天涯，因为使节先公后私，古来定例，尤其是在这兵戎相见，将成死敌之际。从镒不敢私下先会胞兄，从善更要远避嫌疑，只能遣人传话：只等天子召见，勾当了公事，立刻便迎他到府，联床夜话。

是在从镒到汴梁的第五天，弟兄方能相见。在执手相看的刹那，国难家仇，一齐涌上心头，有千言万语，却不知从何说起，所以都哽咽无语。反要靠两方面的亲信随从，代达积愫。然而最要紧的话，仍旧只有等他们兄弟将激荡的情绪平伏下来，才能促膝倾诉。从镒到这时候才说出他此行使命，是赍呈一通极机密的表状，表明李煜愿意像吴越国主钱镠一样，接受宋朝的爵命。

"可惜晚了！"从镒叹口气说，"无非自取其辱而已。"

由这句话中，从善已可想象得到，宋朝皇帝在接见从镒以后所表示的态度，但仍不能不追问一句："赵家天子怎么说？"

"他说：'只要令兄肯来见一面，一切都好商量。且等李穆复命以后，看怎么说！'"

从善不响，沉默了好一会儿才自语似的说了句："其实就来一趟也不碍。"

"不会来的！"从镒使劲摇着头，"猜忌越来越深，固不可结。宋朝果然相信江南以小事大的诚意，又何必非国主朝觐不可？"

"这话，"从善很勉强地答说，"也有道理。"

"七哥，"从镒慨然说道，"我是不打算回去了。按诸春秋战国的'质子'之义，有我们俩在这里做质，分量亦不能谓之不重。如果宋朝非要国主也来不可，那就是心怀叵测，见得陈乔的看法不错。到那时候，宗社有倾覆之危，除却一战，更无善策。"

"只要能战，自然要战。唉！"从善痛心疾首地低下头去，用哭声自责，"我好糊涂，我好悔！"

"七哥，"从镒吃惊地问，"你做错了什么事？"

"我误中了人家的反间计，不该密陈国主，说林仁肇要谋反。"

从镒越发吃惊："你是说，林仁肇并无谋反之心？"

"这是我最近才知道的。说什么林仁肇密通款曲，送图示诚，完全是人家弄的玄虚。"

"原来如此！"从镒跌足嗟叹，"七哥，你这件事可做得太鲁莽了。"

"悔之无及。"从善是欲哭无泪的表情，"一着错，满盘输。只能听天由命了。"

李穆的往返，只得半个月的工夫。星夜急驰，只是为了不愿耽误进兵的时机。

因为曹翰为先锋，已领轻骑兼程南下，如果后续大军不发，即成孤军深入之势，显然不利。是故李穆在受命出发时，就奉到面谕：不论结果如何，务必尽快复命。但他来去如此迅速，多少出乎皇帝意料，因而在召见之时，皇帝颇致嘉许慰劳之意。

而李穆是操行端直的君子，自觉未能达成任务，深为惭愧。"臣不敢当陛下奖许。"他说，"李煜有负陛下玉成之意，总是臣宣谕失当所致。"

"不怪你！"皇帝答说，"我亦是尽人事，求心安。只要你拿我的话说到就是。"

"是！臣悉如圣意宣达，不敢妄加增减。"

于是，李穆细陈到达金陵宣谕的经过。

李穆一到金陵，就向上船接待的官员表明："不入宾馆，实时要见国主。"

其时已近黄昏，上岸入宫，也还有好一段路程，接待官员表示入夜诸多不便，要求在第二日一早引见。李穆答应了。但是接待官员请他移住宾馆，却遭到峻拒，他甚至摒绝供应，除清水以外，一无所受。

这便显得来意不善了。李煜得报，连夜召集亲信大臣会议，猜测李穆来意，多半是传宣入朝。所以会议的主旨，就在决定李煜的行止。

当然，陈乔是坚决主张不朝的，而李煜又颇存怯意。徐氏兄弟和张洎，见风使舵，顺口附和。所以原以为极费斟酌的事，竟很快地有了结论：任何事都可以商量，唯有国主不去汴梁，绝无商量的余地。

不过，对于宋朝的使者，仍然以礼相待。当李穆到达专门接见各国使节的清耀殿时，李煜降阶相迎，入殿复以平礼相见，然后李穆占上首宣诏。

诏令非常简单："朕将有事于圜丘，思与卿同阅牺牲。其速启程，毋负朕伫望之意。"不过，李穆却另有口头的警告。

"请国主早早启程，大军已定期出发，迟恐不及。"

听得这话，陪侍群臣，相顾失色，李煜却有些负气的模样。"江南以小事大，从无失礼之处。"他悻悻然地说，"我一再隐忍退让，无非想保全宗祀。如今大朝这样子相逼，有死而已！"

李穆沉着冷静得很，不慌不忙地答道："愿朝与否，请国主自加裁处。不过朝廷甲兵精锐，物力丰盈，江南恐怕抵挡不住。请审慎考虑。"

"此事考虑已久。请上复朝廷,说我身弱多病,艰于跋涉。"

"好!我一定据实转奏。"李穆站起身来,一揖到地,"即此向国主辞行。"

"何必匆匆如此!容我稍尽地主之谊,且请宽坐叙话。"

"皇命在身,不敢久留。"李穆的语气平静,而态度坚决。

于是,江南群臣纷纷帮着李煜挽留使者,而李穆说什么也不肯接受宴会,更无论馈赠。当天回船,足迹不再履岸,同时也不见任何江南官员。停泊一宵,黎明解缆,取道京口,由淮南运河北上,经淮阴折而往西,循通济渠,也就是为宋朝君臣称作"建国之本"的汴河,日夜赶路,回京复命。

"你的举动,很为国家占身份,话也说得很明白。真个不辱所命。"皇帝欣慰与怅惘交杂,细想了一会儿问道:"照你看,李煜到底是何意向?我就不明白他,为何这等倔强?"

"以臣所见,李煜也非有心抗拒朝廷,只是有个先入之见,盘踞心中,根深蒂固,无法消除而已。"

"噢,"皇帝很注意地问,"是怎的一个先入之见。"

"以小人之心度君子之腹!只以为一入朝,便会死于非命。"李穆加强语气添了一句,"李煜是真个胆怯畏死!"

"何以见得?"

"从江南自贬制度以来,凡有朝廷使者,李煜无不至宾馆或船上答拜。臣此次事毕,未在当日开船,乃是特意多留半天,等李煜来答拜。哪知竟是空等了。"

"其中必有讲究?"

"是!臣得从人报告,江南流言,说朝廷决意生致李煜,只待他一登使者之船,立刻解缆,载而俱北。李煜信以为真,故而不敢登臣之船。"

"流言可怕!"皇帝不愉地说,"只好一切都托付曹彬了!"

* * *

在江陵待命的曹彬，旨到即行，沿江东下。随行两员大将——一个李汉琼，一个田钦祚——各领精锐骑兵，沿长江北岸，夹护艨艟巨舰，水陆并进。

一过黄州，便快接近李煜的疆界了。曹彬下令，在蕲春驻军，听取谍报，准备作战。不过舟中会商，只是他跟李汉琼两人拿主意。田钦祚有特定的任务，为时尚早，所以曹彬并未通知他参与作战计划。

这一带的地形，曹彬早已下过了解的功夫，不必查阅舆图，便能指点明白——蕲春、武穴以东，便是江南的江州，这一段的长江，名为浔阳江，亦名九江。大江东流到此，分而为九，包括西楚霸王项羽自刎的乌江在内，各有专名。九江之南便是鄱阳湖，港汊分歧，地形复杂异常。客军到此，不识深浅，容易吃亏。是故用兵一向稳健的曹彬，不敢轻忽。

可是江州的险要，与大江支流的九条江，关系不大，而是溢水入江之处的溢口。溢水源出瑞昌县的清溢山，东流入境，北接大江；溢口之南，是一个风平浪静、渊深不测的港湾，名为溢浦港，是商舶避风的好去处，亦是戍守必保之地。

自东晋以来，长江上下游相攻，溢口的得失，往往可以影响整个战局。如今的情势，亦仿佛与南北朝相同，所以江南视此处为第一重门户。曹彬早已派出谍探侦察，此时已有详细报告：江南在溢浦港上的溢口城中，驻有重兵，港中有上百艘的楼船。可是虽有战备，并无良将。守将姓翁，终日流连于醉乡，因而得了个外号叫作"醉翁仲"。

翁仲即使不"醉"，亦不过摆样子的石头人，李汉琼没有拿他放在眼里，可是曹彬却不敢掉以轻心。

"李将军，"他说，"此是出师以来第一仗，不可不胜，不可大胜。任务不易。"

"元帅，你说得太玄妙了！"李汉琼笑道，"不可不胜的道理，谁都懂。出师以来第一仗，若非旗开得胜，便会折了锐气。却又怎的不可大胜？"

"大胜则声威远播，使敌人有备，反生阻力。行百里者半九十，要在采石附近，渡过了江，兵到金陵城下，才算成功了一半。此时大张旗鼓，一仗全胜，易启士卒骄惰之心，甚非所宜。"

"是！"李汉琼肃然敬服，"元帅看得远。"他略停一下又说，"元帅的意思，最好兵不血刃，悄悄地拿下湓口？"

"是的。能不战而屈人之兵，自然最好，只是办不到。"曹彬接着问道，"你看攻湓口，应该用水师，用步军，还是水陆并进？"

"元帅的意思如何？"

"我虽有一个想法，却无成见。先听听你的。"

"敌军在湓浦港扎有水寨，湓口又狭，天然易守难攻。如用水师，敌人只须扼守港口两岸，施用火攻，我们就非吃大亏。依我愚见，水师在此处并无用武之地。"

"然则是用步军？"

"是的。"李汉琼沉吟了好一会儿，方始接下去说，"湓口城小而固，又是仰攻，我们在地理上又吃了亏，所以唯有利用天时、人和，施行奇袭。如果一战成功，占领湓口城，那么，港中楼船，就非投降不可。不然，我们用重兵封锁湓口，可以困死他们。"

说到这里，曹彬已是不断点头："高明之至！"他并未说明李汉琼的策略与他不谋而合，只是抚着他的背说，"准定这么办！我们商量细节吧。"

等细节商定，李汉琼退出座船，曹彬随即下令：在蕲春顿兵五日，士兵分班休息，蕲春城里城外，随意游逛，不受限制。但有一层，不得违犯军纪，骚扰民间，否则严惩不贷。

这是一条缓兵之计，目的在松弛湓口城上的戒备。果然，醉翁仲接得报告，顿时喉头有物作祟，痒痒地非灌两杯好酒不可。

于是悠然衔杯，喝得酩酊大醉，一枕酣睡，去寻好梦。梦中是金陵元夜的光景，银花火树，灯月交辉，宝马香车，城开不夜，好个富丽繁华的升平岁月！

谁知乐极生悲，灯火过炽，竟致起火。偏偏风姨为祝融氏助威，呼啸撒泼，卷起一团团的橘红色火焰，顷刻之间，自西而东的一条长街，成了第十九层地狱。

醉翁仲在梦中没命飞奔，一个失足，惊出一身冷汗，只听有人在喊："将军，将军，大事不好！北军杀进来了！你老看，火！"

醉翁仲别的话不曾听清，只听得一个"火"字，慌不迭地滚下床来，口中只嚷："快逃，快逃！"

一面嚷，一面夺路而走，出得房门，冷风扑面，醉翁仲不由得打了个寒噤——这个寒噤将他残余的梦意打掉了。定定神才记起卫士们的话，方知眼前的火光和喧哗的人声，都和梦中不同。

这一惊就不是虚惊了！他双腿瑟瑟发抖，心里七上八下，想逃觉得内疚，不逃又不知如何御敌，就这彷徨疑难之际，"北军"已经杀到。醉翁仲不假思索，回身就走，一进屋子，立即关紧了门。寨堡的门窗，都极其坚固，北军一时攻打不下，索性放起火来，燃旺了的油松，不断投入铁栅窗中，醉翁仲头昏眼花，又让烟气呛了嗓子，一跤摔倒在地，再也爬不起来。顷刻间四下火焰逼拢，醉翁仲成了"火判官"，一条命自然是保不住了。

李汉琼是这天早晨，率领一千经过化装的劲卒，悄悄由蕲春分散了出发。他们黄昏在溢浦港附近会齐，起更时分，衔枚疾走，三更天发动突袭，用钩索在砦堡僻静之处，缘墙而上，斩锁开关，放大队入内。他们一面放火，一面肉搏，锐不可当。南军十来年未经战阵，逃的逃，降的降，及至醉翁仲被活活烧死，更是蛇无头而不行，一起丢下武器了。

其时天刚拂晓，在溢浦港中的南军水寨，望见寨堡起火，料知有变；

急急派出轻舟去打探消息，哪知刚到溢口，两岸山上，飞篁如雨。原来曹彬与李汉琼早已算定，预有部署，两千弓箭手，在这天下午，自蕲春乘舟东下，顺风顺水，正当李汉琼要发动突袭时，已经到达溢口，分布两岸，做了埋伏。

南军探船，出不得港，只好折回。但溢口被扼，大队楼船就全都被封锁在港中了，倘或想抢出溢口，北军必用火攻，万无生路。于是到得天明，李汉琼只一喊话招降，主船上立刻就升起了白旗。

到得日中，曹彬亲领大队，水陆并进，抵达溢浦港。处置降卒，十分宽大，只是不愿资遣而愿投效的，却仍用相沿不替的规矩，一律黥面——额上刺青，作为记号——编入营伍，单独成队，称为"归北军"。

部署甫定，先锋又传捷报——先锋曹翰所领的精骑，由汴梁经陈州，在樊知古向导之下，间道南攻，直扑池州，一仗破城。依照预先颁布诏旨，在他老家就任，当了知州。

与此同时，小长老又从金陵城内辗转送来一个机密消息，说是江南已下令调兵，准备御敌。首先奉召的是镇南军节度使朱令赟，此人是将门之子，相貌奇古，生得凸出的一个大额头，凹得极深的一双鹰眼，矫捷善射，骁勇非凡。江南提起"朱深眼"，无不知名。

朱令赟本来掌管禁军，从林仁肇死后，接管他的部下，仍旧镇守南都，但职称改为镇南军节度使。如今应算作江南第一大将。

曹彬不敢轻敌，却也不愿接战。因为与朱令赟正面接触，必是一阵硬仗，到头来两败俱伤，变成无谓牺牲，所以颇费踌躇。但兵贵神速，更贵占先，不容他从容考虑，李汉琼已来讨令了。

"元帅，"他跃跃欲试地说，"该打九江了！请示进兵日期。"

"九江？"曹彬自言自语似的说，"也许可以跳了过去。"

"何谓跳了过去？"李汉琼说，"朱令赟从南昌出兵，当然贯鄱阳湖北上，由湖口进入长江。我们早一步占九江，来个迎头痛击，岂不大妙？"

"我正是不愿迎头痛击。"曹彬答说，"到得金陵，或许要打一场硬仗。此外能免则免，不战而屈人之兵，方为上策。"

"话是不错，就不知如何能免？"

"让他一步！"曹彬突然想通了，很有决断地说，"对，让他一步！"

照他的想法，朱令赟此时还不会知道池州已经失守，等提兵由鄱阳湖北上，到达湖口，才会知道东面的形势有变。溢口既失，池州受阻，成了进退维谷之势，他可能知难而退，回军南昌，或者屯驻湖口观变。

"如果我们先占了九江、湖口，那情形就不同了。朱令赟不是贪生怕死的庸才，义无反顾，唯有力攻。我们当然亦不能弃守，这一来就非拼一下不可了。"

"见得是！"李汉琼也同意了曹彬的看法，接着又问，"然则我们是赶到池州，再定行止？"

"对！一切都等到池州再说。"曹彬吩咐，"你领兵先走，我殿后。"

曹彬亲自殿后是因为布置伏兵与疑兵，让朱令赟不敢轻进，而自己这方面又不能费太多的兵力，是件很需要精打细算的事。李汉琼在这上头并非所长，所以让他带领大军，与田钦祚先走。

舟师一路顺流东下，既不扬威，更未骚扰，竟有好些江南的百姓，不知道池州已失，只道北军照例巡江，毫不惊慌。及至发觉巡江水师以外，还有腾踔的轻骑、矫捷的步卒，才知大势不妙。然而北军除殿后的主帅曹彬以外，各路人马，都已抵达池州了。

曹彬未到，全军由潘美指挥，眼前的第一件大事，便是造浮桥。浮桥由樊知古主持，八作使郝守浚监工，在采石以南的牛渚，督率将士，日夜赶造，预定十日完成。

"造浮桥？"军中将士窃窃私议，"从来没有听说过，这么宽的江面，这么深的水，可以搭造一座浮桥来通两岸。"

澄心堂中亦复如此，都对北军在牛渚搭造浮桥一事，诧为千古奇谈。张洎的书读得多，而且经史以外，最喜杂学，腹中记得的稀奇古怪的故事很不少,他就一再以轻蔑好笑的神态,向李煜说过:"自有记载以来,从未见大江可用浮桥济渡的说法。"

话虽如此,战备不可不讲。李煜将国政军务都集中在澄心堂,作为"朝廷内地",是整个宫禁中最机要所在,入值的要员,只有七个人。徐氏兄弟以外,军机由陈乔、张洎执掌;而奔走执行的,是徐氏兄弟的侄子吏部员外郎徐元楀,和兵部郎中刁珩。他作为李煜的清客,鼓琴围棋,人颇风雅恬淡号为"内殿传诏"。至于主兵的元戎,正是以家世占便宜,拜为"神卫统军都指挥使"的皇甫继勋。

皇甫继勋初膺大命,就去拜访徐氏兄弟,吞吞吐吐地表示,不如投降,可以保全富贵。徐氏兄弟默然不答,此时此地,做此沉默,意味深长,皇甫继勋了然于胸了。

他的了解是,徐氏兄弟对抗御北军,亦无信心,目前正在观望之中。也许,投降的打算,早已有了,但投降的话却说不出口。如果吃几个败仗,形势一变,反倒能逼出他们早已盘算过的主张。

因此,皇甫继勋讳胜不讳败,但表面上的花样百出,征募新兵,有十三种名目之多。

一种叫凌波军,顾名思义是水师。从元宗以来,鼓励郡县村社,端阳竞渡,获胜的龙船,官府颁给彩帛、银碗,谓之"打标"。打标的舟子,官府留录姓名年籍,此时征召入伍,就是凌波军,算是比较管用的。

不管用的就多了。豪华大族,以私财招募亡命,经官府核准,组成队伍,谓之"自在军"。自由自在,不受约束,故而御敌不足,扰民有余,反成一累。

于是百姓相约自保,但无非积纸为甲,以农器做兵器,壮壮自己的胆而已。而皇甫继勋认为此辈亦可充数壮门面,下令纳入战争编制,称之为"白甲军"。

弄这些名堂的"军",无非摆门面,壮壮胆。除凌波军还可一用之外,打仗当然要另调"精兵"。此时江南比较有训练的队伍,除去朱令赟及南都留守刘克贞的部曲，水师要算镇海军节度使郑彦华所部的实力较强。皇甫继勋便奏明李煜，用他作为御敌的主将，另遣禁军都虞侯杜贞率领步卒一万，归郑彦华节制。

出师之日，李煜亲自劳军送行，与郑彦华殷殷话别，期望甚深，一直叮嘱："水陆两军，互为表里！"

"官家请释廑虑。"郑彦华意气扬扬地答说，"北人骑马，南人行船。北军舍其所长，用其所短，结果一定会蹈魏武的覆辙。"

魏武帝曹操，赤壁之战，大败而归。听得引用这个故事，李煜不觉地感到心情宽松得多。"不过，听说北军在造浮桥，并非全恃舟师。"他再一次告诫，"总须水陆并济，和衷协力，方能建功。"

"浮桥之说，臣实难信。果然如此，则兵半渡而击，等北军过浮桥的时候，臣当督饬杜贞猛攻。浮桥一断，叫北军都淹死在大江之中。"

"那样也太狠了！"李煜仿佛觉得郑彦华一说便能做到，反为北军生了恻隐之心，"你看事行事，只要打退北军，也就罢了！"

"是！"郑彦华肃然答说，"臣体会得官家的好生之德。"

于是郑彦华率领战舰，浩浩荡荡鸣鼓而行，初意打算冲断浮桥，哪知已到池州的曹彬，早就有了部署。他在牛渚、采石一带的上下游，密布哨探，部署精兵。等听得郑彦华声闻十里的金鼓，无异自己做了警告，弓箭手迅即进入埋伏的位置。看看两队战舰将近，一支响箭凌霄而起，顿时万弩齐发，硬生生逼得郑彦华不能不下令停止前进。

这一停下来更坏，北军的乱箭变成"箭无虚发"，箭箭着船。这一支伏军却正好是待机渡江的田钦祚所指挥，此人刁钻刻薄，打仗最懂得擒贼擒王的道理，一见江南战舰竟不敢冲过伏弩，便知敌军主将是色厉内荏的角色。他当时下令，只朝敌人的中军座舰攻击，接着选取数名神射手，一声令下，矢如流星，一支接一支射向挂着"郑"字帅旗的桅杆——不射旗更不射桅杆，只射系旗的绳索。一箭快一箭，到底射断了系旗的绳子，飘落了郑彦华的大纛旗。

本来，田钦祚并不能阻止郑彦华停舰不进，只是郑彦华自己慌了手脚，他拿不出办法，只好先停下来再做道理。

如今看来越停越糟，唯有移动，才能避去锋头，只是向哪个方向移，却费踌躇：心存怯意，自不做鼓棹向前的打算；回舟后退，则纵然江面辽阔，但以战舰笨重，掉头亦颇不便。想了一会儿，他觉得只有一个主意，既不推进，亦不后退，移舟向东岸停靠，便可避去北军的攻击。

这个主意还算不错，虽然出师不利，吃了败仗，损失却不大。等他将战舰移泊东岸，对岸的田钦祚亦下令停止攻击，江面复趋于平静。

可是在采石、牛渚一带东岸巡逻，防备北军用浮桥渡江的杜贞，内心却不平静了。因为原来的计划是，如李煜所指示的，"水陆互为表里"，郑彦华的战舰，逆驶而上，只待北军搭起浮桥，便即冲断。时当隆冬，北风强劲，对由北南驶的战舰来说，水逆而风顺，威力不但不会减少，反可借风势而增强，所以杜贞有恃无恐，满心以为自己的一万人，不过沿江布垒，遥遥监视而已。

谁知郑彦华的二十多条战舰，只不过北军在西岸放了一阵箭，便吓得避向东岸，停顿下来。照这样子，恐怕不见得会冲桥。果然北军搭成浮桥，渡越天堑，不知道自己部下可抵挡得住？

但转念想到郑彦华所说的"兵半渡而击"，觉得这话很有道理，顿时胆气一壮，思路也敏捷开阔了。他想，所谓"半渡而击"就是敌人过浮桥，走到一半的时候，发动攻击。当然，最好是战舰及时开到，拦腰猛攻。不妨一面知会郑彦华，一面自己在东岸加意戒备，只看敌人浮桥将成，便集中弓箭手沿江密布，对准同一目标，不怕制压不住。

打算停当，他实时遣派一名亲信的干当官，到秣陵关以西的长江东岸边，寻着郑彦华的帅船，密陈其事。郑彦华满口称许，说："杜将军的筹划，高明之至。请他只管奋勇杀敌建功，到时候我必支援。"

得此答复，杜贞自感安慰，亦更有信心。他下令加强巡逻，同时选拔善射的精锐，亲自带领准备痛击北军。

十一月底，夜来天黑如墨，风利如刀。沿江戒备的将士，都躲在寨堡中烤火取暖，虽知这样偷懒为军法所不许，却总以为这样的天气，北军何能有所行动？搭浮桥不是件容易的事，必有声响，必有火光，等听到声响，发现火光，再去仔细查察，也还不迟。

哪知道北军早就算定了他们存着这样的心理，特意挑了这样的天气，将铺搭浮桥的小舟从牛渚西岸的小港汊中，悄悄驶了出来，在采石江面集中。既不用灯火，打桨的声响又为风涛之声所掩，而小舟的排列次序，木板的铺搭程序，是早就一再演练得熟能生巧的。因此，整座浮桥搭成，不过费了两个更次的工夫。东岸守军在曙色中隐约发现如匹练横江般的一道黑影子，既惊且骇，掉转身飞也似的奔向杜贞大营。

杜贞得报，惊喜交集，喜的是聚歼北军，建不世之勋的机会到了；惊的是这个机会来得太快，令人有措手不及之势。他一时心里七上八下，双手发抖，竟有些不知如何是好了。

他定一定神才从一团乱丝样的思绪中，抽出了一个头。"鸣金摆队！"他大声吩咐，"赶快通知郑将军，发战舰下来！"

左右的幕职官很得力，遵命行事，十分迅速，一面派遣快马飞报郑彦华支持，一面唤掌管传令的小校，"当当当"敲起响锣，让全军进入紧急应战的位置。

等杜贞披挂上马，疾驰到江边，但见特为选拔出来的三千射手，已经沿江密布，个个搭箭上弓，睁大了眼，瞄准着浮桥，只待令下，便可发射。

杜贞在马上放眼望去，浮桥上的北军蜂拥而来，前队已走到浮桥中间，正是所谓"半渡"之际，为攻击的最好时机。于是将马鞭使劲一挥，随行的幕职官随即向空射出一支响箭，接着便是号炮大作。余音未歇，箭去如飞，一时弓弦大振，声声相接，霜空中响遍了"琤琮"弦音和"咻溜溜"劲矢破空之声，余韵悠然，十分好听。

当然，攻守双方，谁也不会有闲情逸致去欣赏那些好听的声音。一面是盾牌遮护，奋不顾身；一面是以逸待劳，矢出如雨。论情势，自然是北军不利，只以训练有素，能够坚持不退。但如郑彦华的战舰能够鼓棹乘风，及时开到，水陆夹击，潘美所指挥的两万宋军，便难望到达彼岸了。

不料郑彦华拥兵自保，不敢南下。僵持了个把时辰，北军信心大增，南军却因为水师援军不至，而数万支箭却消耗得差不多了，以致军心大为动摇。就这当儿，有人偶然回头一望，失声惊呼："火！火！"

一传十，十传百，都回头去望，只见营寨之中，冒起黑烟。就那错愕之间，黑烟中出现了橘红色的火焰，而不知趣的北风，偏又张狂，霎时间火焰腾空，照得江水都仿佛红了。

变起不测，忧生后顾，南军不由得便疏忽了当前的强敌。而北军的斗志却越发昂扬，不在乎颠簸的浮桥，扶着绳栏，抢步而进。有那失足掉落大江之中的，后随的伙伴看都不看，只顾自己往前直冲。

终于冲上岸了！咫尺相对，弓箭无用，北军的白刃益显威力，挺刀直扑，挡者披靡。督战的杜贞竟压不住阵，真个兵败如山倒。只为宋军派了数名死士，泅水潜上东岸，在杜贞营中放起一把火，竟致俄顷之间，战局全盘的改观了！

南军大溃，杜贞落荒而逃。败得惨，败得不能令人甘心，然而毕竟是败了。

拥兵不救的郑彦华，得报大惊，自悔失计，实时下令开船，往北撤退。可是潘美并未乘胜追击——这是曹彬的命令。因为一则须防埋伏，再则守护浮桥，容大军东渡，这个任务比追杀败兵要重要得多。

出师不利，而且北军已经渡江的消息，当天下午就已传到金陵。澄心堂和由枢密院改称的"光政院"中，日夜轮守的文武大臣，相顾失色。未及奏闻，就先由皇甫继勋下令，且紧闭城门，再做道理。君臣彻夜商谈，却谈不出什么道理——道理是有的，迟疑瞻顾，坐失良机，一切都嫌太晚了！

"早就应该取消开宝年号，亦早就应该致书吴越国主。"陈乔攘臂而起，"到了今日之下，这些事做不做，无关紧要。要紧的是赶紧征召各路勤王之师，合力保卫根本之地，同时要赶紧募兵筹饷。"

"如今不是追论过去的时候。"张洎接着他的话说，"取消开宝年号，致书吴越国主，这些事在此刻做，也还不晚。"

"好，好，"李煜生怕他们发生争执，乱摇着双手说，"事情都要做，一样一样来。"

于是陈乔与皇甫继勋负责征召勤王之师与募兵，徐氏兄弟策划筹饷。而张洎以为"此刻做也还不晚"的两件事，便由他即席命笔。一件是草拟诏告，自即日起禁用开宝年号，公私文书纪年，一律称为"甲戌岁"，明年便是"乙亥岁"，依此类推。

另一件是草拟致吴越国主钱镠的书函。张洎写得要言不烦，大意是："今日无我，明日岂有君？一旦今天子易地赏功，王亦大梁一布衣耳！"李煜亦无心推敲，吩咐誊正发出。

到了第二天，全城百姓都知道北军已经渡江，想逃难则城门已闭，严禁出入；坐困愁城，则即令不受北军的兵灾，粮源断绝，亦将成为饿殍。因而人心惶惶，不可终日。

可是，宫中倒比较镇静了。因为经过一段意见分歧的辩驳议论，陈乔和张洎的意见渐趋一致，其余拿不出主意的人，就只得听从。而最重要的是，李煜支持他们两人的意见。

这个意见是坚壁清野，坐待宋军师老，自然退去。金陵城池，高大坚固，可以守个三两年，不过粮食却须先有准备。

于是募兵筹饷，反成次要，当务之急的第一件大事，便是备粮积谷。而粮食须由城外运来，故每日开东、北、西三面城门两个时辰。唯有南城不开，因为北军就在南面，必须特别戒备。

于是金陵百姓，家家求谷，户户购粮，每天定时开放的那几个城门口，肩摩毂击，水泄不通。守城的士兵，起先还盘查得很紧，到后来盘不胜盘，查不胜查，而实心奉公的结果，又以耽误工夫，招来无数的怨言。既然吃力不讨好，何苦多事，因而守城士兵眼开眼闭，懒得再问，任令城厢内外，通行无阻。

这一来逃出好多人去，可也混进好些人来——大都是北军的间谍。在茶坊酒肆中散放出许多离奇古怪的流言，同时将金陵城内的民心士气、宫中举措，打探得明明白白，转报城南十里的北军大营。

坐镇大营的曹彬，尽管对金陵的一举一动莫不了然，却并无积极进攻的行动。这因为奉到的方略，便是"务广威信，不须急击"。且天寒地冻的时候，进军诸多不便，正不妨体恤士兵，顿兵过冬。到得来年春暖花开，如果李煜依旧不降，那时东、北两路必已打通，便可会同吴越军队，联成一道长围，轻取金陵。

这番打算，在金陵从禁宫到民间，没有一个人能够识得透。江南民性柔弱，易涉张皇，但也容易抛得下忧烦，隔着一道城墙，看不见城南的营垒，竟忘却北军随时可临城下。同时，有许多人根本就不知道，或者不相信北军在城南十里扎营。

甚至在宫内亦复如此，李煜亦不知道北军距金陵不过十里之遥。这因为皇甫继勋与张洎及徐氏兄弟私下商议，决定"多一事不如少一事"之故。所谓"多一事"便是将战报随时奏闻，而李煜深于文事，不解武备，往往拿一场"胜败兵家常事"的小小战役，看得严重非凡，忧形于色，反复垂询，使得皇甫继勋难于应付。当然皇甫继勋居中主持军令，如果调兵遣将，深得其法，能够好好打两场胜仗，李煜就不会那样逼紧了问。无奈连战皆北，无词以解，就只有企求李煜不闻不问，而"釜底抽薪"的办法，便是让李煜根本不了解战局。

战局沉寂下来了。在皇甫继勋看，却好利用张洎的说法——张洎一再倡言：宋军师老，自然退去，所以御敌之法，最妙一如坚壁清野，以老其师。皇甫继勋在恭维张洎的看法高明之余，提出进一步的主张：既然宋军师老自退，则战况就不必奏闻，不然有所指示，听又不是，不听又不是，徒乱人意，于事无补而有害。

这"徒乱人意"四个字，打动了徐氏兄弟的心。因为李煜每一问到战况，絮絮不休，令人不胜其烦，犹在其次。最难堪的是，语气中似埋怨，似自责，听着真有芒刺在背之感。至于张洎，本就别有用心，自然赞成蒙蔽的办法。

蒙蔽的办法是，包围李煜，不让他接见臣下，甚至陈乔亦难得一见国主。至于一切战报及有关系的奏疏，只要徐氏兄弟关照"内殿传诏"徐元楀，一概压置，便即了事。

但不论如何，眼前的平静，便很难得。于是宫中普遍流行一种说法：这是先皇以来，累世礼佛虔诚所结的善果，江南有佛菩萨庇佑，必能逢凶化吉，遇难成祥，免除刀兵血光之灾。

这个说法当然会传入李煜耳中，深以为听，甚至连平时不大佞佛的嘉敏，亦深信此说。因而她一改常态，每日必到百尺楼头，盥手礼拜，佛前一切供陈，都是亲手料理。李煜则除了亲临各大古刹斋僧以外，特地在澄心堂西，设置净室，宣召高僧开讲《楞严经》；又因张洎的推荐，征召鄱阳湖的隐士周惟简入宫，授职侍讲学士，专讲《易经》六十四卦中，天道循环，否极泰来的道理。

就这样，安安稳稳地过了一个年，可是一开了春尚未解冻，烽火又燃了。

曹彬的作战计划是早就决定了的。打通东北两面，完成对金陵的大包围，迫使李煜订城下之盟。而选择在春寒犹劲，东风似剪的二月初动手，似乎有些迫不及待的模样，其实完全是因为江南君臣近乎麻木不仁，他想大大地擂一阵战鼓，警金陵城内的文恬武嬉。

意向既定，兵分两路。一路是由曹彬亲领水师，向金陵西南二十里的新林港、白鹭洲展开攻击。防守的江南兵将，望旗而降，兵不血刃；另一路是由田钦祚的部队，本来奉命驻扎当涂，守护浮桥的东端，此时照出师之前预定的计划，攻取秣陵关，然后深入东路，接应攻常州的吴越客军。

秣陵关一战而下，相当顺手，但当田钦祚亲自领兵东进时，却遭遇了一阵血战。对手是江南的统军使李雄，此人出身淮南，当年周世宗南使时，淮南百姓起而自保，称为"义军"，李雄就是义军首领之一。他立下赫赫功勋，为元宗派到江西，历任袁州、汀州刺史。李煜嗣位后，升任统军使，仍守袁、汀二州，手下有两万子弟兵，上阵一条心，很能打仗。

宋朝出兵，李雄奉命勤王。开拔之前，他向他七个儿子慨然明志：此行必死于国难。父死国，子死父，否则就不是忠孝。七个儿子涕泣受命，相约决不独生。

这是上年底的事。父子八人，纠兵入援，由江西出景德镇，自皖南北上，一路气势如虹，军容极壮。哪知走到溧阳地方忽然传来皇甫继勋的一通蜡丸书，命他顿兵待命。书函中隐约说明，怕李雄到达金陵城外，宋军接踵追击而至，反而自召危机。

李雄奉命唯谨，便屯兵在溧阳。却有个随军参赞的许御史，深谙兵机，看溧阳四野平旷，不是顿兵之地，便向李雄说道："如果宋军经过，切莫理睬，等我两天。我到金陵城内面奏官家，回来与你一起进城。"

李雄口头答应，心不以为然。等许御史一走，正逢田钦祚来挑战，百般辱骂，令人难忍；李雄开垒迎敌，旗开得胜，逼得宋军急急后撤——其实是诱敌之计。看李雄追得远了，田钦祚回师反击，伏兵齐起。果然"父死国，子死父"，李雄父子八人，同时阵亡，溧阳也就不守了。

由于许御史一路要避宋军，迂回绕道，多费工夫，而李雄溧阳兵败的消息，却随着飞奔逃命的溃卒而传布，因此反比许御史先到金陵。这个消息，皇甫继勋仍然壅于上闻，但许御史闻悉噩耗，却不肯干休，奔到枢密院中，又哭又骂，大吵大闹，一时传为新闻，最后连李煜也知道了。他召见许御史垂问经过，既惊且诧亦怒，并还有些将信将疑，传谕内厩备马，带着少数近侍，策骑上城，要看个究竟。

这一看面如土色——城南甲帐旌旗，一望无际，虽然云山掩映，依旧可以分辨得出是敌非我。回得宫去，李煜实时传召徐氏兄弟和张洎，未曾开口，双泪交流，悲愤之情，溢于辞色。

"北军已临城下，你们竟不告诉我！"李煜用抖颤的手指着他们，顿一顿足，用哭音怨责，"你们骗得我好！"

徐氏兄弟，面面相觑，一脸的尴尬惶恐，张洎却沉得住气。"臣等奉职无状。不过，"他跪下来说，"臣等亦受人所骗，出于无奈。"

"谁？是受了谁的骗？"

"皇甫继勋。"张洎毫不含糊地回答，显得理直气壮，毫无愧怍，"官家委以军旅，调遣兵马，策定方略，皆由皇甫继勋独擅其事。宋军已到何地，胜负如何，臣等只听皇甫继勋所说，并不知实情。及知实情，又恐上烦宸虑，不敢奏闻。此是臣等爱君的愚衷，请赐垂察。"

听他辩得有理，李煜的怒气平了些，但想起一句话，不能不问："你不是常说，北军师老，自然退去。如今又怎么样了呢？"

"此亦是皇甫继勋所误。"张洎平静地答说，"两国交兵，各有策略。必先我国坚壁清野，以简驭繁，乃可坐待北军师老。倘或一无戒备，或者调遣不当，则犹如纵敌深入，何有'师老'之可言。"

这一下提醒了李煜。"是啊，"他说，"皇甫继勋怎么可以用蜡丸书让李雄顿兵在溧阳，溧阳岂是可守可屯之地？他连近在咫尺的地势都茫然无知，太可痛恨了！"

徐氏兄弟，依然无话。张洎冷冷地加上一句："可惜李雄父子，死得不得其所。"

"皇甫继勋误国！"李煜恨恨地说，"罪不容诛！"略停一下，他又问道，"我想拿皇甫继勋下狱治罪，你们看如何？"

"是！"张洎很快地看了徐氏兄弟一眼，抢着答说，"容臣细细商量停当，奏请圣裁。"

徐氏兄弟虽一直没有开口，但要除去皇甫继勋的心思，却是一样的。因为拿一切罪过都推在此人头上，他们参预机务而将国事搞糟了的责任，便可卸除；再则皇甫继勋渐渐跋扈难制，这个把月以来，竟连国主宣召，亦托词不至，不知道他一个人在打什么主意。倘或与宋军暗通款曲，卖主求荣，则澄心堂的近臣，岂非都要葬送在里面？

如今难得有此可以借刀杀人的机会，徐氏兄弟当然支持张洎的主张。只是杀皇甫继勋不容易，兵权在他手里。虽可调动宿卫禁军包围捉拿，却怕激起严重的冲突，动摇民心。如果降谕宣召入朝，明数其罪，又怕他依旧找个理由推辞不来，反倒打草惊蛇，让他起了戒心，以后便更难相处。

"只有骗他进宫。"徐游问道，"你们看，能找件什么他最关心，也最有兴趣的事，以此为饵，就能骗得他动了！"

"皇甫继勋片刻不忘的，便是如何长保富贵的心思，所以一直在做投降的打算。只有这件事，他最关心，也最有兴趣。"

"对！"徐氏兄弟异口同声地说，"就用这件事骗他。"

"宋朝的密使是乔装改扮成老百姓混进城来的，一到先去看张学士。将军，你知道的，赵普跟张学士一直有书信往还，这次也是赵普有信给张学士。"徐元楀装得很兴奋地，"是为了求和。"

"求和！"皇甫继勋的眼睛都亮了，"真有其事？"

"赵普在汴梁是何等身份，岂能说话不算？当然真有其事。"徐元楀接着又说，"信写得很切实，也很简单，只说一切细节都由密使面谈。可是，那密使不肯多说。"

"为什么？"

"他说，最要紧的一个人没有到，说了也是白说。这最要紧的人，就是将军。他说：'皇甫将军专掌军务，罢兵息战，要他点了头才算数。不然，兵马都在他手里，你们说不打，他偏要打。又待如何？'"

"噢，"皇甫继勋陡觉飘飘然的，好似身子暴长了几尺，一挺腰将背靠在交椅上，斜睨着徐元楀问道，"那么，你们是怎么个意思呢？"

"都说和战大计，要请将军拿主意。特地着我来请。"徐元楀又说，"进了宫，请先到澄心堂见面。是和是战？和是怎么个和法？都听将军的意思。先商量停当,再跟密使见面,事情就妥当了。"

娓娓言来,不见半点机心,皇甫继勋不知不觉地点点头说:"好!我进宫去商量。能和得下来,当然以和为贵。"

于是皇甫继勋带着他的侄子皇甫绍杰,由徐元楀陪着一起进宫。到了澄心堂外,中门紧闭,只由左角门出入,门上高悬一块白油朱漆的木牌,大书"机要重地,擅入者斩"。徐元楀便将皇甫绍杰的袖子一拉,示意不可入内,却向皇甫继勋说道:"将军,你请。"

等皇甫继勋一踏进去,左角门随即在他身后关闭。皇甫绍杰突然惊觉,高声喊道:"叔叔,当心有……"

"诈"字不曾出口,已有四名孔武有力的内侍,一拥而上,捉手的捉手,掩口的掩口,横拖直拽,制服了皇甫绍杰,将他禁闭在禁军宿卫休息的小木屋中。

里面的皇甫继勋亦已发觉有蹊跷,但欲退无路,只有硬着头皮,由内侍引导登堂,进入常时等候召见的西屋。屋中列坐着好些人——徐氏兄弟、张洎、陈乔等等,为李煜所信任的大臣都在。

皇甫继勋沉着地一一招呼,然后向徐氏兄弟问道:"令侄来宣谕,说有汴梁来的议和密使。是怎么回事?"

"少顷便知。"徐游答说。

话刚完,裴谷掀帘而入,宣召觐见——澄心堂一共三进,李煜在最后一进办事。等诸臣到达,他已先在堂屋中等着了。

"皇甫继勋!"群臣行礼甫毕,李煜便大声问道,"你可知罪?"

皇甫继勋大惊失色,起而复跪,结结巴巴地答说:"臣不知有什么罪过。"

"哼!"李煜冷笑一声,从怀中取出预先由张洎拟好的诏令,仍旧交付张洎宣读。

诏令中宣布皇甫继勋的罪状,一共六款:第一,隐匿军情,欺罔宸恩;第二,宣召不至,目无君上;第三,保惜富贵,无效死之意,闻诸军败绩,则怡愉窃喜，偏裨愿出城奋击者，往往鞭而囚之；第四，身负典兵重任，调度乖方，命李雄顿兵于四战之地，以致丧师；第五，克扣军饷，御下无恩；第六，起造甲第，多蓄声伎，厚自奉养，拟于王者，多所僭越。这六条罪状，只要坐实一条，便是死罪。皇甫继勋似乎自觉分辩无用，只有虚声恫吓，或许还能逃出一条命来，因而抗声说道："官家莫信奸臣谗言！放臣出宫。臣如不归，臣的部下必反，到那时，官家悔之莫及！"

这一下坏了！李煜本来还没有非杀他不可的心思，就因为这几句话，惹得他无名火发，戟指厉声。"你们看！"他说，"今日之下，还敢如此！恶性尽露，万万留不得了！"

说完，李煜掉身就走，张洎便扬着脸向裴谷说道："你听见了？赶紧遵旨行事。"

于是裴谷指挥内侍，捆起皇甫继勋，推出澄心堂外，连同他的侄子一起带出宫去。宫门外，张洎另有布置，挑选禁军中最痛恨皇甫继勋的一班军士等在那里。军士一见他们叔侄，便围了上来，拳打足踢，又骂又揍。激动的情绪高涨到顶点时，动了刀子，将皇甫继勋脔割分尸，顷刻而尽。皇甫绍杰的遭遇，比他叔叔好些，落了个全尸。

这虽说是张洎的安排，但无疑地可以想见军中对皇甫继勋的痛恨，已到了恨不得寝其皮、食其肉的程度。因此，李煜不能不接受近臣的建议，将皇甫继勋两世搜括所积的金银珠宝、古玩字画，以及一座花团锦簇的园林，籍没入官，充作军资。后堂的粉白黛绿，择配守城将士。

此举大快人心，危城中的愁云惨雾，一时有一扫而空之势。士气当然由衰而复振了，最明显的迹象是，城头上的旗帜，本来东倒西歪，疏密不一，此时都插得整整齐齐，迎风飘拂，掩映有致，显得很有精神。

这些情形，曹彬自有谍报，而因为如此，越发不肯硬攻。尽管求功心切的部将，一再请战，他始终不肯松口。理由是城中守军的士气已有起色，彼此力拼，两败俱伤，十分不智。

可是，长围之势却渐渐出现了：潘美已移驻城北；田钦祚在东路一带，等待机会攻取金焦二山所在地,东晋称为"北府"的润州。照曹彬的估计,这样相持的战局要到秋天才会突破,到那时,李煜就非投降不可!

所有的情况,看来都符合张洎的意料和见解。北军劳师远来,利于速战,师老气衰,自然退去。但是必须能撑得住,撑不住则一切都无从谈起。

"总算撑住了!"李煜赞叹着说,"张洎确是堪当重任的大材!皇甫继勋是杀对了。不杀他,没有今天的士气。"

他的意态闲豫,语声清朗,虽无喜色,亦无愁容。然而就是这种极平常的神色,在嘉敏已觉陌生。当然,随之而来的是深深的欣慰。

"又是杏林春暖,探花郎遍访名园的时候了。我想,放一次进士。"

考试进士照例在春天举行。季节是对了,但烽火危城,岂是行此不急之务的时候。嘉敏不忍扫他的兴,然而又实在不能不谏,因而很婉转地讽劝着:"你倒有这分闲情逸致?"

"这不是闲情逸致,我是学谢安的矫情镇物。有此一举,民心会更加安定。"李煜越说越得意,又想起一个孔子的典故,"夫子厄于陈蔡,至于绝粮,而弦歌讲诵不辍。我是虽不能至,心向往之。烽火危城中,不废科举,亦是一段佳话。"

听他说得如此头头是道,嘉敏忍不住笑了。这笑容,在李煜当然也是陌生的,同时一下子勾起了他的许多温馨旖旎的记忆,将遍布四郊的战垒,都抛到九霄云外了。

"你说我有闲情逸致,这话倒也不假。天从人愿,上巳未到,居然是艳阳天气了。天公美意,不可辜负。"李煜问道,"前年制的花亭,不知道收在哪里,你叫人们找出来。"

"不知道还找得着不,"嘉敏试探着说,"我看算了吧!"

于是李煜的脸色,就像四五月间善变的天气那样,一片浮云飘过,遮掩了阳光,不知不觉地就显得阴暗了。

嘉敏深为失悔,急忙改口:"我只是说找起来费事,不是说不找。"接着便喊一声,"羽秋!"

阿蛮已嫁,羽秋却宁愿青春蹉跎,不愿出宫。如今她就像裴谷之于李煜一样,等于柔仪殿中的总管,嘉敏事无巨细,都要问她。当时她便查点簿籍,在存放杂物的内库中,将花亭找了出来。

花亭无花,只是用紫檀制成,高可丈余,宽广仅八尺的活络方亭。雕镂极精的顶盖底座,分为两片,用四根柱子支起;四面用红罗幂覆,底端拿象牙押脚,不拘地点,随时可以安装。

这是李煜的创制,专为他与嘉敏赏春之用。在那姹紫嫣红、春光明媚的好日子,选择百花深处,支起花亭,李煜便在四面红罗所围成,不足以供回旋的小天地中,与嘉敏传杯酣饮,醉了便交臂相枕,沉沉睡去,不知红日之将落。

这也近乎放浪形骸了。嘉敏总觉得这样行乐,有失体统,而此时此地,更非所宜,所以不甚愿意。但到头来终于以不忍之心屈从了。

话虽如此,兴致究竟大不如前。两人盘腿对坐在锦裀上,尽管花香与酒香交染,未饮便有沉醉之感,可是心头总像有样东西亘在那里,挡住了今朝有酒今朝醉的旷达情怀。

"叫她们唱几首词来侑酒吧?"嘉敏略带勉强地笑道,"宫里也好久没有歌声了!"

"不!我倒想作首词。"李煜问道,"我有多少时候没有作词了?"

"总有半年了吧?"

"半年?"李煜仿佛一惊,"这半年,比一辈子还长。"然后沉思了一会儿,苦笑着说,"我只记得刚闻警时,还做过一首词,可就一个字都想不起来。真是老了!"

嘉敏却记得,但不愿说出口。因为那首词的意境太萧瑟颓唐,最好忘掉它。

李煜不了解她的心情,依旧攒眉苦思,好一会儿才无可奈何地问:"你记得吧?倒提我一个头看!"

"是，是一首《乌夜啼》。"嘉敏一样的是无可奈何。

"头一句呢？"

"头一句——'昨夜风兼雨'。"

"啊！"李煜想起来了，朗然吟道：

　　昨夜风兼雨，帘帏飒飒秋声。烛残漏断频欹枕，起坐不能平。
　　世事漫随流水，算来梦里浮生。醉乡路稳宜频到，此外不堪行。

"醉乡路稳宜频到！来，"他举杯向嘉敏，"干了吧！'事大如天醉亦休'！"

嘉敏哪里有与李煜同到"醉乡"的心情？他那苍凉的音节，不断缭绕在她耳边心头，而眼中所浮起的，是去年深秋的风雨之夜，"烛残漏断频欹枕"，满腔愤慨，"起坐"亦"不能平"的李煜，终于披衣挑灯，写下这首词，当作书简寄给从善的景象。

"不平"的是什么？是汴梁的苦苦相逼。嘉敏在想，自古以来为敌国欺凌的君主，不知凡几？上焉者卧薪尝胆，报仇雪耻；下焉者青衣行酒，奇耻极辱。而既不甘忍辱含垢，又不能奋发图强，竟以悲愤牢骚，发泄于文字中的，只怕空前绝后，只有李煜这样一个人。

这样想着，不由得感叹。"重光，"她说，"你投胎投错了！"

"噢，"李煜愕然，"我倒从来没有这样想过。何以见得？"

一句话点不醒，要往下细说就有些碍口了，嘉敏只好说得婉转些："你晚生了二百五十年。"

李煜默算着年代，二百五十年前，正是玄宗开元年间，便点点头："果然，生不逢辰。"

看他并无愠色，嘉敏才将要说的那句话出口："你不该生在帝王家。"

这句话像重重一拳击在胸膛，李煜神色大变，恼怒愧悔之情，一齐涌现在脸上，红了白，白了红，但终于恢复为平静。

"你说得一点不错，不愧是我的知己。我要生长在开元全盛之日，不求富贵，只要温饱。容我遍游天下，诗酒流连，那时在词章上的成就，或者可与我家青莲争一日之短长，不过，"李煜凝神细想了一会儿，毅然决然地说，"我亦不悔！"

"不悔？"

"是的，不悔！"李煜握着她的手说，"不是生在今世，又怎么能遇得着你？"

那蒙眬而深沉的目光中，蕴含着诉说不尽的怜惜爱慕。嘉敏陡觉心头如有什么发热的东西在压挤，挤得她眼眶一阵酸，赶紧低下头去，但见锦裀上的五彩花纹，化作斑斓一片了。

"好端端的，伤什么心？"李煜笑着劝慰，"我刚才的话说错了，也许两百五十年前，我俩就是恩爱夫妻，只是昧于前因而已。怎得想个法子，留下一个什么表记，到来世洞房花烛之夜，坐床撒帐，揭开盖头一看，嘿！你是李重光。嘿！你是周嘉敏。那有多有趣？"

听他想得匪夷所思，讲得认真起劲，嘉敏不由得"扑哧"一声笑了出来。"亏你怎么想来的？"她说，"你倒不说，二百五十年前，你就是明皇，我就是玉环。"

"那也不是不可能的事。"李煜怅惘地说，"怎得再有'临邛道士鸿都客'其人？能作法替我们问一问前生才好！"

痴情如此，嘉敏真不知是喜是悲，是满足还是有缺憾。只有一点是自己深切了解的，前身蒙昧，后世茫茫，最堪珍惜的是今生！好也罢，歹也罢，必得与李煜厮守在一起。

以此一念，她有个新的想法。在以前，只要提到朝觐汴梁一事，她总有种无可言喻的恐惧，因而往往持着与陈乔同样的态度，极力反对。如今却以为那种恐惧，实在是多余的。

考虑了好一会儿，她终于问出口来："重光，倘或局势愈迫愈紧，非你做汴梁之行，不能解消。请问，你又如何？"

"你怎的问到这话？"李煜诧异之情，溢于辞色，是不但不愿回答，连想都不愿想的神气。

"你莫问。"嘉敏也很固执，"你姑妄听之，姑妄言之。"

"我不去！"李煜是负气的声音，"我决不离宗祀所在的江南。"

"为什么？"

"为什么？今日之下，你还不明白？"李煜愤愤地答说，"若非汴梁有以我为孟昶第二的打算，何用如此逼迫？"

看他神态如此坚决，嘉敏唯有付之默然。她本来想鼓励他，不必畏惧，哪怕龙潭虎穴，她总陪他在一起，好壮他的胆。此刻看来，他的胆是无论如何壮不起来，倒不如不说为妙。

第十章　润州宴

就在考试进士发榜的那天，东面传来一个令人震惊的消息，常州完全失守了。

常州有内外二城，称为外子城、内子城。外子城周围七里有奇，早在去年底，便由吴越王钱镠，以宋将丁德裕为先锋，共发兵五万，由杭州北上，一举攻下。常州百姓痛恨钱镠不义，自相号召，执戈而起，退守内子城。原来的知州殉难，义军共举执掌司法的推官禹万诚为首领，其后李煜正式委任禹万诚署理知州的职务，同时派兵增援，使常州的情势得以稳定下来，彼此不进不退，成为僵持的局面。

本来钱镠受宋朝委任为"东南面招讨制置使"，论身份地位权力，都该在曹彬之上，可是他很明白，自己不过是宋朝的附庸，做不得什么主张。全军进退行止，都看曹彬的意向而定。

起初，曹彬想让李煜知难而退，不待兵临城下，便树降幡，所以钱镠在常州，围而不攻，遥为牵制。否则，方圆不过二里，斗大的一个常州内子城，何能抵挡得住五万军队的围攻？

从田钦祚攻占溧阳以后，钱镠便知情势已变，宋军将做进一步逼迫，因而一面配合行动，下令加强战备，待时出击；一面派遣密使，潜入常州内子城见禹万诚，投书劝降。

禹万诚召集属吏，商量了一夜，都道死守无益，他的意志也动摇了，亲草降书，派推官郑简，递到军门。钱镠自是欣然嘉纳，率军入城，连夜遣使奉表，向汴梁告捷邀功。

接着，吴越精锐，西逼丹阳，猛叩绾合水陆两路，作为金陵门户的润州。澄心堂中诸臣，计无所出，唯有奏报李煜亲裁。

李煜又哪里来的退敌妙计？唯有召集廷议。润州是要害之地，须有良将镇守，这是大家一致的意见。但良将又何处可求？陈乔所保荐的卢绛，倒可以当得起"良将"二字，无奈他现在把守秦淮水栅，为金陵城池安危所系，李煜不愿调动。算来算去，只有一个人堪膺重寄。

这个人叫刘澄。大家赞成他去守润州，并不是因为他有什么了不起的才具，只因为他是"藩邸旧人"，论随侍李煜之久，无过于此人。关系特深，蒙恩特厚，料想刘澄一定会出死力固守。如果刘澄守不住，保荐和附议的人，也不必担什么干系。

当然，李煜不会想到保荐和附议的人，先就有了卸责的打算。只觉得二十多年来，无三日不见的侍从之臣，一旦远离，难以为怀，因而连日召宴，依依话别。刘澄亦流了好久眼泪，三番五次地表示：誓死报主，如果润州不守，此身亦必不存。

接了军符，刘澄的第一道命令是，征调大车二十辆。用处是装载家藏的金银珠宝，随身运到润州。这个举动，令人莫名其妙，少不得有直性子的人动问。刘澄从容笑道："这都是国主历年所赐。如今国家蒙难，留着它有何用处？倒不如运到军前，作为犒赏有功将士之用。果然能建功勋，班师凯旋，又何愁国主不再赏赐？"

听得这话，人人都佩服刘澄的见识，明达透彻，非人可及。因而亦都寄以殷望，期待着他领兵一到润州，便有捷报传来。

谁知事与愿违，刘澄的作为令人失望之外，还有莫测高深的困惑。当他领兵初到时，吴越军队正攻克丹阳，赶到润州，六月里的天气，疲惫之卒，营垒未成，正好迎头痛击。可是刘澄说什么也不肯出战，他说："我们奉令固守，应当以逸待劳。一出不胜，大事不可为，要等救兵到，再做商量。"

"刘公，"他的幕僚诧异地问，"我们不就是救兵吗？"

"不够，不够！救兵多多益善。"

因为刘澄的意愿如此，同时也看出他不太可恃，所以陈乔极力主张派卢绛增援。李煜毕竟也同意了。

卢绛所领援军，一共八千人，一半是由金陵守卒中抽调而成。但这杂凑的一支兵，到了卢绛手里，居然令出即行，很像个样子了。

其时正是铄石流金的三伏天气，卢绛下令，夜行昼宿，所以出师选在黄昏。军队浩浩荡荡沿官道东行，次日清晨，方选在林木深幽之处宿营。

在润州的刘澄，得报大惊。因为他在受命之时，便存着异心，一到润州就着手与丁德裕搭线，刚刚谈得有成议，只待选定日子，便要举城投降。谁知金陵竟真的派了救兵来，而且是由威名素著的卢绛率领，岂不碍事？

想来想去只有先笼络卢绛之一法。只要能稳住了此人，不让他轻举妄动，那时或者拉他一起落水，或者索性出卖了他，就都容易布置了。

主意既定，刘澄特派一名亲信干当官，携带一船有名的京口酒，迎上前去犒劳援军，引领卢绛进城。

"进城？"卢绛鼓圆了一双眼问，"进城干什么？"

干当官一听语气不妙，加了几分小心，用很委婉的语气答说："将军远来，润州全城生灵，都托在将军手里了！请进城主持防守大计。"

"我不进城。"卢绛大摇其头，"你回去告诉刘知州，守城是他的事，退敌是我的事，我在城外扎营。刘知州只要供我粮秣，我包他一定守得住润州。"

干当官诺诺连声，实时赶回润州，细诉卢绛的决定和要求，刘澄大感意外，同时也大感困扰。只有遣派密使去通知丁德裕，说情势有变，投降之事，只有搁一搁再谈，但保证遵守原来的约定，请丁德裕暂且忍耐。

丁德裕却有自己的打算，一面派军设伏，预备等卢绛军过，拦腰冲断；一面告诉密使，请刘澄出兵夹击。这个打算十分狠辣，可惜不知卢绛带兵的本领，一念轻敌，扑了个空——等他第二天清晨派兵出发，黄昏到达预定的埋伏地点时，卢绛刚好拔营行军。北军空等了一夜一昼，毫无动静，再派人查探时，才知道卢绛的队伍早已过去，并已陈兵润州东、南、西三面，深沟高垒，摆出准备迎头痛击的态势了。

更坏的是，卢绛已看出刘澄居心不良，因而封锁了要路，使得刘澄与丁德裕的联络，非常不便。这个僵局，非打开不可。刘澄召集亲信密议，投卢绛之所好，设下了一条美人计，要软困卢绛。

于是刘澄亲自出城，到军中拜访卢绛，邀请他进城赴宴，特别说明："这是小妾的主意。只为仰慕英雄，亲手做几味家常菜，奉屈小酌，实在不成敬意，将军只看她一片诚心，让她有个识荆的机会吧！"

卢绛一听话外有话，不动声色地答道："好，好！尊眷的盛情，不可辜负。我一定到。"

卢绛当夜便服简从，进城赴宴。临走的时候，将他的副将找了来，密密嘱咐了一番，方始动身。

他也知道，此宴有如鸿门宴，而所以决心赴约，除了想借此机会探测刘澄的本心以外，也是为了好奇。他久已听说刘澄有个侍妾，冶艳非凡，这次出镇润州，全家大小都留在金陵，独独携妾相随，其宠可知。而刘澄竟用她出面来招邀，不但亲自入厨，还有"识荆"之愿，这搞的是什么把戏，卢绛很想看个明白。当然，虽说便服简从，戒备还是有的：他在腰际暗藏一柄利刃，缓急之际，足以自保。

酒过三巡，刘澄的宠妾，当筵拜识。卢绛逊席还了半礼，然后直着眼睛，毫无顾忌地细看——是个娇小玲珑的美人，一双眼睛仿佛具有异样的魔力，只要一触及她的视线，便会令人怦然心动。

"仰慕太久了！我从小就知道卢将军威名。"

"惭愧，惭愧！名不副实。"卢绛反客为主，伸一伸手说，"请坐。"

这原是无所谓的客套，哪知刘澄居然就说："如今与卢将军共患难，又在危城之中，不必拘于常礼。春红，你就一起坐吧！"

于是春红大大方方地打横相陪。一坐下来，便抓住酒壶，复又站起，要替卢绛斟酒。做客人的当然要逊谢："不敢当，不敢当！"卢绛也站了起来，伸手去接酒壶。

也许是动作鲁莽了些，看上去像是硬夺，春红将酒壶往回一带，手举过肩，滑落了淡绿纱衫的宽松袖管，露出大半条雪白浑圆的手臂。兼以举动匆遽了些，翠绿玉镯与那把景德镇的细瓷酒壶碰在一起，铿然作响，真正有声有色，更使得卢绛心旌摇摇，难以自持了。

等他定了神来，只见春红已在举杯相敬。卢绛一饮而尽，照一照杯坐了下来，心里在对自己说：要警觉！倘不检点，今天非大醉不可。

因此，春红再劝酒时，他就不肯干杯了。好在刘澄亦并不想灌醉他——他醉了，反而不便谈正经话。刘澄看客人酒到微醺，兴致正好，觉得是时候了，便向春红使个眼色，接着找个借口，暂时退席。

这就显得很不寻常了。虽说豪门贵族，以家伎陪客，就像韩熙载府中的情形那样，不足为奇，但春红是刘澄的宠妾。更何况孤男寡女，深堂酒后，自当别论。

这样想着，心里便有种异样的感觉。卢绛早年放荡不羁，是个有名的恶少，号为"庐山三害"之一，以后在白鹿洞书院下帷苦读，改邪归正，得有今日。真如九尾妖狐，修成正果，可是狐狸到底是狐狸，有时不免还会露一露尾巴。此时就是快露尾巴的时候了。

春红心里也有异样的感觉。只是她及不上卢绛的沉着，心有所思，不自觉地现于颜色，自己伸手一摸，脸上好烫。

原来春红说早知卢绛的威名，却非虚语，如今见他溽暑中提兵来援，不肯贪图安逸，移驻城内，宁愿顿兵城外，抵御敌军，更觉钦佩。而筵前一拜,看他仪表雄伟,言语爽朗,恰恰符合心目中英雄的形象,不由得便起了爱慕之意。

于是想到刘澄的授意,将不利于此人,自然而然从心底浮起同情。三分敬仰,两分春情,一分怜惜,并作十分倾心。一时间如饿如渴之感,都摆在脸上了。

卢绛看在眼里,馋在心头,一伸手去取酒壶,装作不经心地,顺便在她手腕上捏了一把。春红急忙将手一缩,却从桌子下面伸了过来,在他膝盖上打了一下。卢绛向左右看了看,看出她伸手之处是个不虞人见的死角,便放心大胆地捏住了她那只丰若有余、柔若无骨的右手,轻揉细捏,心痒痒得不知道怎样才好了。

"将军哪里人?"春红问道,"是萍乡?"

"也差不多,还在萍乡东面些。"

"这么说,是宜春?"

"对了!"卢绛问道,"你呢?听口音是湘江一带。"

"是湘江下游,零陵。"

"与我那里一水可通,也不算太远。"

"是的。将军的家乡,我小时候常去的。"

"想是有至亲在宜春?"

"不是。"春红停了一下说,"我父亲原是船户,我从小生长在船上,一条湘江不知走过多少遍。江西也去过十来回。"

"怪不得你这么好的水色!"说着,卢绛将她的手平放在膝上,轻轻地抚摸着,轻怜蜜爱,都从他火热的掌心中传过去了。

于是春红越发如中了酒似的,双颊酡颜,鲜艳异常。"好热!"她微微喘着气,顺手拉了拉领口,露出胸前羊脂般的一块肌肤。

卢绛咽了口唾沫,赶紧喝一口酒,润一润干渴的喉头,同时定一定神,想找一句什么话说。

他还不曾想出来,春红却又开口了:"这么热的天,毒日头下面,怕连锡都晒得熔化了！将军，"她说，"你宿营在野地里，倒受得了？"

"没奈何！王命在身，不由自主。"

"何不移到城里来？"

"城里也驻不下那么多兵。没的骚扰百姓！不移也罢。"

"我是说你一个人。"春红一面说，一面抛过一个眼色来。

卢绛心中一动，凑脸过去问："我一个人住在哪里？"

"你想住在哪里？"春红反问一句。

卢绛不答，嘻嘻地笑了，桌子下面却更捏紧了她的手。

春红也不作声，但时而低头，时而抬眼看一看他，眼珠乱转，睫毛不断地一闪一闪，不知道是在打什么主意。

卢绛大事不糊涂，立刻起了戒心，可是神色间却愈显得温柔关切，鼓励她将心里的话说出来。

"将军。"春红终于开口了，"你看这局面如何？"

怎的问这话？卢绛更加谨慎，也更加沉着，想了一下，装作抑郁不欢地摇摇头："尽人事而后听天命。"他用这样一句成语作答。

春红当然懂这句话的意思，局面是无可挽救的了。"将军这么说，岂不叫人着慌？"她说，"我倒要请教将军，莫非就坐困在这里，不想法子？"

"想什么法子？"卢绛故意低头喝酒，自语似的说，"谁能想得出一条活路，我姓卢的第一个跟着走。"

春红不作声，卢绛也不去看她，怕一看让她警觉，识破心机，因而出现了难堪的沉默。卢绛发觉自己手心中出了许多汗，便慢慢地放开她的手。

春红仿佛摆脱了束缚似的，长长地舒了一口气，然后说道："将军，我倒有个拙见，你看使得使不得？"

"噢，"卢绛抬起头，用殷切的眼色看着她，"请教！"

"我在想，死守无益，不如另做打算。"

这"死守无益"四字，便说尽了一切，卢绛知道她不会说这话，无非刘澄借她的口劝他同流合污。他心里便忍不住发火，暗中冷笑：我教你刘澄偷鸡不着蚀把米。你既不忠,便休怨我不义,好歹拿这个骚货搭上了手,且先杀一杀火再做道理。

这样拿定了主意,他便装得极其诡秘地,四下看了看,然后装得神色凛然地问道:"你可是拿话来套我?"

春红不知是计,陡然一惊,结结巴巴地问说:"将军,你怎说这话?"

"你,"卢绛一本正经地说,"你怎知道我在另做打算?没有这话。你可不能胡猜乱说,传到刘知州耳朵里,教我吃不了兜着走。"

春红听他这一套话,只觉茫然愕然,慢慢细辨,渐渐领悟,终于大为高兴,原来走在一条路上了!

到得此时,她变得十分从容。"将军!"她微笑问道,"你做的是什么打算?"

"莫问我!"卢绛接口便答,"问我,我也不说。除非——"

除非什么?春红不问先想,想不透便看,看却看出端倪来了,他一双眼中,说得明明白白,除非自己许他点什么"好处",他是不会有所吐露的。

于是,她心头蓦地里又掀起春潮。就许他"好处"又有何妨?只是碍着刘澄——他原来的授意是,不妨假以辞色,只要说动了卢绛,便让他占些便宜也不碍。可是让卢绛占便宜有个限度,决不能赚一顶绿头巾来戴。

这样一想,顿觉心烦意躁,欲待撒手,却又割舍不下。想来想去,从困境中隐约发现一条路,凝神细思,觉得这条路大可走得。

于是她轻声问说:"你是真有打算,还是一时戏言?"

细察神色,玩味语气,卢绛知道大有文章,便用同样的试测语气反问:"真有打算如何?一时戏言又如何?"

"若是戏言,就不必谈了。倘或真有打算,我们想走在一条路上。"春红紧接着又说,"你和我!"这是对"我们"二字的解释。

这明明是背弃刘澄的表示。然而疑问也很多,一个临阵御敌的武将,一个以色事人的侍姬,怎能"走在一条路上"?其中莫非藏着什么阴谋诡计?

想是这样想,却决不会退缩。相反地,卢绛好奇心炽,很兴奋地答道:

"我是真有打算。你呢,你的打算是什么?说与我听听。看看能不能走在一条路上。"

"一定能!不过这时候没法儿细谈。"她略一沉吟,用低微而很清晰的声音说,"回头你看我的眼色行事。多举杯,少入口,醉了莫睡着!"

说罢她起身离席,一直来到刘澄的书斋,屏人密语。她说已经探明卢绛的意向,只要汴梁肯许以高官厚禄,他随时可以拉着队伍过江。不过,此事不可操之过急,否则他心生疑忌,反成隔膜。劝刘澄杯酒言欢,开怀畅饮,把感情拉近了,明天再谈正事,自然水到渠成,一拍即合。

刘澄深以为然,很高兴地随着春红,重返席间。

就只片刻之间,卢绛已差不多想通了。起初,他对春红的话,深为不解,何以要"多举杯,少入口"?又怎么叫"醉了莫睡着"?语意颠三倒四,不近情理,不似出于春红这样聪明人之口。显然的,她是故意这样说法,好引起自己的注意,才会去细想。

细想一想,大致可懂。"少入口"是告诫莫喝醉,既然未喝醉,那么下一句的"醉了"便是假醉,假醉才不会"睡着",那时候春红必另有安排。可是又何以要"多举杯"呢?

这唯一的一个疑团,一等刘澄回座,立刻便得到了解答。因为春红一开口就说:"卢将军好酒量,你陪他多喝几杯!"

卢绛恍然大悟,"多举杯"是暗示灌醉刘澄。于是他装得意兴豪迈地说:"酒逢知己千杯少!请取大杯来。"

取来两只大可容拳的"粉定窑"酒盅,主客二人欢然豪饮。起先是真实不欺的对酌,饮到第三杯春红递过眼色来,卢绛便出花样了,趁刘澄仰面干杯时,悄悄将自己的酒都泼了在地上。

"行了!不能再喝了!"春红知道刘澄的酒量,看看够了分数,故意这样阻拦。

"哪里,哪里?"卢绛装醉,站起身假作去夺酒壶,却摇摇晃晃,终于立脚不住，摔倒在地上。

"卢将军醉了。"春红吩咐听差，"且扶到相公书房里去，让卢将军息一会儿。"

一语未毕，只听鼾声大作。可不是卢绛，而是刘澄由醉乡入梦乡了。

于是伴当丫鬟，齐来照料，搀的搀，扶的扶，将宾主二人分别送到前后两座院子，中间只用一道粉墙隔开的书房与卧室。

卢绛是装得烂醉如泥，所以前后动静，无不明了。乱过一阵，人声渐寂，听墙外司更的梆锣，打到二更三点，心里在想，春红要来也该来了。春宵苦短、夏夜更促，等她一来，就得同圆好梦，不然就会枉费一番心机。

这样想着，心头霍霍然地只是在思量春红的婀娜腰肢，灼热樱唇，正在梦幻迷离，魂不守舍的当儿，只听房门"呀"地开启，影绰绰一条纤影。卢绛有些猴急了，一翻身下地，便待搂个满怀，却听黑头里发声："卢将军，请入浴！"

卢绛暗叫声"惭愧！"差一点认错了人。果然冒冒失失地下手，那丫鬟喊将起来，岂不闹成笑话，扫了威风？

这一念警惕，顿觉心地清凉得多。"一身的臭汗，"他笑着说，"正想着怎么得有凉水淋一淋才好，偏偏就能遂我的意，太妙了！"

"使凉水会受病，备的温汤，在西厢。请吧！"

卢绛欣然答应，在西厢痛痛快快洗了个澡。他披一件葛衫、趿着凉鞋，刚要出房门，想起一件事——回身入内，将那把锋利非凡的小小匕首，仍旧带着皮套子佩在腰际，方始到院子里来纳凉。

明月在天，清风入怀，一盏冰镇的梅汤入口，沁人心脾。卢绛神清气爽，思路又活泼了。回想春红起初的暗示，原是"背夫偷情"的格局，如今却是公然留宾，这化暗为明的转变，意味着什么呢？

这是颇费沉吟的一件事，想想还是先打听一下为妙。因而他招招手将那个来请入浴的丫鬟唤了过来问道："知州相公呢？可曾睡下？"

"知州相公醉得人事不知，早就睡下了。"

"喔，我也是醉得人事不知。"卢绛故意问道，"有二更天了吧？"

"三更都快到了。"

"啊！这么晚，如何回营？"

"小夫人关照，卢将军今夜回不得营，叫我们好生伺候。等一会儿，"那丫鬟略停一下才说下去，"等一会儿，小夫人也许来。"

卢绛有着爽然若失之感。这样彰明较著地相会，虽在深夜，但碍于耳目，不能不以礼相持。只怕说句私话都难，更何论同谐好梦？

"来了！"那丫鬟说道，"小夫人来了。"

定睛看去，果然是春红。她穿一件玄色衫子，月下看去，别具神秘，更能逗人绮思。

他改称呼道："嫂子！"随即起立相迎。

"酒醒了？"

"是！"卢绛笑道，"也不知怎么醉的。从来吃酒，没有像今天这么醉过。"

春红不答他的话，只问丫鬟："这里有几个人？"

"就我和连翠。再有就是聋婆子，一共三个。"

"你们都睡去吧！不必在这里伺候了。"

卢绛看得出来，这些丫鬟是她的心腹，而居然都遣走了，当然是已做了盘桓终宵的打算。只为欺刘澄沉醉酣眠，竟无所顾忌如此！看来这春红不是个好对付的。

然而以卢绛的性情，愈是不好对付，愈有非拿她弄上手不可的欲望。这样想着，他愈觉精神抖擞，而表面却出奇地沉静，就像狮子搏兔以前的蓄势那样。

令他不解的是，空庭相对，隔墙无耳，正该倾情细诉，而春红却久久无语。只见她仰望着天边明月，长长的睫毛下，一双眼珠，闪烁不定；一把羽扇捏在手里，好久都不动一下。这不但无视于人，简直入于忘我之境了。

"嫂子，"他终于忍不住开口问了，"想什么，想得这么出神？"

春红收拢了目光,看着卢绛问道:"你是不是真的欢喜我?"

能这样开门见山地问得出来,正是不易对付的明证。卢绛不敢轻忽,想一想答道:"只怕是空欢喜!"

"不然!如果你真的欢喜我,你应该带我走。"

卢绛不知是惊是喜,料知她还有话,故意不做答复,宕开一句:"你也欢喜我?"

"是的,不然我不会跟你说我心里的话。"春红有些激动了,"不管人家骂我淫贱也好,忘恩负义也好;或者你肯带我走也好,辜负我的一片心也好,总而言之,我决不姓刘了。他的行为,教我寒心,也教我恶心;在他身边多待一天,多一天的痛苦!"

这个"他"当然是指刘澄。卢绛大为诧异,而且觉得她有些言过其实。"怎么样让你寒心?"他问,"怎么样让你恶心?"

"你知道的,官家待他很厚,如今他却不念旧恩,跟北军勾结上了。我劝他:'你就不念国恩,也要想想亲人!一家几十口,都在金陵,如果你在这里投降了北军,岂不连累家人,一齐下在监狱里?'你道他怎么答我?他说:'我的亲人只有你一个,有你就足可以娱老了。'卢将军你倒想想,是这样连至亲骨肉都割舍得下的狠心人!人老珠黄不值钱,十年八年以后,我也一定不是他的亲人了!能不教人寒心?"春红略停一下又说,"未到润州,他就心心念念在想汴梁,自从跟北军搭上线以后,更像得了失心疯似的,不是对着镜子学宋朝的朝仪,便是一个人自言自语背履历,表功劳。又怕赵家皇帝嫌他年纪大了,到处求乌须药的方子。真是想起来我就恶心!"

卢绛只字不遗地都听入耳中,心中念头一个接一个闪过,乱糟糟一团,以致好半晌作声不得。而春红却又开口了。

"我在想,像他这样的行为,赵家皇帝也未必看得起他,我就勉强跟他在一起,将来亦不会有一天称心的日子,倒不如早做打算。我说,我们可以走在一条路上,就是这个意思。现在,要看你的了!请你说实话,我不会赖上你,你用不着敷衍我。"

卢绛见她言语利落，姿态明爽，所谓刚健婀娜，兼而有之，益觉倾心。他已打定了横刀夺爱的主意，因而笑着答道："我倒是唯恐你不赖上我！想来你还有好些议论，索性让我领教领教吧？"

春红一笑，顿时收敛了近乎剑拔弩张的神色，温柔地笑道："我平常不是这样的。已经说得太多了！只要你知道我的心，我一切都听你安排。"

"是我们两个人的事，当然商量着办。你一定想过，我们俩可以走怎么一条路？不妨说来我听听。"

春红点点头，敛眉垂眼，轻摇羽毛，想了好一会儿才说："有两条路随你挑。第一条是，摆脱一切，找个山明水秀的地方，安安静静过日子。我有点积蓄，虽不多，可也够我们粗茶淡饭，过一辈子了。"

"这，这是归隐？"

"是的。"春红答道，"这也是乱世常有的事。"

"话是不错。庐山就是我们安安静静过日子的好地方。可是，我那八千兵怎么办？"

"交还给官家。"

卢绛不答。因为春红说得太容易了，无从置答。

"如果不愿意这么办，或者办不到，那就遣散。"

"这更办不到了。"卢绛摇摇头，"卖刀买犊，解甲归田，田在哪里，牛在哪里？"

"有钱就好办。"春红手往刘澄那面一指，"他带了好些珠宝金银，说是国势如此，留之无益，要发散给士兵。何不取来一用？"

"是啊！"卢绛心中一动，别有意会，暂且不提，只催促着说，"你再谈第二条。"

"第二条路，我不愿意走，想来你更不愿。不说也罢。"

"说说无妨。"

春红迟疑了一会儿，毕竟开了口："你看，润州守得住守不住？"

"要看什么人守。"

"你是说，你守得住？"

"是的。不过，要没有人掣肘才行。"

"正就是这话。"春红答说，"你把掣肘的人抛开，兵权归一，运用由心，事情不就不一样了吗？"

卢绛倏然动容。想不到春红竟有这样的见识与决断——"抛开"掣肘的人，容易得很，此时就能行动，开了中门直入刘澄卧室，用腰际的那把匕首，一刀便可了账。

可是以后呢？卢绛绕庭彷徨，搔首踟蹰。总觉得强敌当前，倘或没有百分之百控制刘澄部下的把握，这样做法是件很危险的事。

"这一条，倒是很好的路。不过，走起来不容易。"卢绛歉然答说，"让我好好想一想。"

春红不答，但脸色很平静。因为这一回答，在她意料之中，所以重复她刚才说过的话："我不愿意这么做，料你也决不肯。就当我没有说过，不必去想它了。"

"我之不愿意这么做，跟你的不愿意不同，你必是想到与他几年相处，不忍下此毒手；我可没有这个顾虑，而况乱臣贼子，人人得而诛之。你看，"卢绛掀起轻衫，示以腰际的利刃，"家伙都是现成的。这时候下手，除你以外不会有第二个人知道，岂非大好良机？我只是为大局着想。他的部下，未必肯听我的指挥，倘或为主报仇，变成自相残杀，我的罪孽就重了！"

"是的。"春红答说，"这个主意原就不好，可是——"

她没有再说下去，但亦等于明说了。这个主意不好，可是好主意又在哪里？卢绛沉吟了一会儿说道："我要问你一句话，是不是我到哪里，你都愿意跟着我？"

"不错。"春红回答得极爽脆，但有一个限制，"如果你要过江，那是例外。"

"你知道我不会的。"卢绛第二度改变称谓，以小名相呼，"春红，我们怎么走法？我总不能大动干戈，进城把你抢走吧？"

"我刚才想过了，有个机会。我前几天跟他说，想到金山寺去烧香，你就从寺里把我带走，不干脆吗？"

"好！就这么说了。等我定了日子，自会通知你。"卢绛很温柔地说，"此刻，你就请回去吧！其实我舍不得你离开。不过，我们往远处看，事情就要做得稳当，万一他醒来发现你在这里，总是件麻烦的事。"

春红深深点头，却不即起身，只用那双由灵活变为深沉的眼睛，紧瞅着卢绛，仿佛有说不尽的言语，而正在找个头绪开端似的。这使得卢绛又有些心旌神摇了。正当绮念杂生，心浮气躁之时，只听筋角破风，遥遥从城头上传来——是士卒起身的时候了。

一想到士兵，卢绛心头一凛，转过脸去，不肯再看春红，平静地说道："我快要出城了。一夜没有回营，我不放心我的弟兄。"

春红不答，也没有别的声息。卢绛不知道她是悄悄去了呢，还是坐在原处未动。等了好一会儿不见何动静，不免奇怪，正要回头去望，突然有一双温软的手将他抱住，接着是灼热的嘴唇在吻他的右颊，既重且急亦促。等他定定神注视时，一条娇俏的黑影子已没入回廊转折之处了。

晓风残月，依稀似梦，卢绛半生放荡不羁，偎红倚翠的逍遥日子也过得不少，但一说丢开，毫无顾恋。唯独此一刻，有种说不出来的惘惘之情，似甘似辛，滋味并不美妙，却偏偏要去咀嚼体会。这在他是从未有过的经验。

早饭时分，刘澄对卢绛依旧以礼相叙，殷殷款待，看来毫未发觉春红与卢绛宵来曾有极不平常的私会。

但是言笑虽欢，卢绛却看得出来，刘澄是在等待谈"正事"的适当时机，这个时机唯有自己能给他。天气这么热，何不早早结束了谈话，赶紧出城回营，去干自己的正经事？

心中想到，口中随即有了话。"刘公，"他放低了声音说，"昨天晚上，小夫人已婉转表达了尊意。朝纲不振，国事败坏，由来已非一日。如今大局已不可为，识时务者为俊杰，刘公既有上策，千万携带则个。"

他的眼神沉静，声音嘶哑而稳重，显得异常诚恳。刘澄便彻底撤除了内心的戒备。"携带之说不敢当，原望将军同心协力，共保富贵。"他说，"大宋天子宽大为怀，只要纳土归顺，必蒙格外之恩。现时流金铄石的天气，士卒劳苦，能够及早释甲休兵，必然欢声雷动。"

卢绛暗暗齿冷，明明是贪图富贵，卖主求荣，偏有这番体恤部下的冠冕堂皇之语。不过谈到释甲休兵，正好将计就计，借他的财宝犒赏弟兄，激励士气。

于是他点点头答道："刘公的意思，与我不谋而合。昨日后半夜，我一直不曾合眼，在思索此事如何下手。我在想，既然归顺，自以孑身投到为宜，带着上万人马，一起过去，没的引人家猜疑。再说，万一有些见识不明的弟兄，不愿过江，鼓噪闹事，那时甚难区处。刘公，你道是与不是？"

"正是，正是！"刘澄岂止倾服，竟是感激，"亏得卢将军识见高超，这一层所关不细。想那大宋朝雄兵猛将多的是，也不稀罕我们这一两万队伍。诚如尊见，倘或带过去的人，有那不安分的，与北军发生冲突，明理的人，只道我们约束不严；不明理的话就多了，或者会诬赖我们故意指使为敌。那时节，北固山前，滚滚东流，只怕也洗不清你我的嫌疑。"

"是啰，我也是这么想。"

"然则如今呢？"刘澄张大了眼问道，"计将安出？"

"只有遣散。让弟兄们各自回乡，别谋生理。"

"这是好办法！"刘澄大喜，但笑容一现即收，"就有一件为难，遣散不要钱吗？"

卢绛紧接着说："这笔钱，还不在少数。"

"只有动用库款。不足之数，只好派在百姓头上了。"

"是的。"卢绛淡淡地说，"只怕缓不济急。"

"那可没有法子了！"刘澄说道，"倾其所有，先遣散你的八千人再说。"

好啊！卢绛心想，原来刘澄打的是这个主意！且莫与他争辩，好歹叫他有悔之莫及的日子。

于是他深深点头，表示同意，接着又问了句："却不知道士兵每人能得几何？"

"这须细问库吏才知。"刘澄想了一下又说，"每人总有四五两银子吧！"

"这数目，应该也不算少了。但只碍着刘公你有句话说得不好。"

刘澄微吃一惊，急急问道："是哪句话？"

"军中尽人皆知，刘知州从金陵携来大批金银财宝，准备犒赏弟兄。刘公，你想，弟兄指望着你的犒赏，岂是四五两银子能打发得走的？"

刘澄仿佛当胸挨了一拳，脸色发白，双唇紧闭，颓然倒在交椅上，好半天说不出话来。

这是紧要关头，无须再旁敲侧击逼他自做出承诺，卢绛便做出很认真的神气劝他："刘公，办大事须提得起，放得下。我公这等的身份，说出话去，要有着落。如今既然追随左右，我不能不实言进谏。"

"言重，言重！"刘澄很吃力地说，"我也说实话吧，行囊中虽小小有些细软，只以来日方长，不能不为我下半世打算打算。而况一旦渡河北上，京华冠盖，少不得有一番酬酢，亦不便过于寒酸。"

"这话，言之差矣！刘公，你的下半世还发什么愁？只要到了汴梁，富贵荣华，享用不尽。不过他日的收成，全在今日的耕耘，不下种子，何来嘉谷？如果刘公能看得开，慷慨解囊，皆大欢喜，成就大功一件。赵家天子激赏之下，一应恩赏，必定特别加厚。我说句很俗气的话，刘公如今只当做一桩买卖，先下本钱而已！"

最后这句话，打动了刘澄的心。他默默思量有卢绛的八千人横亘在城外，自己这面便与北军合不到一起，旷日持久，绝非善策，倒不如依卢绛的话，就算做买卖下一笔本钱吧！

"好！"他慨然答说，"我就听你的。不过，我的人也很多，'好家当经不起三股分'，只怕发散到各人手里也有限了。"

"多寡不拘，只要弟兄们觉得刘知州说话算话，自然帖然禽服，欢欢喜喜地各自散去，安安静静、顺顺利利地让北军来接收了润州去。刘公，这就不但弟兄，北军亦必倾心拜服。"

刘澄听得满心欢喜，连连拱手，表示承教。接下来便是商量遣散的细节。

"这不须商量的。弟兄们思乡的多，遣散不难；有那不愿离营的，便收作家丁也好。如今我与刘公奉约，"卢绛提高了声音说道，"刘公今日将遣散的银两及犒赏的珠宝送到，我明日便办资遣；明日送到，就是后日办。总而言之，头一日发钱，第二日走路。"

这是暗示屏风后面裙幅掩映的春红：行动之期，只看刘澄何日开库发银——这一层，春红当然会知道。她便好扣准日子，在金山寺中等待。

第三天，春红一早便带着四名心腹丫鬟，两个老苍头，来到金山寺中拈香。知州得宠的姨娘，和尚自然巴结，知客从头山门迎接到方丈。春红惦念着卢绛的密约，在方丈处略坐一坐，便忙着到大雄宝殿上香礼佛，其实是守伺卢绛的动静。

这金山寺本名泽心寺，是"南朝四百八十寺"中有数的名刹。梁武帝曾诏令高僧在此编撰《水陆科仪》，宏开"金山大会"，所以规模极大。春红代刘澄忏悔，为卢绛延福，各堂各殿不管菩萨大小，无不一炷清香，虔诚礼拜。跪起跪倒，着实劳累，加以天气又热，早就汗出不止，将她一张粉脸熏蒸得白里透红，色如桃花。那四射的艳光，将游客吸引拢来，蚁旋不去。寺中的知客僧，怕惹出事故，是知州的内眷，担当不起，苦苦相劝，才得将她延入禅房暂避浮嚣。

禅房中已设下一席极精致的素斋，然而春红食欲全无。她遥望窗外，一庭树影，略为偏东——正午已过，卢绛犹无消息。金山在大江之中，坐船登岸，进城亦还有好一段路，须早早动身；不然就得宿山，却又碍着是个僧寺，单身女子在此留宿，诸多不便。

去住两难，计无所出，正在愁烦之时，有个专管奔走传达的执事和尚来报："知州相公特遣一位虞侯，带着人来迎取如夫人回衙。"

一听这话，春红喜上眉梢。"快唤他进来！"她一面说，一面便站起身，撩起裙幅，迎了上去。

伴随前来的老苍头，却看出事有蹊跷，欲待阻拦，却已不及。只见气昂昂一员武官，带着雄赳赳八名士兵，大踏步闯进院来，一见台阶上的春红，躬身说道："请夫人下船。"

"且慢！"老苍头横身相隔，打量着那武官问道，"尊驾是何职称，姓甚名谁？怎的我不认识你？"

"你不认识我，我还不认识你呢！趁早躲开，休来碍事。"

原是卢绛教好了来的：若遇阻碍，不妨动武。所以那武官毫不客气，指挥部下，拿老苍头推到一边，同时连声催促，将春红与她的丫鬟护送下船，立即解缆，逆水西上。

"卢将军呢？"一等安顿下来，喘息略定，春红便即问说。

"喏，那不是？"那武官举起手向南岸一指。

春红转脸望去，但见南岸滚滚黄尘之中，旌旗翻卷，影绰绰辨得出一个"卢"字。约莫三五里长的一队人马，正迎着金黄色的斜晖，往同一方向疾驰。

"我们要到哪里？"春红又问。

"金陵！"那武官气概昂然，"卢将军要去救金陵。"

这是卢绛那夜等春红翩然别去以后，辗转思量打定的主意。

照他的意愿，恨不得先宰刘澄，后攻北军。可是读兵书多年，也带兵多年，他不能不瞻前顾后好好想一想，想到所部八千人的处境，前后皆敌，随时有被夹攻的危险，顿觉不寒而栗。

细想一想只有两条路好走：一条是照春红所曾做过的建议，先除内贼，后御外患；再一条是回师勤王，保卫金陵。

如果走前一条，刘澄的部下，是不是共具同仇敌忾之心，肯听自己的指挥？固未可知。而润州是不是能守得住？即会守得住，倘或金陵失陷，则皮之不存，毛将焉附？照此看来，自己有无必要取代刘澄守润州，更成疑问。

事情很明白地摆在那里，孤军坚持到最后，无非"临危一死报君王"，落个忠烈之名而已。卢绛虽具忠肝义胆，但他是九尾妖狐，修成正果，头巾气的傻事，不肯做，亦不屑做。既然危地不可居，三十六计，走为上计，全师西撤，是比较聪明的办法。

因此，那天早晨跟刘澄虚与委蛇，装得极像，一来是先稳住"内贼"，好争取时间部署；再则一破刘澄的悭囊，在他看亦是取不伤廉。

等润州城内将分外饷银，分外犒赏运到，卢绛立即召集全军，宣布开拔，同时遣派亲信，驾舟迎取春红。动身以前，他还留书作别，认为刘澄是地方官，守土有责，应该好自为之；又说为了免除刘澄的室家之累，特地护送春红回金陵，无须惦念。

这封信送到刘澄面前，气得他暴跳如雷。他星夜派兵追赶，哪敌得过卢绛回马迎战？刚一接仗便垮了下来。真个"赔了夫人又折兵"了。

但不论如何，总是消除了一大障碍。刘澄星夜遣派密使，与北军约定，举城投降。到了这一天早晨，召集诸将会议，他很紧张地说："我守城多日，志不负国，无奈事势如此，卢绛胆怯也逃走了。如今要早日为计，各位看法如何？"

为首裨将，少年时也是一员猛将，如今望七之年，力不从心。他听刘澄的口气，是打算投降，实在心所不甘，同时也怕害了在金陵的眷属。一急之下，竟而放声大哭。

这一哭哭得好凄惨，连带别的将官也鼻子酸酸地，忍不住掉眼泪。这是刘澄万万意料不到的情况，一时手足无措，只是连声高喊："有话好说，有话好说，何必如此？"

"还说什么？"有人厉声答道，"头可断，志不可辱！"

"说得不错！宁死不降！"有人附和。

刘澄大惊。看这样子，自己将成众矢之的，性命也且不保！于是他很机警地挤出一副急泪，且哭且说："我受恩深重，远过于各位，且有父母在金陵，哪有不知忠孝之理？现在各位感情激动，不是议事的时候，暂且各散，明天再从长计议。"

诸将不知是计，一个个拭泪散去。刘澄便悄悄派人，打开东门，丁德裕率领大队，一拥而入，润州就此不姓"李"了。

对李煜来说，这是个非常沉重的打击。因为润州的陷落，不仅使金陵失去了攻可以解围，守亦可以牵制吴越军队的有力外援，而且亦意味着人心之不足恃——像刘澄这样关系深厚得超越君臣名分，仿佛至亲骨肉的人，都会背叛，那么还有什么臣子能够共患难，同生死的呢？

朝中的正人君子，当然亦愤慨异常。尤其是陈乔，切齿痛恨，态度激动得令人害怕。他在廷议中，痛切陈词，主张依照律法，从重处置刘澄的家属，以昭炯戒。

照律法来说，刘澄的罪名，属于"十恶"中的第三项"谋叛"，罪在不赦，父母、妻子、同产兄弟皆斩。李煜于心不忍，考虑了好久，叹口气说："唉，算了吧！"

"时势到此地步，官家还不肯申明纲纪？"陈乔厉声抗议，"人臣受重寄而开门延敌，此可忍孰不可忍？官家果真置而不问，则忠君义士，莫不寒心。瓦解覆亡之祸，就在眼前了！"

看样子争不过陈乔，李煜无奈，只能说一声："也罢，就依律处置好了。"

于是陈乔以"辅政"的身份，行宰相的职权，下令收捕刘澄的家属。法司议罪，认为刘澄有个已许未嫁的女儿，说来已是别家的人了，似乎可以原情免死。

"不然！"陈乔说道，"当年朱元的故事，应援以为例。"

当年寿州的守将朱元叛国，元宗震怒，处以抄家灭族的重刑。朱元的岳父是元宗的宠臣查文徽，他上表要求赦免他的女儿，也就是朱元的妻子。元宗在原表上批了八个字："只知元妻，不知查女。"拒绝了查文徽的请求。

陈乔的意思，便是"只知刘女"，不知为谁之妻，援例应斩。法司不以为然，却因陈乔引用了先帝的批示，不敢驳他，只好奏请上裁。李煜毫不考虑地批准赦免，可是刘澄的女儿却宁愿就刑，自道："叛逆之余，生世何颜？"

第十一章　离别难

当刘澄的家属骈首就戮之日，也正是卢绛回师勤王，兵到石头城下之时。不幸的是，金陵已为曹彬的大军层层包围，卢绛的八千人，成了游离的孤军，四面受敌，时时有被北军袭击的危险。看看不是路，卢绛只好转战而南，直到宣城，方能站住脚步，稍做喘息，再定行止。

金陵的被围，即是润州不守所生的恶果。内外隔绝之后，首先是所感受到的威胁，更是粮食缺乏，以致金陵人心惶惶，不可终日，好些人家在做破城以后的打算了。

宫中亦复如此，但窃窃私议，莫衷一是，因为始终不知道国主的最后打算是什么。甚至连嘉敏亦摸不清他的意思，终于不能不开口相问。

"重光，有句话，我怕你心烦，真不忍说，不说又不可。"她敛眉垂眼，很吃力地说，"果然竟到了那一天，大家怎么办？"

"那一天！"李煜有些茫然，细想一想才明白她意何所指，顿时神色沮丧，也低着头沉默了。

嘉敏觉得一颗心如落在冰窖中那样。一国之主，到今日之下，依然这样懦弱无用，大局还有什么希望？

但也因为李煜的不足恃，使得嘉敏深深警惕，觉得必得硬起头皮，拿出胆量来说个明白。"重光，"她忍泪说道，"覆巢之下，必无完卵。万一城破，什么悲惨的境遇都会出现。那时候再做打算，只怕求生不得、求死不能，一切都晚了！"

听得这话，李煜的神色越发惨沮："一切都晚了！是的，一切都晚了！"他低下头去，喃喃自语，声音越到后来越低。只见他紧闭着嘴，而下颔不断抖动，而且咯咯作响，不知是在咬牙切齿，准备做出有魄力的决断，还是害怕得发抖。

嘉敏很注意地等待着。她当然希望他做出像个男子汉的大决断，可是，她失望了。

"局势还不至于坏到那样地步。"他说，"还有朱令赟的一支兵，不日就可以到了。应该可以解围。"

"哼！"嘉敏微微冷笑，"你是在安慰我，还是安慰你自己？"

"不要这样说！"李煜用一种乞求宽恕的痛苦眼光看着她，"我们总要朝好的地方去想。"

"我不是这样想。"嘉敏近乎负气地回答他，"我不能不做打算。"

"你是怎样打算？"

"我不想步花蕊夫人的后尘。"

这句话又刺痛了李煜的心，勉强笑道："何至于如此！"

嘉敏可真的忍不住了："事到如今，你还要自己骗自己！不肯挺起胸来，看得稍为远些？"

发泄了愤怒，她立即变得很沉着了："我不管你是怎么想法，我只管我自己，管我自己做我该做的事！"

说完，她头也不回地走了。

当天夜里，所有的宫眷都奉召到柔仪殿集中，说是国后有大事宣布。

谁也不知道所谓"大事"是什么，都相互探询，不得要领。只知道嘉敏从下午就找了黄保仪在密谈，一直未散。如果她们所谈的就是将要宣布的"大事"，那么，这件大事一定非常麻烦。

这个推测不错。嘉敏与黄保仪所谈的是有关宫眷生死荣辱的大事，当然麻烦。北军破城之日，唯死可以免辱。但如何死法？是自裁还是预先安排得有人来下手？若是决定自裁，而临危忽又贪生，为之奈何？这些重重的疑问，嘉敏与黄保仪都无法解答，却又非有一个结论不可，麻烦便大了。

"时候不早了，如果今天没有定论，可以留到明天再说。"黄保仪建议，"或者，请国后自作裁断。在我，无论如何必遵懿旨。"

"别人未见得能跟你一样。"

"那，那就不妨先听听大家的想见。"

"这倒也使得。"嘉敏站起身来，"就这样吧！"

于是嘉敏与黄保仪相偕出殿。殿庭虽然宽敞，但这一夜郁闷无风，人数又多，加以烛火烨烨，益使人觉得热不可当，也更增添了心头的烦躁。

行过了繁复的仪礼，嘉敏命人为先朝的几位老妃设座，所要宣示的大事，亦以请教先朝老妃开始。"国家遭难，情形非常不好，勤王之师，虽然已在路上，可是救不救得了金陵，实在难说得很。万一北军攻进城来，只怕没有逃处——"

话还只说到此处，嘉敏却已有难以为继之苦，因为人丛中已有嘤嘤啜泣的声音，此起彼落，听得十分清楚。她自己也是心酸酸地想哭，就更不知道如何才能劝大家暂抑悲怀，商议大事。

"这会儿不是伤心的时候。"黄保仪站出来为嘉敏代言，"妇人家最要紧的是名节，何况我们身受深恩，义无受辱？到那最后关头，应该如何自处？请老妃们教导！"

七位老妃面面相觑，愁眉苦脸。独独最末一位，本为宫女，因得元宗宠幸，为李煜尊封为贞妃，慨然表示："这又何须教导？妇人家既然名节为重，到那最后关头，自然一死！"说着，她从怀中掏出一个小纸包，高举一扬,"我是早就预备好了的!果真北军凌逼,这包鹤顶红,便是我报恩全节的凭借。"

"我也是!"人丛中有高亢的声音,"我死也要死在宫里!东池也就是我葬身之处。"

于是一个接一个明志誓死,一片义烈之气弥漫,反倒没有人再觉得烦躁郁闷。嘉敏十分感动,却只是不断垂泪,并无任何慰勉激励的话。

倒是黄保仪冷静,到底也读过书,古来节妇贞女的故事,很装了些在肚子里,深知戎马仓皇之际,欲保清白,有时会力不从心,更莫说从容尽节,死得体面。

这样想着,心里得了个计较,自觉可行,便悄悄说与嘉敏。嘉敏深以为然,随即挥一挥手,让大家安静下来,静听她发言。

"我想,大局或者亦不至于坏到那样的地步。不过,既都有了最后的打算,心安理得,亦是好事,官家必定成全大家的志向。就怕虽存必死之心,偏偏不容你死,落在北军手里,身不由主。那时便又如何?"

这一问,问得大家悚然变色。贞妃看着手中的鹤顶红,点点头说:"国后开示得是!不管一包毒药,三尺白绫,不能说死就死。总得有个自己料理自己的机会。"

"正是,我想这个机会要预先安排。"嘉敏停了一下,环视着说,"我想到一个地方,可以暂避,净德尼院。北军果真破城逼宫,自然会有信息,那时候在净德尼院就可以自己料理自己了!"

"这样好!"贞妃首先附和,"我要去。"

"我也要去!"

附和的人很不少,而嘉敏反倒摇手阻止。"不忙,不忙!"她大声说道,"大家回去好好想一想。想停当了,明天通知黄保仪。"

在嘉敏和黄保仪的想法,此时慷慨自誓,做不得准——是人,谁不恋生畏死?一夜过去,激动的情绪消失,想想好死不如恶活,多半会改变初衷。哪知事出意外,第二天向黄保仪声明,愿赴净德尼院准备"殉国"的,竟有八十余人之多。

其实，这八十多宫眷，具必死之心的，不到三分之一。其余的各有打算，有的认为北军一破城，首先就会搜宫，避入净德尼院，比较安全；有的觉得一离了宫，便等于恢复了一半的自由，将来或是回乡，或是择人而事，不妨见机行事；有的倒是向佛心虔，打算着一到净德尼院，便即长斋修行，发愿心念十万卷经，必能得菩萨庇佑，免除刀兵血光之灾；再有的是根本没有拿这件事放在心上，只觉得宫里也住得厌了，正不妨凑凑热闹，到净德尼院去玩一阵子再说。

这些心思是嘉敏再也想象不到的，她只为有如许贞烈的宫眷而欣慰，而哀伤，而惊异。同时因为人数太多，她觉得兹事体大，还是应该取得李煜的同意才是。

"难得，难得！"李煜噙着泪赞叹，"可敬之至！但愿菩萨保佑，北军师老自退。那时我亲自到净德尼院，迎接她们回宫。"

"但愿有此一天。"嘉敏很吃力地说，"不过，总也要有个约定才好。"

"约定？"李煜有些困惑。

"我是说，真到无可为的时候，应该通知她们，好让她们成全自己的志向。"

"你是说要给她们一个信息？"李煜迟疑久久，顿一顿足说，"召黄保仪！有件事，我盘算很久了，今天一起办吧！"

这件盘算很久的事，不关国计民生，但在读书人眼中，是件头等大事——宫中图籍无数，孤本、善本即有万卷之多，最珍贵的是钟繇和王羲之的墨迹。钟繇的亲笔，传世本就不多；王羲之的真迹，自唐太宗遗命，殉葬昭陵以后，更为罕见。但元宗一朝还搜罗得数十本，真成人间瑰宝。李煜当然不愿落入北军之手，却又不忍毁弃，所以反复思量，始终犹豫，直到此刻才算下定了决心。

"你所典守的图籍墨帖，是先帝一生心血所聚。金陵如果不守，我授权你全部焚毁,决不可落入敌人手中!"

黄保仪一听这话,心如刀绞,颜色大变,但一时想不出保全这些文物的善策,唯有狠着心应一声:"是!"

"只看黄保仪,便是玉石俱焚之时!"李煜对嘉敏说道,"这就是一个信息,你告诉大家好了。"

嘉敏黯然答应,随即转达,同时设宴与辞宫的妃嫔话别。离筵犹如生祭,举箸无不含泪。到得第二天,香车辘辘,次第出宫,都到净德尼院带发修行去了。

这一来宫禁一空,分外寂寞。有几个常在眼前的人,平日从未萦怀不去,此时声容笑貌,都浮现在李煜眼前。一种怅惘不甘之情,使得他坐立不安,必得到她们的住处去看一看。

不看还罢,看了更觉得伤感——断钗遗舄,零脂残粉,那种人去楼空的凄凉,令人肠断。李煜的脚步越来越迟滞,脸色越来越苍白。裴谷已劝了几回,他不肯回去,这时便忍不住动手来硬拉了。

"官家,请回吧!秋风厉害得很,着了寒可不是当耍的。"

秋风初起,又当黄昏,别有一种萧瑟的意趣,倒正符合他的心境。李煜刻意自虐,说什么也不听,摇摇头,甩着袖子,一个人穿越花径,向西而去。

花径尽处,粉墙中矗起一座高楼——那是流珠与秋水的住处。李煜只记得秋水喜欢簪异种名花,春来芳香拂鬓,以致有蝴蝶绕发不去,此外就没有什么印象了。

但对流珠不同。她是昭惠后在日,唯一不甚禁制李煜亲近的一位妃嫔,因为她是昭惠后的知音,弹得极好的琵琶。李煜曾经写过一首词,调名《念家山破》,昭惠后谱成两首舞曲,题名《邀醉舞》《恨来迟》。从昭惠后病殁,旧曲无人整理,后起的乐工,多不甚了了,唯独流珠能够追忆手弹,毫无错失。因此,李煜对她另眼相看,常背着嘉敏,到这西楼来看流珠。

而如今这里声影俱渺,只有一庭黄叶,为西风卷得沙沙作响,仿佛幽灵将至。李煜挥挥手让裴谷留在下面,一个人悄悄上楼,凭窗遥望,但见暮霭沉沉,不知净德尼院隐在何处。

李煜忽然觉得倦怠了,脚如铅重,一步都移动不得,只觉得一颗心不断地往下沉。想起笙歌鼎沸,玉笑珠香的日子,不知是怅惘,还是向往。

"唉!"他叹口气,望出去灯影模糊,然后才发觉眼眶发热,泪水已流了一脸。

"官家!"裴谷跪下来抱着腿说,"请回宫吧!"

李煜点点头,走了几步,却又回头去望——但见新月如钩,高挂疏桐,好一片清秋。无奈太寂寞了些!

便这一点感触,很快地在他心头衍化为一首词,他慢慢吟道:

无言独上西楼,月如钩。寂寞梧桐深院锁清秋。

写景只得这三句,体味自己的心境,千回百折,多少话也说不尽,只有直抒胸臆了:

剪不断,理还乱,是离愁。别是一般滋味在心头!

回到澄心堂,将这首《相见欢》写了下来,抑郁一吐,心中好过得多。不过想想国破家亡,已在眼前,而居然还有这些儿女闲愁抛撇不开,未免内愧。

这一念之转,使得他又振作了。他召集近臣,商议如何打开困境。大家的看法,或是说是希望是一致的:都寄托在朱令赟身上。不过所期待于朱令赟发生的作用,却并不相同。陈乔是真的指望朱令赟能够解金陵之围;而张洎却不计胜负,只要朱令赟能在上游发动攻势——当然,他的想法只能找机会向李煜密陈,不便在廷议中有何表示。

"勤王之诏,下达已久,朱令赟何以竟无动静?"李煜问道,"莫非亦如刘澄那样,心怀异志?"

"不会!"陈乔应声答说,"朱令赟血性男儿,决不致坐视君父之难。勤王之诏虽已下达,但道路干戈,或者未曾奉到;即或奉到,或者从通盘大局着眼,不知待援之急。语云'将在外,君命有所不受',将略奥妙,非可遥测。臣以为局势至此,非朱令赟不能救。请官家特遣亲信忠荩之臣,赍带御书,面递朱令赟细叙危急之情。朱令赟定会大兴勤王之师,有善策以解金陵之围。"

"如果没有善策呢?"

陈乔倏地抬眼,以一种凛凛然的寒光看着李煜,然后敛手答道:"臣不知其他,但知臣节未堕!"

李煜默然,低着头想了想说:"陈审己或者不惮此行!"

"但尽臣节,难报君恩。"张洎装出痛心而失悔莫及的声色,"臣一错再错,至于今日,断断不忍再误恩主。知臣罪臣,在所不计,只请官家鉴臣微衷。"

李煜为张洎声泪俱下的神情所感动,急忙抚着他的肩安慰:"你说,你说,我决不怪你!"

"臣、臣不忍说陈乔误国、误官家。"张洎越发做作得满腔孤愤,哽塞难言似的,"只是事到如今,臣实不忍自欺欺君。若如陈乔的打算,无非葬送了朱令赟这个血性男儿,于大局毫无裨益。"

"这,这话我就不懂了!"李煜问道,"莫非坐困危城,束手待毙?"

"官家亦至今不悟!"张洎俯倒在地,且哭且诉,"官家忍一日之辱,全九庙之祀,保百年之身,续万姓之命。如何至今不悟?"说着,索性撒赖似的,滚翻在地,放声大哭。

这一哭将嘉敏都惊动了,她掀帏张望,但见李煜站在凉的砖地上索索发抖,顿时大惊失色,顾不得体制身份,急急闪身出帷,奔到李煜面前,握着他的手问:"你、你是怎么了?"

李煜闭眼摇头，两滴眼泪，受挤下流，却忽然显得坚强了，拭一拭眼泪，倏地张眼喊道："裴谷！"

"裴谷在！"裴谷在廊上应声，随即疾趋而进。

"扶张学士去歇一歇。回头，"李煜略停一下，很有决断地说，"回头我还有话。"

等裴谷将张洎扶掖出殿，嘉敏方始指着他的背影动问："何故这等痛哭流涕？"

"诚乎中，形乎外。倒难为他！"

"他说了些什么？"

"他劝我'忍一日之辱，全九庙之祀，保百年之身，续万姓之命'！"李煜倏地抬眼，很认真地问，"你以为如何？"

嘉敏心头一震。因为这是她第一次听到投降的主张，同时也立即浮起一阵厌恶的感觉。可是她也知道，这绝不是可以轻率论断的事，而且在做任何表示之前，必须先看一看李煜的态度。这不仅因为他是一国之主，也因为自己是他的妻子。

细看李煜的脸色，一片苍白，有些忧愁，也有些困惑。但可以确定的是，他对张洎的话并不以为忤。

这脸色使嘉敏觉得背脊发冷，她提醒他说："恐怕不止一日之辱！"

李煜不答，不断地绕室彷徨，口中念念有词。嘉敏凝神静听，听出他反复在吟哦的，始终只是这两句：

四十年来家国，三千里地山河！

衔命从间道去宣召朱令赟出兵的陈审己，一路上不断在思量李煜的话——实在是张洎的话：与北军对敌太久，如今即便想和，汴梁未必接受；就使接受，城下之盟，条件一定相当苛刻。唯有靠朱令赟出兵攻北军的后路，以战迫和，最为上策。

这不是上策！陈审己在想，就算是上策，在朱令赟亦未见得乐从。因为作战是为求胜、为争光，倘或拚死力战的结果是卸甲投降，则不特师出无名，而且在疆场上死得不明不白，不成名堂。试问有哪一个士兵心甘情愿？

就这样一再考虑，陈审己终于做了决定，不说实话。"朱将军，"他在湖口向朱令赟说，"金陵被围，粮尽援绝，百姓奄奄一息，几无生气。但他们得知官家遣我来敦促朱将军提兵入援，说也奇怪，无不精神一振，额手相庆，都说阿弥陀佛，这一下可有救了！朱将军，你不可辜负官家的倚畀，百姓的期望！"

"这、这，"朱令赟搓着手，显得异常不安，"只怕我力薄难胜，让官家与金陵父老失望，九死不足以蔽其辜。"

"嗐！朱将军，"陈审己不以为然地说，"谁不知'朱深眼'的威名！你如何未曾接战，先折了自己的锐气。"

"实在是难。"朱令赟说，"我如今腹背受敌，倘或一离湖口，西面的北军，就会断我后路。粮道一绝，不战而溃，什么都谈不上了。"

"那么，"陈审己问道，"朱将军，你困守在湖口，等金陵一失，所谓'皮之不存，毛将焉附'，那时又何以自处？"

朱令赟听得这话，颜色一变，以为陈审己起疑心，疑心他只待金陵一失守，便将投降。为明心迹，决不能再屯兵观变了！

于是朱令赟顿一顿足，用决绝的语气，表现了不计利害，破釜沉舟的最后态度："好！我遵诏令，亦听阁下的意思，带兵东下。不过，后路非确保不可，我只有走一着险棋。总得十天以下，方能出发。"

"是！是！"陈审己听他答应出师，便什么都好说了，所以忙不迭地应声，可是有件事不能不问，"将军所说的险棋是怎么回事？"

"我本来请南都留守刘克贞专守南昌，防备吴越，如今只有调他来守湖口，保护我的后路。可是，这一来，南昌就空虚了，岂非一着险棋？"

"将军深谋远虑，见得极是。不过事有缓急轻重，看来这着险棋，竟是非走不可。"

朱令赟无心与他扯这些闲白，只说："事情就这么决定了。请阁下回金陵复命吧！"

"不！我随大军一同出发。"

陈审己倒是好意，朱令赟却误会了，以为他必得看勤王之师真个开拔了才能放心，因而愤然作色，厉声答道："我朱令赟的脑袋卖与李家了！言出必行，决无反悔。阁下何必非要亲眼得见，才能甘心？跟你说实话吧，这一去全军覆没都不算意外，到危急的时候，没有人能顾得了你！你又何苦葬送在里头？"

陈审己听他这番话，唯有付之苦笑。本待略做解释，再想想大可不必，倒不如听他的劝，先赶回金陵复命。有朱令赟不日提兵东下这个喜信带去，民心士气，得以振作，亦是一件很要紧的事。

等陈审己一走，朱令赟召集水师指挥官"战棹都虞侯"王晖通宵密议，筹划出很毒辣的一计：在鄱阳湖编造上百的大筏，另外征集可容千人的大战船，顺流东下。时值隆冬，长江水浅，固然行动不便，但水不畅而风顺。连朝西风劲急，吹送大木筏和战船东下，以雷霆万钧之势，一下子就可以冲断采石的浮桥，将北军断成南北两截，首尾不能相顾，或者还有个别击破的可能。

计议既定，朱令赟一面飞檄刘克贞即日进军湖口，一面下令采伐巨木，征集工匠，编制木筏。这些行动，自然无法保密，很快地有谍报到了曹彬那里。

"这是打算同归于尽了！"曹彬暗暗吃惊，而表面却很从容，"计将安出？请诸公直言无隐。"

"容易得紧！"刘遇答道，"从来一物降一物，兵法上从无万全之计。只要消息灵通，就可以制敌机先。我想，编造木筏，不是三五天能够完事的，我们亦不妨从容采木，在江中打桩，挡他的去路。"

计倒是好计，无奈江中打桩，谈何容易。刘遇的话虽动听，看来只是纸上谈兵。不过,他的想法对曹彬仍有贡献,因为启发了他的灵感。

曹彬已有破敌之计,但这一计如果说破了,分文不值。在座诸将当然能够保守机密,但多一人知总不如少一人知,所以他会中不再提及此事,只就一般战守应该提高警觉的事项,提示了一遍,随即宣布散会,却留下了两个人。

这两员大将,一个是刘遇,一个是新来不久的"战棹都部署"——也就是与王晖地位、职掌全相同的水师指挥官王明。曹彬与两人屏人密谈,面授机宜。刘、王二人心领神会,接受命令,欣欣然退出,各自去秘密部署。

朱令赟亦部署完成了,选取了一个黄道吉日,率师东下。兵力总计七万,虚张声势,加了一倍有余,号称十五万众。朱令赟的坐舰是一艘可容千人的大号楼船,特建大将旗鼓,旌旗耀日,甲胄鲜明,军容极壮。

船队顺风吹送,走了两天,到了一处名为虎蹲洲的地方,离采石只有十来里路,忽然发现异状:但见洲渚沙草之间,露出许多桅杆样的木柱,情况极为可疑。朱令赟便召王晖来商议。两人在楼船上遥望了半天,所见相同——北军有重兵埋伏在前,虽然偃旗歇鼓,可是矗立的桅杆是掩饰不了的。

"且先顿兵。"朱令赟说,"好在我们还有'火油机'。只看风向一转,便用火攻。"所谓"火油机"是一艘内衬铁皮的船,船中满载苇草,草中灌足了油。接战之时,点燃了油草,冲入敌阵,自然所向披靡。尤其是风向最关紧要,倘或不顺,则纵火适足以自焚,受害无穷。

这虎蹲洲的江面不巧,乃是西南、东北的方向。如果刮西风,火焰斜扫北军,便可克敌致果,而连朝刮的却是北风,所以朱令赟要等风向。

一夜过去,风势果然转了。不但是西风,而且略微偏南,正好将北军置于下风,是用火攻的绝佳时机。因而朱令赟毫不迟疑地下令进攻,士兵们刀出鞘,箭上弦,在擂得震天价响的战鼓声中,精神抖擞地都朝前看。

宋军亦不示弱,无数小舟,逆风迎战,拿建了旗鼓的大船做目标,矢飞如雨。无奈以下向上仰攻,又为风势所阻,箭都落入江中,即有少数附到船上的，亦如强弩之末，轻易可用盾牌挡掉。

朱令赟看看时机已到，亲自拿起一面大锣"镗镗"地敲了起来。鸣金则收兵，宋军正弄不清楚是怎么回事，只见朱令赟的坐舰已经闪开，一条着火的大船，由西南风推送，飞快地扑了过来。风助火势，很快地烈焰飞卷，照得江面通红。不过王明原是受了曹彬的密令，有准备的，他急急下令，将小船分向两岸躲避，让出一条水路，希望火油机很快地过去。

谁知火油忽然慢了，而且火焰乱舞，由前向后。王明定一定神才发觉，风向突变，西南风变成北风了。

而且因为火油机本就在方兴未艾之际，加以北风又远比西南风来得强劲，所以反扑的火势，更见炽烈。朱令赟这面，帆樯如云，木筏梗阻，不但没有回旋的余地，更动弹不得。而水战用火攻，乃是赤壁鏖兵以来，兵家必守的定则。曹彬亦早已指示王明，在港汊中埋伏下数十艘满载柴草的小船。此时一齐推出，乘风而下，朱令赟阵中，越发成了不可收拾之势，只见江上漫天覆水浓密黑烟中，卷舞着无数橘红色的火焰。"哔哔剥剥"木材燥裂的声音，加上震骇呼叫的人声，使一条长江出现了如天崩地坼般的骚动混乱。

大火由江面延烧到岸上，余焰三天方息。伤心惨目，从来未见，获胜的一方与失败的一方，同样地垂泪不止。当然，曹彬的眼泪，不会比李煜、陈乔流得多。

"大势去矣！"陈乔拭一拭眼泪，一脸坚毅之色，"朱令赟投火而死，足征臣节未堕。自古无不亡之国，投降亦不见得能够保全，徒取其辱。臣请背城一战而死，乞官家为臣后盾。"

李煜很明白，陈乔是要他一起殉国，只是口不忍言。然而他虽体会得陈乔的意思，却是怎么样也下不了一死的决心，唯有执住陈乔的双手，顿足涕泣而已。

"请官家收拾涕泪，处分大事。官家既然决意投降，臣请效死，以为翼护。"陈乔紧接着说，"请官家实时诛臣，归臣以逆命之罪，庶几汴梁君臣，愤有所泄。"

这是劝李煜诿过于陈乔，以为自解之地——南汉刘鋹就是这样做法，将一切抗命不从的"罪过"，都推了在龚澄枢头上，竟说"臣是臣下，龚澄枢是国主"，结果龚澄枢被斩，而刘鋹得以苟活。

李煜当然不是刘鋹，不但不肯听从，而且感动得越发泣不可抑。陈乔看看无法，挣脱了手，头也不回地走了。

陈乔一走走回光政院，进门便问："张副使可在？"

张副使就是张洎，正在翻阅兵籍，想看看还有什么兵马可调，听得陈乔的声音，便走出来招呼。然而亦只是叫得一声，别无他语。

"师黯！"陈乔问道，"可记得三个月前的约定？"

张洎一愣，随即一惊。三个月前当张洎奉调为光政院副使，与陈乔一同掌管军政时，曾经相约：万一金陵不守，一起殉国。陈乔这一问，自是要求他同践宿诺。

张洎早就把这个约定抛到九霄云外了，这时候想起来，才知当初轻诺之不智。不过，他机警得很快，当即拱手低眉，装出一副严肃而哀苦的颜色答道："不敢忘！"

"好极！"陈乔欣然，"固知臣节不堕！师黯，请随我来！"

"是！"张洎跟在他后面，却不知陈乔要走到什么地方。

默默地绕出政事堂后院，迎面一带粉墙，墙内一座高阁，是光政院最机要的所在。光政院就是枢密院，一切兵要图籍，都庋藏在这座高阁之中，是一大禁地，官员吏役，不奉呼唤，不准登阁。

等陈乔一踏进门，张洎恍然大悟，同时一颗心往下一沉，脚步不由得就落后了。

陈乔回头看了一下。自台阶下视，且又偏着身子，眼光自然成斜睨之势，而张洎心中有病，便起了误会，以为陈乔已发觉他怕死而看他不起。张洎不由得既惭且恨，狠着心打了个主意。

于是他挺一挺胸，抢先拾级而登，从腰带上取下钥匙，开了阁门。等陈乔一上来，他指着梁间说道："这就是我与陈公报国尽节之处？"

陈乔点点头，问一声："如何？"

"得陪杖履于泉下，固所愿也！"

张洎一面说，一面张目四顾，屋角有捆扎文件的绳子，取两条在手；现成有便于在书架上层收检图籍的活动梯级，移两架过来。他踏上去将绳子一甩，绕道梁间，相准长度，结成环首的圈套，一东一西，共两个。

"有劳了！"陈乔打了一个躬致谢。然后转身向北，恭恭敬敬拜了下去，口中说道："臣粉身碎骨，莫报深恩，毕命今日，聊存臣节，亦为天地间稍留正气。所憾者有负先帝托付之重，虽死犹惭。"

望阙谢恩既罢，陈乔颤巍巍地走向梯级，很艰难地踏上顶端，双手执住圈套，将头往前一伸。张洎看他已上圈套，更不怠慢，将梯级往后一拉。陈乔双脚悬空，再也不得活了。

张洎长长地舒了口气，定一定神，悄悄下阁，走到楼梯口，想起一件事，不由得惊出一身冷汗。"差点露了马脚！"他在心中自语，很快地折回原处，取下未用的一个圈套，也移走一架梯级，掩没了他曾愿陪陈乔同死的形迹。

他再次检点了一番，又望一望窗外——真正神不知，鬼不觉，做得干净而隐秘，自觉十分满意。

可是刚一下阁却发现有个打杂的小吏，在门口窥探。

"相公在阁子里处理紧要公务，说不定有所呼唤，你在下面小心伺候着。"

"是！"小吏躬身答应。

张洎从容自在地出了光政院，随即上马入宫。

"张学士来得正好！"裴谷迎着他说，"官家正吩咐宣召。快请进去吧！"

进得澄心堂一看，李煜居中而坐，左右是两对徐氏兄弟——徐辽、徐游和徐铉、徐锴，以及陈审己等七八个李煜宠信的近臣。他们个个面色凝重，一望而知是遭遇了极大的难题。

等张洎行完了礼，李煜将手中的一封信，递了给他。"你看，"李煜说，"曹彬也来逼我了！"

张洎见信上写的是："事势如此，所惜者一城生聚耳！若能归命，策之上也。不然，半月之内城必破，宜早自为计。"言简而意重，尤其是最后一句话，弦外有音，仿佛在进忠告：如果不肯归命投诚，便当殉国。张洎不知道李煜可理会得这层意思，只觉得事态严重，真正到了图穷而匕首见，非判死活不可的时候了。

"你说呢？"李煜问道，"该怎么答复他？"

"臣愚昧，"张洎不肯在稠人广众中表示态度，"此是宗社大计，唯凭宸断！"

听语气是不敢妄作主张，其实亦包括建议——劝李煜自己做主，不必听群臣的议论。不过李煜并不能领会他的意思，他环视群臣，用涩哑的声音说道："但有一线之路，我都要走。如果你们以为还可能拖一段日子，就不必理会曹彬的信了。"

"这不是办法。"徐游答道，"就拖也只得半个月。"

李煜点点头，反问一句："这样说，你是赞成投降的啰？"

这话问得太率直，徐游不敢承投降之名，急忙答道："臣无意于此。只是就事论事，以为官家宜早做裁断。"

李煜默然。就这君臣相顾无言的当儿，裴谷气急败坏地奔了进来，一直走到李煜身边，弯着腰奏报："光政院来报，陈院使自尽了！"

自李煜以下，一座皆惊，张洎亦不例外。只是他们惊陈乔之死，而张洎惊陈乔死讯来得太快，不知道自己可会忙中有错，留下了什么漏洞。因此，他人惊得目瞪口呆，唯独张洎的一双眼珠，骨碌碌乱转，只是打量裴谷，希望从他脸上看出什么消息来。

"是吊死在阁子上。"裴谷继续转奏光政院来人的报告，"先还跟张学士一起在阁子上。前后不过一盏茶工夫，陈院使就气绝了。"

"是的。"张洎抢着开口，"陈院使与臣在阁子上检阅兵马册籍，打算飞调刘克贞入卫。陈院使命臣进宫请旨，谁知是有意遣臣离阁，以便自裁。"说着，挤出一副急泪，流得满脸皆是。

"是忠臣！"李煜顿一顿足，掩面哽咽，"死了也好！"说完，起身走了。

"陈子乔也太心拙了！"徐游不胜烦恼地说，"偏偏在这紧要当口自尽！这一来，曹彬的书信该如何处置？岂不是就此耽搁了下来？"

"那也无法！"徐辽答说，"只有先替陈子乔办丧事。"

"这可以不必了！"勤政殿学士钟倩慢吞吞地答道，"国破家亡在即，何有哀荣可言？丧事办得再体面，亦不能安慰陈子乔于泉下。"

已是大厦将倾的局面，谁也没有心思替陈乔好好办丧事。徐氏兄弟也不过说说门面话，如今为钟倩所阻，正好借势收篷，谁也不管。只是张洎不同，但也并非因为陈乔是死在他手里，内疚于心，想有所弥补，无非身为光政院副使，责无旁贷而已。

猫哭耗子似的忙了一天，草草料理了陈乔的身后之事，张洎急着要去探问曹彬那封信的动静——没想到陈乔一死还真发生了作用，李煜向徐氏兄弟表示：陈乔的尸骨未寒，不忍相责，且过些日子再说。

日子不多，充其量只有十二三天，便到了曹彬所定的限期。徐氏兄弟的看法是，李煜如俗语所说的"不到黄河心不死"，北军一发动攻城，他的态度就会改变，大家不妨早自为计。

张洎深以为然。他回家收拾细软，遣散僮仆。到得深夜，一个人在书房里检点文书，凡是对宋朝"逆命"的文字，尽皆销毁。已打算随主投降，携家北行了。

* * *

半个月过去,未见北军攻城,敌对的双方,同感困惑——困惑最深的是宋军将领,在这半个月之中,不但未见曹彬下达攻击的命令,甚至见他一面都难。到最后,索性说是病了。

"事有蹊跷!"曹翰向潘美说,"元帅到底是什么意思,要请副元帅问一问明白才好。"

"我亦见不着他。"潘美报以苦笑,"且耐心等待。"

"等到什么时候?"田钦祚愤愤地说,"再等下去,锐气都磨光了!我营里天天有人开小差,就为的受不了这种不死不活的日子。副帅,我可声明在先,军心苦闷,士气低落,万一闹营哗变,我不能负责。"

潘美当然不喜听这话,可是不能不承认田钦祚所说的,多少是实情,因而改变了原来的想法,决定约会诸将,到中军大帐去见曹彬,当面请示,究竟要到什么时候,才会下令攻城。

"元帅用兵之妙,是大家知道的。如今出此玄妙莫测的态度,必有道理在内。"潘美看一看田钦祚又说,"如果能够见着元帅,话不可说得太急。或不然,即使元帅不加责备,恐也不会有什么结果。"

"是的!"曹翰接口说道,"我们只说去探病。主帅违和,理当探问,曹公不能不接见。那时看是真病,还是假病,再做道理。"

"对!正宜如此。"

曹彬是真病还是假病,竟看不出来。说没有病,他额上扎一块绸帕,躺在床上;说他有病,却又面色红润,毫无病容。

"我确是有病。"曹彬皱着眉说,"此病非药石所能治。说明白一点,是心病。"

诸将面面相觑,不知如何接口。最后是曹翰比较机警,针锋相对地问道:"心病还须心药医。就不知道元帅要怎么样的一味心药?"

"这味心药现成,不过必得诸公亲自相赐。"

"元帅言重!"潘美代表所有的将领答说,"但请吩咐,无不遵从。"

曹彬很严肃地点点头,环视满座,用很清楚的声音说:"只要诸公诚心自誓,克城之日,决不妄杀一人,我的病,实时可愈。"

原来如此!潘美望一望高供在上的御赐宝剑,想起出师之前,与曹彬同受皇帝的告诫:"切勿暴掠生民,副将以下,不用命者,以此剑斩!"不由得打了个寒噤,首先答道:"遵元帅的军令。有违令者,请元帅依圣旨行事。"

"那一来就不美了。我心里的病就在此!一般都是同生共死的好弟兄,万一违犯官家的话,岂不是让我为难?"

曹翰已领悟到曹彬的意思,他深恐有人如田钦祚之类,阳奉阴违,最好此时加重保证,深深警惕,因而曹翰倡议:"为教元帅放心,不如摆设香案,对天盟誓。诸公以为如何?"

"好!"刘遇应声而答。

一应十和,包括田钦祚在内,都愿设誓,曹彬亦表示不愿例外。于是陈设香案,拟定誓词,由主师带头下跪起誓:"金陵城破之后,决不妄杀一人。倘或背誓,天诛地灭。"

盟誓既罢,接着便商议攻城的策略、任务的分配。曹彬认为江南士兵的战技,士气都不足为敌;加以围城日久,粮食不足,体力衰惫的饥卒,更不堪一击。但如力攻硬逼,则困兽犹斗,彼此都会有极大的伤亡。所以攻城的策略,提出一个"吓"字。

"我们要想个大张声势的办法,拿江南士兵吓倒,这就是'不战而屈人之兵'。请大家朝这方面去设想。"

"我倒有个主意。我们有样武器,还没有用过,不妨拿出来亮亮相,准能拿他们吓倒。"

说这话的是田钦祚,他一向有些奇奇怪怪的名堂,这回又不知要出什么花样，所以大家都好奇地望着他，亟于知道，是何武器，能将敌人吓倒。

"床子弩！"

这一声出口，大家不约而同地现出恍然大悟的表情。"床子弩"确实是样威力强大的武器，曹彬因为它杀伤力太大，出师以来，一直禁用，因而大家一时都想不起。

"也好！"曹彬点点头说，"就用一用床子弩。"

于是主管甲帐兵器的干当官，将四十架床子弩都搬了出来，细加检点。宋朝最讲究射远的弓弩，床子弩更是别出心裁的创制。床子弩分为"双弓""三弓"两种，以枣木做架，用两张或三张弓合在一起，然后用转轴绞紧。这是很大的力量，所以双弓的床子弩，亦须十来个健卒合力转动后架，方能将强劲的双弓拉满，用一根手指般粗的牛筋，扣在绞架的"牙"上。木榫头楔住，便可安箭发射了。

床子弩所用的箭有两种，一种是火箭；另一种一发数十支，从空而降，恍如寒鸦投林，所以有个很雅致的名称——寒鸦箭。

不过寒鸦箭宜于两军对阵，或者防守之用。尤其是敌军大举攻城时，有十余架床子弩居高临下，次第发射，出箭既劲且密，足令对方却步。如今反其道而行之，城上守军，比较易于趋避，也就不易显出寒鸦箭的奇用。

因此，田钦祚极力主张使用火箭。而曹彬不肯，怕引起一城大火，玉石俱焚，大违皇帝的本意。然而不此之图，却又不足以"吓"人。于是再三斟酌，决定折中办理，火箭与寒鸦箭并用，而火箭射的目的，只是城上供守卒轮替休息的战棚，尽量避免落入城厢之内。

当然，云梯、钩索之类的攻城工具，还是要准备的。此外，又特地置办了十几棵撞木，用来撞开城门。这些部署，不过一昼夜的工夫，便已就绪。

于是，第三天辰牌时分，曹彬下令攻城。这天彤云密布，天色晦冥，而战鼓隆隆，倒仿佛惊蛰将近，春雷初动似的。这金革之声，传入宫中时，李煜正在作词。烽火万里，手足情深，虽在危城之中，却不忘从善，一首《采桑子》，但以音问不通为憾，写的是：

辘轳金井梧桐晚，几树惊秋，昼雨新愁，百尺虾须在玉钩。
琼窗梦断双蛾皱，回首边头，欲寄鳞游，九曲寒波不溯流。

此时此地而有此闲情逸致，在嘉敏看，真有欲哭无泪之感。可是望着脸色苍白，双眼失神，而四肢不自觉地在战栗的李煜，她实在不忍说一句埋怨的话，只问裴谷："情形到底怎么样？"

"这一次来势凶险。城头上的战棚都着火了，也没有人敢伸头张望。北军的箭，密得像阵头雨似的。"

"怎么？"嘉敏惊诧不止，"你是说，守城的人不敢伸头张望？那还守的什么？"

"实在，"裴谷很吃力地说，"看样子实在难守了！"

嘉敏的一颗心不断往下沉，几乎支持不住，很勉强地问道："那班文武大臣呢？"

"来得不少，都在待命。"

"啊！"李煜如梦方醒般地茫然四顾，"都在哪里？"

"在殿外。"裴谷问道，"请官家的旨，在何处召见？"

"就、就在这里。"

听得这一说，嘉敏不便再留在那里。她定定神细想，还是得去找黄保仪商议。刚一移步，李煜唤住了她。

"你到哪里去？"

"我找黄保仪去！到此地步，不能再耽误了！"

李煜黯然叹息，接着眼角出现了两滴晶莹的泪珠，转过脸去，挥一挥手说："国破家亡，也顾不得两世的心血了！都烧光了吧！"

嘉敏不答，悄悄地走了。来到黄保仪宫中，许多妃嫔都在她那里探听消息，一见国后，依然如常行礼。

当一群妃嫔裙幅塞窣，盈盈下拜，嘉敏却以感动与感伤相兼而起的激动心情，摇晃出满眶的热泪。感动的是宫眷在此生死荣辱，判于俄顷的危急关头，依然不废应尽的礼节；感伤的是国后的尊荣，将委尘土，而且前途茫茫，不知如何了局。

想求得个善了也不难，纵身一跃，东池正好埋藏清白之躯。她转念到此，怦怦心动，但一想到李煜，便如兜头一盆冷水，知道独善其身是件办不到的事。

不说李煜，便眼前就得承担起统摄六宫的责任。望着那许许多多惊忧期待的眼光，嘉敏只有安慰的话好说："大家不必着慌！官家必有妥当的办法应付危难。各人回自己的地方，检点检点紧要东西，放在手边。不管官家和我到哪里，一定带着大家一起走！"

宫眷们所需要的，就是这样的一个保证。因而紧张的气氛，顿见消灭，纷纷辞散。偌大的厅堂，只剩下嘉敏与黄保仪二人，越发显得阴冷。

"你准备吧！看来，"嘉敏指着插架琳琅的精椠名帖，凄然说道，"这些无价之宝都保不住了！"

黄保仪面现凄惶之色，接着低下头去，闭眼垂泪，不断自语似的说："劫、劫！"

嘉敏可以想象得到她的痛心，但却没有话也没有时间去安慰她。除却图籍以外，还有好些库藏的古玩、珠宝、金银要处理。

等嘉敏一走，黄保仪丧神落魄似的在书架中打转，一回检点一回哭。一名得力的宫女，知道有此紧急处置，看她舍不得这些不属于她的身外之物，迟迟不肯动手，便无法为自己收拾细软，安排逃生之计，因而不由分说，召集姊妹，照黄保仪平时谈过的处置办法，将预先堆存着的木柴移植到后院，然后一箩筐、一箩筐地将图书法帖，乱堆在木柴上面，用火种点燃，拉拉杂杂地烧了起来。天干物燥风大，霎时间烈焰腾空，里把路以外都望得见了。

净德尼院的地势甚高，看得更为清楚。约定殉节的时间到了！十来位秉性最节烈的先朝老妃，毫不犹豫地闭户悬梁。及至她们得知消息，国主决定率领亲贵勋臣，肉袒赴曹彬大营投降，殉节无名，可以不死时，尸体早已僵冷。

名为肉袒，其实只是不穿长袍。一队君臣，全是青衣短装，头戴小帽，垂头丧气地到了曹彬大营，听候发落。

"我们要存李煜的体面！"曹彬向一起焚香盟誓决不妄杀的将领说道，"入朝以后，李煜不失侯封，禄位在我们之上。要多留将来相见的余地。"

"是！"潘美代表大家回答，"但凭元帅处置。"

"来！"曹彬吩咐，"取我的锦袍，请江南国主穿了，以宾礼相见。"

这一袭锦袍披到李煜身上，他的感觉不知是温暖还是寒冷，在心头更不辨是感激还是感慨。但不论如何，他一直惴惴然，以为很难避免的"一日之辱"，看来纵不能完全消除，亦必不致过分难堪。

就这唯一的些微宽慰，使得原本面无人色的李煜，望过去有些生气了。等营门大开，曹彬出迎时，他亦能抬眼平视了。

但化敌为友的那片刻，局面仍然非常尴尬。因为整个安排十分匆促，从中缺少一个够分量的、可为双方引见的人。张洎与曹彬是旧识，倒可以充任这一职司，只是他身穿短装，亦为戴罪之身，自惭形秽，不敢出列。幸好曹彬沉着，面带微笑，站向主位，看着李煜从容问道："阁下想来就是李六郎了！"

这个用于士庶的称呼，入耳令李煜一震。他生来就是王子，以后自己也封了王，为人称作"大王"或者"殿下"，从未听人唤过"李六郎"。因此，在惊觉于自己失位以外，他仍有些茫惑，要细辨一辨，曹彬所叫的是不是自己。

"请答话！"有人在他耳际说，并且还拉了他的衣服。

李煜被提醒了，咬一咬牙抛开心中的悲苦痛悔，定定神，异常吃力地答道："李煜率亲属臣僚共四十五人，待罪军门。"

"言重，言重！"曹彬伸手做个肃容的姿势，"请！"

于是李煜随着曹彬入门，升阶登堂，与他的臣子在东面客位一字排开，宾主相向行礼。曹彬将潘美以下的将领，一一为李煜引见，然后落坐待茶，开始交谈。

交谈当然起于寒暄。李煜是宾也是主——以地主的身份，少不得对"远客"应有所慰劳，便泛泛地说了句："将军辛苦！"

"百姓受惊！"

彼此都是信口而道，但李煜听曹彬的答语，似乎针锋相对。而且只提"百姓受惊"，不说他所受的熬煎痛苦，仿佛以为他咎由自取，罪有应得似的，便有话不投机之感。

事实上他也哪里有心情来应酬敷衍？请降的形式总算做过了，何必久留？这样想着，便拿最要紧的一句话问了出来："李煜今后行止如何？请将军指教！"

"官家已饬有司，在汴河风景胜处，置备大宅一所，专待阁下安居。"曹彬略停一下，一字一句地说，"不过，归朝以后，俸禄有限，阁下宜乎多多准备，行装中能带多少，就带多少。归有司接收，加载册籍，可就丝毫都动不得了！"

因为他说得很慢，而且不断用眼色示意，所以李煜不但听得很清楚，而且能够逐句逐字细细体味。他知道这是曹彬宽厚体恤，感激之心，油然而生，连连点头答说："将军见教极是！"

"府上共有多少眷口？"曹彬又问。

李煜想了想答说："三百多人。"

"那我派一百条船、五百军士，专供阁下输运辎重。只是回朝复命在即，不容多做稽留，请回去办正事吧！尽明天一天装船，后天一早就走！"

于是李煜称谢告辞，曹彬仍依宾礼，亲送出营。送客归来，只见诸将聚讼纷纭，似乎对曹彬的处置不以为然。

"怎么？"曹彬安详地问道，"有何不妥？"

"元帅，"田钦祚抗声质问，"何以不拿李煜扣留？这放他一走，倘或出了变故怎么办？"

"你是说他会自杀？"曹彬摇摇头，"决不会！他如果肯死，又何必投降？"

"是！"曹翰支持他的看法，"李煜不是性情刚烈的人，死不了。"

"不过，也要我们善待他才好。仲询，"曹彬唤着潘美的字说，"请你代我执掌师印，我要去一个地方！"

"元帅要到哪里去？"

"不远！就在李煜宫门口。"

曹彬带领两百名卫士，亲自为李煜守卫：只在宫门以外。不但下令严禁所属入宫骚扰，连他自己亦不入宫门一步。

这一天半，李煜仍是他宫内的国主，而唯一需要行使职权的，是处分宫内的库藏——依照曹彬的暗示，行装中尽量多带奇珍异宝，带不了的分赐近臣和留下不走的内侍、宫女。

当然，这只不过他交代一句话。一切处置，由嘉敏主持、黄保仪协助，而由裴谷奔走调派总其成。李煜只是闲坐垂泪，回想生平，恍如一场大梦。思前想后，几次要在三尺白绫上求个解脱，却总是下不了手。

这样悠悠晃晃，魂梦迷离，不知此身何属地度过了两天两夜，终于要启程北上了。五更三点，景阳钟响，霜空清韵中，随风吹送着来自四面八方的异声，若隐若现，似断似续，如秋声在树，又如弃妇私诉，嘉敏一听那声音就哭了。

嘉敏哭，李煜也哭，夫妇俩一直哭到太庙，更是一片漫天盖地的哭声。宗庙静肃之地，硬心肠的纠礼御史，忍声呼叱，止住宫女的哭声，勉强让李煜行了礼。教坊奏完"终献""送神"的大乐，凄凄恻恻地吹打起骊歌为李煜与嘉敏送行。这一下，泼翻了宫女眼中倾江倒海的泪。而嘉敏未哭，她的泪水早就流干了。

更增人愁绪的是，天气突变。先是霏微雨丝，俄顿之间，如倾如注，白茫茫一片。凤阁龙楼都模模糊糊，不甚分明，在李煜的泪眼中，咫尺之近如隔天涯。

仓皇辞庙，冒雨登舟，回望渐行渐远渐小的城郭，李煜心如刀绞般痛悔，不该杀了林仁肇和潘佑。然而，一切都晚了！

熊猫君激发个人成长

多年以来，千千万万有经验的读者，都会定期查看熊猫君家的最新书目，挑选满足自己成长需求的新书。

读客图书以"激发个人成长"为使命，在以下三个方面为您精选优质图书：

1. 精神成长
熊猫君家精彩绝伦的小说文库和人文类图书，帮助你成为永远充满梦想、勇气和爱的人！

2. 知识结构成长
熊猫君家的历史类、社科类图书，帮助你了解从宇宙诞生、文明演变直至今日世界之形成的方方面面。

3. 工作技能成长
熊猫君家的经管类、家教类图书，指引你更好地工作、更有效率地生活，减少人生中的烦恼。

每一本读客图书都轻松好读，精彩绝伦，充满无穷阅读乐趣！

认准读客熊猫

读客所有图书,在书脊、腰封、封底和前勒口都有"**读客熊猫**"标志。

两步帮你快速找到读客图书

1. 找读客熊猫君

2. 找黑白格子

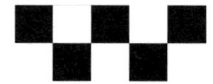

马上扫二维码,关注**"熊猫君"**

和千万读者一起成长吧!

图书在版编目（CIP）数据

高阳版《李煜传》/ 高阳著. -- 上海：文汇出版社，2019.10
 ISBN 978-7-5496-2983-1

Ⅰ．①高… Ⅱ．①高… Ⅲ．①长篇历史小说－中国－当代 Ⅳ．①I247.5

中国版本图书馆CIP数据核字（2019）第199831号

版权登记号 图字：09-2019-718

高阳版《李煜传》

作　　者 /	高　阳
责任编辑 /	甘　棠
特邀编辑 /	刘　涛　赵芳葳　沈　骏
封面装帧 /	杨贵妮
出版发行 /	文汇出版社
	上海市威海路755号
	（邮政编码200041）
经　　销 /	全国新华书店
印刷装订 /	北京中科印刷有限公司
版　　次 /	2019年10月第1版
印　　次 /	2019年10月第1次印刷
开　　本 /	710mm×1000mm　1/16
字　　数 /	356千字
印　　张 /	25.5

ISBN 978-7-5496-2983-1
 定　　价 / 56.00元

侵权必究

装订质量问题，请致电010-87681002（免费更换，邮寄到付）